Jürgen Hofmann | Werner Schmidt (Hrsg.)

T0202759

Masterkurs IT-Management

Grundkurs Wirtschaftsinformatik
von D. Abts und W. Mülder

Masterkurs Wirtschaftsinformatik
von D. Abts und W. Mülder

IT-Projekte strukturiert realisieren
von R. Brugger

Management von IT-Architekturen
von G. Dern

Grundkurs Geschäftsprozess-Management
von A. Gadatsch

Masterkurs IT-Projektcontrolling
von A. Gadatsch und E. Mayer

Business Intelligence – Grundlagen und praktische Anwendungen
von H.-G. Kemper, H. Baars, W. Mehanna und C. Unger

IT für Manager
von K.-R. Müller und G. Neidhöfer

www.viewegteubner.de

Jürgen Hofmann | Werner Schmidt (Hrsg.)

Masterkurs IT-Management

Grundlagen, Umsetzung und erfolgreiche Praxis
für Studenten und Praktiker

2., aktualisierte und erweiterte Auflage

Mit 149 Abbildungen und 35 Tabellen

Unter Mitarbeit von Wolfgang Renninger und Oliver Toufar

STUDIUM

**VIEWEG+
TEUBNER**

Bibliografische Information der Deutschen Nationalbibliothek
Die Deutsche Nationalbibliothek verzeichnet diese Publikation in der
Deutschen Nationalbibliografie; detaillierte bibliografische Daten sind im Internet über
<http://dnb.d-nb.de> abrufbar.

Das in diesem Werk enthaltene Programm-Material ist mit keiner Verpflichtung oder Garantie irgend-
einer Art verbunden. Der Autor übernimmt infolgedessen keine Verantwortung und wird keine daraus
folgende oder sonstige Haftung übernehmen, die auf irgendeine Art aus der Benutzung dieses
Programm-Materials oder Teilen davon entsteht.

Höchste inhaltliche und technische Qualität unserer Produkte ist unser Ziel. Bei der Produktion und
Auslieferung unserer Bücher wollen wir die Umwelt schonen: Dieses Buch ist auf säurefreiem und
chlorfrei gebleichtem Papier gedruckt. Die Einschweißfolie besteht aus Polyäthylen und damit aus
organischen Grundstoffen, die weder bei der Herstellung noch bei der Verbrennung Schadstoffe
freisetzen.

1. Auflage 2007
Diese Auflage erschien unter dem Titel „Masterkurs IT-Management"
2., aktualisierte und erweiterte Auflage 2010

Alle Rechte vorbehalten
© Vieweg+Teubner Verlag | Springer Fachmedien Wiesbaden GmbH 2010

Lektorat: Christel Roß | Maren Mithöfer

Vieweg+Teubner Verlag ist eine Marke von Springer Fachmedien.
Springer Fachmedien ist Teil der Fachverlagsgruppe Springer Science+Business Media.
www.viewegteubner.de

Die Wiedergabe von Gebrauchsnamen, Handelsnamen, Warenbezeichnungen usw. in diesem Werk
berechtigt auch ohne besondere Kennzeichnung nicht zu der Annahme, dass solche Namen im
Sinne der Warenzeichen- und Markenschutz-Gesetzgebung als frei zu betrachten wären und daher
von jedermann benutzt werden dürften.

Umschlaggestaltung: KünkelLopka Medienentwicklung, Heidelberg
Technische Redaktion: FROMM MediaDesign, Selters/Ts.

Gedruckt auf säurefreiem und chlorfrei gebleichtem Papier.

ISBN 978-3-8348-0842-4

Vorwort zur 2. Auflage

Gegenüber der ersten Auflage haben wir alle Themenbereiche überarbeitet, die erforderlichen Aktualisierungen vorgenommen (z. B. ITIL V3, COBIT 4.1) und zusätzliche praktische Beispiele eingeflochten. Weiterhin wurde diese Auflage unter anderem um die Themen „Risk IT", „IT-Compliance", „Software-as-a-Service", „PRINCE2", „Green IT" und „IT-Industrialisierung" erweitert.

Bedanken möchten wir uns bei Herrn Prof. Dr. Thomas Doyé, Hochschule Ingolstadt, und bei Frau Dr. Martina Schollmeyer, BMW Group. Beide haben eigenständige Kapitel beigesteuert.

Wertvolle Hinweise stammen von den Herren Dr. Albert Fleischmann (jCOM1 AG), Wolfgang Friedel (Fachberater für Datenschutz und Datensicherheit), Markus Gaulke (KPMG AG Wirtschaftsprüfungsgesellschaft, ISACA Germany Chapter e.V.), Dr. Holger von Jouanne-Diedrich (Siemens AG) und Martin Turinsky (Audi AG).

Auch für die Anregungen und positiven Kommentare von Kolleginnen und Kollegen als Reaktion auf die erste Auflage möchten wir uns ganz herzlich bedanken.

Wir wünschen unseren Leserinnen und Lesern wiederum viel Spaß bei der Lektüre und viel Erfolg bei der Umsetzung der behandelten Themen. Für Hinweise sind wir jederzeit dankbar.

Ingolstadt, im Januar 2010

Jürgen Hofmann und Werner Schmidt

Vorwort zur 1. Auflage

Unternehmen sehen sich heute unter anderem einem dynamischen Wettbewerbsumfeld, auch als Folge einer zunehmenden Globalisierung mit neuen Beschaffungsmöglichkeiten und weltweiten Konkurrenten, und einer dynamisch fortschreitenden Technologieentwicklung gegenüber. Gleichzeitig nimmt die Bedeutung der IT zur Unterstützung der Geschäftsprozesse stetig weiter zu.

Vor diesem Hintergrund existiert für IT-Führungskräfte eine Vielzahl von Herausforderungen, die sich beispielsweise in folgenden Themen widerspiegeln:

- Nachweis des Wertbeitrags oder zumindest der Wirtschaftlichkeit der IT,

- Abstimmung von IT- und Unternehmensstrategie (Alignment),

- Einhalten gesetzlicher Vorgaben und anderer Regulierungsanforderungen (Compliance),

- Erfüllen von Sicherheitsanforderungen,

- Festlegen des IT-Outsourcinggrades und der Strategien zur Lieferanten-/Dienstleisterauswahl (Sourcing).

Dieses Buch gibt einen Gesamtüberblick über die aus den genannten Themen ableitbaren Aufgabenstellungen und Handlungsfelder im IT-Management und illustriert die hierfür erforderlichen Maßnahmen anhand von ausgewählten Beispielen aus der betrieblichen Praxis („Common Practices")*. Der Leser erhält so einen wertvollen Orientierungsrahmen für die Ausgestaltung des Aufgabenspektrums von IT-Managern. Dabei richtet sich das Hauptaugenmerk auf IT-Anwendungsunternehmen, welche die IT im Wesentlichen zur Unterstützung ihrer Geschäftsprozesse heranziehen, und nicht auf Unternehmen, welche Systeme und Lösungen herstellen und/oder anbieten.

---

* Deswegen werden an einzelnen Stellen konkrete Softwareprodukte und Anbieter genannt, obwohl uns bewusst ist, dass gerade dieser Bereich von einem dynamischen Wandel des Marktes geprägt ist.

Demzufolge eignet sich das Buch insbesondere für IT-Fach- und -Führungskräfte von mittleren und Großunternehmen jeglicher Branchenzugehörigkeit, für Geschäftsführer von kleinen und mittleren Unternehmen (KMU) sowie für Studierende der Studiengänge Betriebswirtschaft, Wirtschaftsinformatik, Wirtschaftsingenieurwesen und Informatik oder entsprechender Weiterbildungsangebote.

Wir wünschen unseren Leserinnen und Lesern viel Spaß bei der Lektüre und viel Erfolg bei der Umsetzung der behandelten Themen. Für Hinweise sind wir jederzeit dankbar.

Ingolstadt, im Januar 2007

Jürgen Hofmann und Werner Schmidt

Inhaltsverzeichnis

Wolfgang Renninger

Werner Schmidt

Jürgen Hofmann

Oliver Toufar

7 IT-Recht _____ 335

Werner Schmidt

Einführung

In diesem Kapitel werden zunächst in Abschnitt 1.1 die Begriffe IT-Management und Informationsmanagement als Führungsaufgabe und die ihre Ausgestaltung beschreibenden Modelle erläutert. Abschnitt 1.2 geht auf die Ziele des Buches ein und beschreibt seinen Aufbau.

1.1 IT-Management und Informationsmanagement

In Theorie und Praxis werden die Begriffe IT-Management und Informationsmanagement zunehmend synonym verwendet (vgl. [ZARNEKOW2003, S. 7] und [KRCMAR2009, S. 31). Sie benennen eine Führungsaufgabe, die sich als Teil der Unternehmensführung mit der Erkennung und Umsetzung von Potenzialen der Informations- und Kommunikationstechnologien in Lösungen befasst [ZARNEKOW2004, S. 4 f.]. Für die Ausgestaltung dieser Aufgabe existiert eine Vielzahl von Modellen mit unterschiedlichen Perspektiven (vgl. [KRCMAR2009, S. 31 ff.]).

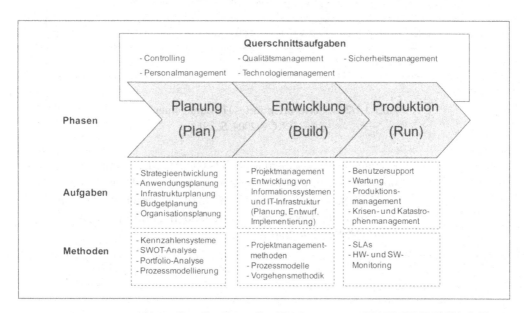

Abb. 1.1/1   Traditionelles IT-Management [ZARNEKOW2004, S. 7]

Abb. 1.1/1 zeigt eine am traditionellen IT-Managementprozess, d. h. an der Planung, Entwicklung und Produktion von Informationssystemen und IT-Infrastrukturen orientierte Sicht von Zarnekow und Brenner.

Dieselben Autoren greifen die zunehmende Serviceorientierung der IT auf und überführen die traditionelle Sicht in ein Marktmodell mit „Source", „Make" und „Deliver" als Hauptprozesse sowie „Plan" und „Enable" als Unterstützungsprozesse (siehe Abb. 1.1/2).

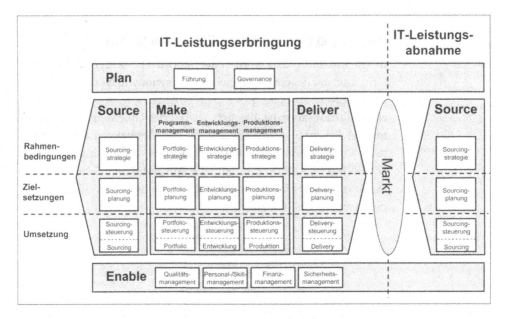

Abb. 1.1/2   Serviceorientiertes IT-Management
[ZARNEKOW2004, S. 19]

Krcmar stellt bei seinem Modell (siehe Abb. 1.1/3) mit der Informationswirtschaft, den Informationssystemen und der Informations- und Kommunikationstechnik die Managementobjekte in den Vordergrund, flankiert von übergreifenden Führungsaufgaben (vgl. [KRCMAR2009, S. 50 ff.]).

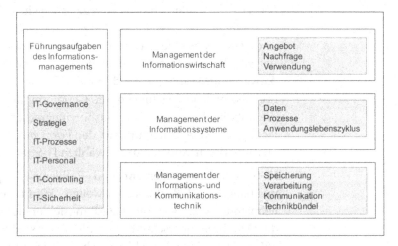

Abb. 1.1/3   Modell des IT-Managements von Krcmar

Das Verständnis von IT-Management im vorliegenden Buch orientiert sich weitgehend an diesen Ansätzen des IT-Managements und wird in Abb. 1.1/4 dargestellt.

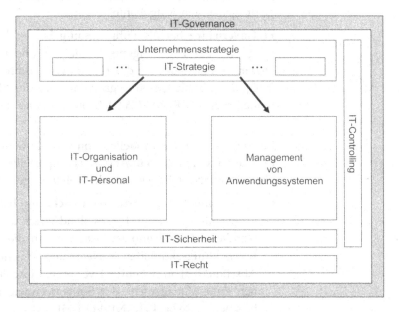

Abb. 1.1/4   Modell des IT-Managements

Die aus der Unternehmensstrategie abgeleitete **IT-Strategie** gibt den Rahmen vor für die Gestaltung der wesentlichen Aufgaben und Handlungsfelder hinsichtlich **IT-Organisation** und **IT-Personal** auf der einen Seite und in Bezug auf das **Management von Anwendungssystemen** auf der anderen Seite. So hängen aufbau-organisatorische Regelungen, die Gestaltung der IT-Prozesse oder die Entscheidung über den Outsourcinggrad ebenso wie die Festlegung der IT-Architektur und der Form des Managements von Hard- und Software von der gewählten IT-Strategie ab.

IT-Sicherheitsmanagement und Problemstellungen im Zusammenhang mit **IT-Recht** stellen weitere, künftig an Bedeutung zunehmende Aufgaben und Handlungsfelder des IT-Managements dar. Mit ihrem querschnittlichen Charakter sind sie in beiden oben aufgeführten Aufgabenfeldern zu berücksichtigen.

IT-Controlling ist ein Instrument zur Entscheidungsvorbereitung im Rahmen der zielsetzungsgerechten Nutzung von IT-Ressourcen einschließlich der dazu notwendigen Steuerungssysteme und -prozesse. Die Koordination dieser Aktivitäten hat funktions- und bereichsübergreifend zu erfolgen. IT-Controlling flankiert demzufolge die genannten Aufgabenfelder.

IT-Governance hat als Führungsaufgabe der Unternehmensführung und des IT-Managements die zielgerichtete und effektive Steuerung und Nutzung der IT zum Gegenstand [BAURSCHMID 2005]. Sie gibt als Gestaltungsaufgabe auf der Metaebene des IT-Managements [KRCMAR2009, S. 360 ff.] quasi den Gesamtrahmen vor.

Im Vergleich zu den Modellen von Zarnekow und Brenner sowie Krcmar werden in dem in Abb. 1.1/4 dargestellten Modell folgende Themenbereiche teilweise oder komplett ausgeblendet:

- **Management der Softwareentwicklung** hat bei IT-Anwendungsunternehmen in Deutschland durch das Vordringen von Standardsoftware und insgesamt durch die Verlagerung von Entwicklungsaktivitäten in Near- und Off-Shore-Länder (siehe Abschnitt 3.5) an Bedeutung verloren. Einschlägige Informationen zum Management der Softwareentwicklung findet man beispielsweise bei [STEINWEG2005].

- **IT-Projektmanagement** wird in den Abschnitten 2.3.6.3 und 3.3 angesprochen. Zur weiteren Beschäftigung mit diesem Thema kann auf die umfangreiche Literatur [BRUGGER 2005, HEIL-MANN2003, ROSEN2004, WIECZORREK2005 oder WINKEL-HOFER2005] verwiesen werden.

- **IT-Risikomanagement** bezieht sich auf sämtliche Risikofelder im Zusammenhang mit IT. Es umfasst somit viele Facetten, beispielsweise Risiken bei IT-Projekten oder IT-Sicherheitsrisiken. Seibold behandelt diesen Themenkomplex umfassend [SEI-BOLD2006]. Der in Wissenschaft und Praxis am stärksten beachtete Aspekt von IT-Risikomanagement, das Management von IT-Sicherheitsrisiken, ist Gegenstand von Kapitel sechs.

- Das **Management von Daten, Informationen** und **Wissen** wird in diesem Buch nicht explizit behandelt. Eine ausführliche Auseinandersetzung mit diesem Thema findet man beispielsweise bei [BODENDORF2005] oder [DIPPOLD2005].

1.2   Ziel und Aufbau des Buches

Ziel des vorliegenden Buches ist es, eine praxisorientierte und strukturierte Darstellung wesentlicher Aufgabenstellungen und Handlungsfelder im IT-Management zu geben. Die hierfür erforderlichen Maßnahmen werden anhand von ausgewählten Beispielen aus der betrieblichen Praxis illustriert. Der Leser erhält so einen wertvollen Orientierungsrahmen für die Ausgestaltung des Aufgabenspektrums von Führungskräften im IT-Management. Dabei richtet sich das Hauptaugenmerk auf IT-Anwendungsunternehmen, welche die IT im Wesentlichen zur Unterstützung ihrer Geschäftsprozesse heranziehen, und nicht auf Unternehmen, welche Systeme und Lösungen herstellen und/oder anbieten.

Das Buch ist entsprechend dem in Abb. 1.1/4 dargestellten Begriffsverständnis von IT-Management wie folgt aufgebaut:

Nach dieser Einführung beschäftigt sich das zweite Kapitel mit der Entwicklung der **IT-Strategie**. Dabei werden zunächst die Informationssysteme-, die Informations- und Kommunikationstechnik- und die Informationsmanagementstrategie als Teilstrategien in einen Kontext mit der Unternehmensstrategie gestellt. Die Ausgangssituation für strategisches IT-Management wird einerseits anhand der gewachsenen Bedeutung der IT – vom Rationalisierungsinstrument zur strategischen Waffe – dargestellt. Andererseits führen vorhandene Managementdefizite dazu, dass manche Unternehmen IT-Potenziale weniger erfolgreich ausschöpfen als andere. Dieser in Unternehmen unterschiedliche Reifegrad von IT und IT-Management wird mit ausgewählten Reifegradmodellen beschrieben. Einen breiten Raum nimmt in diesem Abschnitt der Prozess der IT-Strategieentwicklung mit den Hauptphasen Situationsanalyse, Zieldefinition, Strategieformulierung und Maßnahmenplanung ein. Großer Wert wird dabei auf die Vorstellung geeigneter Methoden zur Unterstützung der einzelnen Phasen gelegt. Der Abstimmung von IT- und Unternehmensstrategie ist wegen ihrer Bedeutung ein eigenes Unterkapitel gewidmet. Als Abschluss des Kapitels veranschaulicht ein Beispiel aus der betrieblichen Praxis das vorher dargestellte Vorgehen bei der IT-Strategieentwicklung.

Das dritte Kapitel befasst sich mit **IT-Organisation und Personal**. Zunächst werden grundsätzliche aufbauorganisatorische Regelungen wie die Einordnung des IT-Bereichs in das Unternehmen, der Aufbau und die Kompetenzen des IT-Bereichs und die Rolle der IT-Leitung behandelt. Ein in jüngerer Zeit erfolgter Paradigmenwechsel von der Technikfokussierung hin zur Serviceorientierung bildet den Ausgangspunkt für die Behandlung der IT-Prozesse, vor allem mit Blick auf die Referenzprozesse der IT Infrastructure Library (ITIL). Als Abschluss dieser Thematik veranschaulicht ein Beispiel aus der betrieblichen Praxis die Einführung von IT-Prozessen auf der Basis von ITIL.

IT-Projekte als wichtige Realisierungsform einmaliger IT-Aufgaben werden charakterisiert und auf ihre Besonderheit im Vergleich zu anderen Projekten hin untersucht. Auch werden verschiedene Formen von IT-Projektorganisationen sowie die Projektmanagementmethode PRINCE2 vorgestellt. Der Abschnitt „IT-Personal" geht auf die aktuelle Situation am Arbeitsmarkt für IT-Personal ein, erläutert die Möglichkeiten zur Gewinnung von IT-Personal, beschreibt die vielfältigen Aus- und Weiterbildungsmöglichkeiten sowie die Vergütungsaspekte für IT-Personal. Anschließend werden im Abschnitt „IT-Outsourcing" das Wesen von IT-Outsourcing, seine in praxi anzutreffenden Erscheinungsformen und die Vorgehensweise bei IT-Outsourcingprojekten behandelt. Das Kapitel wird mit dem Thema „Green IT" abgeschlossen, das als zunehmend wichtige Aufgabe des IT-Managements viele der in diesem Buch angesprochenen Themenfelder berührt.

IT-Controlling ist Gegenstand von Kapitel vier. Zunächst wird ein grundlegendes Begriffsverständnis geschaffen, das Verhältnis von IT-Controlling und IT-Management dargestellt und der Controllingregelkreis veranschaulicht. Typische Elemente und Eigenschaften von IT-Controlling werden im Teilabschnitt Dimensionen behandelt. Dabei werden in Literatur und Praxis anzutreffende Erscheinungsformen und Objekte von IT-Controlling vorgestellt. Die organisatorische Einbettung dieser Funktion und Instrumente für den IT-Controller schließen sich an. Die Balanced IT Scorecard als ein modernes Steuerungsinstrument rundet das Bild dieses Teilgebietes ab.

Das **Management von Anwendungssystemen** mit den Unterpunkten Architekturmanagement und Management von Hard- und Software wird in Kapitel fünf thematisiert. Ausgehend von einem vorgestellten Architekturverständnis werden die Motivation für die Beschäftigung mit dem Thema Architekturmanagement, die damit verfolgten Ziele und daran gestellten Anforderungen herausgearbeitet. Die mögliche Werkzeugunterstützung und ein praktisches Beispiel bilden den Schlusspunkt des ersten Teils dieses Kapitels. Im Unterpunkt Management von Hard- und Software wird zunächst der Bezug zu ITIL hergestellt. Im Anschluss an die Behandlung von Netzwerkmanagement bilden die Teilaspekte von Client Management, wie Inventory Management oder Lizenzmanagement, sowie die jeweils mögliche Werkzeugunterstützung den Hauptteil dieses Teilkapitels. Es wird ebenfalls mit einem Praxisbeispiel abgeschlossen.

IT-Sicherheitsmanagement wird in Kapitel sechs behandelt. Grundlagen für dieses Kapitel stellen die wachsende Bedeutung von IT-Sicherheitsmanagement in Unternehmen, beispielsweise durch die zunehmende Abhängigkeit von der IT, steigende gesetzliche Anforderungen und Standards zur IT-Sicherheit, dar. Der Prozess „IT-Sicherheitsmanagement" mit den Phasen Entwicklung, Realisierung und Betrieb wird zunächst allgemein und dann unter Verwendung des BSI[1]-Grundschutzansatzes veranschaulicht. Die Zertifizierung von IT-Sicherheitsmanagement, Werkzeuge zur Un-

---

1   Bundesamt für Sicherheit in der Informationstechnik.

terstützung des Prozesses „IT-Sicherheitsmanagement" und aufbauorganisatorische Aspekte, wie der Aufbau einer IT-Sicherheitsorganisation oder Optionen für die Bestellung eines Datenschutzbeauftragten, runden diesen Abschnitt ab.

In Kapitel sieben wird ein Überblick über wichtige Teilbereiche von **IT-Recht** gegeben, mit denen IT-Führungskräfte in Berührung kommen. Im ersten Teilabschnitt werden die unterschiedlichen Typen von IT-Verträgen klassifiziert, ihre wichtigen Bestandteile herausgearbeitet und ihre Risiken dargestellt. Rechtliche Aspekte im Zusammenhang mit E-Business, beispielsweise mit den Themen Vertragsabschluss, Willenserklärungen und Allgemeine Geschäftsbedingungen (AGB) sowie digitale Signatur, sind Inhalt des zweiten Teilabschnitts. Teilabschnitt drei befasst sich mit Regelungen für die betriebliche Internetnutzung, wie z. B. dem Aufbau einer betrieblichen IT-Richtlinie. Weitere Aspekte von Compliance finden sich kontextbezogen in anderen Abschnitten des Buches.

Kapitel acht setzt sich mit **IT-Governance** auseinander. Zunächst werden der Begriff und der Zusammenhang mit dem IT-Management erläutert, ehe die Aufgaben im IT-Governance-Kreislauf im Kontext der Governance-Risk-Compliance-(GRC-)Trias dargestellt werden. Anschließend wird mit den Control Objectives for Information and Related Technology (COBIT) ein international anerkanntes Framework für IT-Governance behandelt. Ausführungen zu den Frameworks Val IT und Risk IT, welche sich in engem Bezug zu COBIT auf den Wertbeitrag von IT-Investitionen und das IT-Risikomanagement richten, setzen den Schlusspunkt.

1.3   Literatur zu Kapitel 1

[BAURSCHMID2005]

Baurschmid, M., Vergleichende Buchbesprechung IT-Governance, Wirtschaftsinformatik 47 (2005) 6, S. 448–463.

[BODENDORF2005]

Bodendorf, F., Daten- und Wissensmanagement, Berlin u. a. 2005.

[BRUGGER2005]

Brugger, R., IT-Projekte strukturiert realisieren, Wiesbaden 2005.

[DIPPOLD2005]

Dippold, R., Meier, A., Schnider, W. und Schwinn, K., Unternehmensweites Datenmanagement – Von der Datenbankadministration bis zum Informationsmanagement, Wiesbaden 2005.

[HEILMANN2003]

Heilmann, H., Etzel, H.-J. und Richter, R., IT-Projektmanagement – Fallstricke und Erfolgsfaktoren, Heidelberg 2003.

[KRCMAR2009]

Krcmar, H., Informationsmanagement, 5. Auflage, Berlin 2009.

[ROSEN2004]

Rosen, A., Effective IT project management, New York 2004.

[SEIBOLD2006]

Seibold, H., IT-Risikomanagement, München und Wien 2006.

[STEINWEG2005]

Steinweg, C., Management der Software-Entwicklung, Projektkompass für die Erstellung von leistungsfähigen IT-Systemen, Wiesbaden 2005.

[WIECZORREK2005]

Wieczorrek, H., Mertens, P., Management von IT-Projekten, Berlin 2005.

[WINKELHOFER2005]

Winkelhofer, G., Management- und Projektmethoden, Berlin 2005.

[ZARNEKOW2003]

Zarnekow, R. und Brenner, W., Auf dem Weg zu einem produkt- und dienstleistungsorientierten IT-Management, HMD – Praxis der Wirtschaftsinformatik 40 (2003) 232, S. 7–16.

[ZARNEKOW2004]

Zarnekow, R. und Brenner, W., Integriertes Informationsmanagement: Vom Plan, Build, Run zum Source, Make, Deliver, in: Zarnekow, R., Brenner, W. und Grohmann, H. (Hrsg.), Informationsmanagement, Heidelberg 2004, S. 3–24.

2 IT-Strategie

Gegenstand des folgenden Kapitels ist die IT-Strategie. Nach der Begriffsklärung werden mit dem Wertbeitrag der IT, vorhandenen Defiziten bei der Ausschöpfung ihrer Potenziale und dem Reifegrad von IT und IT-Management wesentliche Bestimmungsfaktoren für die Ausgangssituation des strategischen IT-Managements in Organisationen beleuchtet. Auf dieser Basis folgt die Behandlung des Prozesses der IT-Strategieentwicklung mit Bestimmung des Betrachtungsbereichs, Situationsanalyse, Zieldefinition, Strategieformulierung und Maßnahmenplanung. Der dabei bereits angesprochenen Abstimmung von IT-Strategie und Unternehmensstrategie ist wegen ihrer Bedeutung anschließend ein eigenes Unterkapitel gewidmet. Ein Unternehmensbeispiel für den Prozess der IT-Strategieentwicklung in der Praxis und sein Ergebnis schließt das Kapitel ab.

2.1 Begriffsverständnis und Einordnung

Das **Verständnis von IT-Strategie** in diesem Buch orientiert sich inhaltlich an dem von Earl unter der Bezeichnung „Three levels of strategy in IT" eingeführten Konzept. Abgeleitet aus der Geschäftsstrategie besteht die IT-Strategie demnach aus **drei zusammenhängenden Teilstrategien** (vgl. Abb. 2.1/1):

- Die **Informationssysteme-Strategie (IS-Strategie)** legt fest, welche Informationssysteme (Applikationen) realisiert werden sollen, um die Unternehmensstrategie wirkungsvoll zu unterstützen. Sie orientiert sich damit an der Nachfrage nach IT-Lösungen durch jene Geschäftsprozesse, die der Umsetzung der Unternehmensstrategie dienen sollen. Im Zentrum steht die Frage, welche Anwendungen aus Geschäftssicht gebraucht werden (what is required?). Da strategische Geschäftseinheiten innerhalb eines Unternehmens verschiedene strategische Ausrichtungen und damit unterschiedliche Prozesse haben können, existieren auf dieser Ebene oft auch geschäftsfeldspezifische Informationssysteme-Strategien. Diese sind mit der übergeordneten, unternehmensweiten IS-Strategie zu integrieren.

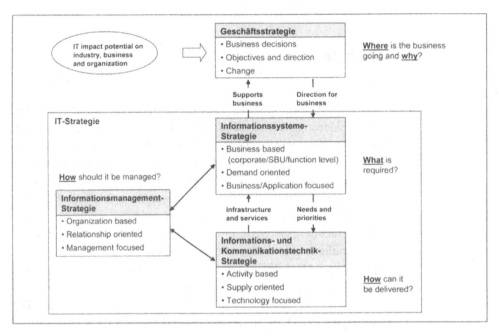

Abb. 2.1/1   Ebenen der IT-Strategie (angelehnt an
            [EARL1989, S. 64] und [WARD2003, S. 41])

- Gegenstand der **Informations- und Kommunikationstechnik-Strategie (IKT-Strategie)** ist der technologische Handlungsrahmen für die Realisierung und den Betrieb der in der IS-Strategie definierten Systeme. Es geht um die Versorgung mit technischer Infrastruktur und Diensten, auf deren Basis die Applikationslandschaft aufgebaut werden kann. Die zu beantwortende Frage ist, wie die benötigten Services bereitgestellt werden können (how can it be delivered?).

- Die **Informationsmanagement-Strategie (IM-Strategie)** regelt die organisatorische Ausgestaltung des IT-Managements. Regelungsgegenstände sind unter anderem aufbau- und ablauforganisatorische Aspekte (Führungskonzept, Strukturen und Prozesse) der IT sowie deren Positionierung in der Gesamtorganisation und die damit verbundenen Beziehungen zu anderen Organisationseinheiten, insbesondere den Fachbereichen (how should it be managed?)[2].

---

2   Vergleiche hierzu die Abschnitte 3.1 und 3.2.

Die Definition der so verstandenen IT-Strategie ist zentrale Aufgabe des **strategischen IT-Managements**. Die Strategieformulierung steckt den Rahmen für die Gegenstände und Aufgaben auf der taktischen und operativen Managementebene ab (vgl. Tab. 2.1/1).

Tab. 2.1/1   Ebenen des IT-Managements
(angelehnt an [HEINRICH2002, S. 21])

Management-ebene	Gegenstand	Ausgewählte Aufgaben

Strategisch	Langfristige Ausrichtung der IT an den Unternehmenszielen	▪ Entwicklung der IT-Strategie
		  – Strategische Situationsanalyse
		  – Strategische Zielplanung
		  – Strategieformulierung
		  – Strategische Maßnahmenplanung
		
		▪ Qualitätsmanagement
		▪ Technologiemanagement
		▪ Controlling, Revision, Risikomanagement

Taktisch/ administrativ	Implementierung der Strategie	▪ Projekt- und Personalmanagement ▪ Daten- und Geschäftsprozessmanagement ▪ Lebenszyklusmanagement
Operativ	Betrieb und Nutzung der existierenden Infrastruktur	▪ Produktionsmanagement ▪ Problemmanagement ▪ Benutzerservice

2.2   Ausgangssituation für strategisches IT-Management

2.2.1   Wertbeitrag der IT

Mit dem Herausbilden einer neuen Art von IT-Lösungen, den **Strategischen Informationssystemen (SIS)**, ging Anfang der 1980er Jahre eine Erweiterung der Bedeutung der IT einher. Der **Wertbeitrag der IT** zum Unternehmenserfolg beschränkte sich nicht mehr nur auf die Rationalisierung administrativer Aufgaben wie der Finanzbuchhaltung (Ära „**Data Processing Systems (DPS)**") und Lieferung von Informationen für bessere Managemententscheidungen (Ära „**Management Information Systems (MIS)**"). Vielmehr zielten SIS darauf ab, die Wettbewerbsfähigkeit des Unternehmens zu steigern und ihm Wettbewerbsvorteile zu verschaffen (Ära „**SIS**"). Damit wurde der IT mit entsprechend ausgeprägten Lösungen zusätzlich die Rolle einer „**strategischen Waffe**" zugeschrieben. Tab. 2.2.1/1 gibt Aufschluss über die Bedeutung der IT aus heutiger Sicht, indem sie deren Einfluss auf unterschiedliche Objekte aufzeigt und mit Beispielen verdeutlicht.

Tab. 2.2.1/1   Einfluss der IT

Objekt der Beeinflussung	Art der Beeinflussung	Beispiele
Volkswirtschaft	Verursachung und Verstärkung von Veränderungsprozessen	Begünstigung von Rationalisierung, Globalisierung; Ermöglichung virtueller Unternehmen
Branche	Fundamentale Veränderungen der Natur der Branche	Onlinebanken und Onlinebroker
Unternehmen		
▪ Wettbewerb	Veränderung der Wettbewerbskräfte	Aufbau von Austrittsbarrieren durch kostenlose Software (z. B. E-Banking-Client)
▪ Strategie	Unterstützung der Strategie	Internetbasiertes Build-to-order-Prinzip und Direktvertrieb
▪ Planung	Durchdringung der Managementhierarchie	Planungs- und Kontrollsysteme in Form von Business-Intelligence-Lösungen
▪ Tagesgeschäft	Durchdringung der gesamten Wertschöpfungskette; Unabdingbare Voraussetzung für effiziente Prozesse	Administrations- und Dispositionssysteme in Form von ERP[3]-Lösungen; Auftragabwicklung im Versandhandel

Mit der sich wandelnden Sicht der IT als Kostenfaktor, als Vermögenswert, als Geschäftspartner und schließlich als Quelle von Wettbewerbsvorteilen geht die alternierende Rolle der IT-Abteilung als Cost Center, Service Center, Profit Center und Strategic Investment Center einher [GADATSCH2005, S. 34 f.].

Ein einfaches Instrument für die grundlegende Einschätzung des Wertbeitrags der IT auf Branchen- und Unternehmensebene ist die von Porter und Millar vorgestellte **Information Intensity Matrix (Informationsintensitätsportfolio)** [PORTER1985]. Als „Awareness Framework" liefert es erste Anhaltspunkte für das Potenzial der IT im Hinblick auf die Erlangung strategischer Vorteile [EARL1989, S. 45]. Grundgedanke ist, dass die IT umso mehr Be-

---

3   Enterprise Resource Planning.

deutung erhält, je höher der Informationsgehalt des Produktes oder der Dienstleistung ist und je informationsintensiver sich der Leistungserstellungsprozess gestaltet. In Abb. 2.2.1/1 ist die über diese beiden Dimensionen aufgespannte Matrix zu sehen. In die dadurch entstehenden Felder sind beispielhaft Produkte und Dienstleistungen positioniert.

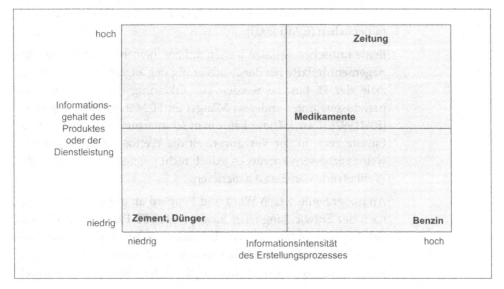

Abb. 2.2.1/1   Informationsintensitätsportfolio
(angelehnt an [KRCMAR2009, S. 404])

Über eine solche Ersteinschätzung hinaus sind eingehende Analysen im Rahmen der IT-Strategieentwicklung nötig, um auf die konkrete Unternehmenssituation bezogene Aussagen treffen zu können. Diese werden ausführlich in Abschnitt 2.3.3 behandelt.

2.2.2 Defizite bei der Realisierung der Potenziale der IT

Es gibt eine Reihe von kritischen Betrachtungen, die den im vorangegangenen Abschnitt skizzierten Stellenwert und Wertbeitrag der IT hinterfragen oder anzweifeln.

Beispielsweise besagt das **Produktivitätsparadoxon**, dass in Unternehmen die Produktivität trotz Steigerung der IT-Investitionen, des IT-Einsatzes und der Leistungsfähigkeit der Technik nicht signifikant zunimmt. Diese durch empirische Untersuchungen untermauerte These bezieht sich auf ganze Branchen, einzelne Unternehmen und einzelne Stellen [BRYNJOLFSSON1993].

Die provokante Aussage **„IT Doesn't Matter"** von Carr fasst eine Reihe von Thesen zusammen, wonach die IT zu einem alltäglichen Gebrauchsgut (Commodity) wie Elektrizität geworden ist und somit keinen wettbewerbsrelevanten Mehrwert mehr schafft. Sorgfältige Wirtschaftlichkeitsnachweise würden bei IT-Projekten häufig vernachlässigt, sodass hohen Ausgaben unklare Nutzeffekte gegenüberstehen [CARR2003].

Beide kritischen Ansätze weisen auf anscheinend vorhandene **Managementdefizite** bei der Realisierung der angesprochenen Potenziale der IT hin. So werden zur Erklärung des Produktivitätsparadoxons unter anderem Mängel im IT-Management angeführt [RAI1997]. Carr's These kann man so interpretieren, dass der IT-Einsatz zwar in der Vergangenheit die Wettbewerbsposition zeitweise verbessern konnte, es jedoch nicht gelingt, mit IT nachhaltig Wettbewerbsvorteile zu generieren.

An dieser Stelle setzen Ward und Peppard an mit ihrer Forderung nach der Entwicklung einer ausgeprägten **IT-Fähigkeit (IS/IT Capability)** der Organisation (vgl. Abschnitt 2.2.3). Damit soll ein höherer Reifegrad des IT-Managements und damit der IT erreicht werden, der zur besseren Ausschöpfung der Potenziale führen soll.

2.2.3   Reifegrad der IT und des IT-Managements

Es existieren viele Unternehmen wie DELL, Cisco, Amazon etc., die freie, für alle verfügbare Technologie verwenden (z. B. Internettechnologie oder Standardsoftware für ERP) und trotzdem in der Nutzung erfolgreicher sind als andere. Dies lässt zusammen mit den Ausführungen in Abschnitt 2.2.2 den Schluss zu, dass es einigen Organisationen besser gelingt als anderen, den Einsatz der IT zu planen, zu organisieren und durchzuführen. Gründe dafür dürften in einer höheren Reife bezüglich der IT und deren Management liegen. Um Anhaltspunkte für diese Reife zu erhalten, wurden bereits seit den 1970er Jahren **Reifegradmodelle** entwickelt, von denen im Folgenden eine Auswahl vorgestellt wird.

▪ **Six Stages of IT Growth**

Ein bekanntes und weit verbreitetes Modell sind die „Six Stages of IT Growth" von Nolan und Gibson [NOLAN1979 und TUR-

BAN2004, S. 404 f.][4]. Basis bildete die Analyse von Nutzung und Management der IT in einer großen Zahl amerikanischer Organisationen. Verwendete Kriterien waren unter anderem IT-Ausgaben, technologische Infrastruktur, Anwendungsportfolio (hierarchisch gegliedert in Administrations-, Planungs- und Kontrollsysteme), Einbeziehung der Anwender sowie die Organisation und Planungs- und Kontrollverfahren der IT. Das Ergebnis der Analyse ist in Abb. 2.2.3/1 zu sehen.

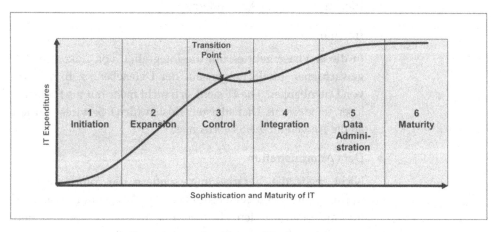

Abb. 2.2.3/1   Six Stages of IT Growth

Die Phasen sind wie folgt gekennzeichnet (vgl. [TURBAN2003, S. 405], [WARD2003, S. 10] und [MCNURLIN1998, S. 103 f.]):

- **Initiation**

  In der Startphase kommen Administrationssysteme zur Automatisierung der Massendatenverarbeitung (z. B. Buchhaltung) zum Einsatz. Der Schwerpunkt liegt auf der Kostenreduzierung, bei sichtbaren Erfolgen steigt das Interesse an Lösungen. Das Interesse beim Management bleibt jedoch eher gering.

- **Expansion**

  Der Einsatz von IT und die damit verbundenen Kosten steigen rapide, da immer mehr Benutzer die Nutzeffekte realisieren wollen. Es sind Tendenzen zur Zentralisierung festzustellen,

---

4   Eine frühe Version umfasst nur vier Phasen [NOLAN1974].

die IT erregt jedoch immer noch relativ geringe Aufmerksamkeit beim Management.

- **Control**

  Die starke Ausbreitung, ungeplanter Wildwuchs von meist isolierten Lösungen und zunehmende Kosten führen zu verstärkten Managementaktivitäten. Die Etablierung von detaillierten Kosten/Nutzen-Analysen, formaler Planung und von Methoden und Standards führt häufig zu Anwendungsstaus und Unzufriedenheit bei den Anwendern.

- **Integration**

  In dieser Phase geht es um die Integration von unkontrolliert gewachsenen Insellösungen auf der Datenebene z. B. mithilfe von Datenbanken. Die IT sieht sich nicht mehr nur als Problemlöser, sondern als Dienstleister. Kosten für IT-Services werden an die Anwender weiterverrechnet.

- **Data Administration**

  Nicht mehr die Verarbeitung, sondern die Informationsbedürfnisse der Benutzer bestimmen das Anwendungsportfolio. Informationen werden als wertvolle Ressource gesehen und mithilfe von Datenbanktechnologie innerhalb der Organisation flächendeckend zugänglich gemacht.

- **Maturity**

  Planung und Entwicklung der IT erfolgen in enger Abstimmung mit der Unternehmensplanung. Integrierte, unternehmensweite IT-Lösungen sind im Einsatz, die IT ist ein echter strategischer Partner geworden.

Die in Abb. 2.2.3/1 sichtbare Kostenkurve spiegelt die **organisationale Lern- und Erfahrungskurve** wieder. Um die Lern- und Erfahrungseffekte realisieren zu können, darf keine Phase ausgelassen werden. Ein Unternehmen kann sich aber bei unterschiedlichen Technologien durchaus in verschiedenen Stadien bezüglich deren Adoption befinden (z. B. „Maturity" bei terminalorientiertem Mainframe Computing und „Integration bei PC-basiertem Enduser Computing"), was die Managementkomplexität erhöht (vgl. [EARL1989, S. 27 f.] und [MCNURLIN1998, S. 104]).

Trotz Kritik wegen Inkonsistenzen, zu starker Vereinfachung von Zusammenhängen und mangelnder Abdeckung der Ära der strategischen Informationssysteme hat das Modell in der Praxis bemerkenswerten Einfluss auf das IT-Management genommen. Organisationen nutzen es unter anderem für individuelle Benchmarks, d. h. für die Positionsbestimmung und die Beurteilung, wie gut sie mit der sich verändernden Bedeutung der IT umzugehen verstehen [WARD2003, S. 8 ff.].

▪ Drei-Ären-Modell

Ward und Peppard greifen den Six-Stages-Ansatz und die daran geübte Kritik auf. Sie nehmen die Überlegungen zur Evolution der Rolle der IT in Organisationen als Ausgangspunkt und teilen die sechs Stadien zunächst zwischen „Control" und „Integration" in die zwei Ären der Data Processing Systems und der Management Information Systems. Beim Übergang zwischen diesen kommt es zu signifikanten Änderungen des IT-Managements bezüglich der Fragestellung „who managed what for whom, and how" [WARD2003, S. 12]. Anschließend ergänzen die Autoren als dritte Ära die der Strategischen Informationssysteme (vgl. Abschnitt 2.2.1).

Die Ergänzung soll den **veränderten Managementanforderungen** durch die Verbreitung von Strategischen Informationssystemen Rechnung tragen [WARD2003, S. 22 ff.]. Zum einen ist dies die **Abstimmung der IT-Investitionen mit der Unternehmensstrategie (strategic alignment)** und umgekehrt die **Entwicklung eines Verständnisses für das Potenzial der IT für die Unternehmensstrategie (competitive impact/enabling analysis)**[5]. Tab. 2.2.3/1 differenziert die drei Ären anhand bestimmter Kategorien aus. Zu beachten ist, dass Systeme aller Ären in der Realität fortexistieren und oft aufeinander aufbauen. So bilden DPS die Basis für MIS und beide können wiederum Bausteine von SIS-Lösungen sein. Konsequenz sind zunehmend heterogene und komplexe Managementanforderungen, die es zu adressieren gilt.

---

5   Vergleiche hierzu auch Abschnitt 2.3.7.

Tab. 2.2.3/1   Drei-Ären-Modell zur Reife von IT
und IT-Management

Ära Kategorie	Data Processing Systems (DPS)	Management Information Systems (MIS)	Strategic Information Systems (SIS)
Beginn	1960er Jahre	1970er Jahre	1980er Jahre
Zweck	Effizienzsteigerung bei operativen Prozessen	Effektivitätssteigerung bei Entscheidungen	Steigerung der Wettbewerbsfähigkeit
Mittel	Automatisierung	Bessere Informationsbasis	Bessere Positionierung
Treiber	Technologie	Anwender	Geschäft
Verständnis von IT	Internes Instrument; IT-Investitionen rein anhand interner Kalküle	Internes Instrument; IT-Investitionen rein anhand interner Kalküle	zusätzlich nach außen gerichtetes Instrument mit Wechselwirkungen zur Umwelt (Kunden, Lieferanten, Wettbewerber etc.); IT-Investitionen auch unter Berücksichtigung externer Effekte
Managementfokus	Funktionale Anforderungen der Anwender; Design und Implementierung der Anwendung	Informationsbedürfnisse der Anwender; Integration von Daten	Ausrichtung der IT an der Unternehmensstrategie und Potenzial der IT für die Gestaltung der Unternehmensstrategie
Instrumente	Softwareengineering-Tools mit Schwerpunkt Systemdesign	Softwareengineering-Tools mit Schwerpunkt Informationsanalyse	Tools des strategischen Managements; Softwareengineering-Tools

▪ IT-Fähigkeit (IS/IT capability)

Die im Drei-Ären-Modell enthaltene Mitberücksichtigung der strategischen Informationssysteme greift nach Meinung von Ward und Peppard immer noch zu kurz. Begründet wird dies damit, dass die Wettbewerbsvorteile, die sich durch SIS erzielen lassen, selten von Dauer sind. Dies liegt daran, dass insbesondere solche SIS, die externe Geschäftspartner wie Kunden oder Lieferanten einbeziehen, relativ leicht kopierbar sind. Als Beispiel hierfür kann die Lösung der internetbasierten Paketverfolgung für Kunden dienen, mit der sich ein Paketdienstleistungsunternehmen lediglich ein paar Monate von Wettbewerbern abheben konnte, ehe diese einen vergleichbaren Service anboten. SIS müssen deshalb ständig so verändert und erweitert werden, dass sie für Wettbewerber „moving targets" darstellen [OZ2004, S. 54]. Ward und Peppard propagieren hierzu die bereits am Ende von Abschnitt 2.2.2 angesprochene stärkere Ausprägung der so genannten **IT-Fähigkeit (IS/IT Capability)** in Organisationen. Dadurch soll es gelingen, mit der IT nachhaltig Wertbeiträge zu liefern, also eine Art vorteilhaften „Dauerzustand" herzustellen, anstatt nur kurzfristige Wettbewerbsvorsprünge zu erlangen [WARD 2003, S. 603 ff.].

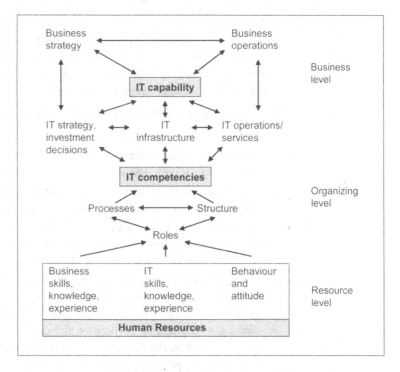

Abb. 2.2.3/2   Zusammenhang von Ressourcen, Kompetenzen und IT-Fähigkeit (angelehnt an [WARD2003, S. 609])

Jedes Unternehmen verfügt über eine solche IT-Fähigkeit. Ihre Qualität hängt jedoch von den **personellen Ressourcen** mit ihrem Wissen, ihren Fertigkeiten und ihrem Verhalten ab sowie davon, wie gut es gelingt, daraus **IT-Kompetenzen** zu entwickeln. Dazu bedarf es einer Organisation, innerhalb der sich die Mitarbeiterinnen und Mitarbeiter mit ihren genannten Attributen als Teil einer

aufbauorganisatorischen Struktur über **Rollen** (z. B. Prozessverantwortliche, Linienmanager von Fachbereichen, IT-Leiter etc.) in
die **Prozesse** der Organisation einbringen. Die erfolgreiche Nutzung der IT-Kompetenzen für die Entwicklung, Auswahl und Implementierung von **IT-Strategien,** damit verbundene **IT-Investitionsentscheidungen** sowie daraus abgeleitete **IT-Infrastrukturen**
und deren **operativen Betrieb** bilden den Kern einer **herausragen-
den IT-Fähigkeit**. Nur darüber lassen sich nachhaltig Vorteile für
Unternehmensstrategie und operatives Geschäft erzielen. Abb.
2.2.3/2 illustriert den erläuterten Zusammenhang.

Von hoher Bedeutung für den Weg von den Know-how-Trägern
mit ihren individuellen Fähigkeiten hin zur organisationsbezoge-
nen IT-Fähigkeit sind die nachfolgend dargestellten Aspekte. Sie
können einerseits als Voraussetzungen gelten, andererseits aber
auch Ergebnis des Reifungsprozesses sein:

- **Verbindung von Business- und IT-Know-how**

  Damit will man sicherstellen, dass Strategien zur Nutzung innovativer Technologien entwickelt und schnell, erfolgreich sowie flankiert vom nötigen Veränderungsmanagement umgesetzt werden. Dies betrifft beispielsweise die Ressourcenebene
  im Hinblick auf interdisziplinäre Qualifikationen beim Personal
  (Rekrutierung, Entwicklung etc.). Auf der organisatorischen
  Ebene sind Positionen, Rollen, Gremien zur Förderung der
  Kombination von Geschäfts- und IT-Wissen zu schaffen (z. B.
  IT-Beauftragte in Fachbereichen oder Jourfixes zum Austausch
  zwischen IT und Fachabteilungen). Auf der Geschäftsebene
  geht es in diesem Kontext unter anderem um die Sensibilisierung von Nicht-IT-Fachleuten für das Erkennen von Chancen und Risiken der IT für das Unternehmen. Umgekehrt müssen die IT-Repräsentanten mehr Geschäftswissen entwickeln,
  da der zunehmende Einsatz von Standardsoftware den Schwerpunkt bei den benötigten IT-Entwicklungskompetenzen immer
  mehr vom IT-Know-how hin zur Geschäfts- und Prozesskom-
  petenz verschiebt [ÖSTERLE2006, S. 374]. In diesem Kontext
  sprechen Österle und Kagermann von der **Transformations-
  kompetenz** der Unternehmen [ÖSTERLE2006].

- **Flexible, wiederverwendbare IT-Infrastruktur**

  Sie soll die technische Plattform bereitstellen, die sowohl innovative Anwendungen zur Unterstützung neuer oder veränder-

ter Prozesse und neuer Geschäftsinitiativen/-ideen ermöglicht, als auch schnelle Reaktionen auf Wettbewerbsaktivitäten zulässt.

- **Effektive Anwendungsprozesse**

  Damit sind wieder Regelungen auf der organisatorischen Ebene adressiert. Sie sollen generell den richtigen Umgang mit der Ressource Information und speziell den nutzbringenden Einsatz der IT-Infrastruktur garantieren. Letzteres betrifft vor allem den operativen Betrieb zur Erbringung der IT-Services sowie deren Nutzung durch die Anwender.

Fasst man die skizzierten Gedanken zur IT-Fähigkeit zusammen, wird deutlich, dass der Fokus weniger auf der Technologie selbst, als auf dem Personal sowie den Prozessen für Organisation und Management der IT, eingebettet in die gesamte Unternehmensführung, liegt[6]. IT-Fähigkeit ist deshalb zu verstehen als *„... something that is built into the very fabric of the organization to enable it continuously to identify, obtain and sustain the benefits available from astute IS/IT investment."* [WARD2003, S. 605]. Wesentlicher Erfolgsfaktor ist demnach überlegenes IT-Management, das empirischen Untersuchungen von [TALLON2000] zufolge nachweisbar zu höheren Wertbeiträgen der IT führt. Ein solch herausragendes IT-Management spiegelt sich unter anderem wider bei der Entwicklung der IT-Strategie, die Gegenstand des folgenden Abschnitts ist.

2.3   Prozess der IT-Strategieentwicklung

2.3.1   Überblick

Im Kontext dieses Buches werden die Begriffe IT-Strategieentwicklung und IT-Planung, wie in Theorie und Praxis üblich, synonym verwendet[7]. Sie umfassen die Strategieformulierung mit einer Reihe vorausgehender Aktivitäten und die Maßnahmenplanung, die den Ausgangspunkt der sich anschließenden Strategieimplementierung darstellt. Der folgende Überblick befasst sich mit dem Bezug zur Unternehmensplanung, dem Vorgehen bei der IT-

---

6   Der Großteil dieser Aspekte ist Gegenstand von Kapitel 3.

7   Streng genommen beinhaltet Planung kein strategisches Denken mit kreativen Elementen, sondern beschränkt sich auf methodisches Vorgehen zur Strategieimplementierung [WARD2003, S. 69 und S. 120].

Strategieentwicklung, den daran beteiligten Stellen, dem Marketing der IT-Strategie und dem Reifegrad des Planungsprozesses. Anschließend werden ab Abschnitt 2.3.2 die Teilschritte des Vorgehens detailliert ausgeführt.

▦ Bezug zur Unternehmensplanung

Ausgangspunkt für die Entwicklung der IT-Strategie sind die **Informationsbedürfnisse von Fachbereichen und Management (Nachfrageseite).** Daraus leitet sich zunächst die Fragestellung ab, welche Art von IT-Lösungen für die Unterstützung des Geschäfts gebraucht werden, welche bereits in welcher Güte vorhanden sind und welche denkbar sind, um die Wettbewerbsposition zu verbessern. Im nächsten Schritt gilt es zu definieren, **welche IT-Lösungen wie angeboten werden sollen (Versorgungsseite).** Die Betrachtung der Nachfrageseite stellt den Bezug zur Unternehmensstrategie her und macht deutlich, dass die IT-Strategie als funktionale Teilstrategie in die Unternehmensplanung eingebettet und mit ihr abgestimmt sein muss. Für die IT-Strategieentwicklung bietet es sich deshalb an, unter anderem die Ergebnisse der für die Formulierung der Unternehmensstrategie durchgeführten Analyse des Unternehmens und seiner Umwelt zu nutzen. Die idealerweise simultane Entwicklung beider Strategien ermöglicht die **optimale Ausrichtung der IT- an der Unternehmensstrategie (Alignment)** ebenso wie die **Verwertung von Impulsen der Technologie für das Geschäft (Enabling).** Diesem Thema der Abstimmung von IT- und Unternehmensstrategie ist wegen seiner besonderen Bedeutung mit Abschnitt 2.3.7 ein eigenes Unterkapitel gewidmet.

▦ Vorgehen

Abb. 2.3.1./1 zeigt den **IT-Strategieentwicklungsprozess** mit seinen wesentlichen Inputs und Outputs im Überblick. Er gleicht prinzipiell dem für jede Funktionalstrategie (z. B. Marketing-Strategie). Den Beginn stellt üblicherweise die **Festlegung des Betrachtungsbereichs (Scope)** dar, d. h. des Bereichs, für den der Strategieentwicklungsprozess durchgeführt werden soll (z. B. ein Geschäftsbereich). Für diesen schließt sich eine eingehende **Analyse der Ist-Situation** an. Mit Bezug zum erhobenen Ist-Zustand werden dann die **Ziele für die IT definiert**. Manchmal empfiehlt es sich auch, zuerst die Ziele zu definieren und anschließend die

Ist-Situation zu analysieren. Dies ist beispielsweise sinnvoll, wenn bereits klare Vorstellungen über die Ziele herrschen, weil man dann auf eine breit angelegte Analyse verzichten und diese stattdessen auf bestimmte, im Voraus bekannte Problembereiche konzentrieren kann. In jedem Fall ist der nächste Schritt die **Formulierung der IT-Strategie** zur Erreichung der Ziele. Die **Maßnahmenplanung** leitet schließlich in die **Implementierung** der IT-Strategie über. Jeder dieser Prozessschritte wird in den Folgeabschnitten genauer ausgeführt.

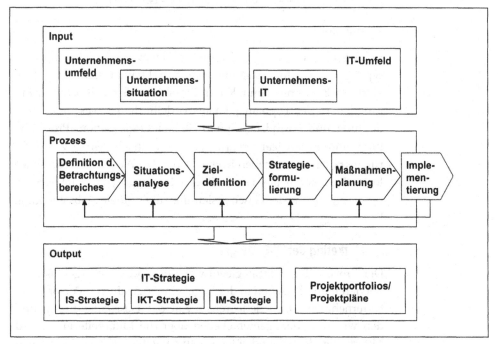

Abb. 2.3.1/1   Input, Prozess und Output der IT-Strategieentwicklung (angelehnt an [WARD2003, S. 154])

Wesentliche Inputs des Prozesses sind die Umwelt des Unternehmens und seine interne Verfassung, jeweils bezogen auf das Geschäft und die IT. Bei deren Analyse wird nicht nur die aktuelle Situation erhoben, sondern auch versucht, künftige Entwicklungen abzuschätzen. Die Teilanalysen finden in der Regel nicht nacheinander, sondern simultan statt. Prozessergebnisse (Outputs) sind die IT-Strategie mit den drei aufeinander abgestimmten Teilstrategien (vgl. Abschnitt 2.1) sowie Projektportfolios und -pläne für die Strategieimplementierung.

Während des Strategieentwicklungsprozesses und der Implementierung muss man ggf. wegen sich ändernder Rahmenbedingungen zu früheren Schritten zurückkehren und diese zumindest teilweise erneut durchlaufen. Mit solchen **Feedbackschleifen** wird eine **rollierende Planung** installiert, die neue Einflüsse zeitnah aufnehmen und verarbeiten kann. Sollte etwa eine innovative Technologie früher Marktreife erlangen als in der ursprünglichen Planung erwartet, kann dies zu einer **Strategierevision** führen.

Beteiligte

Ein erstmaliger IT-Strategieentwicklungsprozess findet meist in typischer Projektorganisation statt. Ein Lenkungsausschuss fungiert als Beratungs- und Kontrollgremium. Seine Besetzung mit Mitgliedern des Topmanagements verleiht dem Projekt nötige Bedeutung und Nachdruck innerhalb der Organisation. Projektleitung und Projektteam rekrutieren sich üblicherweise aus Führungskräften der Fachbereiche und der IT. Wenn der Prozess als fester Bestandteil des regelmäßigen Planungszyklus etabliert ist, treibt ihn oft eine der Geschäftsleitung zugeordnete Stabsabteilung. Die Beteiligten bleiben dieselben.

Marketing der IT-Strategie

Der Prozess der IT-Strategieentwicklung und seine Ergebnisse involvieren und betreffen in der Regel eine Vielzahl von Personen im Unternehmen. Die Palette reicht von der Geschäftsführung und den weiteren Managementebenen über die Mitarbeiterinnen und Mitarbeiter der IT und aller sonstigen Unternehmensfunktionen bis hin zu Betriebsräten. Daneben können auch externe Interessenten existieren wie Geschäftspartner oder Anteilseigner. Ein wichtiger Erfolgsfaktor ist deshalb die **sorgfältige begleitende Kommunikation von Prozess und Ergebnis** an alle relevanten und berechtigten Zielgruppen. Hierzu ist ein unternehmens- und situationsspezifisches Kommunikationskonzept zu erarbeiten und umzusetzen, das auf Instrumente zurückgreift wie Mitarbeiterzeitschrift, E-Mailings, Infomärkte, Abteilungsmeetings oder Coaching (vgl. [WITTMANN2004, S. 107 ff.]).

▪ Reifegrad der IT-Planung

Die Erfahrung zeigt, dass alle Beteiligten bei der Entwicklung der IT-Strategie **Lernprozesse** durchlaufen. Dies gilt insbesondere für die Verknüpfung von Business- und IT-Know-how im Sinne der in Abschnitt 2.2.3 angesprochenen IT-Fähigkeit. Der Reifegrad des Planungsprozesses hängt davon ab, wie gut generell Vorgehensweisen des strategischen Managements bereits im Unternehmen etabliert sind und in welchem Reifestadium sich die IT und das IT-Management befinden (vgl. Abschnitt 2.2.3). In empirischen Untersuchungen wurden dementsprechend **Reifegrade der IT-Planung** identifiziert, die weitgehend mit den in Abschnitt 2.2.3 vorgestellten Ären korrespondieren. Sie reichen von der technikgetriebenen, eher auf die Entwicklung einzelner, isolierter Anwendungssysteme beschränkten Planung bis hin zur integrierten und simultanen Planung von Geschäfts- und IT-Strategie (vgl. [EARL1989, S. 84 ff.] und [WARD2003, S. 120 ff.]). Größere Unternehmen mit formaleren Managementsystemen sind auf diesem Weg tendenziell weiter fortgeschritten als kleine und mittlere Firmen.

2.3.2   Definition des Betrachtungsbereichs

Zu Beginn des IT-Strategie-Prozesses gilt es, den **Betrachtungsbereich (Scope)** festzulegen. Die Fragestellung lautet im Wesentlichen, ob es um die Entwicklung einer IT-Strategie auf Unternehmensebene oder auf der Ebene einer strategischen Geschäftseinheit (SGE) geht.

Vor allem diversifizierte Unternehmen sind meist in mehreren SGEs organisiert, die jeweils ein spezifisches Leistungsspektrum für bestimmte Zielgruppen in einem konkreten Wettbewerbsumfeld anbieten und bestimmte Marktpositionen einnehmen. Die einzelnen Einheiten können sich so besser an ihrem Markt ausrichten und flexibler agieren, als wenn alle Aktivitäten zentral auf Gesamtunternehmensebene gesteuert würden. Als Beispiel wäre die Siemens AG zu nennen mit so unterschiedlichen Geschäftsfeldern wie Power Generation oder Medical Solutions.

Vor diesem Hintergrund ist die eingangs gestellte Frage differenziert für die drei IT-Teilstrategien zu beantworten (vgl. Abb. 2.3.2/1).

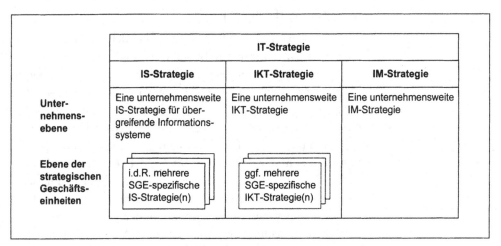

Abb. 2.3.2/1   Scope für die IT-Strategieentwicklung

Eine **Informationssysteme-Strategie** existiert in der Praxis meist zweigeteilt für das Gesamtunternehmen und die SGEs. Der Teil für das Gesamtunternehmen erstreckt sich auf übergreifende Anwendungen und damit verbundene Schnittstellen. Beispiele sind Planungs- und Kontrollsysteme mit Konsolidierungsfunktionalität, Templates für ERP-Systeme (z. B. mySAP ERP)[8] oder Lösungen für zentrales Stammdatenmanagement, die viele verzweigte Unternehmen insbesondere für Kunden- und Lieferantendaten aufbauen. Der Teil für die Geschäftsbereiche bezieht sich auf die für deren spezifisches Geschäft benötigten Informationssysteme. Für SGEs werden also in der Regel eigene, eng mit ihrer Geschäftsstrategie gekoppelte IS-Strategien entwickelt, die natürlich mit den Rahmenbedingungen der Unternehmens-IS-Strategie konform gehen müssen. Empirischen Untersuchungen zu Folge lässt sich mit diesem Vorgehen der Beitrag der IT zur Unternehmensleistung steigern, während sich eine einzige Informationssysteme-Strategie für das gesamte Unternehmen über alle SGEs hinweg nur bei homogenen, annähernd gleichartigen Geschäftseinheiten eignet [WARD2003, S. 145].

---

8   Templates in diesem Kontext sind zentral vorparametrierte Instanzen von Standard-ERP-Systemen. Sie werden nur noch in vergleichsweise geringem Umfang an lokale Gegebenheiten z. B. einer ausländischen Niederlassung angepasst und tragen v.a. in Konzernstrukturen zur Standardisierung der Systemlandschaft bei.

Verschieden ausgeprägte IS-Strategien auf der SGE-Ebene müssen nicht automatisch auch unterschiedliche **IKT-Strategien** nach sich ziehen. Zwar können besondere Gegebenheiten oder Anforderungen des Geschäfts auch auf die technische Infrastruktur einer SGE durchschlagen (z. B. eine im Rahmen einer Akquisition hinzugekommene Datenbankplattform). Gerade hier sind jedoch vermehrt Tendenzen zur unternehmensweiten Homogenisierung zu beobachten (vgl. Abschnitt 5.1.4).

Bei der **Informationsmanagement-Strategie** empfiehlt sich in der Regel ebenfalls ein eher zentralistisches Modell, das unternehmensweit gültige, vom möglicherweise unterschiedlichen Geschäft der SGEs unabhängige Politiken festschreibt. Beispiele sind hier etwa Methodiken und Tools zur Softwareentwicklung, Prozesse zur Entwicklung von IS-Strategien in den strategischen Geschäftseinheiten und deren Konsolidierung mit der übergeordneten IS-Strategie des Gesamtunternehmens.

2.3.3   Situationsanalyse

2.3.3.1   Methodische Ansätze

Mit der Situationsanalyse wird der Grundstein für die Formulierung der IT-Strategie gelegt. Das Unternehmen und sein Umfeld, jeweils bezogen auf seine Geschäftstätigkeit und seine IT, sind zu analysieren mit Blick auf Stärken, Schwächen, Chancen und Risiken. Daraus lassen sich die Anforderungen an die IT ableiten, die in der IT-Strategie münden. Für die Analyse werden meist **mehrere methodische Ansätze** kombiniert (vgl. Abb. 2.3.3.1/1). Während der Einfluss der Anforderungen aus der Geschäftssphäre auf das Anwendungsportfolio **top down** und analytisch von der Strategie und den Zielen her beleuchtet wird, betrachtet man die bestehende IT-Infrastruktur dokumentierend und bewertend **von unten nach oben**.

Der so genannte **Inside-out-Ansatz** mit kreativitätsbezogenen Instrumenten wie Brainstorming, Delphi-Umfragen, Think Tanks etc. soll mögliche Innovationen hinsichtlich des strategischen IT-Einsatzes hervorbringen. Die Stimulans hierfür kann von unterschiedlichsten Gruppen im Unternehmen kommen (vgl. [OZ2004, S. 565]). Höhere Managementebenen, aber auch Linienführungskräfte in den betrieblichen Funktionen kommen beispielsweise oft mit IT-Lösungen bei Geschäftspartnern in Berührung, in denen sie Potenzial für die eigene Organisation erkennen. Dadurch werden ebenso Impulse geliefert wie durch die Fantasie von IT-Experten, die die Möglichkeiten neuer Informations- und Kommunikations-technologien für das Unternehmen erkennen. Weitere Impulsgeber können die Endanwender sein, die neue Funktionen oder ganze Lösungen zur Verbesserung ihrer täglichen Arbeit vorschlagen. Sämtliche genannten Akteure können auch eine Art Radarfunktion ausüben und damit IT-Nutzungsformen des Wettbewerbs erfassen, die zu einer Bedrohung des eigenen Unternehmens führen können. Dies lässt sich als bewertende Ausprägung des Inside-out-Prinzips auffassen.

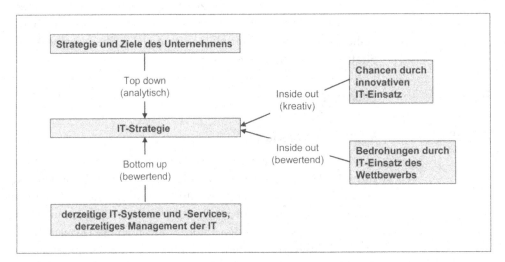

Abb. 2.3.3.1/1   Kombinierte Methodik für die Situationsanalyse
(angelehnt an [EARL1989, S. 71])

Unabhängig vom methodischen Ansatz kommt bei den Analysen und der späteren Strategieformulierung eine **Vielzahl unterschied-licher Instrumente** zum Einsatz. Meist handelt es sich um **klassi-sche Tools des strategischen Managements** (z. B. Marktanteils-/ Marktwachstums-Portfolio) bzw. um auf die IT bezogene Varian-ten davon (z. B. Applikationsportfolio). Diese kennt und versteht das Management, was seine aktive Einbindung in die Identifikati-on der potenziellen Chancen und Risiken durch IT erleichtert [WARD2003, S. 274].

2.3.3.2 Analyse des Unternehmens

Die Unternehmensanalyse dient der Erhebung und Interpretation der Ist-Situation vor allem im Hinblick auf Stärken und Schwächen. Wesentliche Untersuchungsgegenstände sind Mission, Vision, Ziele, kritische Erfolgsfaktoren, verfolgte Strategie(n), Prozesse für deren Umsetzung sowie die wichtigsten Informationsobjekte.

▪ Mission und Vision

Die **Mission** des Unternehmens bezeichnet seinen langfristigen Zweck. Mit der **Vision** wird ein attraktives, identifikationsfähiges Abbild der zukünftigen Wirklichkeit des Unternehmens formuliert (vgl. [WITTMANN2004, S. 16] und [OZ2004, S. 559]). Diese Vorstellung der künftigen Gestalt gibt die Richtung vor, in die sich die Firma entwickeln soll. In der Praxis wird oft nicht zwischen Mission und Vision unterschieden, sondern Inhalte beider in einem **Leitbild** zusammengefasst. Im Beispiel der Siemens AG besteht das Leitbild aus folgenden fünf Punkten, die jeweils mit wenigen weiteren Sätzen erläutert werden [SIEMENS2006]:

- Wir machen unsere **Kunden** stark – und verschaffen ihnen Vorteile im Wettbewerb

- Wir treiben **Innovationen** voran – und gestalten die Zukunft

- Wir fördern unsere **Mitarbeiter** – und motivieren zu Spitzenleistungen

- Wir tragen **gesellschaftliche Verantwortung** – und engagieren uns für eine bessere Welt

- Wir steigern den **Unternehmenswert** – und sichern uns Handlungsfreiheit

Vor allem in kleineren und mittleren Unternehmen sind solche Leitsätze zwar in den Köpfen der Geschäftsführung und ggf. der oberen Managementebenen vorhanden, oft jedoch weder schriftlich fixiert noch ausreichend innerhalb und außerhalb des Unternehmens kommuniziert.

◼ Ziele

Das Leitbild setzt den Rahmen für die Definition der **Unternehmensziele**. Diese sollen inhaltlich die Vision abdecken und das Unternehmen in deren Richtung bewegen. Operationalisiert und unterschieden in Formal- und Sachziele drücken die Ziele auf Gesamtunternehmens- und SGE-Ebene erwünschte Ergebnisse oder Zustände aus.[9] Sie werden innerhalb der Organisation herunter gebrochen bis auf Funktionsebene.

◼ Kritische Erfolgsfaktoren (KEF) und Balanced Scorecard (BSC)

Ausgehend von den Zielen kann man die **kritischen Erfolgsfaktoren (Critical Success Factors (CSF))** identifizieren. Dabei handelt es sich um wenige Kernaspekte, deren Qualität über den Erfolg des Geschäfts entscheidet [ROCKART1979]. Diese Faktoren und ihre Treiber, d. h. die Kräfte, die sie kurz-, mittel- und langfristig beeinflussen können, liefern wichtige Anhaltspunkte für die Strategie und müssen deshalb ständig beobachtet und bewertet werden. Kritische Erfolgsfaktoren werden auf Unternehmensebene und, vor allem bei unterschiedlichen Geschäftsfeldern, auf der Ebene der strategischen Geschäftseinheiten bestimmt. Typische Beispiele für kritische Erfolgsfaktoren sind Produktqualität, Servicequalität oder Time-to-Market.

Die Definition von KEF allein ist wenig Ziel führend. Zur Evaluation von Strategien und daraus abgeleiteten Maßnahmen bedürfen sie der Messung. Herkömmliche Ansätze des Performance Measurement beschränken sich in der Regel auf eine Reihe harter Kennzahlen wie den Return on Investment (ROI). Besser eignet sich die von Kaplan und Norton entwickelte **Balanced Scorecard (BSC)**, die quantitative und qualitative Messgrößen kombiniert [WITTMANN2004, S. 94 ff.]. Für die Bewertung der in die vier Dimensionen „Kunden", „Finanzen", „Geschäftsprozesse" und „Lernen/Entwicklung" kategorisierten Messgrößen sind eine Vielzahl von Informationen zu liefern. Daraus erwachsen Anforderungen an die IT und damit Ansatzpunkte für die IT-Strategie [WARD2003, S. 206 f.].

---

[9] Operationalisierung und Unterscheidung in Formal- und Sachziele werden am Beispiel der IT-Ziele in Abschnitt 2.3.4 näher erläutert.

Strategien

Verfolgte **Strategien** beschreiben den Weg, wie die gesteckten Ziele erreicht werden sollen. Sie zeigen auch auf, wie das Unternehmen positioniert ist. Als Orientierungshilfe hat Porter drei in sich geschlossene Normstrategien zur Positionierung im Wettbewerb entwickelt [WITTMANN2004, S. 48 ff.].

Die **Kostenführerschaft** stellt auf einen umfassenden Kostenvorsprung innerhalb der Branche ab, mit dem man sich vom Wettbewerb absetzen kann. Bei gegebenen Preisen lässt sich mit niedrigeren Kosten ein vergleichsweise besseres Ergebnis erzielen. Die relativ bessere Kostenposition erlaubt ggf. auch Preissenkungen, die über eine damit verbundene Ausweitung der Stückzahl zu höherem Umsatz und besserem Ergebnis führen können.

Bei der **Differenzierung** versucht man, sich durch Schaffen eines vom Kunden wahrnehmbaren Zusatznutzens (z. B. Image, Design, Qualität) deutlich vom Wettbewerb abzuheben. Die Bereitschaft des Kunden, für den Zusatznutzen vergleichsweise mehr zu bezahlen, eröffnet Spielräume für vergleichsweise höhere Preise.

Verfolgt man eine **Spezialisierung,** konzentriert man sich auf Nischen. Dies sind bestimmte Marktsegmente (z. B. Kundengruppe, regionaler Markt etc.), die man relativ zum Mitbewerb besser bedienen kann. Dieses „Bessersein" bezieht sich wieder auf die Kostenposition oder auf den Kundennutzen. Deshalb kann man die Spezialisierungsstrategie auch als Fokussierung der Kostenführerschaft oder Differenzierung auffassen.

Um strategisch nachteilige Inkonsequenz („stuck in the middle") zu verhindern, empfiehlt Porter ursprünglich eine klare Entscheidung für eine der skizzierten Varianten [PORTER1987, S. 71]. Insbesondere die zunehmende Wettbewerbsintensität führt jedoch beispielsweise dazu, dass auch bei Differenzierungsstrategien die Bedeutung der Kostensenkung zunimmt. In vielen Branchen hängt der Erfolg deshalb zunehmend davon ab, wie gut Unternehmen in Wechselwirkung mit ihrem Umfeld **Strategiewechsel** erfolgreich vollziehen können [WITTMANN2004, S. 51].

Die Charakteristika der Normstrategien liefern Ansatzpunkte für die IT-Strategie. Ausgewählte Beispiele enthält Tab. 2.3.3.2/1.

Tab. 2.3.3.2/1   Ausgewählte Implikationen der Normstrategien von Porter für die IT-Strategie

Normstrategie	Implikationen für die IT-Strategie
Kostenführerschaft	Informationsverarbeitung soll helfen, Kosten zu senken, soll effizient und ohne großen Zusatzaufwand funktionieren. Im Fokus des IT-Einsatzes steht bessere Ressourcennutzung (Kapazitäten, Material, Lager etc.) durch Prozessoptimierung z. B. mit wenig komplexer Standardsoftware mit möglichst geringem Anpassungs- und Integrationsaufwand.
Differenzierung	Informationsverarbeitung soll helfen, die Leistung für den Kunden zu verbessern, Zusatznutzen für ihn zu generieren. Der Fokus des IT-Einsatzes liegt auf der Schaffung von Ansatzpunkten zur Differenzierung (ohne Vernachlässigung kostenbezogener Aspekte). Beispiele sind ▪ kundenindividuellere Leistungen unter anderem durch Customer-Relationship-Management- und Business-Intelligence-Lösungen (besseres Verständnis der Kunden und ihrer Wünsche), ▪ bessere Serviceleistungen durch IT-Unterstützung (z. B. Help Desk mit Single Point of Contact, Frequently Asked Questions, interaktive, multimediale Anleitungen etc.) und ▪ Mehrwert durch IT im Produkt (z. B. Navigationssysteme im Auto).
Spezialisierung	IT-Einsatz vor allem in Form von Customer-Relationship-Management-Systemen und Business-Intelligence-Lösungen kann helfen, Nischen zu identifizieren und die Informationsbasis (vor allem Kundeneigenschaften und -bedürfnisse) für die Nische aufzubauen. Je nach Ausprägung der Nische ist der Fokus der IT dann analog zur Kostenführerschaft oder Differenzierung zu setzen.

Ein weiterer Ansatz zur nachhaltig erfolgreichen Positionierung des Unternehmens ist die **Nutzung von Portfoliokonzepten** [WITTMANN2004, S. 54 ff.]. Für das Gesamtunternehmen kann ein Portfolio zur Planung der Geschäftsfelder dienen und Aufschluss über deren weitere Entwicklung, Ergänzung oder Bereinigung geben. Im Kontext der IT-Strategie besitzen Portfolios auf der Ebene der strategischen Geschäftsfelder mehr Relevanz. Eines der bekanntesten Konzepte stammt von der Boston Consulting Group (BCG).

Das so genannte **Marktanteils-/Marktwachstumsportfolio,** oft auch als BCG-Matrix bezeichnet, verbindet den Erfahrungskurveneffekt mit dem Produktlebenszykluskonzept. Der Erfahrungskurveneffekt bedeutet, dass die Stückkosten aufgrund von Lerneffekten, Prozessverbesserungen etc. bei einer Verdoppelung der kumulierten Ausbringungsmenge um einen festen Betrag von etwa 20 bis 30 % sinken. Von diesem Zusammenhang profitieren folglich die Marktteilnehmer am meisten, die hohe Stückzahlen realisieren können, was wiederum nur möglich ist, wenn es ihnen gelingt, sich einen relativ hohen Anteil am Gesamtmarkt zu sichern. Idealerweise erzielt man den hohen relativen Marktanteil in Märkten, die sich in der Wachstumsphase ihres Lebenszyklus befinden. So steigt die absolute Stückzahl und mit ihr der Kostendegressionseffekt. Durch Eintragung der Unternehmensleistungen (Produkte und Services) in das über die Dimensionen des realen Marktwachstums und des relativen Marktanteils aufgespannte Portfolio ordnet man sie einem von vier Quadranten zu (vgl. Abb. 2.3.3.2/1).

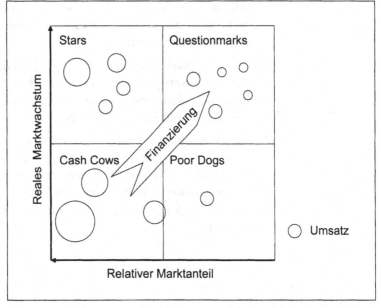

Abb. 2.3.3.2/1   Marktanteils-/Marktwachstumsportfolio
(BCG-Matrix) [WITTMANN2004, S. 57]

Auf die Quadranten lassen sich Normstrategien anwenden:

- **Questionmarks**

  Als Questionmarks gelten Produkte mit momentan geringem Marktanteil, aber hohen Wachstumschancen. Für sie empfehlen sich in der Regel **Wachstumsstrategien**, um den Marktanteil zu steigern.

- **Stars**

  Stars sind gekennzeichnet von führender Marktposition in einem Wachstumsmarkt, die es mit **Sicherungsstrategien** zu erhalten gilt.

- **Cash Cows**

  Cash Cows bewegen sich mit hohem Marktanteil in einem reifen, wenig wachsenden Markt. Mit **Abschöpfungsstrategien** versucht man hier, maximale Überschüsse zu erzielen.

- **Poor Dogs**

  Poor Dogs lassen mit geringem Marktanteil in stagnierenden oder schrumpfenden Märkten keine Chancen erkennen, weshalb sie in der Regel mit **Desinvestitionsstrategien** aus dem Portfolio entfernt werden.

Die je nach Position in der Matrix unterschiedlichen Ansätze für die Geschäftsstrategie wirken sich natürlich auch auf die in der IT-Strategie zu definierenden Aktivitäten aus. In Tab. 2.3.3.2/2 sind ausgewählte Implikationen aufgeführt.

Die genannten Implikationen sind wie bei den Normstrategien von Porter sehr allgemein formuliert und müssen im konkreten Fall situativ detailliert werden. Sie können aber bereits an dieser Stelle helfen, Diskussionen des Managements anzustoßen und Verständnis für die Zusammenhänge von Geschäfts- und IT-Strategie zu entwickeln.

Tab. 2.3.3.2/2   Ausgewählte Implikationen der BCG-Matrix
für die IT-Strategie

BCG-Matrixfeld (Normstrategie)	Implikationen für die IT-Strategie
Questionmarks (Wachstum)	Der Fokus des IT-Einsatzes liegt auf dem Generieren von Wachstum. Besondere Unterstützung gilt ▪ der Kundenidentifikation und -segmentierung, ▪ der gezielten Ansprache von Kundensegmenten und ▪ der Produkt-/Prozessentwicklung.
Stars (Sicherung)	Der Fokus des IT-Einsatzes liegt auf dem Umgang mit Wachstum und sich verändernden Kundenbedürfnissen mit besonderer Unterstützung ▪ der Abwicklung großer Bestellvolumina, ▪ der Kundenbeziehung ((noch) besseres Verständnis der Kundenwünsche) und ▪ des Angebots kundenspezifisch differenzierter Varianten und Kombinationen von Leistungen.
Cash Cows (Abschöpfung)	Der Fokus des IT-Einsatzes liegt auf der Abwicklung und Kontrolle der Geschäftsaktivitäten und -beziehungen mit Blick auf Produktivität, Kostensenkung, Kapazitätsauslastung, Termintreue, Kundenzufriedenheit etc. Besondere Unterstützung erstreckt sich deshalb vor allem auf ▪ realistische Prognosen für Bestell-, Produktions- und Verkaufsmengen und ▪ effiziente, reibungslose Beschaffungs-, Leistungs- und Distributionsprozesse.
Poor Dogs (Desinvestition)	Wie bei der Geschäftsstrategie sind hier IT-Investitionen sehr selektiv, stark vom Finanzcontrolling gesteuert, vorzunehmen (eher Desinvestition, bestenfalls Versuch der Spezialisierung).

▨ Strategieimplementierung

Zur Implementierung der Strategie werden Maßnahmen für die Gestaltung geeigneter **ablauf-** und **aufbauorganisatorischer Strukturen** definiert. Ein weiteres Analysefeld umfasst deshalb die **Geschäftsprozesse** und die Strukturen, in denen Sie ablaufen. Einen Ansatzpunkt für die Untersuchung und Bewertung der Abläufe auf der Ebene der Strategischen Geschäftseinheiten liefert das **Wertkettenmodell** von Porter (vgl. Abb. 2.3.3.2/2). Es unterscheidet **primäre** und **sekundäre Aktivitäten**. Erstere sind unmittelbar auf die Erstellung und den Vertrieb der Unternehmensleistungen gerichtet. Sekundäre Aktivitäten unterstützen die primären durch Steuerungs- und Versorgungsleistungen [WITTMANN2004, S. 80].

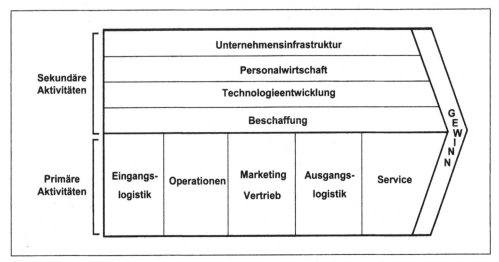

Abb. 2.3.3.2/2   Wertkette des Unternehmens[10]

Mit dem Blick über die Unternehmensgrenzen hinweg erweitert Porter seine Betrachtung auf die **Branchenwertkette,** oft auch als **Wertsystem** bezeichnet. Bei deren Analyse steht die konkrete Verbindung mit den Geschäftspartnern bei der Abwicklung von Geschäftsprozessen im Fokus. Man untersucht die Verknüpfungen der Wertkette des eigenen Unternehmens mit denen der Lieferanten und Kunden im Sinne eines Wertschöpfungsnetzwerkes (vgl. Abb. 2.3.3.2/3)[11]. Gegebenenfalls ist auch die Art und Weise der Verknüpfung von Geschäftspartnern mit Wettbewerbern von Interesse.

---

[10] Das abgebildete traditionelle Wertkettenmodell wurde mittlerweile erweitert um Entsorgung/Recycling. Um auch Dienstleistungsunternehmen besser erfassen zu können, wurden andere Modelle (z. B. Value Shop und Value Networks) entwickelt [WARD2003, S. 265 ff.].

[11] Wegen dieser Verknüpfung wird die Branchenwertkette hier und nicht im Abschnitt zur Analyse des Unternehmensumfelds (Abschnitt 2.3.3.3) behandelt.

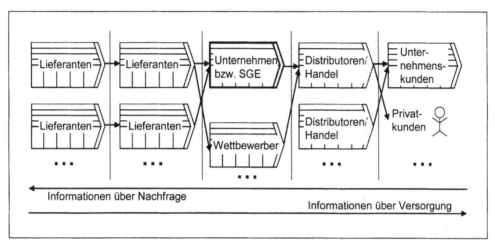

Abb. 2.3.3.2/3   Wertkette der Branche

Auf dem Gedankengut von Porter zur Unternehmens- und Branchenwertkette setzt das **Geschäftsprozessmanagement** auf, in dessen Rahmen Ablauf- und Aufbauorganisation analysiert und gestaltet werden. Als Instrumente für die Untersuchung und die Darstellung der Ergebnisse kommen **Methoden, Modelle** und **IT-Werkzeuge** für die Analyse und Modellierung von Geschäftsprozessen zum Einsatz[12]. Damit lässt sich die Geschäftsabwicklung als dynamischer Zusammenhang zwischen ausgeführten Aktivitäten, ausführenden Organisationseinheiten bzw. Akteuren, Hilfsmitteln wie Informationssystemen und bearbeiteten Informationsobjekten (z. B. Auftrag, Kundenstammdaten etc.) erfassen und visualisieren. Das Ergebnis dient als Ausgangsposition für die Um- oder Neugestaltungen von Prozessen, die mit den Werkzeugen oft auch simuliert werden können, ehe sie implementiert werden. Die im Rahmen des Geschäftsprozessmanagements (Business Process Management (BPM)) anfallenden Aktivitäten sind üblicherweise in einem Regelkreis verbunden. Abb. 2.3.3.2/4 zeigt diesen integrierten Business-Process-Management-Zyklus eingebettet in Rahmenbedingungen wie Unternehmensstrategie und IT-Umfeld (vgl. [SCHMIDT2009]).

---

12   Als Beispiel kann der ARIS Business Architect gelten, der unter anderem ereignisgesteuerte Prozessketten, Datenflusspläne, Entity-Relationship-Diagramme, Organigramme etc. unterstützt.

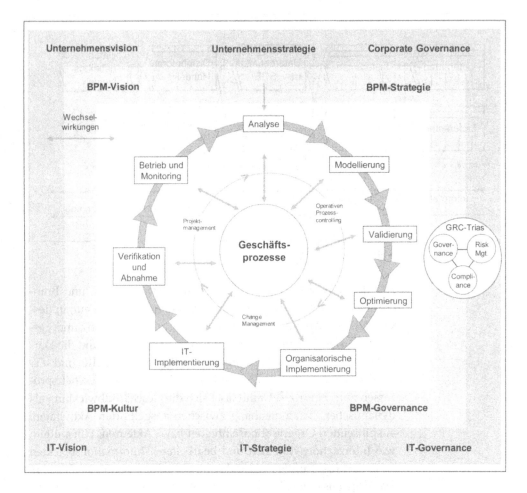

Abb. 2.3.3.2/4   Integrierter Business-Process Management-Zyklus
[SCHMIDT2009, S. 4]

Die Rechtecke in der Zyklusdarstellung sind nicht als streng se-
quenziell ablaufende und voneinander getrennte Phasen zu sehen.
Sie stellen vielmehr Zustände dar, zwischen denen die Akteure in
BPM-Projekten oft mehrfach hin- und herwechseln. Dies gilt insbesondere für die Aktivitäten bei der Analyse, Modellierung, Validie-
rung und Optimierung. Zur Bewältigung der Aufgaben in den Zu-
ständen setzt man vielfältige Methoden, Modelle und Business-
Process-Management-Lösungen ein (vgl. Abb. 2.3.3.2/5).

Analyse und Modellierung	Validierung	Optimierung	Organisatorische Implementierung	IT-Implementierung	Verifikation und Abnahme	Betrieb und Monitoring
(Ist-Modelle) (Schwachstellen) Anforderungen Soll-Modelle	(Ist-Modelle) Soll-Modelle	Soll-Modelle	Ablauforganisation: Einbettung in Prozesslandschaft Aufbauorganisation: Stellen/Rollen (Workplace, Skills)	Abbildung als IT-gestützte Workflows mit Integration der nötigen Applikationen/Services	Test des Zusammenspiels von organisatorischer und IT-Implementierung und Freigabe für Live-Betrieb	Abarbeitung und Beobachtung von Prozessinstanzen in der implementierten Umgebung
Aufbau und Durchführung des operativen Prozesscontrollings						
Definition von KPIs und Zielwerten	Effektivitätsmessung im Test	Effizienzmessung im Test	Verankerung z.B. durch Zielvereinbarungen	Realisierung z.B. von Logging- und Zählfunktionen	Messung und Auswertung im Test	Messung und Auswertung im Echtbetrieb
Ausgewählte Methoden						
Interview, Workshop, Benchmarking mit Ref.-Modellen etc.	Walk-through, Sofortiges Erleben etc.	Simulation	Methoden für Organisationsgestaltung und -entwicklung	Methoden für Software Engineering	Softwaretestmethoden	Soll/Ist-Vergleich, Abweichungsanalyse, Data/Process Mining
Ausgewählte Modelle						
tabellarische, fluss-, objekt-, oder subjektorientierte Modelle	tabellarische, fluss-, objekt-, oder subjektorientierte Modelle	OR-Modelle (Netzpläne etc.)	Prozesslandkarten, Stellen-/Rollenbeschreibungen, Organigramme	ERM, Funktionsbäume, Struktogramme, UML-Diagramme, Architekturmodelle etc.		
Unterstützung durch Business-Process-Management-Lösungen						
Datenbank- und grafikgestützte Werkzeuge für Modellierung, Validierung und Simulation (als Teil von Workflow-Management-Systemen (WMS))			Identity- und Rollenmanagement-Funktionalitäten, Skill-Management-Lösungen	CASE-Tools Testmanagementsysteme Process Engines (Teil von WMS), Business Rule Engines ERP, DMS, CMS, Webservices, EAI/Integrationsbusse etc. Process-Performance-Management-/Business-Activity-Monitoring-Systeme (Teil von WMS) Prozessportale, Complex-Event-Processing-Lösungen		
Business-Process-Management-Suiten						
Begleitendes Projekt- und Changemanagement						

Abb. 2.3.3.2/5   Aufgaben des integrierten BPM-Zyklus mit Methoden, Modellen und Unterstützung durch BPMS-Lösungen [SCHMIDT2009, S. 28]

Bei Analyse und Design ihrer Prozesslandschaft orientieren sich viele Unternehmen an **Referenzprozessmodellen**. In Abb. 2.3.3.2/6 ist als Beispiel das so genannte Reference Process House zu sehen, das die Siemens AG für ihre Zwecke entwickelt hat.

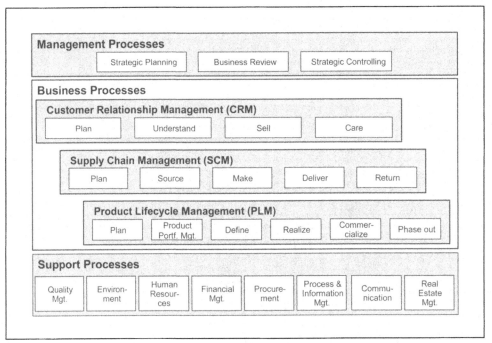

Abb. 2.3.3.2/6   Reference Process House der Siemens AG
(angelehnt an [SCHMELZER2008, S. 243])

Management- und **Support-Prozesse** entsprechen den sekundären, die **Business-Prozesse**, in anderen Referenzprozessmodellen auch **Kernprozesse** genannt, den primären Aktivitäten des Wertkettenmodells. Insbesondere die Kernprozesse Customer Relationship Management mit dem Prozessobjekt „Kunde" und Supply Chain Management mit dem Prozessobjekt „Auftrag" bilden die Schnittstellen zu den vor- und nachgelagerten Geschäftspartnern im Sinne der Branchenwertkette ab.

Der Bezug von Wertkettenanalyse und Geschäftsprozessmanagement zur IT-Strategie entsteht zunächst durch die Überlegung, wie die Gestaltung und optimierte Abwicklung von Prozessen mit geeigneten IT-Lösungen unterstützt werden kann. Dieser Gedanke folgt dem St. Galler Modell des **Business Engineering**, bei dem

Strategien mit Hilfe von Geschäftsprozessen umgesetzt werden und Informationssysteme als Hilfsmittel für die Prozessabwicklung dienen (vgl. [ÖSTERLE2003, S. 3 ff.])[13]. Strategien und die darauf ausgerichteten Prozesse sollen zu Wettbewerbsvorteilen bzw. zur Beeinflussung der Wettbewerbskräfte (vgl. Abschnitt 2.3.3.3) im Sinne des Unternehmens führen. Beispielsweise kann ein hervorragender Serviceprozess helfen, den Kunden schnell und umfassend zu bedienen und sich so im oben beschriebenen Sinne zu differenzieren. Optimierte Auftragsabwicklungs-, Beschaffungs- und Produktionsprozesse verkürzen die Durchlaufzeit und können dadurch sowohl die Kostenposition absolut und gegenüber den Wettbewerbern verbessern als auch die Kundenzufriedenheit erhöhen. Die Neugestaltung unternehmensübergreifender Wertaktivitäten an den Schnittstellen mit den Partnern liefert weitere Ansatzpunkte. So kann eine enge Verzahnung der Distributionsaktivitäten mit den Vertriebspartnern Eintrittsbarrieren für potenzielle Neueinsteiger in den Markt schaffen, im Extremfall die Vertriebskanäle sogar exklusiv besetzen. Durch Kooperationen mit Lieferanten, die zu engen Prozessverflechtungen führen, kann man sich langfristig stabile Versorgungsbeziehungen sichern und Wettbewerbern dadurch eventuell den Zugang zu Beschaffungsquellen erschweren.

Die IT-Strategie muss auf eine Landschaft von Informationssystemen gerichtet sein, die eine derartige Prozessgestaltung ermöglicht. Dabei geht es zunächst um die Abdeckung der zur Aufgabenerledigung in den einzelnen Bereichen nötigen Funktionen beispielsweise durch den Einsatz von Enterprise-Resource-Planning-Systemen. Im Sinne der Prozessorientierung mit der Verbesserung der internen Informationsflüsse und -nutzung ist ebenso viel Augenmerk auf die sinnhafte Verknüpfung und Integration von Teillösungen innerhalb des Unternehmens durch Enterprise-Application-tion-Integration-Lösungen sowie durch Workflow- und Dokumenten-Management-Systeme zu legen. Dies ist mit der Zuordnung der entsprechenden Systeme zum Bereich Betrieb und Monitoring von Geschäftsprozessen in Abb. 2.3.3.2/5 angedeutet.

---

13 Siehe hierzu auch die Ausführungen zum Thema „Architekturverständnis" in Abschnitt 5.1.2.

Mit Blick auf die angesprochene Gestaltung von unternehmens-
übergreifenden Prozessen und den dazugehörigen Informationsflüssen muss die IT-Strategie außerdem die zwischenbetriebliche
Integration von Informationssystemen thematisieren. E-Business-
Lösungen wie Supply-Chain-Management-Systeme (SCM-Syste-
me) oder Customer-Relationship-Management-Systeme (CRM-Sys-
teme) können nachhaltig die Gestalt der Branchenwertkette verändern und den beteiligten Unternehmen Vorteile verschaffen. Beispielsweise kann eine SCM-Lösung Bestands- und Bedarfsinforma-
tionen von allen Kettengliedern liefern. So erhalten diese bessere
Planungsgrundlagen für ihre eigene Beschaffung, Produktion, Dis-
tribution etc. und sind so in der Lage, unter anderem Kostenvortei-
le zu realisieren. Wettbewerber, die nicht Teil der Kette sind, profitieren nicht von den Vorteilen und können dadurch in Bedrängnis
geraten. Ein anderes Beispiel für IT-getriebene Veränderungen der
Branchenwertkette stellt der internetbasierte Direktvertrieb dar.
Dieser eröffnet die Möglichkeit, Handelsstufen (z. B. Einzelhandel)
und Intermediäre (z. B. Reisebüros) überflüssig zu machen und zu
eliminieren.

Die IT-Strategie sollte auch die im Rahmen der Wertketten- und Ge-
schäftsprozessanalyse vorgenommene Differenzierung der Prozesse in Kategorien widerspiegeln. Dies bedeutet, dass Informationssystemen zur Unterstützung der Kernprozesse eine andere strategische Bedeutung beigemessen wird als solchen für Support-Prozesse. In der IT-Strategie wirkt sich dies vor allem beim Management des Applikationsportfolios aus (vgl. dazu Abschnitt 2.3.5.2).

2.3.3.3   Analyse des Unternehmensumfelds

Das Unternehmensumfeld wird geprägt von der **makroökonomischen Situation** und vom **Wettbewerbsumfeld** des Unternehmens. Damit sind die wesentlichen Gegenstände der Ist-Analyse in
diesem Bereich determiniert, die vor allem die Chancen und Risiken für das Unternehmen erfassen soll.

Die Untersuchung des makroökonomischen Umfelds richtet sich
auf die Identifikation und Bewertung der Faktoren, die die Branchenstruktur oder den relevanten Markt(ausschnitt) verändern
und somit das Erfolgspotenzial maßgeblich beeinflussen können.
Ein hierfür häufig verwendetes Instrument ist die **PESTEL-Ana-
lyse** von Johnson und Scholes [JOHNSON2002]. Mit ihr struktu-

riert man die Umwelt mit ihren Einflussfaktoren in sechs Dimensionen, nämlich die politische, ökonomische, soziokulturelle, technologische, natürliche und rechtliche Dimension[14]. Zur Abschätzung der Relevanz der teilweise interdependenten Faktoren kombiniert man die Eintrittswahrscheinlichkeit der Einflüsse mit den Folgen für das Unternehmen [WITTMANN2004, S. 28]. Abb. 2.3.3.3/1 zeigt die sechs Dimensionen mit einer Auswahl wesentlicher Einflussfaktoren. Ein Beispiel für externe Einflüsse mit Bezug zur IT-Strategie können Rahmenbedingungen der technologischen Umwelt sein wie der Grad der Durchdringung mit breitbandiger Kommunikationsinfrastruktur. Als ein Aspekt der politisch-rechtlichen Umwelt hatte beispielsweise die Greencard-Regelung für IT-Spezialisten Relevanz für die IT-Strategie im Hinblick auf die Personalbeschaffung.

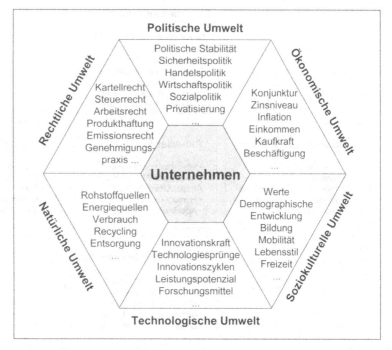

Abb. 2.3.3.3/1   PESTEL-Dimensionen der makroökonomischen
Unternehmensumwelt [WITTMANN2004, S. 29]

---

[14] PESTEL steht für die Anfangsbuchstaben der englischen Wörter political, economic, social, technological, environmental und legal.

Neben den von ihm nur begrenzt beeinflussbaren makroökonomischen Einflüssen ist das Unternehmen den Einwirkungen seines
Wettbewerbsumfelds ausgesetzt. Position und Verhalten von Kunden, Lieferanten sowie gegenwärtigen und potenziellen Wettbewerbern formen eine Branchenstruktur, welche sich auf die Wett-
bewerbsspielregeln und die Strategieoptionen auswirkt [WITT-
MANN2004, S. 32]. Das von Porter entwickelte Instrument der
Branchenstrukturanalyse hilft, die **Wettbewerbskräfte der Branche** mit ihren Determinanten zu erfassen und zu evaluieren (vgl.
Abb. 2.3.3.3/2). Die untereinander und mit den makroökonomischen Rahmenbedingungen vernetzten Kräfte („Five Forces" von
Porter) beeinflussen die Wettbewerbsintensität und damit letztlich
den Unternehmenserfolg.

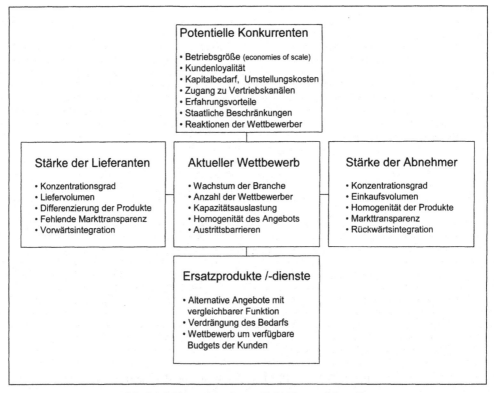

Abb. 2.3.3.3/2   Wettbewerbskräfte und ihre Determinanten
[WITTMANN2004, S. 33]

Ziel des Unternehmens muss es deshalb sein, die Wettbewerbskräfte in seinem Sinne zu beeinflussen. Unter anderem bietet auch
der Einsatz von IT Möglichkeiten dazu. Eine Auswahl von Beispielen wie IT-Lösungen auf die fünf Wettbewerbskräfte und deren Bestimmungsfaktoren einwirken können, ist in Tab. 2.3.3.3/1 enthalten [WARD2003, S. 107].

Tab. 2.3.3.3/1   Ausgewählte Implikationen der Wettbewerbskräfte
nach Porter für die IT-Strategie

Wettbewerbskraft (Mögliche Konsequenzen)	Implikationen für die IT-Strategie (Möglichkeiten zur Beeinflussung der Wettbewerbskräfte durch IT)
Stärke der Abnehmer (Anspruch auf niedrigere Preise, höhere Qualität, besseren Service)	IT-Lösungen zur Unterstützung ■ der Leistungsverbesserung und -differenzierung durch kundenindividuelle Produktfeatures (z. B. softwarebasierte Personalisierung von Funktionen) und/oder ■ des Aufbaus oder der Erhöhung von Umstiegskosten (z. B. durch proprietäre Schnittstellen oder Datenformate, die bei einem Wechsel hohen Aufwand verursachen).
Stärke der Lieferanten (höhere Einkaufspreise, niedrigere Qualität, geringere Verfügbarkeit)	IT-Lösungen zur Unterstützung ■ gesteigerter Markttransparenz bezüglich Konditionen, Verfügbarkeit etc. (z. B. durch Recherche-Agenten im Internet), ■ elektronischer Ausschreibungen (z. B. auf Marktplätzen im Internet), ■ der automatisierten Qualitätskontrolle (z. B. Computer-Aided-Quality-Assurance-Systeme) und/oder ■ der Einbindung der Lieferanten in die eigene Planung (z. B. durch SCM-Systeme).
Potenzielle Konkurrenten (zusätzliche Kapazität, niedrigere Preise etc.)	IT-Lösungen zur Unterstützung ■ der Leistungsverbesserung und -differenzierung (siehe oben) und/oder ■ der Kontrolle der Distributionskanäle (z. B. durch hohen Integrationsgrad der IT-Systeme).
Ersatzprodukte/-dienste (Begrenzung von Preis, Markt, Profit etc.)	IT-Lösungen zur Unterstützung ■ Leistungsvariation und -verbesserung (z. B. zusätzliche Nutzen durch erweiterte Software) und/oder ■ Neudefinition von Marktsegmenten (z. B. mit Hilfe von Business-Intelligence-Lösungen).
Aktueller Wettbewerb (Preiswettbewerb, Wettbewerb um Vertriebskanäle etc.)	IT-Lösungen zur Unterstützung ■ der Leistungsverbesserung und -differenzierung (siehe oben) und/oder ■ der Verbesserung der Lieferanten- und Kundenbeziehungen (z. B. durch Supplier- und Customer-Relationship-Management-Systeme).

2.3.3.4   Analyse der Unternehmens-IT

Die bestehende IT-Strategie und die faktisch existierende Landschaft bilden den Maßstab für die Abweichungsanalyse. Sie werden mit der aus dem Informationsbedarf abgeleiteten Soll-Umgebung verglichen, um die Handlungsfelder und -bedarfe zu identifizieren. Die wichtigsten Untersuchungsgegenstände sind das IT-Leitbild und die Anwendungen, die technische Infrastruktur und die Organisation der IT als wesentliche Aspekte von IS-, IKT- und IM-Strategie.

▪ Mission und Vision der IT

Immer mehr Unternehmen, die eine Unternehmensmission und -vision formuliert haben, entwickeln auch dazu konforme Leitbilder für Teilgebiete wie die IT (vgl. Abb. 2.3.3.4/1). Falls vorhanden sind deshalb in der Analyse zunächst Mission und Vision der IT und die damit verbundenen Ziele zu erfassen. Dabei geht es nicht nur um Vorhandensein und Inhalte, sondern auch um die Art der Dokumentation und Kommunikation in der Organisation sowie um die Frage, ob die gegenwärtige Gestalt der IT geeignet ist, die Vision zu erfüllen.

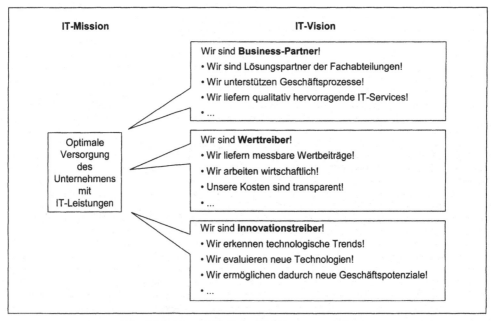

Abb. 2.3.3.4/1   Mögliche IT-Mission und -Vision

▓ Anwendungsportfolio

Existierende, in Entwicklung befindliche und geplante Applikationen sind zu erfassen und zu bewerten. Als **fachliche Aspekte** stehen dabei im Vordergrund

- die Funktionalität,

- der Abdeckungsgrad der fachlichen Anforderungen,

- die Kategorisierung nach Wertbeitrag, d. h. nach Beitrag zur Erfüllung der Unternehmensziele, und

- die Unterstützung der Kritischen Erfolgsfaktoren.

Ein einfaches Instrument, mit dem das Management Anwendungen nach ihrem Wertbeitrag kategorisieren kann, ist das aus dem Strategic Grid von McFarlan abgeleitete **Applikationsportfolio (Applications Portfolio)** von Ward und Peppard (vgl. [MCFARLAN1984, S. 93 ff.] und [WARD2003, S. 42 f.]). In Abb. 2.3.3.4/2 sind die resultierenden vier Quadranten dargestellt, die aufgrund ihrer Heterogenität unterschiedliche Strategien für Planung, Realisierung und Betrieb der eingeordneten Applikationen erfordern (vgl. Abschnitt 2.3.5.2).

	STRATEGIC	**HIGH POTENTIAL**
High	Applications that are critical to sustaining future business strategy	Applications that may be important in achieving future success
	Applications on which the organization currently depends for success	Applications that are valuable but not critical to success
Low	**KEY OPERATIONAL**	**SUPPORT**

Strategic impact of **future** systems (vertical axis)

High — Strategic impact of **existing** systems — Low

Abb. 2.3.3.4/2   Applikationsportfolio

Die Unterstützung der **Kritischen Erfolgsfaktoren (KEF)** lässt sich in einer Matrix erfassen wie sie in Abb. 2.3.3.4/3 dargestellt ist. Das Management bewertet durch Setzen von Kreuzen in die Matrixfelder, welche KEF von einer Applikation positiv beeinflusst werden. Die Zeilensumme der Kreuze gibt an, wie gut ein Erfolgsfaktor von der gesamten Applikationslandschaft unterstützt wird. Die Spaltensumme zeigt, wie viele KEF eine einzelne Applikation unterstützt. Die Methodik lässt sich verfeinern, indem man anstatt der Kreuze Punktbewertungen einträgt. Um dem Problem der Subjektivität zu begegnen, kann man Bewertungen durch Gruppen durchführen lassen.

Kritischer Erfolgsfaktor \ Beurteilungsobjekt	Client-Server-Architektur	CRM-Lösung	Electronic-Shop-Lösung	:	:	:	:	:	Summe
Qualität	X		X						2
Liefertreue		X	X	X					3
Kundensupport	X		X			X	X		4
Technologie-Know-how		X	X	X	X		X		5
Flexibilität	X					X	X		3
...		X	X	X	X				4
...		X							1
...			X		X				2
Summe	4	4	4	4	2	3	2	1	

Abb. 2.3.3.4/3   Unterstützungsmatrix der Kritischen Erfolgsfaktoren (angelehnt an [KRCMAR2009, S. 411])

Neben den fachlichen sind auch **technische Kriterien** wie Performanz oder Architektur zu berücksichtigen. Das **Systems Audit Grid** von Earl kombiniert beides in einer Anwender- und Betreiber- bzw. Entwicklersicht (vgl. Abb. 2.3.3.4/4). Die technische Qualität umfasst Eigenschaften wie Zuverlässigkeit, Verfügbarkeit und

Wartbarkeit eines Systems. Die Bewertung aus Anwendersicht er-
gänzt die oben genannten fachlichen Aspekte (business value) um
Kriterien wie Bedienungsfreundlichkeit und Nutzungshäufigkeit.
Die Zuordnung zu den Quadranten liefert Anhaltspunkte, welche
Lösungen erneuert, erhalten und ausgebaut, detailliert neu bewer-
tet oder ggf. eingestellt werden sollen (vgl. [EARL1989, S. 74 ff.]).

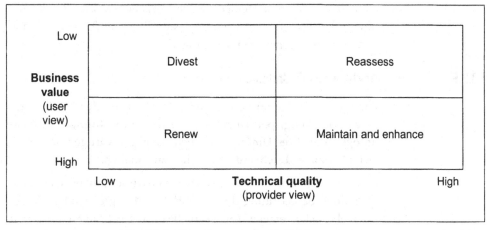

Abb. 2.3.3.4/4   Systems Audit Grid

■ Technische Infrastruktur

Die Technikplattformen der Applikationen mit Rechnern (Server,
Clients etc.), Peripheriegeräten (z. B. Drucker), Telekommunika-
tionseinrichtungen (Netze etc.) und sonstigen Elementen sind zu
erfassen. Ein Großteil dieser Informationen liegt oft bereits als Ergebnis einer aus buchhalterischen Gründen vorgenommenen Inventarisierung oder einer im Rahmen des IT-Sicherheitsmanagements durchgeführten IT-Strukturanalyse (vgl. Abschnitt 6.3.2)
vor. Der Bestand muss jedoch im Hinblick auf seine Leistungs- und
Zukunftsfähigkeit bewertet werden. Parameter hierfür sind z. B.
Prozessorleistung und Hauptspeicherkapazität bei Rechnern,
Übertragungskapazitäten bei Netzwerken etc.

■ Organisation der IT

Der gegenwärtige Betrieb der IT folgt einer mehr oder weniger
bewusst gestalteten Organisation. Bei deren Untersuchung sind
vor allem Fragen zu klären, wie die IT mit Ressourcen ausgestattet

ist (Personal, Budget), welche Rolle sie im Unternehmen spielt, wie sie in die Unternehmensorganisation eingebettet ist (vgl. Abschnitt 3.1), wie Kompetenzen zwischen IT und Fachbereichen verteilt sind und wie ihre IT-Service-Prozesse gestaltet sind (z. B. die Versorgung eines neuen Mitarbeiters mit einem bedarfsgerechten Rechnerarbeitsplatz). Von Interesse können ggf. auch spezifische Methodiken und Werkzeuge etwa für die Softwareentwicklung oder das Projektmanagement sowie Vorgehensweisen zur Know-how-Sicherung oder -Erweiterung beim Personal (Dokumentation von Lessons Learned und Schulungen) sein.

2.3.3.5	**Analyse des IT-Umfelds**

Für die Identifikation von Chancen und Risiken des IT-Einsatzes ist es notwendig, permanent sowohl die **Entwicklung der Technologie und ihres Umfelds** als auch die gegenwärtige und potenzielle **Nutzung durch andere** im Blick zu behalten.

Technologietrends lassen sich beispielsweise aufspüren durch sorgfältige Beobachtung des IT-Markts und angrenzender Märkte (Messebesuche, eigene Analysen, beauftragte Studien etc.) und durch Kooperationen mit Hochschulen. Wichtig sind jedoch nicht nur die Technologie selbst, sondern auch Aspekte wie die Verfügbarkeit von Technologielieferanten, von eventuell nötiger Beraterexpertise, von qualifiziertem Personal, von Qualifikationsmöglichkeiten etc. Beispielsweise kann das Erkennen einer Entspannung am Arbeitsmarkt für SAP-Spezialisten die strategische Option eröffnen, entsprechendes Know-how nicht mehr in Form von Beratung zukaufen zu müssen, sondern durch Festanstellungen zu erschließen.

Innovative Nutzungsformen kann man ermitteln durch informellen Informationsaustausch oder formales Benchmarking mit Geschäftspartnern und teilweise auch Mitbewerbern innerhalb der eigenen Branche. Gerade auch die Art des IT-Einsatzes in fremden Branchen kann zusätzlich wertvolle Impulse liefern.

Ermittelte IT-Trends und -Nutzungsformen bedürfen der eingehenden Analyse ihres Chancen- und Risikopotenzials für das eigene Unternehmen. Die Tauglichkeit kann man durch Pilotprojekte z. B. mit Hochschulen evaluieren.

2.3.3.6 Analyseergebnis

Die Ergebnisse der vier Teilanalysen kann man zunächst mit **SWOT-Analysen** jeweils für das Geschäft und die IT bewerten. SWOT steht für **Strengths (Stärken)**, **Weaknesses (Schwächen)**, **Opportunities (Chancen)** und **Threats (Bedrohungen)**. Die Anordnung dieser Kategorien in einer Matrix verbindet die unternehmensinterne und -externe Sicht. Durch zeilen- und spaltenweise Kombination von konkreten Ausprägungen der Kategorien in den Matrixfeldern können strategische Optionen und Aktivitäten entwickelt werden (vgl. Abb. 2.3.3.6/1).

Externe Analyse

Interne Analyse	Opportunities	Threats
Strengths	aus Stärken und Chancen abgeleitete Strategieoptionen	aus Stärken und Bedrohungen abgeleitete Strategieoptionen
Weaknesses	aus Schwächen und Chancen abgeleitete Strategieoptionen	aus Schwächen und Bedrohungen abgeleitete Strategieoptionen

Abb. 2.3.3.6/1 SWOT-Matrix

Die auf das Geschäft bezogene SWOT-Analyse kann als Ausgangspunkt für die Entwicklung der Geschäftsstrategie dienen. Im hiesigen Kontext steht jedoch im Vordergrund, dass sie auch, wie in den Abschnitten 2.3.3.2 und 2.3.3.3 dargelegt, zu den aus der Geschäftssicht resultierenden Anforderungen an die IT führt. Die in den Unterkapiteln 2.3.3.4 und 2.3.3.5 beschriebenen Aktivitäten münden in einer SWOT-Analyse für die IT, die nicht nur deren bewerteten Bestand, sondern auch ihr zukünftiges Potenzial offen legt. Im Rahmen der Analysen werden also naturgemäß nicht nur der Ist-Zustand erfasst sondern bereits Ideen für künftige Strategien generiert. Das Delta zwischen Bestand, Potenzial und Anfor-

derungen gilt es mit der Definition der IT-Strategie und den Maßnahmen zu deren Umsetzung zu schließen (vgl. Abb. 2.3.3.6/2).

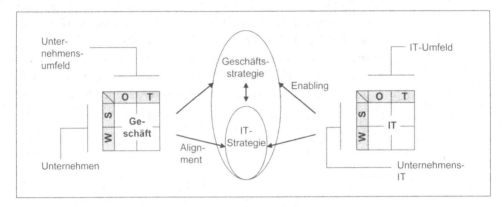

Abb. 2.3.3.6/2   SWOT-Analysen als Ausgangspunkt der
                  Strategieformulierung[15]

Die besondere Herausforderung liegt darin, dass meistens gleichzeitig zwei Lücken zu schließen sind. Wie die praktische Erfahrung
zeigt, fallen nämlich oft bereits die bestehenden Geschäfts- und IT-
Strategien mehr oder weniger weit auseinander, und es bedarf eher
kurzfristiger Strategierevisionen und Maßnahmen, um diesen Zustand zu verbessern. Naturgemäß besteht aber erst recht eine Lücke bei längerfristiger Betrachtung, nämlich zwischen den aus der
künftigen Geschäftsstrategie erwachsenden Anforderungen und
der gegenwärtigen Aufstellung der IT. Die Kunst ist es, kurz- und
langfristige strategische Optionen für die IT und die damit verbundenen Investitions- und andere Entscheidungen auszubalan-
cieren und ggf. entstehende Zielkonflikte zu lösen. Erschwert wird
diese Aufgabe durch die Tatsache, dass Entscheidungen hinsichtlich der IT-Landschaft wie etwa zu Einführung und Betrieb eines
ERP-Systems oft wesentlich längerfristigen Bestand haben, als ge-
schäftsstrategische Ausrichtungen.

---

[15] Die Abbildung deutet auch an, dass die simultane Entwicklung beider
Strategien die Ausrichtung der IT- an der Geschäftsstrategie (Alignment) fördert und umgekehrt die Möglichkeiten berücksichtigt, welche
die IT für die Geschäftsstrategie birgt (Enabling). Dieses Thema wird in
Abschnitt 2.3.7 vertieft.

Mit den Erkenntnissen über Stärken, Schwächen, Chancen und Bedrohungen kann man am Ende der Analysephase eine Vielzahl
von Fragen stellen, deren Beantwortung wichtige Beiträge für die
Formulierung der IT-Strategie liefert. Die folgende Aufzählung
umfasst eine Auswahl solcher Fragen:

- Wo sind neue Anwendungen, Änderungen oder Erweiterungen
  zur Unterstützung des derzeitigen und künftigen Geschäfts nötig (z. B. Initiativen zur Unterstützung der Normstrategien von
  Porter, zur Beeinflussung der Kritischen Erfolgsfaktoren und
  der Wettbewerbskräfte, zur Abwicklung der Geschäftsprozesse
  etc.)?

- Welche Anwendungen müssen abgelöst oder können stillgelegt
  werden?

- Wo sind Ansatzpunkte für die Konsolidierung bzw. Vereinheitlichung von IT-Lösungen über verschiedene Geschäftseinheiten
  hinweg zu erkennen (falls Analysen für mehrere SGEs vorliegen)?

- Welche Maßnahmen bezüglich der technischen Infrastruktur
  müssen ergriffen werden, um die bestehende Applikationslandschaft und deren Nutzung zu verbessern oder neue Applikationen zu ermöglichen?

- Werden personelle und mittelbezogene Ausstattung sowie Organisation des IT-Bereichs der derzeitigen und künftigen Rolle
  der IT im Unternehmen gerecht?

- Welche IT-Trends können eventuell aufgegriffen und in nutz-
  bringende Lösungen (z. B. zur Erschließung neuer Geschäftsfelder) überführt werden?

Ansatzpunkte und Lösungen zur Beantwortung dieser Fragen
werden häufig bereits ebenfalls bei der Analyse offensichtlich. Sie
fließen sowohl in die Zieldefinition als auch in die sich daran anschließende Strategieformulierung mit ein.

2.3.4 Zieldefinition

Strategien dienen der Erreichung von Zielen. Die Definition der
auf die IT-Nutzung durch das Unternehmen bezogenen Ziele bildet folglich den Ausgangspunkt für die Entwicklung einer geeigneten IT-Strategie. Die Zielformulierungen sollen in der Regel am-
bitioniert, gleichzeitig aber auch realistisch bezüglich der Aus-

gangssituation, der Ressourcenverfügbarkeit und der Kompetenzen der Verantwortlichen sein. Basis sind deshalb die Ergebnisse
der Situationsanalyse, den Rahmen setzen IT-Mission und -Vision.

▪ Zieldimensionen

Ziele lassen sich unterteilen in Sach- und Formalziele. **Sachziele**
beziehen sich auf konkretes Handeln in den betrieblichen Funktionen, hier also in der IT. Tab. 2.3.4/1 enthält ausgewählte, nach den
Teilstrategien gegliederte Beispiele für IT-bezogene Sachziele.

Tab. 2.3.4/1   Ausgewählte Sachziele für die IT

Bereich der IS-Strategie
▪ Definition des Applikationsportfolios (optimierter Abdeckungsgrad der Busi-ness-Anforderungen)
▪ Standardisierung von Anwendungen (z. B. gleiche Systeme für gleiche Pro-zesse)
▪ Optimierung des Stammdatenmanagements
Bereich der IKT-Strategie
▪ Definition von verbindlichen Architekturgrundsätzen
▪ Definition von verbindlichen technischen Plattformregeln
Bereich der IM-Strategie
▪ Definition von Bedeutung und Mission der IT
▪ Definition der Organisation der IT
▪ Etablierung tragfähiger IT-Governance-Strukturen (Abstimm- und Entschei-dungsprozesse; vgl. Kapitel 8)
▪ Einführung von Prozessmodellen (z. B. ITIL[16])
▪ Angemessene Ressourcenausstattung der IT

Die Sachziele müssen sich an den übergeordneten **Formalzielen**
orientieren, die mit Kriterien wie Produktivität, Wirtschaftlichkeit
und Rentabilität auf den Erfolg der unternehmerischen Tätigkeit
abstellen. Als unternehmerische Tätigkeit in diesem Kontext sind
Gestaltung und Betrieb der IT zu verstehen. Typische Formalziele
dafür sind

- Wirtschaftlichkeit der IT (Kosten/Nutzen-Verhältnis),

- hoher Zufriedenheitsgrad bezüglich der IT-Leistungen,

---

[16] IT Infrastructure Library (zur Vertiefung vgl. Abschnitt 3.2.2).

- Flexibilität im Sinne von Reaktionsbereitschaft auf neue oder geänderte fachliche Anforderungen,

- Erfüllung gesetzlicher Vorgaben und anderer Regulierungsanforderungen (Compliance), wie z. B. Basel II oder Sarbanes-Oxley Act, und

- Erfüllung von Sicherheitsanforderungen (z. B. hinsichtlich einer Zertifizierung).

▪ Zieloperationalisierung

Damit Ziele verfolgt und der dabei erzielte Erfolg gemessen werden können, sind sie zu operationalisieren. Dazu werden Ziele mit Maßgrößen, Zeit- und Organisationsbezug versehen.

Mithilfe der **Maßgrößen** legt man das Ausmaß des Zieles fest. Die verwendete Skala hängt von der Art des Maßes ab. Die Zielgröße für die Verfügbarkeit eines Systems kann man beispielsweise in Zahlen mit 99 % oder einer maximalen Ausfallzeit von einer halben Stunde pro Monat angeben und entsprechend kardinal messen. Bei einem angestrebten Sicherheitszertifikat lassen sich das Ziel und seine Erreichung dagegen nur nominal fassen. Die Erreichung des Zieles „Zertifikat für IT-Sicherheit erhalten" etwa kann man nur mit der Feststellung „Zertifikat erteilt" oder „nicht erteilt" messen.

Zeitbezug bedeutet, dass eine Frist für die Erreichung des Ziels angegeben wird, also z. B. eine Erhöhung der Verfügbarkeit auf 99 % bis Ende 2006.

Mit dem **organisatorischen Bezug** ordnet man die Verantwortlichkeiten zu. Die Verantwortungsbereiche bzw. konkrete -träger werden in der Regel am Zielerreichungsgrad, gemessen, soweit dieser in ihrem Einflussbereich liegt. Für die Verbesserung der Verfügbarkeit einer Großrechneranwendung könnte etwa die Rechenzentrumsleitung zuständig sein. Operationalisierung heißt auch, dass Ziele entlang der organisatorischen Struktur im Verantwortungsbereich heruntergebrochen werden bis auf die Ebene der Durchführung konkreter Maßnahmen.

▪ Prozess der Zieldefinition

Sowohl Formal- als auch Sachziele für die IT sind mit den entsprechenden Dimensionen der Unternehmensziele abzustimmen. An der Erarbeitung und Verabschiedung der IT-Ziele sind deshalb im

Wesentlichen **IT-Leitung, Geschäftsleitung** und **Anwendervertreter** beteiligt. Naturgemäß kann es unter den Beteiligten zu Zielkonflikten kommen, etwa wenn ein Unternehmensziel kurzfristig auf signifikante Kostensenkung gerichtet ist, die IT jedoch massiv in ein ERP-Projekt investieren möchte. Zieldefinition und Abstimmung finden deshalb oft in **Workshops** statt, die von unabhängigen Personen, häufig externen Beratern, moderiert werden. Am Ende stehen im Idealfall interaktiv von den Beteiligten entwickelte Zielsetzungen für die IT, die somit für alle konsensfähig und akzeptabel sein sollten. Zusammen mit den Ergebnissen der Situationsanalyse bilden diese Ziele den Rahmen für die Formulierung der Strategie.

2.3.5   Strategieformulierung

2.3.5.1   Definition von Handlungsfeldern

Die Formulierung der IT-Strategie dient vorwiegend der Identifikation der für die Erreichung der Geschäftsziele nötigen Systeme, deren Priorisierung sowie der Beschaffung und Allokation der Ressourcen. Wie oben dargestellt, steht am Ende der Situationsanalyse häufig eine Fülle von Ansätzen für dazu notwendige Handlungen. Ein erster Schritt zur Strategieformulierung ist deshalb die Identifikation bzw. Bildung von **Handlungsfeldern**, in denen anschließend Maßnahmen entwickelt werden sollen, die zur Zielerreichung beitragen. Beispiele für Handlungsfelder, die sich aus einer rein sachbezogenen Gliederung ergeben, sind die IT-Architektur, die IT-Governance oder das IT-Sourcing. Die Handlungsfelder können sich aber auch zunächst an den in Abschnitt 2.1 eingeführten drei Dimensionen der IT-Strategie orientieren und dann sachbezogen definiert werden. Diese Variante ist in den folgenden Unterkapiteln dargestellt.

2.3.5.2   Informationssysteme-Strategie

Wie bei der Situationsanalyse gezeigt, wird dieser Teil stark von den Geschäftsanforderungen getrieben. Es geht um die Überführung des bestehenden in das angestrebte Applikationsportfolio. Zunächst stehen die eher kurzfristigen Handlungsbedarfe im Vordergrund, die aus der Bewertung der IT-Unterstützung der gegenwärtigen Geschäftsstrategie, der KEFs und der wichtigsten

Prozesse folgen (derzeitige Lücke). Resultat ist das aktuell benötigte Soll-Portfolio. Einen Schritt weiter geht die Betrachtung mittel- und langfristiger Handlungsbedarfe aufgrund des potenziellen Einflusses der IT auf Produkte, Märkte sowie auf Unternehmens- und Branchenwertkette (künftige Lücke). Daraus entsteht das künftige Zielportfolio. Beide Sichten beeinflussen die Maßnahmen und Investitionsentscheidungen, welche aufgrund der Positionierung von Anwendungen im Portfolio getroffen werden [WARD 2003, S. 277 ff.].

Für das **Management des Applikationsportfolios** ist es hilfreich, für die Quadranten Handlungsempfehlungen zu formulieren. Da Applikationsportfolio und BCG-Matrix eine Reihe von Parallelen in der Logik aufweisen (z. B. Einordnung von Objekten bezüglich Investitionsbedarf, Lebenszyklus etc.), kann man beide überlagern. Der nächste Schritt ist die Ableitung von Handlungsempfehlungen für die Felder des Applikationsportfolios durch Adaption der Normstrategien der BCG-Matrix. Das Ergebnis ist in Abb. 2.3.5.2/1 dargestellt [WARD2003, S. 325].

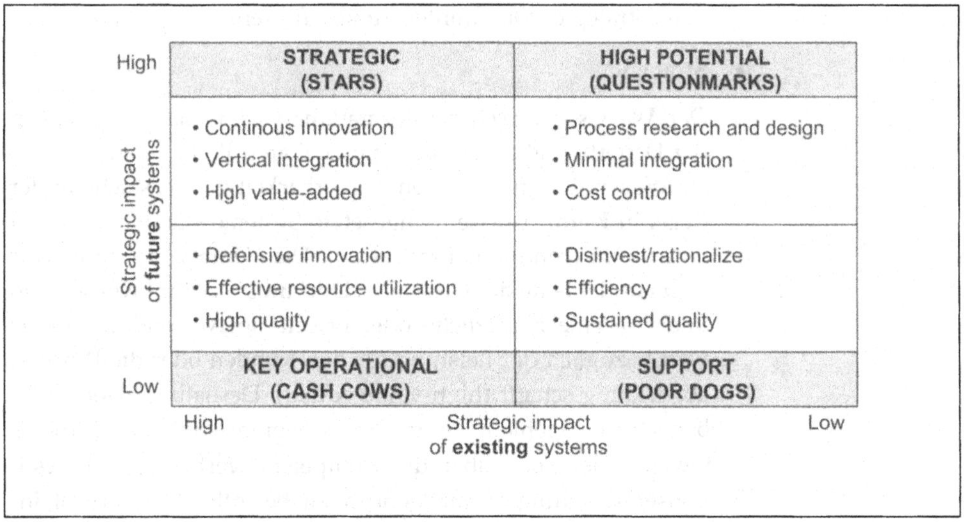

High	STRATEGIC (STARS)	HIGH POTENTIAL (QUESTIONMARKS)
Strategic impact of **future** systems	• Continous Innovation • Vertical integration • High value-added	• Process research and design • Minimal integration • Cost control
	• Defensive innovation • Effective resource utilization • High quality	• Disinvest/rationalize • Efficiency • Sustained quality
Low	KEY OPERATIONAL (CASH COWS)	SUPPORT (POOR DOGS)
	High Strategic impact Low of **existing** systems	

Abb. 2.3.5.2/1   Überlagerung von Applikationsportfolio
und BCG-Matrix

Der Evolution von Anwendungen folgend lassen sich die Handlungsempfehlungen beginnend im Status der „High Potentials" folgendermaßen beschreiben [WARD2003, S. 326 ff.]:

- **High Potential**

  Diese Applikationen sind gekennzeichnet von Unsicherheit bezüglich ihres Erfolgs und damit von hohem Risiko. In diesem Feld geht es vordringlich darum, Forschung und Entwicklung bezüglich des IT-Einsatzes für **Kernprozesse** zu betreiben. Mit Hilfe von Prototypen und Pilotprojekten soll jedoch weniger das technisch Machbare als der konkrete Nutzen von Lösungen und die Voraussetzungen für deren erfolgreiche Umsetzung, evaluiert werden (process research and design). Bei der Evaluation sollten Integrationsaspekte gesondert betrachtet werden (minimal integration). Sonst könnten entstehende Abhängigkeiten den Blick auf die eigentliche Lösung verstellen und die übrige Landschaft im Falle des Scheiterns eines Pilotprojekts beeinträchtigen. Im Rahmen der Steuerung sind für Pilotprojekte klare Budget- und Zeitlimits zu setzen und zu überwachen (cost control). Dies hilft, an vereinbarten Meilensteinterminen klare Entscheidungen über die Fortführung oder das Einstellen von Aktivitäten herbeizuführen. Ziel muss es letztlich sein, diejenigen Ansätze zu identifizieren, bei denen es sich lohnt, sie in den „Strategic"-Quadranten zu überführen.

- **Strategic**

  Der Wert strategischer Informationssysteme hängt stark von der Dauerhaftigkeit des damit erzielbaren Wettbewerbsvorteils ab. Wegen der oft einfachen Kopierbarkeit gilt es, solche in der Regel in **Kernprozessen** eingesetzte Systeme ständig weiter zu entwickeln (continous innovation). Die Verantwortung hierfür liegt auf der Seite des Geschäfts. Dort muss erkannt werden, wo und wie eine zusätzliche oder erweiterte Anwendung Mehrwert bezüglich der Leistung für den Kunden oder die Prozessabwicklung schafft (high value-added). Deshalb müssen Fachbereichsmanagement und Prozessverantwortliche (Process Owner) hier auch über die Kompetenz verfügen, IT-Investitionsentscheidungen maßgeblich zu beeinflussen (vertical integration). Die Wertsteigerungsaktivitäten sind meist sehr kostenintensiv. Wenn es dem Wettbewerb gelingt, immer schneller nachzuziehen, ist es angezeigt, eher auf hohe Investitionen für die Schaffung von Mehrwert zu verzichten und stärker auf die Kosten zu achten. Damit beginnt die Überleitung der Applikation in den Status „Key Operational".

- **Key Operational**

  Die Anwendungssysteme in diesem Quadranten sind dauerhaft wichtig für die Geschäftsabwicklung. Man findet sie als Unterstützung vorwiegend für **Kern-,** prinzipiell jedoch auch für **Management- und Support-Prozesse.** Anpassungen an veränderte Anforderungen sollen kosteneffektiv, Erweiterungen nur dann vorgenommen werden, wenn ohne sie Wettbewerbsnachteile entstehen (defensive innovation). Gleichzeitig ist auf hohe Qualität der Systeme zu achten, damit ihr reibungsloser, performanter Betrieb über den gesamten Lebenszyklus hinweg sicher gestellt ist (high quality). Da vergleichsweise weniger Ressourcen zur Verfügung stehen als für strategische Anwendungen, gilt es, den laufenden Betrieb und die Wartung so Ressourcen schonend wir möglich zu organisieren (effective resource utilization). Die Herausforderung liegt also insgesamt darin, den Wertbeitrag der Systeme zu erhalten, gleichzeitig jedoch die dafür aufgewendeten Mittel zu reduzieren.

- **Support**

  Support-Systeme kommen in allen Prozesskategorien zum Einsatz, sind jedoch nicht entscheidend für die Zukunft des Unternehmens. Überwiegend anhand finanzieller Kriterien ist beispielsweise zu entscheiden, ob für die von ihnen erbrachten Leistungen Dienstleister beauftragt werden, die aufgrund von Skaleneffekten günstiger anbieten können (disinvest/rationalize). Ein Eigenbetrieb von Support-Lösungen ist meist nur wirtschaftlich, wenn weitgehend Standardsoftware ohne Modifikationen oder Erweiterungen zum Einsatz kommt. Werden – z. B. aus Gründen der Qualitätserhaltung – doch solche Maßnahmen erwogen, sind sie genauestens auf ihre Wirtschaftlichkeit hin zu prüfen (sustained quality and efficiency).

Die Erläuterungen machen deutlich, dass eine einheitliche Managementstrategie über alle Quadranten hinweg nicht sinnvoll ist, sondern jeweils spezifische Ansätze nötig sind. Dies wird weiter unten bei der Behandlung der Informationsmanagement-Strategie aufgegriffen.

Die Zuordnung von Lösungen zu den Matrixfeldern ist jeweils nur für eine SGE gültig, da sich Anwendungen in Applikationsportfolios mehrerer Geschäftseinheiten in unterschiedlichen Lebenszyklusphasen befinden können. Beispielsweise kann ein System, das für die betrachtete SGE als „Key Operational" einzustufen ist, für eine andere Geschäftseinheit, die in einer anderen Branche mit unterschiedlichem IT-Reifegrad aktiv ist, strategischen Charakter besitzen. Zur Nutzung von Synergieeffekten bietet es sich deshalb an, die Applikationsportfolios aller SGEs aus einer übergeordneten Perspektive zu betrachten. So lassen sich ggf. Nutzungsideen, Evaluationsergebnisse für Technologien und Prototypen, Standards etc. transferieren und mehrfach nutzen sowie unnötiger Mehraufwand (z. B. durch unterschiedliche Lösungen für gleichartige Prozesse) vermeiden.

2.3.5.3   Informations- und Kommunikationstechnik-Strategie

Impulse für die Informations- und Kommunikationstechnik-Strategie liefern die Anforderungen der Informationssysteme und der gegenwärtige Zustand der technischen Infrastruktur in Zusammenhang mit der verfügbaren Technologie. Zur Strukturierung eignen sich Ansätze wie das Technology Framework von Earl. Es unterscheidet zunächst folgende grundlegende, interdependente Elemente (vgl. [EARL1989, S. 95 ff.]):

- **Rechner (Computing)**
  Hardware und Betriebssysteme.

- **Kommunikation (Communication)**
  Netzwerke mit aktiven und passiven Komponenten wie Router, Switches und Gateways.

- **Daten (Data)**
  Datenbestände des Unternehmens und die dazu gehörenden Speicherungs- und Zugriffsmechanismen.

- **Applikationen (Applications)**
  Wesentliche Anwendungssysteme des Unternehmens mit ihren funktionalen Zusammenhängen sowie Methoden der Anwendungsentwicklung. Im Vergleich zur IS-Strategie geht es hier um die konkreten Ausprägungen von Applikationen, also z. B. nicht allgemein um ein ERP-System, sondern um ein bestimmtes Release der ERP-Lösung von SAP.

Für jedes der Framework-Elemente kann man Grundsätze auf unterschiedlichen Ebenen formulieren:

- **Pläne (Plans)**
  Pläne und Ziele für die kurz-, mittel- und langfristige Entwicklung von Elementen.

- **Weisungen (Policies)**
  Konkrete, verbindliche Richtlinien für Vorgehensweisen und Prozesse zur Realisierung der technischen Infrastruktur.

- **Modelle (Schemas)**
  Logische und ggf. physische Modelle für die Anforderungen an und die Funktionsweise von Elementen.

- **Design-Prinzipien (Parameters)**
  Regeln für Entwurf und Realisierung eines Elements.

Die Kombination der Framework-Elemente mit den Grundsätzen führt zu einer Matrix, die den Formulierungsrahmen für die IKT-Strategie übersichtlich wiedergibt. In die Felder der Tab. 2.3.5.3/1 ist jeweils ein konkretes Beispiel für eine Grundsatzformulierung eingetragen. In der Praxis ist je Element eine ganze Reihe von Festlegungen zu treffen.

Tab. 2.3.5.3/1   Formulierung der IKT-Strategie

Grundsatz \ Element	Design-Prinzipien	Modelle	Weisungen	Pläne
Rechner	Orientierung am Industriestandard (Ausnahme: Entwickler-PCs)	Hardwarearchitektur des Unternehmens	PC-Arbeitsplätze sind grundsätzlich mit Kartenleser auszustatten	Roll-out von MS Windows XP auf allen Rechnern bis Ende 2006
Kommunikation	Anbindung aller Standorte über Virtuelles Privates Netzwerk (VPN)	Netzwerkarchitektur des Unternehmens	Sämtlicher E-Mail-Verkehr ist zu verschlüsseln	Evaluation von Voice over IP bis 03/2007
Daten	logisch zentrale Verwaltung von Unternehmensdaten	Unternehmensdatenmodell	Änderungen von Datenstrukturen nur mit Genehmigung der Fachabteilung	Zentralisierung der Stammdatenverwaltung bis 12/2007
Applikationen	„best-of-breed" hat Priorität vor Paketlösung	Enterprise-Application-Integration-Modell des Unternehmens	Standard für Bürokommunikationssoftware ist MS Office	Flächendeckender Umstieg von SAP R/3 4.6c auf mySAP ERP bis 07/2007

Eine vergleichbare Matrix kann selbstverständlich bereits bei der Analyse der Unternehmens-IT als Instrument zum Einsatz kommen, wenn es gilt, bestehende Grundsätze zu evaluieren.

2.3.5.4   Informationsmanagement-Strategie

Die Informationsmanagement-Strategie legt den Rahmen für das Führungskonzept der gesamten IT fest. Sie überspannt die Teilstrategien für die Informationssysteme und Informationstechnik. Für ihre Ausgestaltung wurde in der Vergangenheit in empirischen Untersuchungen eine Reihe von grundlegenden Ansätzen identifiziert. Bekannte Vertreter sind die von Parsons bereits in den 1980er Jahren identifizierten Strategien. Sie lassen sich auf das Applikationsportfolio beziehen und geben so Anhaltspunkte für das Management von Informationssystemen und -technik in den unterschiedlichen Quadranten. Die folgenden Erläuterungen und die anschließende Tabelle geben Aufschluss über diese **generischen Informationsmanagement-Strategien** (vgl. [EARL 1989, S. 117 ff.] und [WARD2003, S. 311 ff.])[17]:

- **Centrally Planned (Zentrale Planung)**

  Für **strategische Anwendungen** eignet sich der Ansatz der zentralen Planung, da sie oft nicht nur eine SGE, sondern das gesamte Unternehmen und dessen Strategie betreffen. Entsprechende Projekte bedürfen der besonderen Aufmerksamkeit des Topmanagements. Seine Involvierung geschieht am besten dadurch, dass ein Mitglied der Geschäftsleitung einer Task Force aus Spezialisten der Fachbereiche und der IT vorsteht, die das Projekt erfolgreich umsetzen soll. Die enge Verbindung zur Unternehmensleitung verschafft dem Projektteam die Kompetenz, die bei strategischen Projekten oft nötigen maßgeblichen Veränderungen von Strukturen und Prozessen herbeizuführen.

- **Leading Edge (Neueste Technologie)**

  Im Bereich der **High-Potential-Systeme** kann man die Leading-Edge-Strategie verfolgen. Dabei geht man davon aus, dass fort-

---

[17] Nicht thematisiert wird hier die von Parsons genannte Variante „Necessary Evil". Die Sichtweise, dass Information und IT keinen Wertbeitrag liefern und lediglich ein notwendiges Übel darstellen, ist nicht mehr zeitgemäß und in Unternehmen kaum noch anzutreffen.

schrittliche IT-Nutzung Wettbewerbsvorteile eröffnen kann. Deshalb wird mit neuer Technologie experimentiert, auch mit dem Risiko negativer Ergebnisse und damit vielleicht fehlgeleiteter Investitionen. Chancen und Risiken müssen sorgfältig von Fachbereichs- und IT-Experten evaluiert werden, ehe die Entwicklung in Richtung eines strategischen Systems vorangetrieben wird, etwa um den Vorteil des „First Movers" zu erzielen. Bei Unsicherheit bezüglich des strategischen Nutzens erscheint es opportun, die Entwicklung der Technologienutzung in der Branche abzuwarten und die eigene Vorgehensweise im Sinne eines „Followers" daran anzupassen.

- **Free Market (Freier Markt)**

Die Überlegung bei diesem Vorgehen ist, dass die Fachbereiche für ihren Erfolg verantwortlich sind und deshalb in ihrer Mittelwahl eigenständig agieren können. Dies gilt auch für Entscheidungen bezüglich der IT-Unterstützung. Die Anwender versorgen sich – ggf. unter Konsultation der IT – am Markt (eigene IT oder externe Anbieter) mit den für sie am besten geeigneten Lösungen, weitgehend ohne auf beschränkende Vorgaben achten zu müssen. Die hohen Freiheitsgrade führen einerseits zu kurzfristig optimalen Problemlösungen, die passgenau auf den Anwendungsbereich zugeschnitten sind. Andererseits können so isolierte Insellösungen entstehen, die gekennzeichnet sind von Inkompatibilitäten und hohen Folgekosten für Betreuung und Integration. Die Free-Market-Strategie eignet sich deshalb vor allem für **Support-Anwendungen**, die ihre lokale Umgebung optimal unterstützen sollen, wenig Integration bedürfen und wenig strategische Bedeutung besitzen.

- **Monopoly (Monopol)**

Während beim Free Market die Fachbereiche also autonom über den IT-Einsatz entscheiden, müssen sie ihre Bedarfe beim „Monopol"-Modell gegenüber der Unternehmensleitung artikulieren. Diese entscheidet quasi als monopolistischer Versorger, für welche fachlichen Anforderungen Informationssysteme einzuführen sind, und beauftragt die IT mit der technischen Umsetzung. Die Bedarfskonsolidierung und zentrale Steuerung der Versorgung mit IT-Leistungen fördern die fachbereichs- und funktionsübergreifende Integration und Standardisierung sowie die Kostenkontrolle. Fachbereichen, die dadurch ggf. suboptimale Lösungen für ihre individuellen Bedürfnisse erhalten, muss transparent gemacht werden, dass dies im Interesse des Gesamtoptimums für das Unternehmen ist. Die sorgfältige Anwendung dieser Strategie führt tendenziell zu integrierten, wartungsfreundlichen und sehr kosteneffektiven Systemen hoher Qualität. Sie ist damit prädestiniert für Anwendungen im Quadranten **„Key Operational"** des Applikationsportfolios (vgl. Abb. 2.3.5.2/1).

- **Scarce Resource (Knappe Ressource)**

  Information und ihre Verarbeitung gelten hier als knappe Ressource. Strikte Investitions- und Kostenkontrolle im Rahmen eines vorgegebenen Budgets sollen ihre sinnvolle Nutzung gewährleisten und zur Auswahl der Projekte führen, die den größten Return on Investment liefern. Diese rein finanzielle Betrachtung von Investitionen passt gut zur Charakteristik des Quadranten der **Support-Systeme**.

Tab. 2.3.5.4/1 enthält eine Gegenüberstellung, welche die Informationen zu den Strategien zusammenfasst und ergänzt.

Unternehmen weisen in der Regel Anwendungen bzw. potenzielle Anwendungen in allen Quadranten des Applikationsportfolios auf. Sie werden deshalb in der Praxis einen **situationsangepassten Mix** der skizzierten **Managementstrategien** einsetzen. Die wichtigsten **Regelungsgegenstände** sind dabei:

- **Mission, Vision und Ziele der IT**

- **Organisation der IT** (vgl. Abschnitte 2.3.3.4 und 3.1)

  - Interner Aufbau und Einordnung der IT in die Gesamtorganisation

  - Zuordnung von Verantwortlichkeiten und Kompetenz

  - Beziehungen zu Fachbereichen und Unternehmensleitung

  - Planungs- und Entscheidungs- sowie Weisungs- und Kontrollprozesse in der IT, insbesondere Regelungen für Investitionsentscheidungen und zur Priorisierung hinsichtlich der Ressourcenallokation (Wer entscheidet? Wie sieht der Entscheidungsprozess aus?)

  - Umgang mit organisatorischen Veränderungsprozessen (Change Management)

Tab. 2.3.5.4/1   Generische Informationsmanagement-Strategien (angelehnt an [WARD2003, S. 313] und [EARL1989, S. 125])

Strategie / Merkmal	Centrally Planned	Leading Edge	Free Market	Monopoly	Scarce Resource
Grundgedanke	■ Zentrale Planung und Koordination bringt die besten Ergebnisse	■ Fortschrittliche Technologie schafft Wettbewerbsvorteile, damit verbundene Risiken werden in Kauf genommen ■ Orientierung am technologischen Angebot	■ Koordination durch Markt bringt die besten Ergebnisse ■ Integration gilt als nicht kritisch	■ Monopolistische Bewirtschaftung der zentralen Unternehmensressourcen Information und IT bringt die besten Ergebnisse	■ Information und IT sind begrenzte Ressourcen, jede Investition in ihre Entwicklung muss finanziell gerechtfertigt werden
Rolle der IT	■ Entwickler und Anbieter hochgradig bedarfsgerechter IT-Services durch enge Kooperation mit Fachbereichen	■ Schrittmacher für Technologienutzung	■ Profit Center (Wettbewerb mit externen Anbietern)	■ Bedarfsdecker für Fachbereiche im Auftrag der Unternehmensleitung	■ Optimaler Bewirtschafter der begrenzten Ressourcen durch strikte Investitions- und Kostenkontrolle
Rolle der Fachbereiche	■ Identifikation von IT-Potenzial für das Geschäft ■ Entwicklungspartner der IT	■ Anwendung der Technologie ■ ggf. Identifikation von IT-Potenzial für das Geschäft	■ Identifikation von IT-Potenzial für das Geschäft ■ Eigenständige Entscheidung über Beschaffung und Betrieb von Lösungen	■ Ermittlung und Artikulation von Bedarfen gegenüber der Unternehmensleitung ■ Kunde der IT	■ Identifikation und wirtschaftliche Rechtfertigung von Projekten
Kritische Erfolgsfaktoren (Auswahl)	■ Beteiligung der Unternehmensleitung ■ Integration von Unternehmens- und IT-Planung über alle Ebenen	■ Ressourcenverfügbarkeit ■ Innovationsfähigkeit und Technologiekompetenz ■ Sorgfältiges Risikomanagement	■ IT-Know-how bei Fachbereichen ■ Verzicht auf hohen Integrationsgrad	■ Akzeptanz durch Fachbereiche ■ Richtlinien zur Durchsetzung der monopolistischen Versorgung ■ Gute Vorhersage der Fachbereichsbedürfnisse ■ Dienstleistungsorientierung der IT	■ Sorgfältige Budgetierung ■ IT-Controlling ■ Beschränkung der Fachbereiche auf das Notwendigste
Eignung für Quadranten im Applikationsportfolio	■ Strategic	■ High Potential	■ Support ■ teilweise High Potential	■ Key Operational	■ Support

- **IT-Sourcing**
  - Strategie bezüglich „Make" oder „Buy" (vgl. Abschnitt 3.5)
  - Strategie zur Lieferanten-/Dienstleisterauswahl (z. B. alles aus einer Hand oder best-of-the-best?)

- **IT-Personal** (vgl. Abschnitt 3.4)
  - Rekrutierungsprinzipien für das IT-Personal (z. B. Vorrang der Entwicklung eigenen Personals vor Bedarfsdeckung am Markt)
  - Leitlinien für Aus- und Weiterbildung des IT-Personals (z. B. Personalentwicklungsplan)

- **IT-Controlling** (vgl. Kapitel 4)
  - Organisation des IT-Controllings
  - Objekte und Instrumente des IT-Controllings

Damit adressiert die Informationsmanagement-Strategie zum Großteil die Aufgaben der IT-Governance (vergleiche hierzu die Ausführungen in Kapitel 8).

2.3.5.5   Ergebnis

Üblicherweise besitzen Organisationen gewachsene IT-Landschaften und die dazugehörigen Managementstrukturen. Die IT-Strategie stellt daher meist einen Migrationspfad von der Ist- zu einer gewünschten Soll-Situation dar, mit dem Stärken ausgenutzt, Schwächen beseitigt und neue Herausforderungen gemeistert werden sollen. In der IT-Strategie finden sich deshalb die Ergebnisse von Situationsanalyse und Strategieformulierung wieder. Abb. 2.3.5.5/1 zeigt zusammenfassend die mögliche Gliederung eines entsprechenden Strategiepapiers. Den wesentlichen Gliederungspunkten sind darin die vorher behandelten Unterkapitel zugeordnet.

Zur Implementierung der nun vorliegenden IT-Strategie bedarf es konkreter Maßnahmen. Deren Planung ist Thema des nächsten Abschnitts.

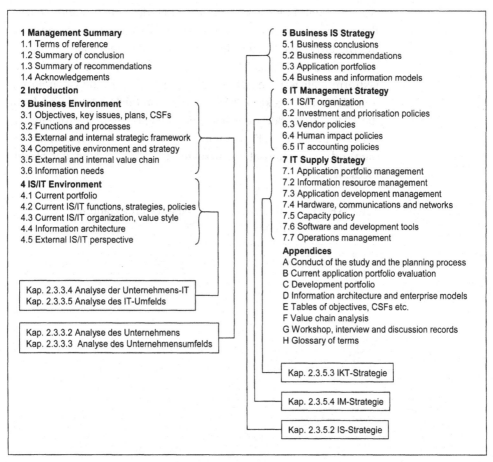

Abb. 2.3.5.5/1   Typische Inhaltsgliederung für ein IT-Strategie-
Dokument [angelehnt an WARD1996, S. 97][18]

2.3.6   Maßnahmenplanung

2.3.6.1   IT-Projektanträge

Mit der IT-Strategie ist der angestrebte Soll-Zustand formuliert
(was?). Zur Implementierung sind entsprechende Maßnahmen zu
planen (wie?). Dabei kann es sich zunächst um Sofortmaßnahmen
handeln, die als „Quick Wins" („low hanging fruit") mit wenig

---

[18]   Ein weiteres Beispielschema für ein IT-Strategie-Dokument findet man
bei [LAUDON2002, S. 306].

Aufwand und in kurzer Zeit in Richtung des Soll-Zustands führen. Beispielsweise kann eine Vorschrift zur Nutzung eines bestimmten Internetbrowsers kurzfristig zur Softwareharmonisierung beitragen. Da jedoch größere Vorhaben in der IT üblicherweise in Projektform realisiert werden, geht es vor allem um die Generierung von Ideen für Projekte zur Schließung von Lücken im Hinblick auf die IT-Strategie. Beispiele sind Softwareentwicklungsprojekte, Architekturprojekte (z. B. Vereinheitlichung von Datenbankplattformen) oder Reorganisationsprojekte (z. B. Ausrichtung der IT-Services an ITIL).

Tab. 2.3.6.1/1   Mögliches Schema eines IT-Projektantrags
[BENSON2004, S. 75]

Project Description	Business Sponsors
	Name: Name: Business Unit: Business Unit: Phone: Phone: Email: Email
Addressed Business Problem	Project Type
	☐ New Product/Business Development ☐ Process Improvement ☐ IT Infrastructure ☐ Legal/Regulatory Compliance
Benefits	Measures of Success
Financial Benefits: Time Savings: Quality Improvement: Customer Benefits: Other Benefits:	Financial Measures: Time Savings: Quality Improvement: Customer Benefits: Other Measures:
ROI	Project Costs/Budget
NPV: Payback Period:	$$: Staff:
Implementation Timeline	Impact if Delayed/Cancelled
Milestone 1: Date: Milestone 2: Date:	
Dependencies and Assumptions	Risks
	Business Risks: Technology Risks:

Nachdem in der Praxis üblicherweise die Anzahl von Projekten bzw. der damit verbundene Ressourcenbedarf die zur Verfügung stehenden Mittel überschreitet, ist eine Auswahl und Priorisierung vorzunehmen. Ein erster Schritt dazu ist die Formulierung der Vorhaben in Projektanträgen mit Parametern wie Ziel, Art (Neuentwicklung, Wartung etc.), geschätzte Dauer und Kosten und Nutzen (vgl. Tab. 2.3.6.1/1). Diese werden gesammelt, mit bestehenden Projekten abgeglichen und mithilfe des IT-Projektportfolios bewertet und priorisiert. Die dabei ausgewählten Vorhaben werden anschließend gemäß der Projektmanagementmethodik abgewickelt.

2.3.6.2   IT-Projektportfolio

IT-Portfolio-Management ist eine Methodik, mit der jedes IT-Projekt auf seinen Nutzen und seine Risiken hin analysiert und bewertet werden kann. Ergebnis ist das IT-Projektportfolio, das als Planungsinstrument die Ressourcenzuordnung auf Basis der Ausbalancierung dieser Kriterien erleichtert.

Ausgangspunkt ist die Definition und Gewichtung der Kriterien, die zu den Portfoliodimensionen führen. Da die Portfoliodarstellung zunächst nur zwei Dimensionen ermöglicht, gilt es in der Regel Einzelaspekte zu zwei Kriterien zu verdichten und dabei zu gewichten. Die Nutzendimension könnte sich beispielsweise zusammensetzen aus Wirtschaftlichkeit (Return on Investment), Nutzungsdauer des Projektergebnisses, Potenzialentwicklung etc. Risiken kann man ausdrücken durch Aspekte wie Kosten, Projektdauer, Schwierigkeitsgrad der technischen Realisierung, Projektumfang, Abhängigkeiten und Ressourcensituation (vgl. [EARL 1989, S. 87] und [KRCMAR2009, S. 258 ff.]). Positioniert man die Projekte als Kreise in die über den ursprünglichen zwei Dimensionen aufgespannte Matrix, lässt sich durch die Größe der Kreisfläche eine dritte Dimension darstellen (vgl. Abb. 2.3.6.2/1).

Im abgebildeten Beispiel ergibt sich die höchste Priorität für Projekt zehn. Die Festlegung der Reihenfolge der Vorhaben im Segment II bedarf der Abwägung zwischen den Dimensionen. Eine denkbare Rangfolge ist Projekt sechs, elf, zwei, sieben, drei, vier, fünf, eins und neun, während Projekt acht die niedrigste Priorität besitzt.

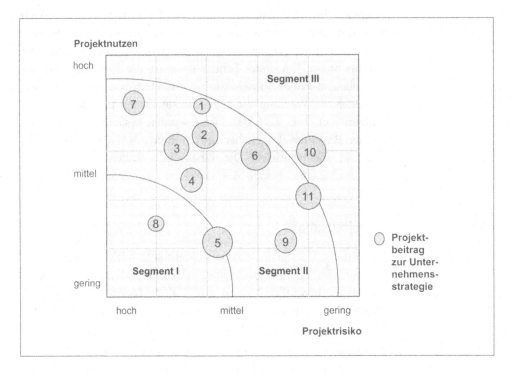

Abb. 2.3.6.2/1   Beispiel für IT-Projektportfolio

Oft bewertet man Projekte auch zunächst in Einzelportfolios und versucht diese dann in einer Gesamtbetrachtung zu konsolidieren. Diese Vorgehensweise ist in Abb. 2.3.6.2/2 ersichtlich. Als Rangfolge ergibt sich hier Projekt drei, gefolgt von zwei, eins und vier.

Die Definition und Gewichtung der Kriterien, die Beurteilung der Vorhaben hinsichtlich der Kriterien, die darauf basierende Positionierung und schließlich die Rangreihung von Projekten ist eine bereichsübergreifende Teamaufgabe [GADATSCH2004, S. 134]. Das Team ist idealerweise mit Mitgliedern von allen betroffenen Fachbereichen, IT-Experten, Controllern etc. besetzt.

Als Hilfsmittel für die Erfassung von Projektmerkmalen, die zur Erstellung eines Portfolios einschlägig sein können, kann man Schemen wie das in Abb. 2.3.6.2/3 dargestellte Beispiel verwenden. In den Zeilenköpfen stehen die zu bewertenden Projekte oder Einzelmaßnahmen. Die Kriterienkategorien mit den dazugehörigen Attributen bilden die Spaltenköpfe. In den Feldern kann man die Bewertung z. B. durch die Vergabe von Punkten vornehmen.

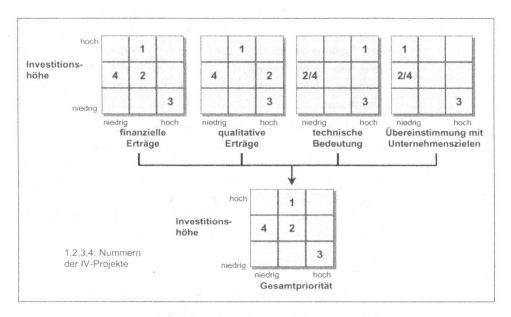

Abb. 2.3.6.2/2   Portfoliokonsolidierung [MERTENS2000, S. 17]

Basic Information			Service and Quality				Risk and Uncertainty				Value/State		
A portfolio line item is an individual application infrastructure component, service, or management activity	Quality	Costs or Resources Consumed ($ or FTE)	Functionality	Accuracy	Availability	Responsiveness	Business	Technology	Organizational	Project	Technical Assessment	Strategic Alignment	ROI
Item 1													
Item 2													
Item 3													

Abb. 2.3.6.2/3   Erfassungsschema für portfoliorelevante Merkmale
eines IT-Projekts [BENSON2004, S. 73]

Aus dem am Ende vorliegenden, unter allen Betroffenen konsens-
fähigen Projektportfolio gehen die Projekte hervor, die im betrach-
teten Planungszeitraum in die Umsetzung gehen. Die Methodik
bietet hohe Gewähr dafür, dass diese Vorhaben der IT- und Unternehmensstrategie folgen und auf die Ressourcensituation abgestimmt sind.

Beim IT-Portfolio-Management kann man sich durch Software-
werkzeuge unterstützen lassen. Beispiele für Systeme mit entsprechenden Funktionalitäten sind Clarity (Computer Associates),
Portfolio Management (Mercury), Rational Portfolio Manager
(IBM) oder Changepoint (Compuware). Auch Module von Enter-
prise-Architecture-Management-Systemen decken meist das IT-
Portfolio-Management ab (vgl. Abschnitt 5.1.6.1).

2.3.6.3   IT-Projektmanagement

Die auf Basis der Portfoliobetrachtung ausgewählten Projekte werden der üblichen Projektplanung unterzogen. Unter anderem sind
dabei die Projektorganisation (Rekrutierung von Projektleitung
und -team etc.) festzulegen und Aktivitäten, Termine und Ressourcen (vor allem Personal und Budget) aufeinander abzustimmen.
Dies geschieht, indem z. B. Arbeitspakete, Zuständigkeiten, Mei-
lensteine etc. definiert werden.

Es folgt die eigentliche Projektdurchführung mit begleitendem Projektcontrolling bis hin zum Projektabschluss. Bei Projekten zur
Entwicklung und Einführung von Software ist dies in der Regel die
Überführung der Lösung in den produktiven Dauerbetrieb und die
Organisation von Wartung und Support. Bei Reorganisations-
projekten bilden die Einführung der geänderten Prozess- und Aufbauorganisation und das Aufsetzen eines kontinuierlichen Monito-
rings und Verbesserungsprozesses den Schluss. In jedem Fall sollte
sich im Sinne des Wissensmanagements noch die Dokumentation
von Erfahrungen (Lessons Learned) anschließen.

Die Ausführungen zum IT-Projektmanagement dienen hier lediglich der Abrundung des Themas Maßnahmenplanung. Ausführliche Behandlungen des IT-Projektmanagements findet man in Abschnitt 3.3 sowie in der einschlägigen Literatur (z. B. bei [BRUG-
GER2005], [ROSEN2004], [WIECZORREK2005] oder [WINKEL-
HOFER2005]).

2.3.7 ### Abstimmung von IT-Strategie und Unternehmensstrategie

Von zentraler Bedeutung für den Wertbeitrag der IT im Unternehmen ist die bereits mehrfach angesprochene sorgfältige Abstimmung von IT- und Unternehmensstrategie [CHAN2002]. Die Abstimmung wird häufig reduziert auf die **Ausrichtung der IT- an der Unternehmensstrategie (Alignment)**. Sie umfasst jedoch auch die Gegenrichtung, d. h., die **Eröffnung neuer Geschäftsmöglichkeiten durch IT (Enabling)**. Der in den vorangegangenen Abschnitten skizzierte Prozess integriert die Entwicklung von IT- und Unternehmensstrategie und bietet damit sehr gute Voraussetzungen, beide Wirkrichtungen optimal zu unterstützen. Insbesondere die Ausführungen zur Situationsanalyse, zu ihren Ergebnissen und zu deren Verwertung für die Strategieformulierung haben gezeigt, dass die simultanen SWOT-Analysen für Geschäft und IT sowohl das Alignment als auch das Enabling als festen Bestandteil des Prozesses verankern. Damit wird dem Verständnis des **IT/Business Alignment** als wechselseitige Abstimmung von Zielen, Strategien, Architekturen, Leistungen und Prozessen zwischen Fachbereichen und IT Rechnung getragen [WINTER2006, S. 309]. Dieses gegenseitige Ausrichten ist eine wesentliche Aufgaben im Rahmen der IT-Governance (vgl. Kapitel 8).

Abb. 2.3.7/1 zeigt die Ebenen der Abstimmung während des Strategieentwicklungsprozesses, ausgehend von Leitbild und Zielen bis hin zu den Maßnahmen.

Das dargestellte Vorgehen fördert die rasche Berücksichtigung von Änderungen der Geschäftsziele und -strategien in der IT-Strategie. Voraussetzung ist eine enge Kooperation von Unternehmensleitung, Fachbereichen und IT sowie eine ausgeprägte IT-Fähigkeit der Organisation (vgl. Abschnitt 2.2.3).

Im hier vorgestellten Prozess der IT-Strategieentwicklung kann die Abstimmung von IT- und Unternehmensstrategie mithilfe der erläuterten Managementtools erreicht werden. Daneben existiert eine Reihe formaler Modelle der IT-Planung, die ebenfalls das Alignment und Enabling gewährleisten sollen. Die bekanntesten sind die nachfolgend behandelten Konzepte des Business Systems Planning und des Strategic Alignment Model.

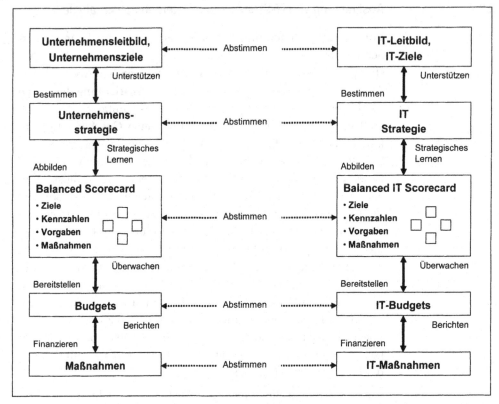

Abb. 2.3.7/1   Abstimmung von IT-Strategie und Unternehmens-
                strategie (angelehnt an [GADATSCH2004, S. 121])

■ Business Systems Planning (BSP)

Business Systems Planning wurde von IBM ursprünglich bereits
in den 1970er Jahren entwickelt. Die Methodik ist gut strukturiert,
dokumentiert und praktisch handhabbar. Sie war deshalb in der
Vergangenheit in größeren Unternehmen weit verbreitet und wurde mit dem Feedback der Praxis ständig modifiziert. Ein als **BSP-
Studie** bezeichneter Planungsvorgang soll etwa zwei Monate dau-
ern und bezieht sich in der Regel auf eine strategische Geschäftseinheit. Er umfasst zwölf Schritte, die im Rahmen einer **Top-
Down-Analyse und -Planung** von den Unternehmenszielen über
die Unternehmensorganisation, -prozesse und -daten bis hin zur
Informationssysteme-Architektur führen.

Davon ausgehend erfolgen **Entwurf und Implementierung der Informationssysteme bottom-up**[19].

■ Strategic Alignment Model (SAM)

Das **Strategic Alignment Model** wurde Anfang der 1990er Jahre am Massachusetts Institute of Technology entwickelt (vgl. [HENDERSON1993]). Es handelt sich um ein ganzheitliches, sehr komplexes Modell auf einer hohen Abstraktionsebene. Die Basis bilden die vier in Abb. 2.3.7/2 als Rechtecke dargestellten Bereiche, die so genannten **Domänen,** die im Sinne des Unternehmenserfolgs bestmöglich aufeinander abgestimmt werden sollen.

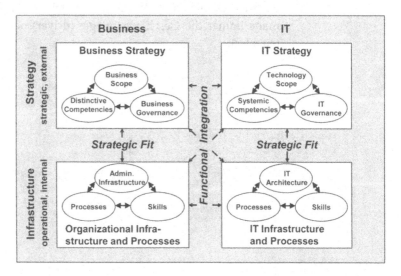

Abb. 2.3.7/2   Domänen des SAM (angelehnt an [PAPP2001, S. 2])

In horizontaler Richtung bedarf es zur Abstimmung der **funktionalen Integration** von Geschäfts- und IT-Strategie (strategische Ebene, externe Positionierung) sowie von organisatorischer Infrastruktur und Geschäftsprozessen mit IT-Infrastruktur und IT-Prozessen (operative Ebene, interne Strukturen).

Vertikal ist auf **strategische Konsistenz** von Geschäftsstrategie und organisatorischer Infrastruktur und Geschäftsprozessen sowie von IT-Strategie und IT-Infrastruktur und -Prozessen zu achten.

---

[19] Weitere Informationen zu BSP findet man z. B. bei [KRCMAR2009, S. 248 ff.] und [TURBAN2004, S. 404].

Zur Berücksichtigung von Abhängigkeiten werden immer drei Domänen simultan als Relation betrachtet. Im Mittelpunkt steht die zu gestaltende **Schwerpunktdomäne**. Sie soll mit der **Ankerdomäne** abgestimmt werden, die als bereits verändert gilt und den Ausgangspunkt der Überlegungen darstellt. Veränderungen der Schwerpunktdomäne beeinflussen den dritten Bereich, die **Wirkungsdomäne**. Die vierte, unberücksichtigte Domäne wird als **starke Domäne** bezeichnet, weil sie starre, schwer änderbare Strukturen aufweist oder schon gut abgestimmt ist.

Abb. 2.3.7/3 zeigt vier Dreierrelationen mit wechselnder Schwerpunktdomäne. Da zu Beginn der Ausrichtung eine Orientierung an externen Domänen im Vordergrund stehen soll, ist die Ankerdomäne immer die Geschäftsstrategie (driver) oder die IT-Strategie (enabler).

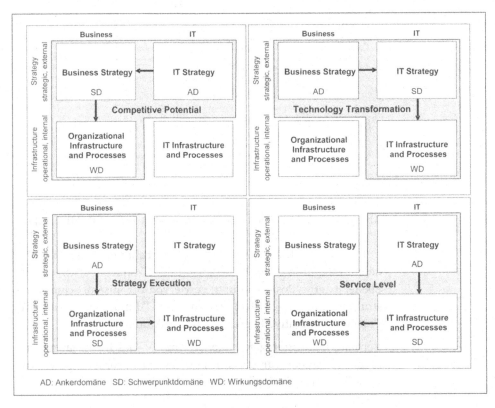

Abb. 2.3.7/3   Dominante Perspektiven im SAM
(angelehnt an [LUFTMAN1993, S. 215])

So entstehen vier so genannte **dominante Perspektiven** für die Abstimmung:

- **Strategy Execution**

  Dies entspricht dem klassischen Vorgehen der strategischen
  Planung, bei dem die gegebene Geschäftsstrategie durch geeignete organisatorische Infrastruktur und Geschäftsprozesse umzusetzen ist („structure follows strategy"). Daraus ergeben sich
  die Anforderungen an die IT-Infrastruktur und -Prozesse, die
  IT-Strategie bleibt außen vor.

- **Technology Transformation**

  Die IT-Strategie wird direkt aus der gegebenen Geschäftsstrategie abgeleitet. IT-Infrastruktur und -Prozesse sind konsistent
  mit der IT-Strategie zu gestalten. Bestehende Organisation und
  Prozesse treten dabei in den Hintergrund. In der Beklei-
  dungsbranche ist es beispielsweise oft Teil der Geschäftsstrategie, schnell auf sich verändernde Kundenbedürfnisse zu reagieren. Für die IT-Strategie bedeutet dies unter anderem, dass eine
  enge Verzahnung von kundennahen IT-Lösungen und den Systemen für Beschaffung und Produktion nötig ist. Ergebnis in
  der Praxis sind IT-Infrastrukturen, bei denen anhand der von
  Warenwirtschaftssystemen und Point-of-sale-Kassen im Handel
  registrierten Abverkaufsdaten Trends im Käuferverhalten erkannt und umgehend bei der Steuerung der Produktion (z. B.
  Färbung entsprechend der Nachfrageverteilung) berücksichtigt
  werden können.

- **Competitive Potential**

  Durch Einsatz von IT kann das Unternehmen neue Produkte
  oder Leistungen anbieten und neue Wettbewerbsstrategien verfolgen. Die Geschäftsstrategie gilt nicht als gegeben, sondern
  wird von technischen Möglichkeiten und der daraus abgeleiteten IT-Strategie beeinflusst. Dadurch kommt es in der Regel zur
  Reorganisation von Organisationsstrukturen und Geschäftsprozessen. Beispielsweise ermöglichten Verfügbarkeit und Verbreitung der Internettechnologie bestehenden Banken mit der
  dazu passenden IT-Strategie ihrer Geschäftsstrategie neue Impulse durch Onlinebankinglösungen zu geben. Dies veränderte
  sowohl Strukturen als auch Prozesse im Back Office. Für die

Geschäftsmodelle reiner Onlinebanken oder -broker wurde mit der Internettechnologie sogar erst eine wesentliche Voraussetzung geschaffen.

- **Service Level**

  Ausgehend von einer formulierten IT-Strategie sind die IT-Infrastruktur und -Prozesse so effektiv und effizient zu gestalten, dass den Anwendern bestmögliche IT-Services zur Deckung ihrer Informationsbedarfe angeboten werden können. Damit sollen die Voraussetzungen für eine Optimierung von Organisationsstrukturen und Geschäftsprozessen geschaffen werden, die Wettbewerbsstrategie bleibt unberührt. Als Beispiel hierfür kann die Informationsversorgung des Managements mit Hilfe von Executive Information Systems (EIS) gelten.

Lässt man die **Schwerpunktdomäne** im oder gegen den Uhrzeigersinn **rotieren**, werden alle Dreierrelationen berücksichtigt. Bei Bedarf führt man die Rotation einmal im und einmal gegen den Uhrzeigersinn durch. Dadurch wird jede Relation zweifach untersucht und eine **vollständige Abstimmung aller Elemente** erzielt.

Der gesamte Ansatz des Strategic Alignment Model wird wissenschaftlich als State of the Art betrachtet und hat die Basis für eine Reihe weiterer in den 1990er Jahren entwickelter Modelle geliefert. Er gilt als Strukturierungshilfe für die Abstimmung, enthält jedoch keine konkreten Umsetzungsmethoden oder Handlungsempfehlungen [GERICKE2006, S. 362]. In Anbetracht der angedeuteten Komplexität hat das SAM bisher in der Praxis noch keine umfassende Verbreitung gefunden, auch wenn es mittlerweile in Grundzügen empirisch belegt ist [TEUBNER2006, S. 368].

2.4   Praxisbeispiel Siemens AG Power Generation (PG)

Die folgenden Ausführungen beschreiben als Beispiel das von der **Siemens AG Power Generation (PG)** in der Praxis eingesetzte Vorgehen zur Entwicklung der IT-Strategie und die Ergebnisse [vgl. PG2005][20].

---

[20]   Es handelt sich hierbei um die Gestaltung auf der Ebene einer strategischen Geschäftseinheit (vgl. Abschnitt 2.3.2).

▪ Überblick

Der in Abb. 2.4/1 überblicksartig dargestellte Prozess der Analyse und Strategieformulierung dauert ca. zwei bis drei Monate. Beteiligt sind die Abteilung „IT Strategy and Trendscouting" und Vertreter aus allen Fachbereichen von PG. Die Moderation übernimmt Corporate CIO, das Chief Information Office des Siemens-Konzerns, wodurch auch die Abstimmung mit den IT-strategischen Belangen des Gesamtkonzerns gewährleistet wird. Die erarbeitete Strategie und Planung erstreckt sich üblicherweise über drei Geschäftsjahre. Im Rahmen einer jährlichen Revision können veränderte Rahmenbedingungen und Einflussfaktoren berücksichtigt und ggf. Anpassungen vorgenommen werden.

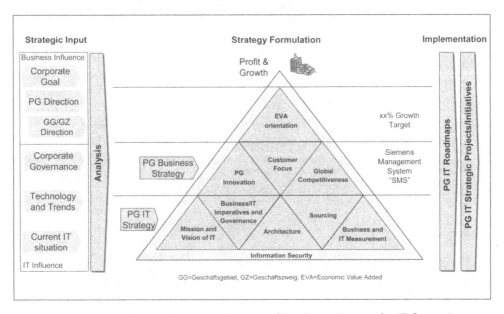

Abb. 2.4/1   Entwicklung und Implementierung der IT-Strategie bei PG (vgl. [PG2005, S. 3 und S. 6])

Die Grafik zeigt den Einfluss des Geschäfts auf die IT-Strategie von PG. Die am Unternehmensziel der Siemens AG orientierte Ausrichtung des Bereichs Power Generation mit seinen Geschäftsgebieten und -zweigen führt zunächst zur PG Business Strategy. Daraus wird unter Berücksichtigung IT-bezogener Einflussfaktoren die IT-Strategie abgeleitet. Sie weist derzeit sechs Elemente auf, von denen mit der Information Security eines wegen der Bedeutung für die gesamte Geschäftstätigkeit hervorgehoben ist. Zur Implementierung der IT-Strategie werden Roadmaps mit Projekten und Initiativen aus allen sechs Feldern erstellt.

Abb. 2.4/2 bezieht das Beispiel von PG auf das in Abschnitt 2.3.1 vorgestellte Vorgehen.

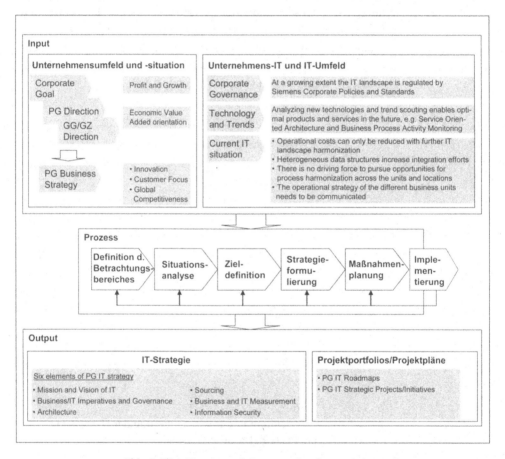

Abb. 2.4/2   Inputs und Outputs des Strategieformulierungsprozesses bei PG

▪ Definition des Betrachtungsbereichs und Situationsanalyse

Ausgangspunkt des Prozesses ist die Definition des Bereichs Power Generation als **Betrachtungsbereich**. In der **Situationsanalyse** werden die grau hinterlegten Inputs verwertet. Die PG Business Strategy setzt dabei den Rahmen aus Geschäftssicht. Tab. 2.4/1 gibt Aufschluss über die Kernelemente der Strategie und deren Treiber [PG2005, S. 12].

Tab. 2.4/1   Kernelemente der PG Business Strategy und ihre Treiber

Kern-element	Treiber
Innovation	▪ Growth in existing businesses, along with new acquisitions require rapid technology exchange between business partners ▪ Market requirements need flexible business processes and rapid skills development to penetrate expanding business fields
Customer Focus	▪ High level of focus on customer satisfaction, using customer requirements to drive our strategies and technology development ▪ Shift of business focus from predominantly fossil new unit customers to over 40 % service in fossil, industrial, oil and gas
Global Competi-tiveness	▪ Cyclic market in new units shifting from mega market in USA to Middle East, and regional markets with local knowledge required ▪ The incorporation of regional suppliers and teaming with business partners is required to be a global player
Cross Program Initiatives	▪ Value Generation Programs to increase our competitive position, Strategic Thrusts targeting specific improvement areas, and across divisional commitment to quality is required ▪ Intense cooperation with the regional entities, and other operating companies is necessary to provide Siemens One

▪ Zieldefinition

Ziel der IT-Strategie von PG ist die proaktive Gestaltung der IT-Landschaft in einer Weise, dass diese die aus der Geschäftsstrategie des Bereichs und seiner Geschäftsgebiete und -zweige erwachsenden Bedarfe decken kann. Die IT-Strategie soll helfen, Investitionen in IT gemäß den Geschäftsanforderungen zu priorisieren. Der IT selbst soll sie ermöglichen, mehr Funktionalität zu wettbewerbsfähigen Kosten zu liefern sowie die Harmonisierung und Standardisierung voranzutreiben [PG2005, S. 2 und S. 4].

▪ Strategieformulierung

Die **Strategieformulierung** führt bei PG zu den sechs in Abb. 2.4/2 bei den Outputs grau hinterlegten Elementen. Diese werden im Folgenden genauer erläutert. Das erste Element bilden Mission und Vision der IT. In Abb. 2.4/3 sieht man die bei Power Generation hierfür erarbeiteten Aussagen [PG2005, S. 8].

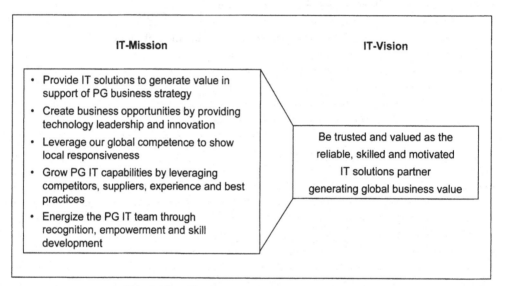

IT-Mission

- Provide IT solutions to generate value in support of PG business strategy
- Create business opportunities by providing technology leadership and innovation
- Leverage our global competence to show local responsiveness
- Grow PG IT capabilities by leveraging competitors, suppliers, experience and best practices
- Energize the PG IT team through recognition, empowerment and skill development

IT-Vision

Be trusted and valued as the reliable, skilled and motivated IT solutions partner generating global business value

Abb. 2.4/3   IT-Mission und -Vision von PG

Die weiteren fünf Elemente der IT-Strategie sind in Tab. 2.4/2 zusammengefasst. In den Spalten finden sich für jedes Element Angaben zu Grundgedanken (Idea), Schwerpunkt (Focus), eigentlicher Strategieformulierung (Strategy) und Ansätzen zur Implementierung (Roadmap) (vgl. [PG2005, S. 9 ff.]).

Tab. 2.4/2 Elemente der IT-Strategie bei PG

Element	Idea	Focus	Strategy	Roadmap
Business/IT Imperatives	Imperatives lead to IT Service and project management excellence (IT Service efficiency)	Provide objective framework to determine how well IT meets future requirements	▪ PG IT is globally aligned for processes, application and infrastructure implementation and regionally focused to be close to business and address needs fast ▪ Shape corporate initiatives and standards, and follow them when they are beneficial for PG ▪ Alignment of business strategy and IT strategy ▪ Information Security protects PG's assets ▪ PG IT makes all IT software and hardware decisions	Improve Portfolio Management Process to provide an up-to-date and harmonized IT landscape
	Global governance ensures efficient business support, governance structure aligns with strategic business goals	Meet business objectives with optimal organizational structure and governance processes	▪ PG IT is globally aligned for processes, application and infrastructure implementation and regionally focused to be close to business and address needs fast ▪ Ensure alignment with globally organized governance bodies, e.g. Technology Forum, Demand Management Boards, Architecture Review Board and IT Process Framework ▪ Tight collaboration and integration of the different process organizations ▪ Reduce bureaucracy	Ensure global governance and operation of global solutions following the PG reorganization
IT Architecture	Drive innovative, yet widely standardized, integrated and cost-efficient applications and continuously incorporate new requirements and trends	Technology Framework for Process Architecture, Information Architecture, Application Architecture and Infrastructure Architecture	Four building blocks of PG IT Architecture provide a holistic view: ▪ Process Architecture: Support business in process harmonization and optimization by aligning all IT solutions and activities to PG Reference Process House ▪ Infrastructure Architecture: Further improve cost efficient and secure client, network, mail, storage and remote LAN access; support a smooth and fast migration to corporate shared services IT ▪ Information Architecture: Establish an architecture that has a clear governance structure and is aligned to PG business processes to provide easy access to high quality data at the time of need ▪ Application Architecture: Consolidate tool landscape and develop, migrate and implement applications considering state of the art architecture concepts e.g. SOA	PG IT projects and initiatives build towards IT strategy implementation

Tab. 2.4/2   Elemente der IT-Strategie bei PG (Fortsetzung)

Element	Idea	Focus	Strategy	Roadmap
Sourcing	IT is becoming an SLA based organization	IT processes and services, service delivery model, IT competencies, sourcing	▪ All IT services within the product and service list are Service Level Agreement (SLA) based and well understood by business ▪ IT's goal is to grow from a service provider to a business enabler ▪ Ensure that business requirements are reflected in the SLAs ▪ Ensure that Corporate Shared Services delivers a strictly SLA based Infrastructure Service Operations	▪ Communicate the future operation models of corporate shared services IT ▪ Complete development of (SLA) for each PSL element. First step will be to create service level KPIs for our business critical services
	IT core competencies drive IT's sourcing strategy	IT processes and services, service delivery model, IT competencies, sourcing	▪ All IT-related purchasing for SW, HW, services are approved by IT ▪ Focus on two vendor strategy (MS, SAP). To support and enable the business efficiently the preferred vendor list can be enlarged ▪ Focus IT's resources on IT's core competencies ▪ Ensure smooth operation of IT solutions through compatible components ▪ Act as 'Fast Followers' not jumping on the 'Bleeding Edge' ▪ Reduce IT spending by negotiating flexible frame contracts	▪ Develop a concept to align IT project planning objectives with the long term sourcing contract management ▪ Clear definition of IT core competencies will be developed for skill development to enable IT to implement future technologies ▪ Develop a complete and sound IT sourcing strategy
Business and IT Measurement	IT performance becomes more visible and transparent	Financial and quality measures in terms of business value in the area of service, project and architecture	▪ Measure efficiency and effectiveness of IT services with respect to Business expectations ▪ Consequently implement, continuously monitor and improve IT management processes ▪ Monitor and control the benefits of business cases ▪ Key performance indicators should be part of the EFA/PDP of the IT management	▪ IT defines KPIs to measure success and show it in the IT Performance Cockpit for constant analysis and derivation of improvement measures based on BW ▪ Process and information management processes are being defined, optimized, documented and trained according to Siemens Process Framework ▪ Define metrics to measure degree and quality of process implementation and to enable continuous improvement ▪ Reach Process Management Maturity Assessment level 3 until end of this FY

Tab. 2.4/2   Elemente der IT-Strategie bei PG (Fortsetzung)

Element	Idea	Focus	Strategy	Roadmap
Information Security	Information security and infrastructure management protects confidentiality, integrity, availability and reliability of PG's assets	Confidentiality, integrity, availability and reliability of PG's assets	■ InfoSec management is an integral part of infrastructure management and organized to the needs and optimized to ensure/control the achievement of the InfoSec objectives ■ Access to internal and corporate networks is only possible for authorized clients ■ Intrusion/vulnerability has to be kept at its very low volume by continuously applying CAT client updates, system patches and hot fixes ■ The InfoSec organization is integrated into overall RPH approach ■ Alignment of physical security and InfoSec activities ■ Role based access control to common applications (Portal, Windows, SAP)	Follow InfoSec Roadmap (e.g. Rollout of PKI 2, to be broadly used by applications and processes (authentication, signature, encryption))

■ Maßnahmenplanung

Die Roadmaps als Bestandteil der **Maßnahmenplanung** stellen die
Verbindung von den Strategieelementen zu den konkreten Projekten, den PG IT Strategic Projects/Initiatives, her. Abb. 2.4/4 zeigt
einen Plan mit fiktiven Projekten und Initiativen für drei Geschäftsjahre[21]. Die Vorhaben zur Umsetzung der IT-Strategie sind
denjenigen Elementen der PG Business Strategy zugeordnet, für
die sie die größte Bedeutung haben.

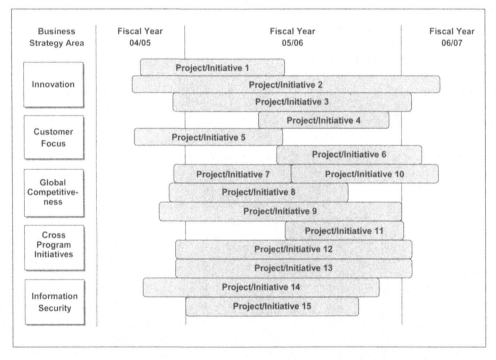

Abb. 2.4/4   Plan für IT-strategische Projekte und Initiativen bei PG

---

[21] Aus Gründen der Geheimhaltung wurde auf die Nennung der echten
Projekte verzichtet. Bezeichnung, Anzahl, zeitliche Lage und Zuordnung entsprechen nicht der Realität.

▪ Fazit

Wie gezeigt folgt das skizzierte Vorgehen der IT-Strategieentwicklung bei Power Generation weitgehend dem in Abschnitt 2.3
vorgestellten allgemeinen Modell. Großer Wert wird unter anderem auf die Abstimmung von IT-Strategie und Unternehmensstrategie gelegt (vgl. Strategieelement Business/IT Imperatives). Das
zugrunde liegende Verständnis des Zusammenhangs beider Strategien wird durch Abb. 2.4/5 verdeutlicht.

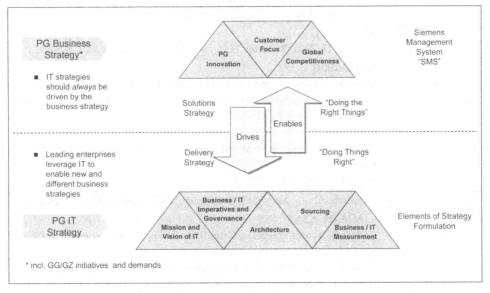

Abb. 2.4/5   Grundgedanke der Abstimmung von Business- und
              IT-Strategie bei PG

2.5   Literatur zu Kapitel 2

[BENSON2004]
Benson, R., Bugnitz, T. und Walton, W., From Business Strategy to IT Action, New Jersey 2004, Online-Begleitmaterial:
http://www.wiley.com////legacy/products/subject/business/management/IT Action/Notes.doc, Download am 26.07.2006.

[BRUGGER2005]
Brugger, R., IT-Projekte strukturiert realisieren, Wiesbaden 2005.

[BRYNJOLFSSON1993]
Brynjolfsson E., The Productivity Paradox of Information Technology, Communications of the ACM 12 (1993) 36, S. 67–77.

[CARR2003]
Carr, N., IT Doesn't Matter, Harvard Business Review 5/2003, S. 5–12.

[CHAN2002]
Chan, Y. E., Why haven't we mastered alignment? The importance of the informal organizational structure, MIS Quartely Executive 1 (2002) 2, S. 97–112.

[EARL1989]
Earl, M., Management Strategies for Information Technology, New York 1989.

[GADATSCH2004]
Gadatsch, A. und Mayer, E., Grundkurs IT-Controlling, Wiesbaden 2004.

[GADATSCH2005]
Gadatsch, A. und Mayer, E., Grundkurs IT-Controlling, Wiesbaden 2005.

[GERICKE2006]
Gericke, A. und Stutz, M., Internetressourcen zu IT/Business Alignment, Wirtschaftsinformatik 48 (2006) 5, S. 362–367.

[HENDERSON1993]
Henderson, J. und Venkatraman, N., Strategic alignment: leveraging information technology for transforming organizations, IBM Systems Journal 32 (1993) 1, S. 4–16.

[KRCMAR2009]
Krcmar, H., Informationsmanagement, 5. Auflage, Berlin 2009.

[LAUDON2002]
Laudon, K. und Laudon, J., Management Information Systems, New Jersey 2002.

[LUFTMAN1993]
Luftman, J., Lewis, P. und Oldach, S., Transforming the enterprise: The alignment of business and information technology strategies, IBM Systems Journal 32 (1993) 1, S. 198–221.

[MCFARLAN1984]
McFarlan, Information technology changes the way you compete, Harvard Business Review May/June 1984, S. 93–103.

[MCNURLIN1998]
McNurlin, B. und Sprague, R., Information Systems Management in Practice, New Jersey 1998.

[MERTENS2000]
Mertens, P., Informationsmanagement, Vorlesungsunterlagen Sommersemester 2000, Nürnberg.

[NOLAN1974]
Nolan, R. und Gibson, C., Managing the four stages of EDP growth, Harvard Business Review January/February 1974, S. 76–88.

[NOLAN1979]
Nolan, R., Managing the crisis in data processing, Harvard Business Review March/April 1979, S. 115–126.

[ÖSTERLE2003]
Österle, H. und Winter, R., Business Engineering, in: Österle, H. und Winter, R. (Hrsg.), Business Engineering, 2. Auflage, Berlin 2003, S. 3–20.

[ÖSTERLE2006]
Österle, H. und Kagermann, H., Interview zum Buch „Geschäftsmodelle 2010 – Wie CEOs Unternehmen transformieren", Wirtschaftsinformatik 48 (2006) 5, S. 372–374.

[OZ2004]
Oz, E., Management Information Systems, Boston 2004.

[PAPP2001]
Papp, R., Introduction to Strategic Alignment, in: Papp, R. (Hrsg.), Strategic Information Technology: Opportunities for Competitive Advantage, Hershey 2001, S. 1–24.

[PORTER1985]
Porter, M. und Millar, V., How information gives you competitive advantage, Harvard Business Review July/August 1985, S. 149–160.

[PG2005]
Siemens AG Power Generation (PG), Prinz-Jendrysczyk, E. und Stellberg-Notheis, G., PG IT Strategy FY06 v. 10 vom 09.11.2005, Erlangen 2005.

[PORTER1987]
Porter, M., Wettbewerbsstrategie, 4. Auflage, Frankfurt am Main 1987.

[RAI1993]
Rai, A., Patnayakuni, R. und Patnayakuni, N., Technology investment and business performance, Communications of the ACM 7 (1997) 40, S. 89–97.

[ROCKART1979]
Rockart, J., Chief executives define their own information needs, Harvard Business Review March/April 1979, S. 81–92.

[ROSEN2004]
Rosen, A., Effective IT project management, New York 2004.

[SCHMELZER2008]
Schmelzer, H. und Sesselmann, W., Geschäftsprozessmanagement in der Praxis, München 2008.

[SCHMIDT2009]
Schmidt, W., Integrierter Business-Process-Management-Zyklus, Arbeitspapier der Hochschule Ingolstadt, Heft 16, Ingolstadt 2009.

[SIEMENS2006]
Siemens AG, http://www.siemens.com, Internet-Recherche am 28.07.2006.

[TALLON2000]
Tallon, P., Kraemer, K. und Gurbaxani, V., Executives' Perception of the Business Value of Information Technology: A Process-oriented Approach, Journal of Management Information Systems 16(2000) 4, S. 145–173.

[TEUBNER2006]
Teubner, A., IT/Business Alignment, Wirtschaftsinformatik 48 (2006) 5, S. 368–371.

[TURBAN2004]
Turban, E., McLean, E. und Wetherbe J., Information Technology for Management, Hoboken 2004.

[WARD1996]
Ward, J., Griffiths, P. und Whitmore, P., Strategic Planning for Information Systems, Chichester 1996.

[WARD2003]
Ward, J. und Peppard, J., Strategic Planning for Information Systems, Chichester 2003.

[WIECZORREK2005]
Wieczorrek, H. und Mertens, P., Management von IT-Projekten, Berlin 2005.

[WINKELHOFER2005]
Winkelhofer, G., Management- und Projektmethoden, Berlin 2005.

[WINTER2006]
Winter, R. und Landert, K., IT/Business Alignment als Managementherausforderung, Wirtschaftsinformatik 48 (2006) 5, S. 309.

[WITTMANN2004]
Wittmann, R. u. a., Unternehmensstrategie und Businessplan, Frankfurtam Main 2004.

3 IT-Organisation und -Personal

In diesem Kapitel werden zunächst organisatorische Aspekte der IT angesprochen. Dabei handelt es sich um aufbauorganisatorische Regelungen, wie beispielsweise die Einordnung des IT-Bereichs in das Unternehmen, den Aufbau und die Kompetenzen des IT-Bereichs oder die Rolle der IT-Leitung (siehe Abschnitt 3.1), um die wesentlichen Prozesse der IT (siehe Abschnitt 3.2) und um IT-Projekte als wichtige Realisierungsform von einmaligen IT-Aufgaben (siehe Abschnitt 3.3). Im Kapitel IT-Personal werden die mit Personalgewinnung, -qualifizierung und -vergütung zusammenhängenden Aufgabenstellungen beleuchtet (siehe Abschnitt 3.4). Die Bedeutung der genannten Themen für IT-Führungskräfte hängt unter anderem davon ab, ob einzelne Aufgaben oder ganze Bereiche im Rahmen von IT-Outsourcing von IT-Dienstleistern erbracht werden. IT-Outsourcing wird in Abschnitt 3.5 behandelt. Abschnitt 3.6 geht auf das Thema Green IT ein, das eine aktuelle Herausforderung für das IT-Management darstellt und viele in diesem Buch angesprochene Handlungsfelder berührt.

3.1 Aufbauorganisatorische Regelungen

3.1.1 Übergeordnete Regelungen

Eine wesentliche organisatorische Rahmenbedingung für das IT-Management stellt die **Einordnung** der für IT zuständigen Organisationseinheit **in die Unternehmensorganisation** dar[22]. Diese Einordnung leitet sich im Wesentlichen aus der IT-Strategie (siehe Kapitel 2) ab. Abhängig von der Unternehmenspolitik und -kultur

---

[22] Je nach hierarchischer Einordnung der IT-Organisation in das Unternehmen handelt es sich um Organisationseinheiten, die zumeist auf der Ebene von Hauptabteilungen oder Abteilungen angesiedelt sind. Der Übersichtlichkeit wegen wird im Folgenden einheitlich von IT-Bereich gesprochen.

oder auch von der Bedeutung der IT für das Unternehmen bzw. der Stellung der IT-Leitung erhält das IT-Management mehr oder weniger Mitspracherecht bei dieser Entscheidung.

Bei **funktional orientierten Unternehmensorganisationen** findet man in der betrieblichen Praxis die in Abb. 3.1.1/1 dargestellten, nach wie vor gültigen vier Grundformen [MERTENS1998, S. 53].

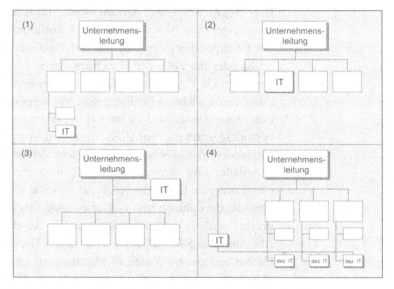

Abb. 3.1.1/1   Grundformen der Einordnung der IT-Abteilung

- **IT-Bereich als Linieninstanz in einem Hauptressort**

  Die Einordnung des IT-Bereichs in ein Hauptressort resultiert oft aus den Anfängen der IT. Da das Finanz- und Rechnungswesen Buchhaltungsprogramme als die ersten IT-Anwendungen überhaupt eingeführt hat, hat man den IT-Bereich zunächst dort eingegliedert. Obwohl man diese Eingliederung heute noch in vielen Industriebetrieben antrifft, scheint bei dieser Form im Falle konkurrierender Ressourcen die Gefahr einer Bevorzugung des eigenen Hauptressorts nahe liegend, sofern nicht über Gremien (siehe Abschnitt 3.1.3) eine unternehmensweite Steuerung erfolgt. Bei Unternehmen, bei denen ein Hauptressort eine besonders hohe Bedeutung hat, wie beispielsweise das Logistikressort bei Transportunternehmen, ist die Eingliederung des IT-Bereichs in diesen dominierenden Bereich durchaus sinnvoll.

- **IT-Bereich als Hauptressort**

  Die Etablierung des IT-Bereichs als eigenständigen Bereich trägt einerseits der gestiegenen Bedeutung der IT Rechnung, andererseits besteht die Gefahr einer gewissen Überbetonung. Bei Unternehmen, bei denen die IT insofern eine bedeutende Rolle spielt, als keine physischen Produkte hergestellt werden, sondern wie bei Banken und Versicherungen die Unternehmensleistung überwiegend aus informationellen Komponenten besteht, ist diese Grundform relevant. Um das Konfliktpotenzial zwischen den Hauptabteilungen z. B. bei der Konkurrenz um Ressourcen zu reduzieren, werden bei dieser Form wesentliche Entscheidungen wie Projektpriorisierungen, Plattformstandardisierungen, strategische Planungen etc. häufig an Gremien (siehe Abschnitt 3.1.3) delegiert.

- **IT-Bereich als Stabsstelle der Unternehmensleitung**

  Diese Grundform erfüllt den Anspruch einer möglichst hohen Positionierung des IT-Bereichs. Bei ihr wird eine abteilungsübergreifende, zentrale IT-Planung erleichtert. Zudem kommt der Servicecharakter der IT am besten zum Tragen, da der IT-Bereich eng mit den Funktionalbereichen zusammenarbeiten, sich deren Probleme annehmen und sie von eigenen Lösungsansätzen und -vorschlägen überzeugen muss. Zuweilen erhält die Stabsstelle eine formale Durchsetzungskompetenz gegenüber den Linieninstanzen durch eine begrenzte Weisungsbefugnis. Diese Form findet man z. B. auch bei Unternehmen, die ihre IT im Rahmen von IT-Outsourcing (siehe Abschnitt 3.5) weitgehend oder in vollem Umfang an ein IT-Dienstleistungsunternehmen abgegeben haben.

- **IT-Bereich in einer Matrixorganisation**

  Der Vorteil dieser Einordnung liegt darin, dass die in der Fachabteilung angesiedelten IT-Mitarbeiter deren spezifische Anforderungen und Problemstellungen im Regelfall besonders gut kennen. Andererseits wird bei dieser Organisationsform das für Matrixorganisationen typische Konfliktpotenzial durch die Zuordnung zu zwei Abteilungen und den dadurch erhöhten Koordinations- und Kommunikationsaufwand als problematisch angesehen. Auch mögliche redundante oder gar einander entgegenlaufende Aktivitäten in den dezentralen IT-Bereichen stellen mögliche Nachteile dieser Eingliederungsform dar.

In **divisional orientierten Unternehmensorganisationen** – oft auch als Sparten- oder Geschäftsbereichsorganisationen bezeichnet – ergeben sich besondere Anforderungen an die IT, z. B. durch zum Teil völlig verschiedenartige Geschäftsfelder und Geschäftsprozesse, durch eine multinationale oder globale Ausrichtung der Geschäfte oder – beispielsweise im Nachgang zu Fusionen oder Übernahmen – durch unterschiedliche Unternehmenskulturen und -philosophien. Diesem Anspruch wird aufbauorganisatorisch häufig durch eine zentrale, der Unternehmensleitung zugeordneten **IT-Stabsstelle** sowie in den einzelnen Geschäftsbereichen angesiedelte IT-Bereiche Rechnung getragen. Die IT-Stabsstelle zeichnet in diesem Fall häufig unter anderem für die Koordination der IT-Projekte und IT-Prozesse und die Homogenisierung von z. B. Netzen, Serverlandschaften und Systemplattformen verantwortlich. Die Art der Ansiedlung der IT-Bereiche innerhalb der einzelnen Geschäftsbereiche kann einer der in Abb. 3.1.1/1 dargestellten Grundformen entsprechen und zwischen Geschäftsbereichen variieren.

Bei **Holdingorganisationen** – häufig bei Unternehmensverbünden und Konzernen anzutreffen – sind die Organisationseinheiten rechtlich selbstständige Unternehmen, ansonsten ähneln sie divisionalen Organisationen sehr stark [KLIMMER2009, S. 58]. Ihre Einordnungsoptionen in die Unternehmen entsprechen demzufolge denjenigen von divisionalen Organisationen.

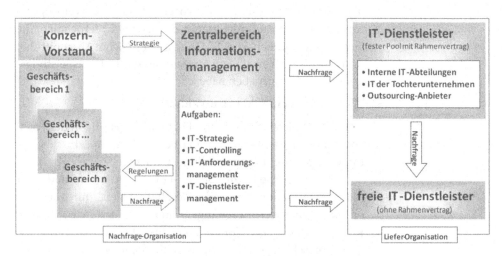

Abb. 3.1.1/2   IT-Organisation als Nachfrage-Liefer-Beziehung
[GADATSCH2006, S. 55]

Eine alternative Eingliederungsform bei divisional orientierten Unternehmensorganisationen oder bei Holdingorganisationen zeigt die in Abb. 3.1.1/2 in Form einer **Nachfrage-Liefer-Organisation** aufgebaute IT-Organisation.

Bei dieser klassischen marktorientierten Form entwickelt der Zentralbereich Informationsmanagement aus der Unternehmensstrategie die IT-Strategie, zeichnet für das IT-Controlling zuständig, bündelt im IT-Anforderungsmanagement die verschiedenen Anforderungen der Geschäftsbereiche und organisiert die Beziehungen zu den IT-Dienstleistern. Bei diesen Dienstleistern kann es sich um interne Bereiche oder um Outsourcingdienstleister handeln. Ihre Beauftragung erfolgt im Regelfall auf der Basis von Rahmenverträgen, die der „freien" IT-Dienstleister oft ad hoc [GADATSCH 2006, S. 55].

Die für die Geschäftsbereiche geltenden Regelungen des Informationsmanagementbereichs beinhalten üblicherweise unternehmensweite IT-Standards, wie beispielsweise die Konfiguration von PC-Arbeitsplätzen, die vorgeschriebene Bürostandardsoftware (z. B. MS Office mit Versionsnummer) oder die vorgeschriebenen Projektmanagementmethoden und -werkzeuge (siehe Abschnitt 3.3.2).

In jüngerer Zeit treten anstelle dieser Organisationsformen verstärkt so genannte **Shared Service Center (SSC)**. Dabei handelt es sich um Organisationseinheiten, die Dienstleistungen zur gemeinsamen Nutzung von Ressourcen innerhalb eines divisional gegliederten Unternehmens oder einer Holdingorganisation bereitstellen. Hierzu werden mit Unterstützungsaufgaben verschiedener Art betraute Bereiche, z. B. Personalwesen, Finanzwesen und IT-Bereich, aus den Geschäftsbereichen herausgelöst und zu einer wirtschaftlich und/oder rechtlich selbstständigen Einheit gebündelt. Zuweilen wird auch lediglich die IT in einem SSC organisiert. Nach Arthur D. Little sind folgende, in Abb. 3.1.1/3 dargestellte Ausprägungen am häufigsten in Unternehmen anzutreffen [ADL 2004, S. 6]:

- Shared Service Center als interne Organisationseinheit, die ausschließlich Leistungen für interne Kunden erbringt,

- Shared Service Center als 100-%iges Tochterunternehmen, meist in gesellschaftsrechtlicher Form einer GmbH, das zusätzlich am Markt als Anbieter von IT-Services auftreten kann,

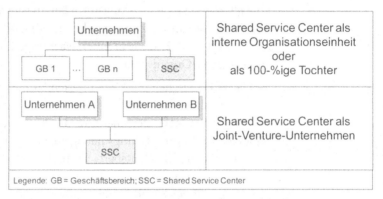

Abb. 3.1.1/3   SSC-Ausprägungen

- Shared Service Center als Joint Venture zwischen verschiedenen Unternehmen, das beispielsweise im Banken- und Transportbereich häufiger anzutreffen ist.

Shared Service Center vereinbaren Art und Umfang der IT-Leistungserbringung mit den Kunden über Service Level Agreements (siehe Abschnitt 3.2.1).

Mit dieser Organisationsform lassen sich durch das Bündeln der Aktivitäten, beispielsweise bei der Beschaffung, Skaleneffekte und durch mögliche Standardisierungen bei der IT-Architektur und bei den IT-Prozessen weitere Kosteneinsparungen erzielen. Weitere Vorteile sind stärkere Kundenorientierung und erhöhte Transparenz, z. B. auf Basis der Service Level Agreements, so dass sich diese Organisationsform als spezielle Ausprägung einer zentralisierten Organisation (siehe unten) in den letzten Jahren stärker etabliert hat [ADL2004, S. 3, CAPGEMINI2005, S. 13]. Auch jüngere Studien von namhaften Unternehmensberatungen zeigen, dass die Tendenz einer stärkeren Etablierung dieser Organisationsform bestehen bleibt [KPMG2007, BEARINGPOINT2007, INFORA2008, PWC2008]. So weist BearingPoint in einer Studie darauf hin, dass Ende 2007 bereits ca. 75 % der deutschen Großunternehmen unterschiedliche Formen von Shared Service Center betreiben [BEARINGPOINT2007, S. 3].

Die Bertelsmann AG hat bereits 2003 mit der Realisierung einer SSC-Organisation begonnen. Dabei wurden die bis dahin von den einzelnen Konzernbereichen betriebenen IT-Infrastrukturen (in Form von Rechenzentren und Wide Area Networks (WAN)) und der IT-Support zu zwei internen IT Shared Service Center in den Regionen USA und Europa zusammengeführt [OV2002]. Diese erbringen nunmehr IT-Dienstleistungen für alle Bertelsmann-Firmen und -Mitarbeiter, ohne in die operative Eigenständigkeit der Unternehmensbereiche einzugreifen.

Die Beiersdorf AG hat die Beiersdorf Shared Services GmbH als IT- und Accounting-Dienstleister gegründet. Dieses Tochterunternehmen erbringt unter anderem sämtliche IT-Serviceleistungen, dazu zählen Beratungsleistungen ebenso wie das Entwickeln von integrierten Geschäftsprozessen und einer bedarfsgerechten IT-Infrastruktur [BEIERSDORF2009].

In engem Zusammenhang mit der Einordnung der IT in die Unternehmensorganisation steht bei Unternehmen die klassische IT-Organisationsfrage **„Zentralisierung oder Dezentralisierung"** der IT-Ressourcen, -Prozesse und -Funktionen. Im Wesentlichen geht es dabei um die Entscheidung, ob die IT-Ressourcen und -Prozesse weitgehend vollständig einem zentralen IT-Bereich übertragen werden, z. B. einem Shared Service Center, oder ob die dezentralen Organisationseinheiten (z. B. Konzerntöchter, Ressorts oder Fachabteilungen) soweit als möglich über eigene IT-Ressourcen verfügen und die sie betreffenden IT-Prozesse selbst verantworten können.

Die Antwort auf diese Fragestellung hängt einerseits unter anderem ab von der aktuellen Unternehmenspolitik, der Art und dem Grad des IT-Outsourcing (siehe Abschnitt 3.5) und der Bedeutung der IT für das Unternehmen. Andererseits sind über die vergangenen Jahrzehnte auch immer wieder Zentralisierungs- und Dezentralisierungswellen festzustellen, die von Managementphilosophien oder auch technischen Entwicklungen maßgeblich beeinflusst sind. So wurde Ende der 70er Jahre des 20. Jahrhunderts die bis dahin durch die Großrechnerdominanz vorherrschende Zentralisierung mit dem Aufkommen von zunächst Abteilungsrechnern und später Personal Computern von Dezentralisierungsbestrebungen abgelöst. Aktuelle Entwicklungen in Unternehmen deuten derzeit auf eine verstärkte Zentralisierung hin[23], wie auch schon in

---

23 Derartige Entwicklungen belegen beispielsweise die Aussagen von CIOs verschiedener Großunternehmen (siehe Website der Fachzeitschrift CIO (www.cio.de) mit einer umfangreichen Trefferliste nach Eingabe der Suchbegriffe Zentralisierung bzw. Dezentralisierung).

Zusammenhang mit Shared Service Center ausgeführt wurde (siehe oben). So werden beispielsweise in vielen Großunternehmen eine zentrale Systemplattform über Sparten und Bereiche hinweg und unternehmensweite Standardisierungen ebenso forciert wie im Desktop-Bereich der Einsatz von zentral administrierbaren Thin Clients. Aber auch im Falle einer Dezentralisierung werden gewisse IT-Ressourcen und -Prozesse immer zentral zugeordnet sein, wie beispielsweise Unternehmensplanungs- und Management-Informations-Systeme oder die zentralen Unternehmensdatenbanken.

Ein weiteres Thema im Kontext mit der Einordnung in die Unternehmensorganisation stellt die **Verbindung des IT-Bereichs mit anderen Organisationseinheiten** zu einem größeren Gebilde dar. Vorherrschend trifft man dabei auf die Konstellation, dass IT- und Organisationsabteilung zusammengefasst sind. Dies ergibt sich zum einen daraus, dass organisatorische Änderungen oft zu Änderungen an IT-gestützten Prozessen führen. Als Beispiel sei an dieser Stelle die Fusion zweier Unternehmen mit der daraus resultierenden Neuorganisation angeführt. Es leuchtet unmittelbar ein, dass eine derartige Verschmelzung massive Auswirkungen auf die IT-Prozesse der vorher selbstständigen Unternehmen hat. Gilt es doch in einem solchen Fall, die IT-Architekturen und die IT-Organisationen der beiden Unternehmen zu konsolidieren. Zum anderen löst der Einsatz innovativer IT-Systeme häufig organisatorische Änderungen aus. So hat beispielsweise die vor einigen Jahren in vielen Unternehmen erfolgte Einführung von Desktop-Purchasing-Systemen zu größeren organisatorischen Änderungen geführt. Ohne derartige Systeme wird die Beschaffung auch geringwertiger Güter, wie beispielsweise von PC-Verbrauchsmaterialien, über zum Teil mehrstufige Genehmigungsverfahren durch die Einkaufsabteilung vorgenommen. Mit Desktop-Purchasing-Systemen können die Mitarbeiter im Rahmen eines vorgegebenen Budgets direkt in vom Einkauf freigegebenen Onlinekatalogen bestellen.

Die in den letzten Jahren zunehmende Bedeutung von Geschäftsprozessmanagement führt – zunächst in Großunternehmen – dazu, eine entsprechende Abteilung nahe an die IT heranzuführen bzw. mit dieser zu verschmelzen. Üblicherweise ist dabei die für Geschäftsprozessmanagement zuständige Abteilung Teil des IT-Bereichs. Bei der AUDI AG ist z. B. die Organisationseinheit „Strukturorganisation und Prozessmanagement" in den CIO-Bereich „Organisation und Informationsmanagement" integriert [TURINSKY 2009].

3.1.2   ### Kompetenzen des IT-Bereichs

Bei der Verteilung von Entscheidungs- und Weisungsbefugnissen auf den IT-Bereich lassen sich verschiedene Formen (siehe [KLIMMER2009, S. 51 f.], [PICOT2008, S. 318 und 326 f.] und [SCHULTE2005, S. 268 f.]) unterscheiden, je nachdem, welche Eigenständigkeit diesem Bereich eingeräumt werden soll:

- Ein **Cost Center** entspricht einer Kostenstelle, wobei Entscheidungskompetenzen nur innerhalb eines vereinbarten Kostenbudgets bestehen. Der IT-Bereich wird dabei unter anderem an der Erbringung der vorgegebenen Leistung unter Einhaltung des Kostenbudgets gemessen.

- **Profit Center** sind für den ihnen zurechenbaren wirtschaftlichen Erfolg weitgehend verantwortlich. Sie entscheiden innerhalb gewisser Restriktionen (z. B. Investitionsvolumen) autonom. Die Leistung des IT-Bereichs wird unter anderem am erwirtschafteten Ergebnis gemessen.

- Wird der IT-Bereich als **Investment Center** geführt, werden der IT-Leitung im Vergleich zum Profit Center zusätzliche Entscheidungskompetenzen über die Investitionen ihres Bereichs eingeräumt. Sie können weitgehend – bei Mitspracherecht der Unternehmensleitung – über die Verwendung des erwirtschafteten Gewinns entscheiden.

Nicht zuletzt ausgelöst durch den Wandel hin zu einem serviceorientierten IT-Management (siehe Abschnitt 3.2.1) wird der IT-Bereich zunehmend auch als **Service Center** gesehen, das fachspezifisches Know-how zu Prozessen und Produkten bietet und somit Mehrwert für den (internen) Kunden generiert.

Abb. 3.1.2/1 visualisiert den Stellenwert der IT im Unternehmen in Bezug auf die jeweilige Kompetenzausstattung.

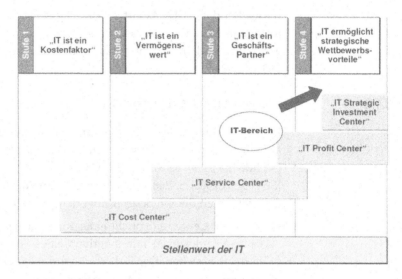

Abb. 3.1.2/1   Zunehmender Stellenwert des IT-Bereichs
[GADATSCH2006, S. 37]

3.1.3   Abstimmung zwischen IT-Bereich und Fachbereichen

Der IT-Bereich muss sich auf verschiedenen Ebenen mit den Fachbereichen abstimmen, um seine Aufgaben bedarfs- und anforde-
rungsgerecht erfüllen zu können. Für diese übergreifenden Koor-
dinationsaufgaben werden üblicherweise **Gremien** eingesetzt, abhängig von den ihnen übertragenen Aufgaben als temporäre oder
als permanente Organisationseinheiten.

Permanente Gremien, häufig als IT-Steuerungs- oder Lenkungsausschuss (Steering Committee) bezeichnet, haben beispielsweise
folgende, zum Teil in enger Abstimmung mit der IT-Leitung (siehe
Abschnitt 3.1.4) durchzuführende Aufgaben:

- Sicherstellung der IT-Governance (siehe Kapitel 8),

- Festlegung einer einheitlichen IT-Strategie und -Planung (siehe
  Abschnitte 2.3.5 und 2.3.6),

- Standardisierung der einzusetzenden Verfahren und Methoden
  sowie der Hard- und Softwaretechnologien,

- Koordination sämtlicher IT-Projekte (Multiprojektmanagement)
  inklusive Abstimmung über deren Gesamtbudget (siehe Abschnitt 3.3).

Mitglieder von permanenten Gremien sind üblicherweise das für IT zuständige Vorstands- oder Geschäftsführungsmitglied und Führungskräfte des IT-Bereichs und der Fach- respektive bei divisionalen Unternehmen der Geschäftsbereiche.

In größeren Unternehmen können diese Gremien mehrstufig aufgebaut sein. In die untergeordneten Gremien entsenden die Fach- bzw. Geschäftsbereiche ihre Vertreter, die oft als **IT-Koordinatoren** oder **IT-Referenten** bezeichnet werden. Dort werden Detailaspekte behandelt und Entscheidungsvorlagen für das aus Führungskräften bestehende „Hauptgremium" erarbeitet.

Temporäre Gremien werden in erster Linie im Zusammenhang mit einzelnen IT-Projekten (siehe Abschnitt 3.3) eingerichtet. So kann man beispielsweise für die Planung und Einführung eines neuen Anwendungssystems ein Gremium bestehend aus Repräsentanten der IT-Abteilung und aus den das Anwendungssystem künftig nutzenden Organisationseinheiten bilden. Dieses Gremium ist dann für die Steuerung des Projektteams (inklusive Projektleiter) verantwortlich.

Existieren bei Unternehmen derartige Gremien nicht, etablieren die Fachbereiche Koordinationsstellen für die Zusammenarbeit und Abstimmung mit dem IT-Bereich. Die Inhaber dieser Stellen werden häufig ebenso wie die Fachbereichsvertreter, die in untergeordnete Gremien entsandt werden, als **IT-Koordinatoren** oder **IT-Referenten** bezeichnet (siehe auch [HERZWURM2006]).

3.1.4 Leitung des IT-Bereichs

Der Leiter des IT-Bereichs führt in der Regel die Bezeichnung **Chief Information Officer (CIO)**. Dieser Begriff verdeutlicht das geänderte Rollenverständnis für diese Position. Ursprünglich als EDV-Leiter hauptsächlich für den IT-Betrieb und für das Bereitstellen von IT-Systemen und -Anwendungen verantwortlich, sind in den letzten Jahren sein Verantwortungsbereich und das Anforderungsspektrum – analog zur Bedeutung der IT in Unternehmen – deutlich gestiegen. Heute sorgt ein CIO weiterhin für eine zuverlässige, effektive und effiziente Bereitstellung der IT-Infrastruktur, bestimmt aber darüber hinaus durch den Einsatz von IT bei Wertschöpfung und Geschäftsmodell des Unternehmens nachhaltig mit. Er muss dazu über die rein technologische Betrachtung von IT hinweg insbesondere den Geschäftsnutzen der Information sehen.

Diese Anforderung wird auch durch eine von Capgemini heraus-
gegebene Studie bestätigt, die auf einer Ende 2008 durchgeführten
Befragung von 127 Entscheidern in deutschen, österreichischen
und schweizerischen Unternehmen basiert [CAPGEMINI2009].
Wie Abb. 3.1.4/1 zeigt, hat der IT-Leiter als **Dienstleister** für eine
reibungslose Lieferung der IT-Services zu sorgen. Dies erfolgt heute weitgehend schon so wie für die Zukunft gefordert. Dagegen
besteht bei der Rolle als **Business Partner**, also bei der Umsetzung
der Business-Anforderungen in IT-Lösungen, noch eine große Dis-
krepanz zwischen gegenwärtiger Leistung und künftiger Erwar-
tung.

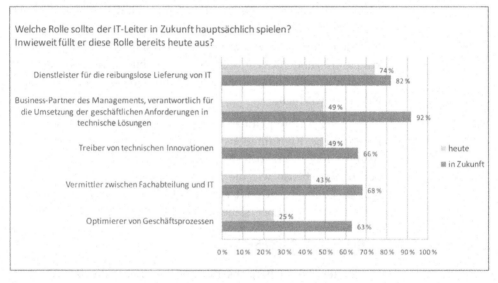

Abb. 3.1.4/1   Erwartungen an die Rolle des CIO [CAPGEMINI2009]

In eine ähnliche Richtung gehen die Ergebnisse der zwischen Januar und April 2009 durchgeführten Studie der IBM, bei der weltweit
über 2.500 CIOs aus 78 Ländern befragt wurden [IBM2009]. Abb.
3.1.4/2 zeigt die dabei identifizierten, etwas plakativ beschriebenen
Rollenpaare, die zu den Aufgabenschwerpunkten

● Innovationen verwirklichen,

● den ROI der IT steigern und

● die geschäftliche Wirkungskraft der IT verstärken

eines CIO führen.

1. Innovationen verwirklichen

Scharfsichtiger Visionär	Kompetenter Pragmatiker
... arbeitet eng mit dem Business zusammen, um Innovationen mit IT voranzutreiben	... setzt innovative Pläne in die Tat um

2. Den ROI der IT steigern

Kluger Wertschöpfer	Konsequenter Kostensenker
... kennt die Bedürfnisse der Kunden genau und trägt intelligent zur Wertschöpfung bei	... immer auf der Spur nach Einsparmöglichkeiten

3. Die geschäftliche Wirkungskraft der IT verstärken

Kooperative Führungskraft	Inspirierender IT-Manager
... der CIO als echter Partner der Geschäftsführung	... fördert als IT-Experte neue Initiativen

Abb. 3.1.4/2   Rollenpaare des CIO [IBM2009, S. 10]

Aus diesen beiden Befragungen und anderen Erkenntnissen lassen sich die nachfolgend dargestellten spezifischen Aufgaben eines CIO ableiten, von denen die meisten auch den Aufgaben der IT-Governance zugerechnet werden können (vgl. Abschnitt 8.2). Bei größeren Unternehmen bildet man für einen Teil der Aufgaben meist eigene, dem CIO untergeordnete Organisationseinheiten (siehe auch Abschnitt 3.1.5).

- **Strategische Aufgaben**
  - Entwicklung, Anpassung und Umsetzung einer unternehmensweiten IT-Strategie (siehe Abschnitt 2.3),
  - Erarbeitung, Festlegung und Durchsetzung von IT-Standards zur Sicherstellung kompatibler und integrierter Informationssysteme,
  - Aufbau und Weiterentwicklung von IT-Sicherheitsmanagement (siehe Abschnitt 6) unter Beachtung von Compliance-Aspekten,
  - Etablierung von Innovationsmanagement, bei dem IT-Innovationen analysiert, ihre Relevanz für das Unternehmen bewertet, ihre Einsatzfelder identifiziert und ihr Beitrag zu den strategischen Zielfeldern eingeschätzt werden. Das Wertbeitragspotenzial einer Innovation muss dabei sowohl

aus Businesssicht als auch aus IT-Sicht nachvollziehbar argumentiert sein [BMW2006].

- **Prozessbezogene Aufgaben**

  - Konsolidierung aller Projektanforderungen, die Auswirkungen auf Systeme und Prozesse im Gesamtunternehmen haben, unter Berücksichtigung der aus der Unternehmensstrategie abgeleiteten Prioritäten (Demand Management),

  - Permanente Optimierung und Harmonisierung der bestehenden Prozesse (operativ und administrativ) unter Berücksichtigung von strategischen und innovativen Optionen und von Veränderungen des Geschäftsmodells,

  - Koordination des IT-Bereichs mit anderen Unternehmensbereichen.

- **Operative Aufgaben**

  Als Führungskraft hat der CIO dafür zu sorgen, dass die folgenden Aufgaben effektiv und effizient ausgeführt werden:

  - Sicherstellung des IT-gestützten Geschäftsbetriebs,

  - Softwareentwicklung,

  - Operating (Rechenzentrum und Netze),

  - Support aller IT-Lösungen,

  - Beratung und Training.

Zusätzlich hat ein CIO wie Führungskräfte in anderen Bereichen unter anderem folgende Aufgaben zu erfüllen:

- Planung und Überwachung des Budgets und der Kosten seines Bereichs,

- Personalmanagement (siehe Abschnitt 3.4).

Zur Bewältigung dieser Aufgaben und zur Ausfüllung der oben beschriebenen Rollen benötigt ein CIO vor allem Geschäftsprozesskompetenz, Managementkompetenz, wie Führungs- und Kommunikationsfähigkeit und Zielorientierung, sowie IT-Kompetenz, strategisches Denken und die Fähigkeit, technische und/oder wirtschaftliche Veränderungen mit IT-Relevanz zu antizipieren.

Dieses Anforderungsprofil wird im Wesentlichen durch die 2007 durchgeführte und von IDS Scheer veröffentlichte Umfrage bei nahezu 130 Entscheidern auf IT- und Businessebene in Deutschland, Österreich und der Schweiz bestätigt [IDS2007]. Abb. 3.1.4/3 zeigt, dass vor allem strategisches Denken, Geschäftsprozesskompetenz und Kommunikationsfähigkeit als künftig erforderliche Qualifikationen von CIOs gefordert sind. Die eher technisch geprägten Qualifikationen IT-Kompetenz und Technologieüberblick rangieren deutlich dahinter.

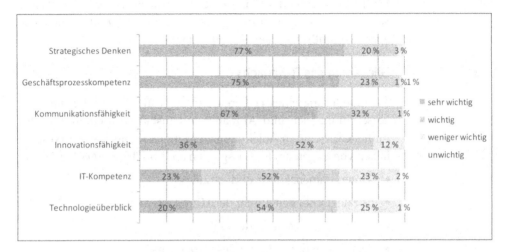

Abb. 3.1.4/3 Erforderliche Qualifikationen eines CIO in der Zukunft [IDS2007, S. 20]

Der zunehmende Anteil von Managementaufgaben eines CIO wirft die Frage auf, inwieweit diese Position auf Vorstandsebene angesiedelt wird. Hinsichtlich der **CIO-Verankerung im Vorstand börsenorientierter Unternehmen** brachte eine am Institut für Wirtschaftsinformatik der Johannes Keppler Universität Linz durchgeführten Studie unter anderem folgende Erkenntnisse [RIEDL2008]:

- Bei ca. 25 % aller börsennotierten Unternehmen in Deutschland, Österreich und der Schweiz ist die IT personell auf Vorstandsebene angesiedelt. Dabei gibt es kaum Unterschiede zwischen den drei Ländern.

- Bei der Verankerung fallen branchenspezifische Faktoren auf. Während bei Banken (58 %), Versicherungen (57 %) sowie Transport und Logistik (56 %) – wohl aufgrund der Informationsintensität – überdurchschnittlich viele CIOs als Vorstand agieren, sind innerhalb der Branchen Energie und Rohstoffe (6 %), Technologie (16 %), Automobil (17 %) sowie Pharma und Gesundheit (17 %) relativ wenige CIOs auf Vorstandsebene anzutreffen.

- Zwischen Umsatz bzw. Mitarbeiterzahl und der personellen Verankerung der IT besteht ein positiver Zusammenhang, d. h., je größer ein Unternehmen ist, desto wahrscheinlicher wird die IT personell auf Vorstandsebene angesiedelt sein.

Da die Bedeutung der IT in den Unternehmen weiter steigen wird, wird sich künftig auch die Verankerung des CIO auf Vorstandsebene vermutlich stärker als heute etablieren.

3.1.5   Gliederung des IT-Bereichs

Die Gliederung eines IT-Bereichs[24], d. h. die Aufteilung der Prozesse, Funktionen und Aufgaben auf Instanzen (organisatorische Einheiten), hängt in Anlehnung an Mertens/Knolmayer im Wesentlichen von folgenden Einflussgrößen ab [MERTENS1998, S. 63]:

- Unternehmenskultur und -strategie,

- (strategische) Bedeutung der IT im Unternehmen,

- räumliche Verteilung des Unternehmens,

- historische Entwicklung des IT-Bereichs,

- Größe des IT-Bereichs,

- Durchdringung des Unternehmens mit Informations- und Kommunikationstechnologien,

- Anzahl und Art der IT-Benutzer,

- Art und Umfang der IT-Aufgaben,

- Outsourcinggrad und Formen der Zusammenarbeit mit externen Dienstleistern.

Temporär anfallende Aufgaben, beispielsweise die Entwicklung oder Auswahl von Anwendungssoftware oder die Einführung eines neuen Moduls eines ERP[25]-Systems, werden im Regelfall in Projektform abgewickelt. In diesem Fall wird die primäre Organisationsstruktur von einer sekundären Projektorganisation (siehe Abschnitt 3.3.2) überzogen, so dass Mitarbeiter auch mit Projektaufgaben betraut werden. Sie werden in die Projektorganisation

---

[24] Es sei an dieser Stelle nochmals darauf hingewiesen, dass im Rahmen dieses Buches ausschließlich IT-Anwendungsunternehmen betrachtet werden.

[25] Enterprise Resource Planning.

mit eingebunden und führen zeitanteilig Linien- und Projektaufgaben aus.

Die funktionale Organisationsstruktur des IT-Bereichs wird bei einer Orientierung zu serviceorientierten IT-Prozessen (siehe Abschnitt 3.2.2) hin mit einer weiteren Organisationsstruktur, der Prozessorganisation, überlagert.

Im Allgemeinen gliedert sich ein IT-Bereich in folgende Organisationseinheiten, wobei die Bezeichnungen von Unternehmen zu Unternehmen variieren können:

- **Service Desk**

  Diese auch als **Benutzerservicezentrum** oder **User Help Desk** bezeichnete Organisationseinheit ist für die unternehmensinterne Unterstützung von Mitarbeitern bei Schwierigkeiten mit IT-Systemen zuständig.

  Im Rahmen einer serviceorientierten Ausrichtung der IT (siehe Abschnitt 3.2.2) nimmt der Service Desk als Drehscheibe zwischen den internen Servicenehmern (Anwendern) und den internen und/oder externen Serviceanbietern die zentrale und verantwortliche Anlaufstelle für die Lösung technischer und anwendungsorientierter Probleme ein.

  Durch das Zusammenwachsen von Informations- und Kommunikationstechnologie, aktuell z. B. durch die Verbreitung von Unified-Communications-Lösungen oder Mobile-Business-Anwendungen gekennzeichnet, wird sich das Aufgabenspektrum von Service-Desk-Bereichen künftig weiter ausdehnen.

- **Anwendungssysteme**

  Diese Organisationseinheit begleitet den gesamten Lebenszyklus von Anwendungssystemen im Unternehmen, zum Teil auch die Betreuung der Anwender. In vielen Unternehmen sind diese Anwendungssysteme in Form von Individualsoftware und Standardsoftware im Einsatz, zum Teil miteinander hoch integriert. Bei kleineren Unternehmen sind tendenziell nur Standardsoftwarelösungen anzutreffen.

  Im Falle der Eigenentwicklung eines Anwendungssystems (Individualsoftware) wird die komplette Softwareentwicklung im Rahmen eines IT-Projekts durchgeführt, zumeist auf der Basis erprobter Vorgehensmodelle (siehe Abschnitt 3.3.1). Ein nicht zu vernachlässigender Teil der Aufgaben dieser Organisationseinheit wird sich dabei auf die Pflege, Wartung und Weiterentwicklung der Anwendungssysteme beziehen.

Beim häufiger anzutreffenden Einsatz von Standardsoftware wird die Aufgabe dieser Abteilung die Mitwirkung bei Auswahl und Einführung sowie die Pflege von Anwendungssystemen sein. Dabei ist zu unterscheiden zwischen Systemen, die wie Office-Systeme in der Regel ohne Änderungen eingesetzt werden, und solchen, die an die Unternehmensprozesse angepasst werden müssen (Customizing). Als Beispiel für diese Anwendungssystemklasse mögen ERP-Systeme wie SAP ERP dienen. Die Customizing-Aufgaben sind meist sehr komplex und umfangreich, so dass für ihre Bewältigung oft externe Spezialisten zur Unterstützung heran gezogen werden. Ein hoher Aufwand kann auch mit dem Umstieg auf neuere Softwareversionen (Releasewechsel) verbunden sein.

Die Vielfalt heutiger Anwendungssysteme sowie die zunehmende unternehmensübergreifende Kooperation von Anwendungssystemen führen zu verstärkten inner- und zwischenbetrieblichen Integrationsanforderungen (siehe auch Abschnitt 3.3.1), deren Erfüllung eine weitere wichtige Aufgabe dieser Organisationseinheit darstellt.

- **IT-Betrieb**

  Diese Organisationseinheit ist für die IT-Infrastruktur zuständig. Dazu rechnet man unter anderem:

  - Zentrale IT-Systeme (Anwendungs-, Datenbank-, Telekommunikations-[26] (TK-) und Systemserver)[27],

  - Netzinfrastruktur inklusive Zugang zu externen Netzen (z. B. Internet).

---

[26] Durch die bereits angesprochene wachsende Konvergenz von IT- und Telekommunikationssystemen rücken die TK-Systeme zunehmend in den Verantwortungsbereich der IT.

[27] Inwieweit auch die dezentralen IT-Systeme und Netzkomponenten zentral betreut werden, hängt unter anderem von übergeordneten Zentralisierungs-/Dezentralisierungsentscheidungen ab (siehe auch Abschnitt 3.1.1).

Zu den Hauptaufgaben des Bereichs zählen:

- Planung, Bereitstellung und Weiterentwicklung der IT-Infrastruktur,

- Betrieb der IT-Infrastruktur inklusive Netzwerk- und Client Management (siehe Abschnitte 5.2.2 und 5.2.3),

- Administration der zentralen Systeme,

- Betriebs- und Leistungsüberwachung der IT- und Netzkomponenten.

Das komplette Aufgabenspektrum eines IT-Bereichs ist mit diesen Organisationseinheiten noch nicht abgedeckt. Häufig überträgt man den oben ausgeführten Organisationseinheiten weitere Aufgaben oder man richtet für deren Durchführung vor allem in größeren IT-Bereichen folgende weitere Organisationseinheiten ein:

- Die mit der Festlegung und Weiterentwicklung der **IT-Strategie und der IT-Planung** zusammenhängenden Aufgaben (siehe hierzu Kapitel 2) werden oft einer Stabsstelle übertragen.

- Das Betätigungsfeld einer weiteren Stabsstelle kann die Festlegung und Weiterentwicklung unternehmensweiter **IT-Standards und -Methoden** sein. Standardisierungsvorgaben können sich dabei auf Hardware, Protokolle, Anwendungssoftwarepakete, Endbenutzerwerkzeuge, die für die Softwareentwicklung einzusetzenden Methoden und Tools oder das Architekturmanagement (siehe Abschnitt 5.1) beziehen.

- Zielsetzung, Aufgaben und Instrumente der Instanz **IT-Controlling** werden in Kapitel 4 behandelt. Abschnitt 4.3 geht dabei explizit auf ihre organisatorische Einbettung in die Unternehmensstruktur ein.

- Nicht zuletzt aufgrund der globalen Vernetzung über Internettechnologien kommt der **IT-Sicherheit** seit einigen Jahren eine zunehmend bedeutsame Rolle zu. Zielsetzungen und Aufgaben eines IT-Sicherheitsmanagements, das auch als eigener Bereich, unter Umständen als Stabsstelle, etabliert werden kann, werden in Kapitel 6 erläutert.

- Zuweilen existieren auch IT-Abteilungen, die sich mit **IT-Innovationen** beschäftigen, um auf diese Weise die Einsatz- und Nutzenpotenziale künftiger IT-Entwicklungen für das Unternehmen frühzeitig bewerten zu können.

Weiterhin sind in diesem Zusammenhang gesetzlich vorgeschriebene Aufgaben zu beachten. So ist in Unternehmen bei Vorliegen bestimmter Voraussetzungen ein betrieblicher Datenschutzbeauftragter zu bestellen. Die Verpflichtungsvoraussetzung für das Bestellen eines betrieblichen Datenschutzbeauftragten, seine erforderliche Qualifikation und seine Aufgaben werden in Abschnitt 6.6.3 behandelt.

3.2   IT-Prozesse

3.2.1   Einführung

Die IT ist in der überwiegenden Anzahl von Unternehmen die wesentliche Basis für zumeist standardisierte Geschäftsprozesse, beispielsweise durch den Einsatz von ERP-Systemen für Controlling-, Personal-, Marketing- oder Logistikprozesse. In vielen Fällen ist die IT auch ein Treiber für das Anfang des 21. Jahrhunderts in vielen Unternehmen erfolgreich eingeführte Konzept des Geschäftsprozessmanagements – bieten doch gerade innovative IT-Lösungen (z. B. auf Basis von RFID[28]) die Grundlage für Prozessoptimierungen.

Andererseits sind IT-Prozesse zur Wahrung unternehmensspezifischer Besonderheiten in der Vergangenheit meist individuell gestaltet worden. So fürchtete man, durch eine Standardisierung strategische Wettbewerbsvorteile aufzugeben. Darüber hinaus sind in Unternehmen die IT-Prozesse und ihre Beziehungen häufig nicht oder nicht vollständig dokumentiert worden und damit nicht transparent [ZARNEKOW2004, S 13].

Die traditionellen IT-Kernprozesse von Unternehmen mit den erforderlichen Querschnittsaufgaben sind in Abb. 1.1/1 dargestellt.

Die in vielen Unternehmensbereichen erfolgreiche Umsetzung von Konzepten des Geschäftsprozessmanagements mit der Folge von standardisierten Prozessen und den daraus resultierenden Vorteilen hat sich auf die IT ausgewirkt.

So hat ein wesentliches Merkmal von Geschäftsprozessmanagement – die Kundenorientierung – in der IT zu einem Paradig-

---

[28] Radio Frequency Identification.

menwechsel geführt: von einer technologiegetriebenen hin zu einer kundenorientierten Ausrichtung. Die für IT zuständigen Organisationseinheiten fungieren demzufolge als Dienstleister, deren zu erbringende IT-Leistungen die Geschäftsprozesse des Unternehmens möglichst effektiv und effizient unterstützen sollen. IT-Verantwortliche haben ihre Aufgaben bedarfsgerecht und effizient im Rahmen von spezifizierten und anpassbaren Dienstleistungen, den so genannten IT-Services, zu erbringen. Die vormals anzutreffende Fokussierung auf die Informationstechnik verliert an Bedeutung. Als Konsequenz dieser **Serviceorientierung** führt kaum noch ein IT-Management die IT mit den in Abb. 1.1/1 dargestellten traditionellen Prozessen, sondern richtet diese an Serviceprozessen aus[29]. Die IT-Mitarbeiter sollen nicht nur die IT-Systeme optimal bereitstellen und betreiben, sondern zu einer Serviceleistung gegenüber dem Kunden beitragen. Diese serviceorientierte Sichtweise illustrieren Zarnekow und Brenner in ihrem Marktmodell mit den Hauptprozessen „Source", „Make" und „Deliver" (siehe Abb. 1.1/2).

Auf eine andere Art und Weise verdeutlicht Abb. 3.2.1/1 diesen Paradigmenwechsel. Dort werden – vereinfacht ausgedrückt – gleichartige und übergreifende Funktionen und Aufgaben jeweils zu Prozessen zusammengefasst. Die im rechten Teil der Grafik dargestellten Prozesse, z. B. Incident Management oder Problem Management, stellen ausgewählte Referenzprozesse des Rahmenwerks ITIL Version 2 (siehe Abschnitt 3.2.2.2) dar.

Die Basis für diese Prozessorientierung stellen **IT-Services** als geschäftsprozessunterstützende IT-Funktionen dar, die sich dem Anwender als geschlossene, anwendungsorientierte Einheiten präsentieren. Ein IT-Service wäre beispielsweise die Nutzung eines ERP-Moduls zur Personalabrechnung inklusive sämtlicher Unterstützungsleistungen – auch menschlicher Supportleistungen – für den Anwender [KEMPER2004, S. 23].

---

[29] Diese Ausrichtung zeigt sich auch an der Etablierung des IT-Bereichs als Service Center (siehe Abschnitt 3.1.2).

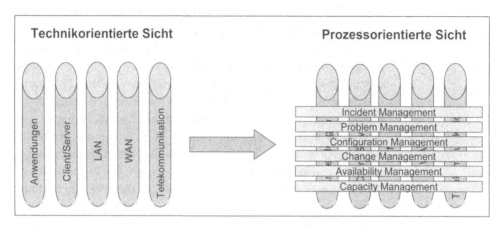

Abb. 3.2.1/1   Paradigmenwechsel der IT [KUSCHKE2005, S. 5]

Die Spezifikation der IT-Services erfolgt zumeist im Rahmen so genannter **Service Level Agreements (SLA)**. Service Level Agreements definieren die zu erbringenden Leistungen und deren Ausprägungen. Bock beschreibt folgendes Beispiel für ein SLA [BOCK 2006, S. 213]:

*Ein SLA für Bereitstellung und laufende Unterstützung eines IT-Arbeitsplatzes in einem Unternehmen würde beispielsweise bei der Beschreibung die einbezogenen Komponenten (z. B. Desktop/Notebook, Monitor, Drucker, Netzwerkzugang inklusive E-Mail-Kommunikation und WWW-Zugriff) sowie die standardmäßig auf den Rechnern installierte System- und Anwendungssoftware spezifizieren. Die Service Levels sind durch Verfügbarkeit und maximale Ausfallzeit des Computernetzwerks sowie bei Problemen durch verschiedene Reaktions- und Bearbeitungszeiten für unterschiedliche Benutzergruppen definiert. So kann beispielsweise für Anwender mit der höchsten Prioritätsstufe eine Reaktionszeit von fünfzehn Minuten und eine Bearbeitungszeit von sechs Stunden, für Anwender mit der niedrigsten Prioritätsstufe **für den gleichen Service** (z. B. Ingangsetzung des Druckers) eine Reaktionszeit von vier Stunden und eine Bearbeitungszeit von fünf Tagen vereinbart werden – dies naturgemäß zu unterschiedlichen Preisen.*

Ausgewählte, typischerweise im Rahmen eines SLA definierte Inhalte sind in Tab. 3.2.1/1 dargestellt.

Tab. 3.2.1/1   Ausgewählte SLA-Inhalte [ZARNEKOW2005, S. 33]

Beschreibung des Service

Erreichbarkeit des Service (z. B. arbeitstäglich zwischen 7.00 und 20.00 Uhr)

Verfügbarkeit des Service (z. B. 99,9 %)

Zuverlässigkeit (z. B. maximal vier Ausfälle pro Monat)

Supportregelungen (Kommunikationsweg und maximale Zeit für die Beseitigung von Störungen)

Performanz des Service (z. B. Antwortzeit bei Onlineabfragen)

Funktionalität des Service

Abrechnung des Service

Wiederherstellungsmaßnahmen (z. B. bei Katastrophenfällen)

Sicherheitsmaßnahmen (z. B. Backup, Virenschutz)

Die IT-Services können von der eigenen IT-Abteilung und/oder durch externe IT-Outsourcingdienstleister erbracht werden. Die SLAs können somit einerseits als Basis für die innerbetriebliche Verrechnung der Leistungen verwendet werden, andererseits lassen sie sich als Grundlage für die Vergabe von Dienstleistungen an IT-Oursourcing-Dienstleister und für die Bewertung der Einhaltung der vorgegebenen **Leistungskriterien** heranziehen.

Als Referenzmodell für IT-Prozesse zum Aufbau eines serviceorientierten IT-Managements hat sich **ITIL** (IT Infrastructure Library) international als **De-facto-Standard** etabliert. Auf ITIL wird in Abschnitt 3.2.2 ausführlich eingegangen. Der auf ITIL ausgerichtete [SERVIEW2008, S. 18] **internationale Standard ISO/IEC[30] 20000** dient der Beurteilung einer IT-Organisation im Hinblick auf ein effektives IT-Service-Management und führt bei positiver Bewertung zu einer Zertifizierung (siehe Abschnitt 3.2.3). IT-Prozesse zur Implementierung einer leistungsfähigen Governance stehen im Mittelpunkt des **COBIT-Referenzmodells** (siehe Abschnitt 8.3).

---

[30] ISO steht für International Organization for Standardization. Dies ist die internationale Vereinigung von Normungsorganisationen, die – mit Ausnahme der Elektrotechnik und Elektronik – für internationale Normen zuständig ist. IEC steht für International Electrotechnical Commission. Dies ist ein in Genf ansässiges internationales Normungsgremium mit dem Fokus auf Elektrotechnik und Elektronik. Gemeinsam entwickelte Normen tragen die Abkürzungen beider Organisationen.

Daneben setzen Softwarehersteller wie Microsoft und Hard- und Softwareanbieter wie IBM und Hewlett-Packard, die auch als IT-Dienstleister positioniert sind, mit eigenen Modellen auf dem ITIL-Referenzmodell auf und haben es spezifisch angepasst, ergänzt und zum Teil beträchtlich erweitert.

Diese Modelle stellen ebenfalls Best Practices für serviceorientiertes IT-Management dar. Man muss sich bei der Anwendung dieser Modelle allerdings bewusst sein, dass es sich, anders als bei ITIL, nicht um Modelle aus dem öffentlichen Sektor handelt und somit ihre Entwicklungsrichtung von den Herstellern vorgegeben wird.

Zarnekow gibt weitere Informationen zu den Modellen der angesprochenen drei Unternehmen und einer Reihe weiterer serviceorientierter Referenzmodelle [ZARNEKOW2004, S. 138].

Die oben aufgeführten IT-Services und ihre Spezifikation im Rahmen von Service Level Agreements sind ein Baustein zur **Industrialisierung der IT**. Unter diesem Begriff werden vor allem die Standardisierung und Automatisierung von Hardware, Software und Services verstanden. In diesem Zusammenhang ist auch die im Jahr 2003 von Carr geäußerte provokante These „IT als Commodity" zu nennen. Carr zufolge ist IT – ähnlich wie Strom – eine geschäftskritische Ressource, deren Einsatz aber keine Wettbewerbsvorteile mit sich bringt. IT stellt demzufolge lediglich ein Gebrauchsgut (Commodity) dar.

Die Industrialisierung bei Hardware und Software ist weit fortgeschritten:

- Von der weitgehenden Verfügbarkeit standardisierter Hardware mit dazugehörigen standardisierten Wartungspaketen ist heute auszugehen [WALTER2007, S. 8]. Insofern kann Hardware als IT-Commodity angesehen werden.

- Die zunehmende Verbreitung von Standardsoftware, zum Teil als Off-the-Shelf-Software wie beispielsweise die Officeanwendungen, der Einsatz von CASE-Tools zur Steigerung von Automation und Produktivität bei der Softwareentwicklung oder Nutzungsmodelle wie Software-as-a-Service (siehe Abschnitt 3.5.2) belegen, dass die Industrialisierung bei Software zum Teil schon weit vorangeschritten ist.

Die Industrialisierung der Services hat sich durch die Verbreitung von ITIL (siehe Abschnitt 3.2.2) und anderer Referenzmodelle in den letzten Jahren insbesondere im Bereich der Standardisierung deutlich nach vorne entwickelt, wenngleich hier im Vergleich zu Hardware und Software sicherlich noch Nachholbedarf besteht (siehe auch [WALTER2007, S. 9 ff.]).

3.2.2   ITIL als Rahmenwerk für IT-Prozesse

3.2.2.1   Historie und Wesen

Ausgehend von Studien in Großbritannien hat sich die **Information Technology Infrastructure Library (ITIL)** als übergreifendes Rahmenwerk für standardisierte IT-Prozesse in Unternehmen etabliert.

ITIL Version 1 ist sukzessive seit Mitte der 1980er Jahre entstanden. In über 70 Publikationen wurden die Best Practices *von bedeutenden IT-Organisationen* in Form von *IT-Managementkonzepten, IT-Prozessen und IT-Methoden* dokumentiert. Bei ITIL Version 1 stand die **Prozessorientierung** im Vordergrund.

ITIL Version 2 (siehe Abschnitt 3.2.2.2) entstand in den Jahren 1999 bis 2006. Neben der Prozessorientierung kam die **Kundenorientierung** als weiterer wichtiger Aspekt hinzu. Die Themen sind in insgesamt zehn Büchern dargestellt.

Im Juni 2007 wurde **ITIL Version 3** (siehe Abschnitt 3.2.2.3) vorgestellt. Diese Version legt den Fokus zusätzlich auf den **Lebenszyklus der IT-Services**.

ITIL wird von der unabhängigen Beratungsstelle **OGC (Office of Government Commerce)** der britischen Regierung gefördert und weiterentwickelt.

ITIL stellt keinen verbindlichen Standard im Sinne einer internationalen Qualitätsnorm dar, sondern einen herstellerunabhängigen **Best-Practice-Leitfaden**, der bewährte Vorgehensweisen, Methoden und Modelle beschreibt. Diese sind als Leitlinie zum systematischen Aufbau und zum Betrieb einer professionellen IT-Servicestruktur zu begreifen. Ausgehend von dem in Abschnitt 3.2.1 angesprochenen Paradigmenwechsel hin zu einer kundenorientierten Sicht wird im ITIL-Rahmenwerk auf die hierzu erforderlichen

Aufgaben, Prozesse und Rollen[31] eingegangen, deren konkrete Realisierung sich an den spezifischen Anforderungen und den verfügbaren Ressourcen des Unternehmens ausrichten muss.

ITIL beschreibt somit auch kein neues Modell, sondern fasst vorhandene und bewährte Vorgehensweisen in Gestalt von Referenzmodellen zusammen. Einer der großen Vorteile von ITIL liegt im Schaffen einer einheitlichen und standardisierten Begriffswelt für die Aufgaben, Prozesse und Rollen innerhalb einer IT.

Leistungsindikatoren – im Englischen als **Key Performance Indicators (KPIs)** bezeichnet – dienen in diesem Kontext dazu, Serviceleistungen und ihre Qualität zu messen[32]. Sie bilden damit die Basis für die Steuerung der kritischen Erfolgsfaktoren und die laufende Optimierung der ITIL-Prozesse [EBEL2008, S. 51 f. und S. 711].

Die Aufgaben eines serviceorientierten IT-Managements gemäß ITIL konzentrieren sich darauf, die IT-Services zu planen, zu entwickeln, zu erbringen und deren Erbringung im Rahmen der vereinbarten SLAs zu überwachen. Hierfür liefert ITIL Vorgaben bzw. konkrete Empfehlungen hinsichtlich der Prozessgestaltung, der Kundenorientierung, der Kostenoptimierung und der Festlegung der oben angesprochenen Leistungsindikatoren.

3.2.2.2   ITIL Version 2

Abb. 3.2.2.2/1 zeigt das Rahmenwerk von ITIL Version 2 (V2) mit seinen sechs prozessorientierten Managementbereichen – im Folgenden auch Prozessbereiche genannt. Das ITIL-Rahmenwerk ist in dieser Abbildung die Schnittstelle zwischen den Unternehmensanforderungen auf der linken Seite und der IT auf der rechten Seite.

---

[31]   Rollen werden durch Rollenbeschreibungen spezifiziert, die grundsätzliche Informationen zu den Aufgaben des Rolleninhabers, seinem Verantwortungsbereich und seinen Kompetenzen enthalten. Beispiele für Rollen sind der Process Owner oder der Incident Manager [BEIMS2009, S. 291]. Abb. 3.2.2.4/3 zeigt beispielsweise die bei der BWM Group für Incident Management vorhandenen Rollen.

[32]   Mögliche Leistungsindikatoren sind beispielsweise die Gesamtzahl von Störungen des IT-Betriebs oder die mittlere Dauer bis zu ihrer Behebung.

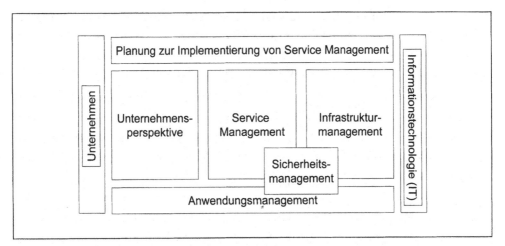

Abb. 3.2.2.2/1   Rahmenwerk von ITIL V2

Wenngleich seit Juni 2007 mit ITIL Version 3 (siehe Abschnitt 3.2.2.3) die Nachfolgeversion existiert, werden derzeit noch viele IT-Prozesse auf der Basis von ITIL V2 ausgeführt. Dies belegt beispielsweise auch eine im August 2008 durchgeführte Onlineumfrage von Materna, an der sich 176 IT-Führungskräfte aus Deutschland und Österreich beteiligt haben. Der Studie zufolge setzten zum Befragungszeitpunkt 74 % der Unternehmen ITIL ein, aber nur 22 % der Befragten beschäftigten sich bereits intensiv mit ITIL V3 [MATERNA2008, S. 16 f.][33].

Service Management ist das eigentliche Kernstück von ITIL V2, das auch in der Praxis am stärksten verbreitet ist. Es unterteilt sich in den Prozessbereich **Service Delivery**, der sich mit Planung, Überwachung und Steuerung von IT-Services befasst, und den Prozessbereich **Service Support**, der die Umsetzung der Serviceprozesse und den User Support im Rahmen der Erbringung der IT-Services sicherstellt.

Der **Service Support** stellt alle Prozesse, Funktionen und Werkzeuge zur Verfügung, die für einen reibungslosen Betrieb und zur Aufrechterhaltung der IT-Services mittelbar und unmittelbar er-

---

[33] Die Ergebnisse der im August 2009 durchgeführten Onlineumfrage von Materna werden nicht vor März 2010 und damit nach Redaktionsschluss dieses Buches veröffentlicht.

forderlich sind (operative Ebene). Diese relativ komplexe Aufgabe wird auf die fünf in Tab. 3.2.2.2/1 erläuterten Prozesse verteilt.

Tab. 3.2.2.2/1   Prozesse von Service Support

Service Support
Das **Incident Management** hat die Verfügbarkeit der IT-Services bestmöglich zu gewährleisten und im Störungsfall den normalen „störungsfreien" Betrieb entsprechend der Service Level Agreements schnellstmöglich wieder herzustellen.
Das **Problem Management** befasst sich primär mit der Problemanalyse, indem es Ursachen für bisher nicht bekannte Vorfälle (Incidents) ermittelt. Die Zielsetzung liegt einerseits in der Lösung des Problems, andererseits in der proaktiven Fehlererkennung und -behebung und somit in der Verringerung von Störfällen.
Das **Change Management** steuert und überwacht alle Änderungen an Komponenten der IT-Infrastruktur. Ein wesentlicher Aspekt ist dabei auch die Entwicklung und Einführung standardisierter Änderungsverfahren.
Das **Release Management** plant, testet, koordiniert und organisiert die Durchführung von Hard- und Softwareänderungen und -installationen. Durch standardisierte Vorgehensweisen und Tools werden Stabilität und Zuverlässigkeit des IT-Betriebs gefördert.
Das **Configuration Management** bildet die IT-Infrastruktur und die Verknüpfungen der darin enthaltenen Komponenten in der Configuration Management Database (CMDB) ab. Es hat die Verantwortung für Erfassung, Pflege und Aktualisierung dieser Daten, welche die zentrale Informationsgrundlage für die übrigen Prozesse des Service Support bilden.

Als zentrale Anlaufstelle für alle IT-Anwender und Mitarbeiter dient ein **Service Desk** im Sinne eines Single Point of Contact (SPOC). Dieser stellt eine Funktion und keinen Prozess dar und ist dem Incident Management (siehe Tab. 3.2.2.2/1) zugeordnet. Er hat unter anderem folgende Aufgaben:

- Aufnahme, Dokumentation und Auswertung aller Vorfälle (Anfragen, Beschwerden, Wünsche und Informationen),

- Ersteinschätzung von Vorfällen,

- Lösungssuche für die gemeldeten Vorfälle und bei „Nichtlösung" entsprechende Weiterleitung an nachgelagerte Prozesse.

Der Service Desk geht über den passiven Charakter eines klassischen Help Desks hinaus, da er die IT-Anwender auch aktiv mit Informationen, z. B. über Systemänderungen oder Wartungsarbeiten, versorgt.

Tab. 3.2.2.2/2   Prozesse von Service Delivery

Service Delivery
Das **Capacity Management** sorgt für die Planung und Bereitstellung der erforderlichen IT-Kapazitäten, so dass die betrieblichen Anforderungen stets in ausreichendem Maße und in wirtschaftlich vertretbarem Rahmen abgedeckt sind. Es ermittelt den Bedarf, schätzt die Auslastungen und plant alle kurz-, mittel- und langfristigen Ressourcen.
Das **Continuity Management** sichert die Kontinuität des IT-Betriebs in Ausnahmesituationen und Katastrophenfällen. Es sorgt auf der Basis von Risikobetrachtungen für angemessene Präventiv- und Notfallmaßnahmen. Letztere sorgen dafür, dass der Geschäftsbetrieb innerhalb eines definierten Zeitraums in einem festgelegten Umfang wieder sicher aufgenommen werden kann.
Das **Availability Management** ist für die Festlegung, Planung, Sicherstellung und Optimierung der Verfügbarkeit der IT-Services und der IT-Infrastruktur zuständig. Die Einhaltung der in den Service Level Agreements vereinbarten Verfügbarkeitsziele wird mit Messverfahren überwacht und dokumentiert.
Das **Finance Management** führt die Planung und Verwaltung der Finanzmittel für die IT-Services durch (Budgeting), sorgt mit einer Kostenrechnung für die Ermittlung, Kontrolle und Zuordnung von Kosten auf IT-Services (Accounting) und gestaltet die Leistungsverrechnung mit den Kunden (Charging).
Das **Service Level Management** ist zentral für Definition, Verhandlung, Überwachung und Verbesserung aller Leistungsvereinbarungen mit internen und externen Geschäftspartnern zuständig. Eine zentrale Aufgabe besteht in der Erstellung und Pflege eines Servicekatalogs, der alle von der IT-Organisation zu erbringenden Services enthält.

Service Delivery umfasst die mittel- bis langfristige Planung, Lieferung und Verbesserung der IT-Services sowie die Vorarbeiten, die für die Erbringung der IT-Services erforderlich sind (taktische Ebene). Diese Aufgabe wird auf die fünf in Tab. 3.2.2.2/2 dargestellten Prozesse verteilt.

Abb. 3.2.2.2/2 zeigt die wechselseitigen Abhängigkeiten der ITIL-Prozesse aus den Prozessbereichen Service Support und Service Delivery. Die Abhängigkeiten der einzelnen Prozesse werden auch beim Beispiel der BMW Group in Abb. 3.2.2.4/4 deutlich.

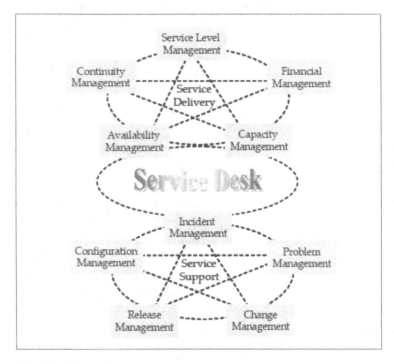

Abb. 3.2.2.2/2   Zusammenhang der einzelnen Prozesse
von ITIL V2 [BUCHSEIN2007, S. 9]

Neben dem Service Management sind **fünf weitere Prozessberei-**
che Teil des Rahmenwerks von ITIL V2 (siehe Abb. 3.2.2.2/1):

- Die Umsetzung von ITIL V2 ist keine einmalige Aufgabe, sondern eine kontinuierliche Herausforderung. Demzufolge liefert
  der **Planungsbereich** (Planning to Implement Service Management) Referenzprozesse für Planung, Einführung und permanente Verbesserung der ITIL-Prozesse.

- Der Prozessbereich **Unternehmensperspektive** (Business Per-
  spective) zielt im Wesentlichen darauf, eine gemeinsame Basis
  für die IT und die inner- und zwischenbetrieblichen Geschäftsprozesse zu finden. Dies impliziert eine effektive und effiziente
  Unterstützung der Geschäftsprozesse durch die IT-Prozesse
  und die Ausrichtung der IT-Strategie an der Unternehmensstrategie[34].

---

34   Siehe hierzu auch Abschnitt 2.3.7.

- Das **Infrastrukturmanagement** (Infrastructure Management), zuweilen auch als ICT[35]-Infrastrukturmanagement bezeichnet, umfasst alle Aspekte, die sich mit Management, Betrieb und Überwachung der IT- und Telekommunikations-Infrastruktur befassen.

- Im Prozessbereich **Sicherheitsmanagement** (Security Management) wird für einen definierten Grad an Datensicherheit und Datenschutz für das Unternehmen und die IT-Services gesorgt. Während die Referenzprozesse für Continuity Management (siehe Tab. 3.2.2.2/2) ihren Fokus auf Notfallsituationen richten, umfasst dieser Prozessbereich alle anderen wesentlichen Aspekte von IT-Sicherheitsmanagement (siehe Kapitel 6).

3.2.2.3   ITIL Version 3

Die im Juni 2007 publizierte ITIL Version 3 (V3) weist gegenüber der Vorgängerversion folgende wesentliche Modifikationen auf:

- **ITIL V3 orientiert sich** stärker als ITIL V2 **an ISO/IEC 20000** (siehe Abschnitt 3.2.3), beispielsweise durch die Aufnahme des Prozesses Supplier Management (siehe unten bei der Phase Service Design) oder durch die Etablierung von Continual Service Improvement (siehe unten) als eigene Phase [KALL2008, S. 6]. Diese Orientierung erleichtert die Zertifizierung einer auf ITIL V3 aufgebauten IT-Organisation nach ISO/IEC 20000 (siehe Abschnitt 3.2.3).

- Die Architektur der neuen Version rückt den **Lebenszyklus der IT-Services** in den Vordergrund. Auf diese Weise wird berücksichtigt, dass ein IT-Service einem fortlaufenden Wandel unterworfen ist, sei es durch Änderungen an Geschäftsprozessen und -modellen, durch neue rechtliche Rahmenbedingungen oder durch technische Innovationen [KALL2008, S. 7].

---

[35] Information and Communication Technology.

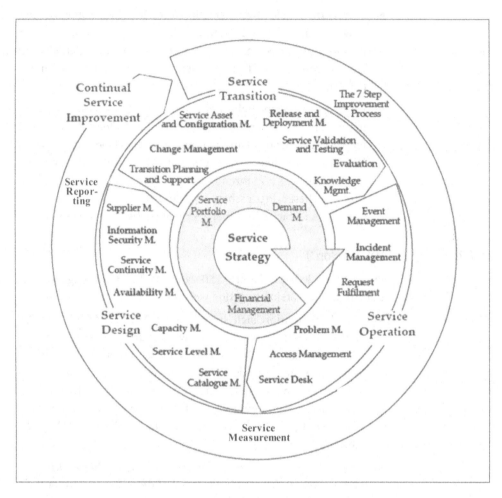

Abb. 3.2.2.3/1   Die fünf Lebenszyklusphasen von ITIL V3 und ihre
Prozesse [BUCHSEIN2007, S. 33]

- Mit diesem Fokus auf den Lebenszyklus der IT-Services richten
  sich die nunmehr als Good Practices bezeichneten Empfehlungen stärker als in ITIL V2 auf die Geschäftsanforderungen aus
  [BUCHSEIN2007, S. 11], führt der oben erwähnte Wandel der
  IT-Services doch zu ihrer kontinuierlichen Anpassung an die
  Bedürfnisse der Kunden [KALL2008, S. 7]. In diesem Zusammenhang spricht man auch von der **IT als Business Partner**.

- Demzufolge wird die IT nun als strategische Geschäftseinheit
  angesehen, die für den Kunden einen geforderten und nach-

weisbaren **Mehrwert im Rahmen der Wertschöpfungskette** liefern muss[36].

- Während bei ITIL V2 zumeist punktuell Prozesse aus den Prozessbereichen Service Delivery und Service Support ausgewählt und umgesetzt wurden, wird bei ITIL V3 eine **umfassendere Betrachtung aller Prozesse** erforderlich, um die Vorteile der neuen Version als „ganzheitliches und über abgestimmte Schnittstellen eng miteinander verzahntes Rahmenwerk" [KALL2008, S. 4] nutzen zu können.

Abb. 3.2.2.3/1 zeigt die fünf Service-Lebenszyklusphasen von ITIL V3 mit ihren Prozessen.

Die Prozesse werden nicht so eindeutig einer Phase zugeordnet, wie es Abb. 3.2.2.3/1 vermuten lässt. Vielmehr erstrecken sich Prozesse über mehrere Phasen oder den gesamten Lebenszyklus eines IT-Service (siehe Abb. 3.2.2.3/2).

Service Strategy	Service Design	Service Transition	Service Operation	Continual Service Improvement
Service Portfolio Mgmt				
Financial Management				Service Measurement
Demand Management				
Service Catalogue Management				
Service Level Management				
Capacity & Availability Management				Service Reporting
Information Security Management				
Change Management				
Service Asset & Configuration Management				
Release & Deployment Management				Service Improvement
Knowledge Management				
Incident Management				
Problem Management				
Event Mgmt				

Abb. 3.2.2.3/2   Reichweite ausgewählter Prozesse im Lebenszyklus [BEIMS2009, S. 19]

---

[36] Dabei kann die IT eine interne Organisationseinheit, ein Tochterunternehmen oder ein externer IT-Dienstleister sein [SERVIEW2008, S. 14].

Die fünf Phasen werden nachfolgend kurz beschrieben, für eine weitergehende Beschäftigung sei dem Leser die umfangreiche Literatur zu ITIL V3 empfohlen (z. B. [BEIMS2009], [BÖTTCHER2008], [BUCHSEIN2007], [EBEL2008], [SERVIEW2008]). Die Zuordnung der Prozesse zu den Phasen erfolgt in der nachstehenden Beschreibung analog zu Abb. 3.2.2.3/1.

- **Service Strategy**

  Diese im Mittelpunkt der Abb. 3.2.2.3/1 stehende Phase bietet einen Good-Practice-Ansatz für die Entwicklung der IT-Servicemanagementstrategie und für ihre Umsetzung.

  Die **Entwicklung der Servicestrategie** ist in Abb. 3.2.2.3/1 als Prozess nicht ausgewiesen. Die Phase Service Strategy beinhaltet jedoch so genannte Hauptaktivitäten, welche die Entwicklung einer Servicestrategie unterstützen. Diese Aktivitäten reichen von der Ausrichtung auf ein zu definierendes Geschäftsumfeld (Define the Market) über die Entwicklung eines Serviceangebots und der zur Lieferung der IT-Services erforderlichen eigenen strategischen Fähigkeiten und Ressourcen bis hin zur Vorbereitung der Strategieimplementierung (siehe [SERVIEW 2008, S. 61 ff.] und [BEIMS2009, S. 28 ff.]). Manche Autoren fassen diese Aktivitäten explizit zum Prozess Strategieentwicklung zusammen [EBEL2008, S. 109 ff.].

  Der Prozess **Service Portfolio Management** bildet einen wichtigen Bestandteil von ITIL V3. Das Serviceportfolio stellt die Sammlung sämtlicher IT-Services inklusive der Beschreibung des jeweiligen Geschäftsnutzens dar. Das Serviceportfolio umfasst die drei Kategorien

  - **Servicepipeline**
    In Planung oder Entwicklung befindliche IT-Services.

  - **Servicekatalog**
    Aktuell vereinbarte oder lieferbare IT-Services (siehe auch unten bei Phase Service Design).

  - **Retired Services**
    Ausgemusterte IT-Services, die nicht mehr angeboten werden.

Im Rahmen des Prozesses werden die IT-Services bewertet mit dem Ziel, den Wert eines IT-Service für den Kunden[37] zu maximieren und gleichzeitig die Kosten und Risiken des IT-Service zu senken. Mit Hilfe der Portfoliotechnik[38] lassen sich vorhandene Serviceoptionen hinsichtlich Marktreife und Komplexität beurteilen [EBEL2008, S. 131 f.]. Positiv beurteilte IT-Services werden dem Service Portfolio hinzugefügt bzw. verbleiben dort. Dieser Prozess wird regelmäßig durchlaufen, so dass eine permanente Anpassung der IT-Services an aktuelle und neue Anforderungen gewährleistet ist [BEIMS2009, S. 39].

Der Prozess **Financial Management** entspricht im Wesentlichen dem gleichnamigen Prozess von ITIL V2 (siehe Tab. 3.2.2.2/2).

Das **Demand Management** „befasst sich damit, den aktuellen Bedarf (also die tatsächliche Inanspruchnahme der vereinbarten Services) der Kunden rechtzeitig zu erkennen und die Kapazität zur Leistung der angefragten Services entsprechend anzupassen" [BEIMS2009, S. 40]. Dabei kann die Nachfrage nach IT-Services über Preismodelle[39] beeinflusst werden, um so die vorhandenen Ressourcen optimal auszunutzen.

- **Service Design**

  Im Mittelpunkt dieser Phase stehen die mit der Gestaltung neuer und der Änderung vorhandener IT-Services zusammenhängenden Aufgaben.

  Der Prozess **Service Catalogue Management** ist verantwortlich für die Erstellung und Pflege des Servicekatalogs, der einen Überblick darüber gibt, welche IT-Services derzeit angeboten

---

37 Wenn im Folgenden von Kunden gesprochen wird, sind dies – entsprechend der Fokussierung dieses Buches auf Anwendungsunternehmen – Vertreter einer Organisationseinheit, die befugt sind, im Namen der Organisationseinheit Vereinbarungen über die Inanspruchnahme von IT-Services zu treffen. Es handelt sich dabei im Regelfall nicht um den Benutzer des IT-Service [EBEL2008, S. 222].

38 Eine Anwendung von Portfoliokonzepten findet sich in Abb. 2.3.3.2/1 und in Tab. 2.3.3.2/2.

39 Auf diese Weise beeinflussen Telekommunikationskonzerne das Nutzungsverhalten ihrer Telefonkunden durch niedrigere Verbindungspreise in den Abend- und Nachtstunden [BEIMS2009, S. 40].

werden und welche Anwender welche IT-Services nutzen. Der Prozess sorgt dafür, dass die Inhalte des Servicekatalogs stets aktuell, korrekt und konsistent sind. Diese Aufgabe war bei ITIL V2 noch Teil des Prozesses Service Level Management.

Im Prozess **Service Level Management** werden die IT-Services auf der Basis der Kundenanforderungen geplant, verhandelt und vertraglich vereinbart. Der Prozess stellt auch die laufende Messung und Überwachung der zugesagten Service Levels und die Dokumentation der Messergebnisse in entsprechenden Berichten sicher [EBEL2008, S. 222].

Der Prozess **IT Service Continuity Management** stellt sicher, dass Notfallrisiken für IT-Services und IT-Komponenten identifiziert und bewertet sowie entsprechende Vorsorge- und Notfallmaßnahmen organisiert sind. Weiter sorgt er dafür, dass der Wiederanlauf der IT-Prozesse in Notfallsituationen gezielt gesteuert wird (siehe auch den Prozess Continuity Management in Tab. 3.2.2.2/2 und die Ausführungen zum BSI-Standard 100-4 in Abschnitt 6.1.4). Diese eher technische Sicht, wie sie in ITIL V2 vorherrscht, wird bei ITIL V3 erweitert. So wird nun auf die Wiederherstellung der IT-Services zur Unterstützung der Geschäftsprozesse und damit auf deren Sicherung Wert gelegt (siehe [BEIMS2008, S. 76] und [KALL2008, S. 6]).

Die Prozesse **Capacity Management** und **Availability Management** entsprechen in wesentlichen Aspekten den gleichnamigen Prozessen von ITIL V2 (siehe Tab. 3.2.2.2/2), der Prozess **Information Security Management** gleicht weitgehend dem Prozessbereich Sicherheitsmanagement von ITIL V2 (siehe Abschnitt 3.2.2.2).

Der Prozess **Supplier Management** hat die Aufgabe, ein reibungsloses Lieferanten-/Dienstleister-Management aufzusetzen und dafür zu sorgen, dass deren Leistungen in einem angemessenen Preis-Leistungs-Verhältnis erbracht und friktionslos in die eigenen IT-Services integriert werden können.

- **Service Transition**

  Die Phase Service Transition hat die Aufgabe, neue oder geänderte IT-Services mit allen ihren Bestandteilen in den operativen Betrieb (Service Operations, siehe unten) zu überführen. Es werden die Anforderungen aus Service Strategy und Service Design für den Servicebetrieb realisiert.

  Der Prozess **Change Management** hat weitgehend die aus ITIL V2 bekannten Aufgaben (siehe Tab. 3.2.2.2/1).

  Im Rahmen des Prozesses **Service Asset and Configuration Management** wird – wie im Prozess Configuration Management von ITIL V2 (siehe Tab. 3.2.2.2/2) – ein logisches Modell der verwendeten IT-Infrastruktur, der damit zusammenhängenden IT-Services und der unterschiedlichen IT-Komponenten (physikalisch, logisch) bereitgestellt und gepflegt. Eine Basis hierfür stellt die Configuration Management Database (CMDB) dar, in der alle wesentlichen Informationen gespeichert werden und auf die auch die anderen Prozesse zugreifen. Die auch aus ITIL V2 bekannte CMDB stellt in ITIL V3 allerdings nur *eine* Quelle eines wesentlich umfassenderen **Configuration Management Systems (CMS)** dar. Ein CMS enthält beispielsweise auch Informationen zu Kunden, Lieferanten und Anwendern. Demzufolge werden über Schnittstellen zu Unternehmensapplikationen wie ERP-Systemen ebenso wie von Projektdokumentationen weitere CMS-Informationen geliefert.

  Der Prozess **Release and Deployment Management** stimmt im Wesentlichen mit Release Management von ITIL V2 (siehe Tab. 3.3.2.2/1) überein.

  Der Prozess **Transition Planning and Support** hat die Aufgabe, die Ressourcen zu planen und zu koordinieren, die für eine erfolgreiche Bereitstellung und Überführung von neuen oder geänderten IT-Services in den operativen Betrieb benötigt werden.

  Die wesentliche Zielsetzung des Prozesses **Service Validation and Testing** ist es sicherzustellen, dass durch einen neuen oder geänderten IT-Service der im Rahmen von Service Strategy und Service Design „geplante Nutzen" für den Kunden erreicht wird. Darüber hinaus wird geprüft, ob die IT-Services in den Produktivumgebungen die vereinbarten Service-Level-Anforderungen erfüllen. Diese Aufgaben werden anhand entwickelter Testmodelle und -fälle durchgeführt [EBEL2008, S. 419 ff.].

Der Prozess **Evaluation** analysiert und bewertet Performance-Änderungen, die durch eine Veränderung eines IT-Service hervorgerufen werden, bevor dieser in den operativen Betrieb überführt wird. Jegliche Abweichungen zwischen erwarteten und tatsächlichen Leistungen sind mit dem Kunden abzuklären [EBEL2008, S. 332 und S. 426].

Der Prozess **Knowledge Management** hat lebenszyklusübergreifend die Aufgabe, verfügbare Daten und Informationen zu sammeln und aufzubereiten. Damit soll in allen Phasen die Qualität der Entscheidungsfindung verbessert werden, da zuverlässige und sichere Informationen bereitstehen. Die Sammlung und die effektive Bereitstellung der erforderlichen Informationen erfolgen über ein Service-Knowledge-Management-System, das die Informationen unter anderem aus sämtlichen ITIL-relevanten Datenquellen, wie beispielsweise dem CMS, zusammenführt (siehe [EBEL2008, S. 430 f.] und [BEIMS2009, S. 123 f.]).

- **Service Operation**

  Diese Phase stellt Verfahren und Methoden zur Verfügung, mit deren Hilfe IT-Services entsprechend der vereinbarten Service Levels und in möglichst effizienter und effektiver Weise betrieben, d. h. geliefert und unterstützt, werden.

  Für die Prozesse **Incident Management** (in Verbindung mit der Funktion Service Desk) und **Problem Management** sind die in Tab. 3.2.2.2/1 für ITIL V2 getroffenen Aussagen auch für ITIL V3 weitgehend gültig.

  Die nachfolgend aufgeführten Prozesse sind neu gegenüber ITIL V2.

  Der Prozess **Request Fulfilment** beschäftigt sich mit der Bearbeitung von Anwenderanfragen (Service Requests), die oftmals nur geringe Änderungen nach sich ziehen, z. B. Um- oder Aufrüsten von Rechnern, Rücksetzen eines Passworts etc. Diese nunmehr eigenständige Aufgabe war in ITIL V2 dem Incident Management zugewiesen.

Der Prozess **Access Management** ist dafür zuständig, autorisierten Anwendern Zugriff auf IT-Services zu geben und nicht autorisierten Anwendern diesen Zugriff zu verwehren [SERVIEW2008, S. 142]. Aktivitäten des Access Managements werden erforderlich bei

- Neueinstellungen, Versetzungen oder Ausscheiden von Mitarbeitern,

- Änderungen in der IT-Landschaft mit entsprechenden Auswirkungen (z. B. Anbindung mobiler Arbeitsplätze, Einbindung neuer Applikationen),

- projektbezogener Einbeziehung externer Mitarbeiter und

- Zugriffen von Kunden und/oder Lieferanten auf interne IT-Systeme.

Der Prozess **Event Management** hat die Aufgabe, den reibungslosen Betrieb der IT-Infrastruktur dadurch sicherzustellen, dass alle Ereignisse (Events) überwacht, Abweichungen entdeckt und entsprechend eskaliert werden. Events sind alle feststellbaren und sichtbaren Vorkommnisse und Ereignisse, die für das Management der IT-Infrastruktur oder die Lieferung der IT-Services von Bedeutung sind. Events umfassen alle Meldungen, die durch Monitoringsysteme automatisch erfasst werden. Darunter können die Temperatur der Klimaanlage ebenso wie der verfügbare Festplattenplatz oder die Rückmeldung von Druckaufträgen fallen. Aus der Vielzahl von Ereignissen sind nun diejenigen herauszufiltern, die zu einer Ausnahmesituation führen können, beispielsweise eine zu hohe Temperatur der Klimaanlage. Je nach Event sind anschließend Incident, Problem oder Change Management anzustoßen [EBEL 2008, S. 448 und S. 457 ff.].

In ITIL V3 sind eine Reihe neuer **Funktionen** eingeführt worden[40]. Neben dem bereits aus ITIL V2 bekannten **Service Desk** unterstützen folgende Funktionen die oben aufgeführten Prozesse der Phase Service Operation:

---

[40] Funktionen sind Personen oder Organisationseinheiten, die einen bestimmten Prozess oder eine bestimmte Aufgabe ausführen [BEIMS2009, S. 128].

- **Technical Management** stellt „das technische Fachwissen für die Unterstützung der IT-Services und den Betrieb der IT-Infrastruktur bereit" [BEIMS2009, S. 164].

- **IT Operations Management** ist verantwortlich für die täglichen Betriebsaktivitäten, die zur Verwaltung der IT-Infrastruktur erforderlich sind [EBEL2008, S. 512].

- **Application Management** ist für die Verwaltung der Anwendungen über ihren gesamten Lebenszyklus zuständig [EBEL2008, S. 512].

- **Continual Service Improvement**

Diese Phase ist für die kontinuierliche Neuorientierung und Anpassung der IT-Services an sich ändernde Geschäftsanforderungen verantwortlich. Hierzu müssen mögliche Verbesserungen der IT-Services erkannt und umgesetzt werden [EBEL2008, S. 541], um letztendlich den Business Value für den Kunden zu steigern. Die Verbesserungsmöglichkeiten umfassen alle Phasen von ITIL V3.

Abb. 3.2.2.3/3 zeigt den Prozess **7-Step-Improvement**. In den ersten fünf Schritten geht es um die Sammlung, Analyse und Aufbereitung von Daten mit dem Ziel, Optimierungspotenziale zu identifizieren. Die Informationen werden dem Management zur Priorisierung vorgelegt. Der letzte Schritt umfasst die Implementierung der Korrekturmaßnahmen.

Ziel des Prozesses **Service Reporting** ist es, den Nutzen der IT-Services für das Geschäft anhand abgestimmter Berichte nachvollziehbar darzustellen. Layout, Inhalt und Frequenz der Berichte werden zwischen IT und Kunde vereinbart. Der Bericht ist nicht auf Informationen zu einzelnen IT-Komponenten auszurichten, sondern auf die Perspektive des Kunden und damit auf komplette IT-Services [BEIMS2009, S. 48].

Der Prozess **Service Measurement** umfasst das Messen von Verfügbarkeit, Zuverlässigkeit und Performance der IT-Services. Mit den so erhaltenen Messwerten lassen sich die Anforderungen aus Kundensicht bewerten. Dabei wird wie beim Service Reporting davon ausgegangen, dass für den Kunden eher die Messwerte eines IT-Service als die seiner Bestandteile von Bedeutung sind.

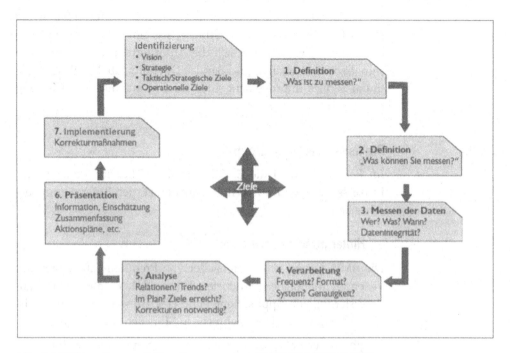

Abb. 3.2.2.3/3   Prozess 7-Step-Improvement {SERVIEW2008, S. 156]

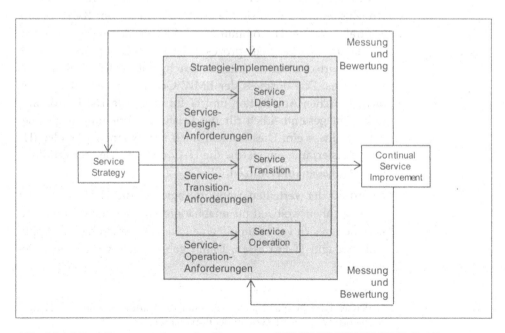

Abb. 3.2.2.3/4   Zusammenhang der Phasen von ITIL V3 [BUCHSEIN2007, S. 18]

Abb. 3.2.2.3/4 zeigt die Beziehungen zwischen den fünf Phasen von ITIL V3. In der Phase Service Strategy werden Richtlinien und Ziele definiert. Daraus leiten sich die Anforderungen an Service Design, Service Transition und Service Operation ab. Die Phase Continual Service Improvement sorgt für eine ständige Verbesserung der etablierten IT-Services.

3.2.2.4   **Praxisbeispiel BMW Group[41]**

Im Folgenden wird die Einführung der IT-Service-Management-Prozesse basierend auf ITIL V2 in der IT der BMW Group beschrieben.

▪ Hintergrundinformationen

Die BMW Group ist ein Hersteller von Premium-Fahrzeugen mit vielen internationalen Standorten. Die zentrale IT, die für die Standardisierung von Applikationen und IT-Prozessen zuständig ist, ist an der Zentrale des Unternehmens in München angesiedelt.

Es gibt in der BMW Group zwei weitere Strukturen der Business-IT, die die definierten Prozesse anwenden: die Ressort-IT-Stellen bzw. die Prozess-IT (PIT) und die IT in den dezentralen Standorten. Zusammen bilden sie die „IT Community" der BMW Group. Zentrales Ziel der IT-Community ist die anforderungsgerechte Unterstützung der Geschäftsprozesse der BMW Group und die nach betriebswirtschaftlichen Kriterien durchgeführte Bereitstellung von IT-Services. Das Business der BMW Group unterscheidet hierbei nicht zwischen Applikation und IT-Infrastruktur. Die IT-Community steht gesamtheitlich für die Leistungserbringung gegenüber dem Business ein. Dies schließt auch die externen Provider (IT-Dienstleister) mit ein, welche die IT-Community bei der Erfüllung ihrer Aufgaben unterstützen.

Aufgrund der verteilten Standorte agierten die IT-Stellen in der Vergangenheit weltweit oft unabhängig von der zentralen IT und kümmerten sich vor allem um eine lokale Optimierung von Applikationen und IT-Prozessen. Damit gab es viele verschiedene Be-

---

41   Dieses Praxisbeispiel stammt von Frau Dr. Martina Schollmeyer, Leitung Betrieb Werkstatt-IT-Systeme der BMW Group.

triebsstellen mit eigenen IT-Prozessen und Rollen. Fast jede dieser Stellen hatte eigene Servicepartner und eigene Serviceverträge. Das führte dazu, dass es z. B. an fast jedem Standort einen eigenen IT-Service-Desk und einen eigenen Incident-Management-Prozess gab, jeweils mit eigenen Servicepartnern. Mitarbeiter, die standort-übergreifend mit der IT arbeiteten, mussten für jeden Standort einen neuen IT-Betriebsprozess lernen.

Die immer größere Vernetzung der dezentralen Standorte mitein-ander und mit der Zentrale hat dazu geführt, dass die Unterschie-de in den Applikationen und IT-Prozessen Schwierigkeiten bei den gemeinsamen Abläufen in der IT verursachten. Daraufhin wurde – initiiert durch die zentrale IT – die Standardisierung der IT-Betriebsprozesse für alle Unternehmensstandorte weltweit ange-strebt.

▪ Ziele

Die Standardisierung der IT-Betriebsprozesse im Unternehmen ist die Grundvoraussetzung für die Schaffung von Synergien im IT-Betrieb, auch standortübergreifend. Dies kann zu deutlichen Kos-tenreduzierungen führen, da Prozesse angeglichen werden und damit ein Optimum für das Gesamtunternehmen gefunden wer-den kann, statt einer lokalen Optimierung pro Standort.

Ein weiteres Ziel der Standardisierung ist die Verbesserung der IT-Servicequalität gegenüber dem Kunden der IT, d. h. gegenüber dem Kerngeschäft von BMW: Entwicklung, Produktion und Ver-trieb von Fahrzeugen. Das heißt, dass die IT noch besser die An-forderungen und Geschäftsprozesse des Business unterstützen kann.

Ziel ist es auch, die internen Mitarbeiter auf die für das Unterneh-men wesentlichen Tätigkeiten zu konzentrieren und Tätigkeiten, die günstig als „Commodity" am Markt eingekauft werden kön-nen, im Rahmen von Outsourcing (siehe Abschnitt 3.5) von einem IT-Dienstleister bearbeiten zu lassen. Auch damit lassen sich Res-sourcenpotenziale heben.

▓ Vorgehen

Im Jahr 2002 wurde entschieden, im Rahmen eines Projekts die IT-Betriebsprozesse im Gesamtunternehmen zu standardisieren. Dazu wurden verschiedene Projektphasen definiert:

- Identifizierung der wichtigen IT-Service-Management-Prozesse und ihrer Abhängigkeiten,

- gemeinsame Definition der neu einzuführenden Prozesse und der dazugehörigen Rollen sowie der benötigten Gremien mit allen Beteiligten,

- Einführung und Roll-out der IT-Service-Management-Prozesse an den verschiedenen Standorten und

- Besetzung von Rollen und Gremien.

Parallel zur Vereinheitlichung der IT-Betriebsprozesse wurde auch eine organisatorische Konsolidierung der IT-Stellen im Unternehmen durchgeführt:

- Integration der IT-Stellen der Werke mit den IT-Stellen der zentralen IT,

- Konsolidierung der Infrastrukturbetriebe der verschiedenen Standorte und

- klare Abgrenzung von Infrastrukturbetrieb und Applikationsbetrieb sowie Festlegung der jeweiligen Verantwortung.

▓ Identifikation der relevanten IT-Service-Management-Prozesse

Von Anfang an war bei der BMW Group klar, dass es nicht möglich war, alle IT-Service-Management-Prozesse gleichzeitig zu definieren und umzusetzen. Man konzentrierte sich deshalb zunächst auf die Service-Support-Prozesse von ITIL V2 (siehe Abschnitt 3.2.2.2), da diese für einen reibungslosen Betrieb und für die Aufrechterhaltung der IT-Services notwendig sind.

Zum Zeitpunkt des Projektstarts gab es bei BMW im IT-Betrieb einige IT-Prozesse, die bereits eine recht hohe Reife hatten. Andere Prozesse mussten komplett neu definiert werden. Um möglichst schnell Effekte zu zeigen, konzentrierte man sich daher auf einige wenige Prozesse, die für die Mitarbeiter im IT-Betrieb einfach zu verstehen und umzusetzen waren.

Die Prozesse, die für die erste Phase des IT-Servicemanagement-Einführungsprojekts ausgewählt wurden, waren Incident, Problem und Change Management. Sie wurden bei BMW unter dem Begriff „PIC"-Prozesse (für Problem, Incident, Change) zusammengefasst.

■ Definition der „PIC"-Prozesse am Beispiel Incident Management

Die Definition der Prozesse sollte als Ergebnis detaillierte Prozess- und Rollenbeschreibungen liefern. Zusätzlich sollten erste Hilfsmittel, wie z. B. Templates für die Umsetzung der Prozesse, etabliert werden.

Es war von Anfang an vorgesehen, die Prozesse toolgestützt umzusetzen. Das bedeutet, dass als Ergebnis der Prozessdefinition auch Anforderungen an die späteren Werkzeuge dokumentiert werden mussten. Man wollte explizit vermeiden, dass ein Tool den Prozess vorgibt, und besser später ein Tool finden, das den definierten Prozess bestmöglich unterstützen kann.

Um die Umsetzungsqualität und die Effekte zu messen, wurden für jeden Prozess erste Ziele festgelegt und KPIs definiert, mit denen der Prozess, die Prozessqualität und in der Anfangsphase die Prozessumsetzung gemessen werden sollten.

Anhand des Incident-Management-Prozesses werden nun im Folgenden die wichtigsten Ergebnisse der Prozessdefinitionen vorgestellt. Dazu gehören die Prozessbeschreibungen sowie die Rollenbeschreibungen der am Prozess Beteiligten.

Abb. 3.2.2.4/1 zeigt das Standard-Template, mit dem die Prozesse definiert wurden, am Beispiel des Incident-Management-Prozesses. Neben der Zielsetzung und der Prozessbeschreibung anhand eines Ablaufdiagramms werden auf der Titelseite auch die Messgrößen (KPIs) des Prozesses sowie die externen Inputs und Outputs des Prozesses kurz beschrieben.

Mit der Prozessübersicht auf der rechten Seite des Templates von Abb. 3.2.2.4/1 kann man sich grob im Prozess orientieren. Es ist aus dieser Übersicht erkennbar, dass der Incident-Management-Prozess in insgesamt neun Teilschritte aufgegliedert wurde.

BMW Group
Informationsverarbeitung
Service Management
Incident Management

Prozessbeschreibung
Status: freigegeben (Version 1.5)
Datum: 22.07.2009
Prozessowner: FZ-401
Zielgruppe: IT-Community

Zielsetzung

- Schnellstmögliche Wiederherstellung der vereinbarten Services im Falle von Störungen, um dadurch negative Auswirkungen auf die Geschäftsprozesse so gering wie möglich zu halten und die vereinbarte Servicequalität und -verfügbarkeit zu gewährleisten
- Vereinbarungsgemäße Erfüllung von Service Requests

Externer Input (►) / Externer Output (◄)

▲ **Störung (gemeldet), Service Request (gemeldet)**
Meldung durch Anwender/in (Melder/in) oder ein Monitoring-System

▼ **Incident (abgeschlossen)**
Störung ist behoben oder Service Request wurde erfüllt

▼ **Potenzielles Problem (identifiziert)**
Schnittstelle vom Incident Management zum Problemmanagement, wenn sich herausstellt, dass eine nachhaltige Lösung im Incidentmanagement nicht herbeigeführt werden kann.

▲▼ **Change (angefordert) / Change (abgenommen)**
Schnittstelle vom Incident Management zum Change Management, wenn sich im Incident Management eine dringende Änderungsanforderung ergibt.

▲▼ **Report (angefordert) / Report (erstellt)**

▼ **Eskalation**

Messgrößen

Ressortübergreifend vereinbarte KPIs sowie individuelle Messgrößen zur Messung von Teilumfängen

Abkürzungen

CIM	Critical Incident Manager
CMDB	Configurations Management Datenbank
DWH	Incident Management Datawarehouse Reportingsystem für den Incident Management Prozess
EM	Escalation Manager
IE	Incident Expert Mitglied einer „Support Group", also Fachexperte für seinen Wissensbereich, der den 2nd Level oder 3rd Level Support übernimmt
IH	Incident Handler Primärer Ansprechpartner für den Melder, übernimmt den 1st Level Support; i. d. R. besetzt durch einen Service Desk (z. B. ASZ, Leitstand oder spezielle Hotlines für CA etc.)
IM	Incident Manager Steuert den Prozess operativ, insbesondere hinsichtlich Eskalation und Abschluss
IMG	Info Manager Zentraler Ansprechpartner (1x in der IT Community, über definierte Telefonnummer 7 x 24 zu erreichen) i. A. des Process Owners für die koordinierte Verteilung und Veröffentlichung von Informationen innerhalb der IT Community sowie Ermittlung von Ansprechpartnern bei Eskalationen
LöDB	Lösungsdatenbank zur Dokumentation/Recherche von Lösungen zu Incidents bzw. zum Incident-Management-Prozess
M	Melder/in Anwender/in (ggf. auch ein Monitoringsystem)
TS(CM)	System, in dem Changes dokumentiert und verfolgt werden
TS(IM)	System, in dem Incidents dokumentiert und verfolgt werden
TS(PM)	System, in dem die Probleme dokumentiert und verfolgt werden

Abb. 3.2.2.4/1   Prozessbeschreibung Incident Management

Auf den weiteren Seiten der Prozessbeschreibung werden im Detail die verschiedenen, hier einzeln nummerierten Prozessschritte ausformuliert. Für jeden dieser Schritte werden die durchzuführende Aktivität spezifiziert und die beteiligten Parteien dokumentiert. Dabei wird explizit unterschieden, wer die Leitung (also die Verantwortung) für den Prozess hat, wer die Prozessschritte durchführt, wer unterstützt und wer bei Bedarf informiert werden muss. Darüber hinaus werden bei jedem Schritt die benötigten Inputs und die erarbeiteten Outputs dokumentiert und das zu verwendende Tool festgelegt.

Als konkretes Beispiel soll hier der Teilschritt „Incident erfassen" betrachtet werden. Er ist (neben anderen Teilschritten) in Abb. 3.2.2.4/2 beschrieben. Aus der Beschreibung sind alle am Prozess Beteiligten abzulesen. Schon in der Definition werden die Rollen zwischen den Kategorien „entscheiden", „leiten", „durchführen", „unterstützen" und „zu informieren" sauber getrennt.

Für den Teilschritt „Incident erfassen" ist in Abb. 3.2.2.4/2 erkennbar, dass die Leitung dieses Teilschritts beim so genannten Incident Handler (IH) liegt. Er/Sie ist ebenfalls durchführende Instanz, zusammen mit dem Melder des Incidents. Die Störungsmeldung bzw. der Service Request sind der (externe) Input für den Incident-Management-Prozess. Das Arbeitsergebnis des Prozesses ist das erfasste Incident Ticket. Da das Incident Ticket inhärenter Teil des Prozesses ist und nicht außerhalb des Incident-Management-Prozesses verwendet wird, muss es nicht als externer Output gekennzeichnet werden.

Solche tabellarischen Detailbeschreibungen gibt es für alle Teilschritte des jeweils definierten Prozesses. Sie dienen vor allem den Personen als Orientierungshilfe, die später im Prozess selbst mitarbeiten werden und die deshalb die Prozessschritte sehr detailliert kennen müssen.

Neben der detaillierten tabellarischen Übersicht wurden auch grafische Übersichten erstellt. Sie wurden vor allem in Schulungen eingesetzt, um die Prozesse auf einen Blick darstellen zu können. Sie beinhalten neben den einzelnen Prozessschritten auch die beteiligten Rollen, die an der Durchführung des jeweiligen Teilprozesses beteiligt sind.

Nr.	Aktivität	E (Entscheid)	L (Leitung)	D (Durchf)	U (Umsetz)	I (Info an)	Dokument/Input	Tool	Ergebnis/Output
1	**Incident erfassen** - Incident (neu oder Nachtrag zu vorhandenem Incident) mit Grunddaten und Symptombeschreibung annehmen (z. B. über Telefon, E-Mail, Fax) und vollständig erfassen Hinweis: Incidents können auch direkt vom Melder im Ticketing-System erfasst oder durch ein Event-Management-System gemeldet werden		IH	IH	M	IH	▲ Störung (gemeldet) ▲ Service Request (gemeldet) • ggf. Fragenliste	TS(IM) *CMDB*	• Incident (erfasst) • Incident Ticket
2	**Incident klassifizieren und erste Unterstützung** Incident kategorisieren und priorisieren. a) Falls Incident nicht unterstützt, an zuständige Abläufe übergeben und Incident abschließen (siehe Schritt 6) b) Falls Service Request (z. B. Einrichten eines neuen Users) Einleitung einer Service-Request-Behandlung (Schritt 7) c) Für Störungen prüfen, ob Lösung bereits vorhanden (Suche in *LoDB*, CMDB etc.). d) Falls Eigenlösung möglich, weiter mit Schritt 5 – Service wiederherstellen → Info an Info Manager, wenn High-Prio bzw. -Impact Incident vorliegt (Schritt 8)		IH	IH	M IE	IMG	• Incident (erfasst) • Eskalationsschema • Ablauf Kritische Incidents • Lösungsdatenbank (Kriterien, Lösungen) • Priorisierungskriterien	TS(IM) *LoDB* *CMDB*	• Incident (klassifiziert)
3	**Incident weiterleiten** Da keine Lösung / kein Workaround für den Incident gefunden wurde (Lösung im aktuellen Support Level nicht möglich), erfolgt die Zuweisung des Incidents an einen Experten des nächsten Support Level; ggf. wird von ihm auch eine Lösung für die LoDB angefordert.		IH	IH oder IE	IE	IE	• Incident (klassifiziert)	TS(IM) *LoDB* *CMDB*	• Incident (weitergeleitet)
4	**Diagnose erstellen** - Eingehende Analyse des angenommenen Incidents (z. B. Suche nach ähnlichen Incidents, ggf. weitere Supportgruppen einbeziehen) - Falls keine Lösung gefunden wurde: Workaround erarbeiten - Falls Lösung innerhalb der Service-Zeit nicht möglich: Aussetzung der Servicezeit mit Melder vereinbaren → Info an Info Manager, wenn High-Prio bzw. -Impact Incident vorliegt (Schritt 8)		IH	IE		IMG	• Incident (klassifiziert/ weitergeleitet) • Lösungsdatenbank • Systemdokumentation	TS(IM) *LoDB* *CMDB*	• Lösungsvorschlag
5	**Service wiederherstellen** - Falls zur Lösung dringende technische Änderungen erforderlich sind, ggf. „Emergency Change" gemäß Regeln des Change Management initiieren - Lösungsvorschlag implementieren (ggf. mit Unterstützung des Incident-Melders oder weiterer Supportgruppen) - Ergebnis/Erfolg der Lösung kontrollieren (Test)		IH	IE oder IH	M		• Incident (klassifiziert/ weitergeleitet) • Lösungsvorschlag • Lösungsdatenbank • Change Management ▲ Change (abgenommen)	TS(IM) *LoDB* *TS(CM)*	▼ Change (angefordert) • Incident (abgeschlossen) • Service (wiederhergestellt)

Abb. 3.2.2.4/2   Teilschritte des Incident-Management-Prozesses*

* Die in der Abbildung verwendeten Abkürzungen sind in Abb. 3.2.2.4/1 erläutert.

Nr.	Aktivität	E(rstell)	L(eitung)	D(urchf)	U(nters)	Info an	Dokument/Input	Tool	Ergebnis/Output
6	**Incident abschließen** - Incident Ticket vervollständigen und Bearbeitung abschließen - Melder informieren (ggf. automatisch über Ticketing-System) und Bestätigung der Lösung vom Melder einholen - Nach den Regeln des Problemmanagement ggf. Problemmeldung erzeugen und an Problem Management weiterleiten (siehe Problem Management) - Dokumentationen zum Incident (Ticket, Lösungsdatenbank) auf Vollständigkeit prüfen, ggf. aktualisieren → Info an Info Manager, wenn High-Prio bzw. -Impact Incident vorliegt (Schritt 8)		IH	IE oder IH		M IMG	• Incident (gelöst) • Lösungsdatenbank • Homepage • Problem Management ▲ ggf. Problem (gelöst)	TS:(IM) LöDB TS:(PM)	▼ Incident (abgeschlossen) Lösungsdatenbank (aktualisiert) ▼ ggf. potenzielles Problem (identifiziert)
7	**Service Request durchführen** - Prüfen, ob Service unterstützt wird und ggf. an zuständigen Experten weiterleiten - Maßnahmen zur Umsetzung des Service Requests planen und vorbereiten. - Geplante Maßnahmen umsetzen (ggf. mit Unterstützung weiterer Supportgruppen) und Erfolg kontrollieren (Test) - Incident abschließen (Schritt 6)		IH	IH oder IE			• Incident (klassifiziert) • Lösungsdatenbank • Systemdokumentation	TS:(IM) LöDB	• Incident (gelöst)
8	**Informations-/Eskalations- oder Krisenmanagement anstoßen** Kann aus jedem Schritt parallel zur Bearbeitung erfolgen, wenn die definierten Kriterien hierfür vorliegen Bei Krisenverdacht wird das Krisenmanagement direkt über den Info Manager angestoßen		CIM/ Esk.- Mgr/ IH/IM	IH oder IE oder IM	EM	IMG	• Kriterien für eine Eskalation • Kriterien für die Meldung an den IMG • Prozess-Eskalations-management • Prozess-Info-Management • Unterlagen Krisen-management		▼ Eskalation
9	**Reports erstellen** - Daten für Reporting zum Gesamtprozess zur Verfügung stellen - Reportingdaten für Standard- und Einzelreports zusammen-stellen und Reports erzeugen - Standardreports an Management, Einzelreports an Anforderer übermitteln		IM	IM			▲ Report (angefordert) • Reportingschema (Kennzahlen, Templates, Verteiler) • Daten aus dem DWH	TS:(IM) DWH	▼ Report (erstellt)

Abb. 3.2.2.4/2   Teilschritte des Incident-Management-Prozesses* (Fortsetzung)

* Die in der Abbildung verwendeten Abkürzungen sind in Abb. 3.2.2.4/1 erläutert.

Das Thema Incident Management mit den beteiligten Rollen wird in Abb. 3.2.2.4/3 grafisch dargestellt. Die grafische Darstellung enthält im Prinzip die gleiche Information wie Abb. 3.2.2.4/1, ist aber um die Rollen, die sonst nur in der tabellarischen Detailbeschreibung erscheinen, ergänzt worden.

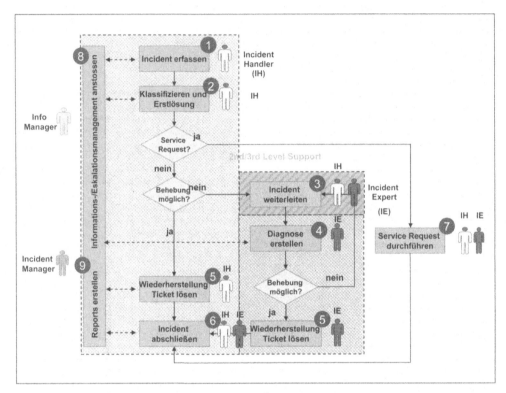

Abb. 3.2.2.4/3   Grafische Übersicht Incident Management

Neben den operativen Rollen, die aktiv an der Durchführung der IT-Service-Management-Prozesse beteiligt sind, wurden für alle Prozesse auch strategische Rollen definiert. Dazu gehört z. B. der/die Verantwortliche für den Gesamtprozess Incident Management, die Rolle „Process Owner". Diese Rolle trägt die Gesamtverantwortung für die Erreichung der Ziele für den Incident-Management-Prozess, für die kontinuierliche Weiterentwicklung und die Qualität des Prozesses sowie für die Einhaltung von Methoden und Standards für den IT-Prozess.

Diese Rolle ist nicht an der operativen Umsetzung des Prozesses beteiligt, trägt aber maßgeblich zum Erfolg des Incident-Management-Prozesses im Unternehmen bei.

Roll-out der PIC-Prozesse

Eine der großen Herausforderungen der Einführung von ITIL bei BMW war die Bekanntmachung der IT-Betriebsprozesse bei allen Beteiligten. Da der IT-Betrieb an vielen, verteilten Standorten stattfindet, war es nicht ausreichend, nur über Multiplikatoren zu arbeiten. Stattdessen wurden Schulungen für die verschiedenen Prozesse entworfen und allen Mitarbeitern im IT-Betrieb angeboten. Ziel war es, dass alle Mitarbeiter im IT-Betrieb mit den PIC-Prozessen vertraut waren.

Neben den internen BMW-Mitarbeitern gibt es im IT-Betrieb auch sehr viele externe Dienstleister, die meist operative Themen bearbeiten, also das eigentliche „Doing" im Prozess übernehmen. Deshalb mussten die Informationen zu den IT-Betriebsprozessen auch an die externen Dienstleister gegeben werden. Sie hatten Zugang zu den gleichen Informationen und Schulungen wie die BMW-internen Mitarbeiter.

Der Roll-out selbst wurde auf ca. ein Jahr angesetzt: Ab Mitte 2005 bis Mitte 2006 wurde der Großteil der Mitarbeiter im IT-Betrieb geschult und es wurden die neuen Prozesse zusammen mit den unterstützenden Tools eingeführt. Dabei wurden zunächst die Zentralbereiche geschult und Zug um Zug die IT-Betriebsstellen der Werke in die neue Prozesswelt eingebunden. In der Zwischenzeit sind bis auf einzelne internationale Vertriebsgesellschaften, die autonom agieren, alle zentral gesteuerten IT-Betriebsstellen der BMW Group voll integriert.

Definition und Umsetzung der weiteren IT-Service-Management-Prozesse

Zusätzlich zu den PIC-Prozessen wurden im Rahmen der Einführung der IT-Service-Management-Prozesse auch das Release Management, das Configuration Management und das Service Level Management definiert. Da diese Prozesse vor allem zentral gesteuert werden, waren sie zwar Teil der Schulung für die Mitarbeiter im dezentralen IT-Betrieb, wurden aber weniger ausführlich behandelt.

Diese drei Prozesse werden in den folgenden Absätzen kurz beschrieben und anschließend in Abb. 3.2.2.5/4 im Zusammenspiel mit den PIC-Prozessen gezeigt.

Der **Release-Management-Prozess** bei BMW sichert mit Hilfe definierter Abläufe die Servicequalität der Produktivumgebung bei der Einführung neuer Software-/Hardware-Releases bzw. Releasekomponenten. Der Release-Management-Prozess ist für die gesamte IT-Community verpflichtend. Dazu wurde eine so genannte Release Policy entwickelt. Der für die Releaseplanung Verantwortliche stellt seine Plandaten für einen definierten, längeren Zeitraum in die globale Releaseplanung ein. Die Planung erfolgt unter Berücksichtigung der Releaseliste.

Das **Configuration Management** sorgt dafür, dass detaillierte Informationen über die in der IT eingesetzten Ressourcen zur Verfügung stehen und dass diese optimal eingesetzt und gesteuert werden können. Es stellt damit die Basisinformation für die effiziente Arbeit der IT-Service-Management-Prozesse bereit und leistet damit einen wichtigen Beitrag zur Optimierung der Servicequalität sowie zur Überwachung der eingesetzten Vermögenswerte. Die Informationen des Configuration Managements werden in der Configuration Management Database (CMDB) allen Serviceprozessen zur Verfügung gestellt.

Ziel des **Service-Level-Management-Prozesses** ist es, mit dem Business die Service-Level-Parameter für die Betriebsprozesse der genutzten IT-Systeme (Applikation und Infrastruktur zusammen) zu vereinbaren, zu kontrollieren und in einem regelmäßigen Rhythmus gemeinsam zu überprüfen und auf Mängel, Änderungen oder Unzufriedenheit (proaktiv) zu reagieren. Mit dieser an den Businesszielen der BMW Group ausgerichteten Steuerung der erbrachten IT-Leistung soll der Wertbeitrag der IT für das Unternehmen optimiert werden.

In Abb. 3.2.2.4/4 wird der Gesamtzusammenhang der IT-Service-Management-Prozesse für BMW dargestellt. Die PIC-Prozesse finden sich prominent an erster Stelle. Zusätzlich werden die Prozessschritte und Schnittstellen zu den drei weiteren Prozessen Release, Configuration und Service Level Management abgebildet.

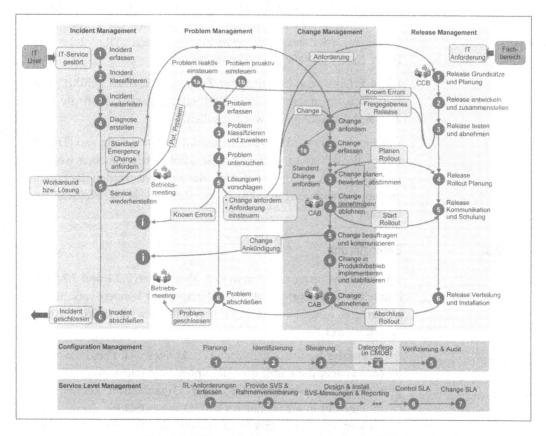

Abb. 3.2.2.4/4   Gesamtzusammenhang der IT-Service-Management-
Prozesse bei BMW

■ Fazit

Die Standardisierung der IT-Betriebsprozesse hat zu einer Effizienzsteigerung im IT-Betrieb der BMW Group geführt. Die IT-
Stellen weltweit arbeiten nach den gleichen Prozessen und schaffen
damit Synergien, weil erst durch diesen Abgleich der Prozesse nun
auch die IT-Betriebe des Unternehmens standortübergreifend zusammengelegt werden können.

Das hat z. B. dazu geführt, dass es nur noch einen Service Desk für
alle Standorte gibt, der im Rahmen des Incident-Management-
Prozesses effizient die IT-Störungen bearbeitet. Die bisherigen lokalen Help Desks konnten entfallen und somit wurden Kosteneinsparungen und Effizienzsteigerungen realisiert.

Ähnliche Effekte sind bei allen eingeführten IT-Service-Management-Prozessen zu beobachten. Damit hat sich die konsequente Umsetzung der Service-Support-Prozesse nach ITIL V2 bei der BMW Group als sehr positiv erwiesen.

Diese Erfahrungen haben in der Zwischenzeit dazu geführt, dass nun auch die internationalen Vertriebsgesellschaften in die Prozesslandschaft integriert werden sollen.

Darüber hinaus wird untersucht, ob durch den Einsatz von ITIL V3 in der BMW Group weitere Effizienzpotenziale gehoben werden können. Für den Prozess Incident Management werden die potenziellen Veränderungen aktuell im Rahmen eines Projekts betrachtet.

3.2.3   Zertifizierung

Im Zusammenhang mit dem in den Abschnitten 3.2.1 und 3.2.2 behandelten serviceorientierten IT-Management können verschiedene Zertifizierungen auf der Basis von ITIL oder von ISO/IEC 20000 erworben werden.

Auf Basis des De-facto-Standards ITIL können sich **Personen** zertifizieren lassen, die damit ihr ITIL-Know-how nachweisen. Die **IT-Service-Management-Prozesse einer Organisation** können auf Grundlage der internationalen Qualitätsnorm ISO/IEC 20000 zertifiziert werden. Seit 2008 gibt es ein von der TÜV Süd Akademie entwickeltes Qualifizierungsschema für **personenbezogene ISO/IEC 20000-Zertifizierungen** [TÜV2009]. Die Hersteller von **Tools zur Unterstützung der IT-Service-Management-Prozesse** weisen durch Gütesiegel unabhängiger Beratungsunternehmen die ITIL-Konformität ihrer Werkzeuge nach.

Folglich lassen sich drei verschiedene Formen der Zertifizierung unterscheiden:

▪ Personenbezogene Zertifizierung

Bei der **ITIL-Zertifizierung** sind die Unterschiede zwischen den Zertifizierungen nach ITIL V2 und ITIL V3 zu beachten.

Die drei möglichen Zertifikate nach **ITIL V2** lassen sich wie folgt charakterisieren [BUHL2005, S. 222 ff., ELSÄSSER2006, S. 242]:

- **Foundation Certificate** als Einstiegszertifikat, bei dem Kenntnisse der zehn Prozessteilbereiche von Service Management (siehe Abschnitt 3.2.2.2) und der wesentlichen Begriffsbestimmungen nachzuweisen sind.

- **Practitioner Certificate** für angehende Spezialisten für Entwurf und Ausführung von ITIL-konformen Prozessen. Erforderliche Voraussetzungen für eine Prüfungszulassung sind das Foundation Certificate und der Besuch einschlägiger Seminare.

- **Service Manager Certificate** für angehende IT-Service-Manager mit Verantwortung für Struktur und Implementierung von ITIL. Erforderliche Voraussetzungen für die Teilnahme an der entsprechenden Prüfung sind das Foundation Certificate, eine mindestens zweijährige Berufserfahrung im Bereich Service Management sowie der Besuch einschlägiger Seminare.

Das **Qualifizierungsschema für ITIL V3** zeigt Abb. 3.2.3/1.

Dieses Qualifizierungsschema ist wie folgt zu verstehen [EBEL 2008, S. 596 ff.]:

- Ausgangspunkt ist weiterhin ein **Foundation Certificate**, das die neue Ausrichtung von ITIL V3 berücksichtigt. Inhalt sind die wesentlichen Grundsätze, Prozesse und Modelle von ITIL V3.

- Aufbauend auf dem Foundation Level können auf dieser Ausbildungsstufe – dem so genannten **Intermediate Level** – verschiedene Module aus zwei parallelen Ausbildungswegen ausgewählt werden[42]:

  - Im **Lifecycle Stream** werden die Inhalte der fünf Kernpublikationen vertieft behandelt. Er ähnelt der Service-Manager-Qualifikation von ITIL V2.

  - Der **Capability Stream** ist stärker prozessorientiert und entspricht in etwa dem Practitioner Certificate.

---

[42] Es sind nicht alle Module frei kombinierbar. Näheres findet man hierzu bei den akkreditierten Trainings-Organisationen.

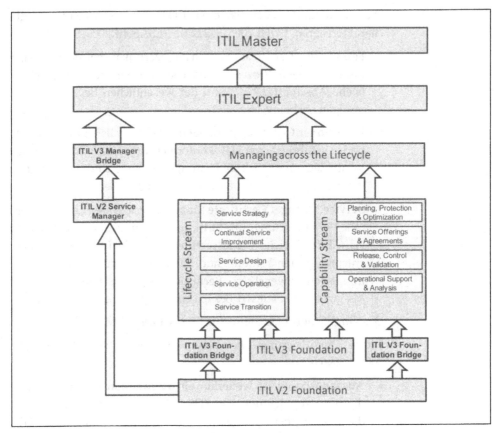

Abb. 3.2.3/1   Qualifizierungen für ITIL V3
[SERVIEW2008, S. 10 und APMG2009]

- Das Pflichtmodul **Managing across the Lifecycle** dient unter anderem dazu, die Zusammenhänge zwischen den einzelnen Lebenszyklusphasen zu kennen und zu verstehen. Auch die Planung und Implementierung von IT-Service-Management sowie der Einblick in andere Rahmenwerke und Standards sind Bestandteil dieses Blocks.

- Die Zertifizierung ist auf einem Punktesystem aufgebaut. Bei einer Gesamtpunktzahl von mindestens 22 Punkten wird der Status **ITIL Expert** verliehen. So erreicht man mit dem Foundation Certificate zwei Punkte (credits), mit jedem Modul des Lifecyclestreams drei Punkte, mit jedem Modul des Capability Streams vier Punkte. Das Pflichtmodul „Managing across the Lifecycle" erbringt fünf Punkte.

- Die höchste Qualifizierungsstufe, ITIL Master, befindet sich derzeit in der Entwicklungsphase. Auf dieser Stufe soll die Fähigkeit eines Kandidaten beurteilt werden, ITIL-Konzepte in neuen Umgebungen anzuwenden und zu analysieren [APMG2009].

- Abb. 3.2.3/1 zeigt auch ausschnittsweise, wie man auf der Basis schon erworbener ITIL-V2-Zertifikate die ITIL-V3-Qualifizierungsstufen erreichen kann.

Die personenbezogene Zertifizierung nach ISO/IEC 20000 ist ebenfalls dreistufig aufgebaut:

- Im **Foundation Certificate** werden die grundlegenden Ziele und Inhalte der ISO/IEC 20000 vermittelt. Darüber hinaus werden die Teilnehmer in die Lage versetzt, beim Aufbau eines IT-Service-Management-Systems unterstützend mitzuwirken.

- Auf der nächsten Stufe – dem **Professional Level** – werden in fünf verschiedenen Modulen die wesentlichen Prozessbereiche vertieft und weitere relevante Themenbereiche wie IT/Business Alignment behandelt.

- Auf der höchsten Stufe sind zwei Richtungen wählbar, sofern man vorher drei Module aus dem Professional Level erfolgreich abgelegt hat:

  - Das **Consulting/Manager Certificate in IT-Servicemanagement** liefert die Basis zur erfolgreichen Planung, Einführung und Aufrechterhaltung eines IT-Service-Management-Systems [TÜV2009].

  - Das **Internal Auditor Certificate in IT-Servicemanagement** liefert die Basis zur erfolgreichen Durchführung von internen und externen Audits [TÜV2009].

▪ Prozessbezogene Zertifizierung

In dem im Dezember 2005 veröffentlichten Standard ISO/IEC 20000[43] werden auf der Basis von Mindestanforderungen die notwendigen Managementprozesse spezifiziert und dargestellt, die eine Organisation etablieren muss, um IT-Services in einer akzeptablen Qualität bereitstellen und betreiben zu können.

---

[43] ISO/IEC 20000 ist aus dem im November 2000 veröffentlichten britischen Standard BS 15000 hervorgegangen.

Diese internationale Qualitätsnorm zum IT-Service-Management basiert auf Best Practices [TÜV2009, S. 28], wobei es insbesondere an ITIL angelehnt ist [ISOIEC2009].

Das **Zusammenwirken von ITIL und ISO/IEC 20000** lässt sich wie folgt veranschaulichen:

Während ITIL generische Prozessbeschreibungen liefert, definiert die Norm ISO/IEC 20000 Anforderungen an die Prozesse und gibt Umsetzungsempfehlungen. So können Unternehmen mit Hilfe der von ITIL gelieferten Beschreibungen für Prozesse, Rollen und Dokumente ein wirkungsvolles IT-Service-Management aufbauen.

Wird das Einhalten der ISO/IEC-20000-Mindestanforderungen an bestimmte Prozesse durch eine akkreditierte Auditierungsorganisation festgestellt, erhält das Unternehmen das **ISO/IEC-20000-Zertifikat**. Ein derartiges Zertifikat hat eine Gültigkeit von drei Jahren, wobei jedes Jahr ein Überwachungsaudit erforderlich ist [DOHLE2009].

Aufgrund neuer Managementprozesse, vor allem in den Phasen *Service Strategy* und *Continual Service Improvement* (siehe Abschnitt 3.2.2.3), lassen sich die Anforderungen der ISO/IEC 20000 mit ITIL V3 einfacher als mit ITIL V2 umsetzen [BUCHSEIN2007, S. 53].

Für IT-Dienstleistungsunternehmen kann die Zertifizierung nach ISO/IEC 20000 als Nachweis der Implementierung von Service-Management-Prozessen durchaus einen Wettbewerbsvorteil bringen und ist demzufolge zu empfehlen. Die Zertifizierung von IT-Anwendungsunternehmen nach ISO/IEC 20000 scheint eher von untergeordneter Bedeutung zu sein. Dies lässt sich auch aus der bereits in Abschnitt 3.2.2.2 angesprochenen Onlineumfrage von Materna ableiten, der zufolge nur 11 % der teilnehmenden Unternehmen in den nächsten Jahren eine ISO/IEC 20000-Zertifizierung anstreben [MATERNA2008, S. 35].

▧ Toolbezogene Zertifizierung

Zur Unterstützung von Einführung und Betrieb von ITIL-konformen Prozessen gibt es eine große Anzahl von Softwarewerkzeugen. Allerdings existieren keine Standards für ihre Zertifizierung, so dass eine Aussage über die Übereinstimmung mit der ITIL-Methodik nur schwer möglich ist. Eine gewisse Orientierung können Gütesiegel bieten, welche von unabhängigen Beratungsunternehmen nach entsprechender Prüfung verliehen werden[44]. Die Kriterien für die Prüfung basieren auf den von der OGC aufgestellten Anforderungen an ITIL-konforme Softwaretools.

3.3   IT-Projekte

3.3.1   Grundlagen

IT-Projekte lassen sich ebenso wie andere Projekte grundsätzlich durch folgende Charakteristika beschreiben:

- Klar definierte und abgegrenzte Aufgabenstellung,

- einmalige Vorhaben mit hoher Komplexität, d. h., die Aufgabe wurde im Unternehmen in dieser Form bislang noch nicht durchgeführt und/oder kann im Rahmen der operativen Tätigkeiten nicht erledigt werden,

- begrenzte Dauer – bei IT-Projekten üblicherweise einige Monate bis zu einem Jahr – mit definiertem Anfangs- und geplantem Endtermin,

- begrenzte Ressourcen personeller, finanzieller und materieller Art und

- Bildung einer temporären Projektorganisation für die Dauer der Durchführung eines Projektes (siehe Abschnitt 3.3.2).

In Wissenschaft und Praxis werden unter IT-Projekten häufig Softwareentwicklungsprojekte im Sinne der Individualentwicklung von Anwendungssystemen verstanden. In Anwendungsunternehmen nimmt der Anteil derartiger Projekte tendenziell weiter ab. Insgesamt können sich IT-Projekte beziehen auf

- IT-interne Vorhaben, wie beispielsweise

  - die Umstellung der IT-Prozesse auf ITIL-Konformität (siehe Abschnitt 3.2.2),

  - die Standardisierung von Systemen (Plattformkonsolidierung),

---

44 Bekannte Gütesiegel sind „Pink Verify" der kanadischen Pink Elephant Inc. (http://www.pinkelephant.com) und „IT!L Certified Tool" der deutschen Serview GmbH (http://www.serview.de).

- die Etablierung des IT-Sicherheitsmanagementprozesses (siehe Kapitel 6),

- das Auslagern von IT-Leistungen (IT-Outsourcing (siehe Abschnitt 3.5.2)) an externe Dienstleister oder

- das Aufsetzen von IT-Innovationsprojekten,

- einzelne oder mehrere Fachbereiche und die IT betreffende Projekte, wie z. B.

  - Entwicklung, Anpassung, Wartung und Weiterentwicklung von Anwendungssystemen (Individualsoftware),

  - Auswahl, Anpassung (Customizing) und Einführung von künftig einzusetzender Standardsoftware, z. B. von ERP-Systemen oder Internetportalen, oder Releasewechsel vorhandener Standardsoftware, der je nach Umfang des neuen Release auch zu umfassenderen Anpassungs- und Einführungsaktivitäten führen kann,

  - Projekte zur Optimierung von einzelnen oder mehreren Management-, Unterstützungs- oder Kernprozessen.

Bei IT-Projekten können im Vergleich zu anderen betrieblichen Projekten folgende Besonderheiten und Anforderungen dazukommen:

- **Hohe Dynamik bei IT-Basistechnologien**

  Neue Betriebssystemversionen und Entwicklungsumgebungen oder Innovationen bei Hardware und Netzwerken können im laufenden Projekt zu Änderungen führen, die eine Verzögerung oder gar den Abbruch des Projektes nach sich ziehen. Aber auch Marktentwicklungen beeinflussen Projekte. So war beispielsweise Mitte der 90er Jahre unklar, ob sich Microsoft Windows oder OS/2 von IBM als PC-Standardbetriebssystem am Markt etablieren wird. Nachdem sich Microsoft Windows erfolgreich durchgesetzt hatte, mussten Unternehmen, die Anwendungssoftware auf Basis von OS/2 geschrieben hatten, ihre Projekte abbrechen und neu aufsetzen.

- **Integrationsaspekt**

  Dieser Aspekt bezieht sich bei klassischer Wirtschaftsinformatiksicht nach Mertens auf die **inner- und zwischenbetriebliche Integration von Anwendungssystemen** mit den Ausprägungen **Datenintegration, Programmintegration, Funk-**

tionsintegration oder **Prozessintegration** [MERTENS2009, S. 1 ff.]. Die Anforderung nach Integration zieht je nach Ausprägung eine hohe oder sehr hohe Komplexität nach sich, die wiederum starken Einfluss auf das Projekt hat. Ein Beispiel für ein integriertes Anwendungssystem stellt die SAP Business Suite dar, die unter anderem mit der Anwendung SAP SCM[45] auch zwischenbetriebliche Integrationsaspekte umfasst. Das Spektrum von inner- oder zwischenbetrieblicher Prozessintegration wird sich künftig beispielsweise durch Serviceorientierte Architekturen (SOA) beträchtlich erweitern.

Trotz Verschiedenheit der IT-Projekte lässt sich für deren Planung, Abwicklung und Kontrolle eine einheitliche Vorgehensweise festlegen. Dafür entwickelte Vorgehensmodelle – im Gegensatz zu den unten angesprochenen modernen Modellen auch als **traditionelle Vorgehensmodelle** bezeichnet – werden genutzt, um Projekte systematisch in vordefinierten Phasen durchzuführen. Hierbei wird ein Projekt in sachlicher und zeitlicher Hinsicht in überschaubare Teilschritte (Phasen) aufgeteilt und dadurch in seiner Komplexität reduziert. Nach Abschluss eines jeden Teilschrittes wird das erreichte Zwischenergebnis überprüft, und es erfolgt entweder die Freigabe für die nächste Phase, eine Überarbeitung der Projektergebnisse oder im Extremfall der Abbruch des Projektes. Nach Abschluss des Projektes erfolgt ein Übergang in den laufenden Betrieb. Solche Vorgehensmodelle lassen sich in folgende Phasen einteilen:

- **Initialisierung**, bei welcher ein Projektantrag, der das Ziel des Projekts und seine wesentlichen Eckdaten in zeitlicher, finanzieller und organisatorischer Hinsicht enthält, von der für die Entscheidung zuständigen Organisationseinheit positiv beschieden wird und den Startpunkt des Projektes darstellt,

- **Planung**, bei der die inhaltliche Strukturierung des Projekts (Projektstrukturplan), die Definition der Arbeitspakete und die Schätzung des zeitlichen Aufwands für ihre Durchführung, der Projektablaufplan mit Meilensteinen sowie die Planung der erforderlichen Ressourcen und finanziellen Mittel vorgenommen wird,

---

[45] Supply Chain Management.

- **Realisierung**, bei der die Projektmitarbeiter die Arbeitspakete mit Statusmeldungen und Hinweisen auf evtl. Probleme abarbeiten und der Projektleiter für Projektcontrolling und -steuerung (Termine, Kosten, Qualität) und Teamführung verantwortlich ist,

- **Einführung**, bei der die Projektergebnisse in den produktiven Betrieb übergehen.

Details zu den in der Praxis eingesetzten Projektvorgehensmodellen (z. B. Wasserfallmodell, Spiralmodell, V-Modell) und ihren bewährten Einsatzfeldern können beispielsweise in der Wirtschaftsinformatik-Grundlagenliteratur nachgelesen werden (vgl. [HANSEN2009, S. 364 ff., STAHLKNECHT2005, S. 214 ff., HOLEY 2007, S. 229 ff.]).

Die eben besprochenen traditionellen Vorgehensmodelle haben den Nachteil, dass Aufwände in Projekten mit neuer Technik (z. B. erstmaliger Einsatz von SOA[46]) und neuen Partnern (z. B. im Rahmen von IT-Outsourcing) zu Beginn oft nur sehr schwer eingeschätzt werden können. Bei solchen Projekten sind häufig folgende Randbedingungen anzutreffen [HOFFMANN2008, S. 6]:

- Sich häufig ändernde Zielsetzungen („Moving Targets"),

- Unvollständigkeit der Informationen,

- Lernen im Projekt,

- Notwendigkeit zum Umgang mit unerwarteten Ereignissen und Entwicklungen (Überraschungen).

Demzufolge integrieren **moderne Vorgehensmodelle** verstärkt „Elemente der Agilität, indem sie eine evolutionäre Entwicklung im Laufe des Projekts, das Lernen im Projekt und iterative Elemente beschreiben" [HOFFMANN2008, S. 6]. Dabei ist „allen agilen Vorgehensmodellen gemeinsam, dass eine detaillierte Ausplanung späterer Phasen erst im Laufe des Projekts in Abhängigkeit von Projekterfahrungen" etc. erfolgt [HOFFMANN2008, S. 6].

Diese agilen Modelle sind bevorzugt in Softwareentwicklungsprojekten anzutreffen. Zur detaillierteren Beschäftigung mit diesem Thema kann auf zahlreiche Literatur verwiesen werden, so beispielsweise auf Wirtschaftsinformatik-Grundlagenliteratur

---

[46] Serviceorientierte Architektur.

[HANSEN2009, S. 381 ff.], auf Vertiefungsliteratur mit entsprechenden weiterführenden Hinweisen (z. B. [HOFFMANN2008] und [ÖSTEREICH2008a]) oder auf Spezialliteratur zu agilen Modellen (z. B. [BLEEK2008], [HRUSCHKA2009] und [ÖSTEREICH 2008b]).

Die **Projektmanagementmethode PRINCE2** etabliert sich derzeit national wie international. Sie stellt wie ITIL (siehe Abschnitt 3.2.2) eine Best-Practice-Methode dar. Auf sie wird in Abschnitt 3.3.3 eingegangen.

3.3.2   IT-Projektorganisation

Die für die Durchführung eines Projektes eingesetzte temporäre Projektorganisation wird häufig von einem temporären und einem permanenten Gremium gesteuert.

Das bereits in Abschnitt 3.1.3 behandelte **permanente Gremium** hat im Kontext der IT-Projekte unter anderem die Aufgaben, sämtliche IT-Projekte des Unternehmens (Multiprojektmanagement) zu koordinieren, die erforderlichen Standards, z. B. in Form von Projektmanagementrichtlinien und/oder durch Vorgabe der zu verwendenden Projektmanagementsoftware, zu definieren und über die Prioritäten der Projekte zu entscheiden.

Das für die Projektlaufzeit eingerichtete **temporäre Gremium** (siehe hierzu auch Abschnitt 3.1.3) benennt den Projektleiter und das Projektteam, nimmt die regelmäßige Berichterstattung über den Projektfortschritt entgegen und trifft Entscheidungen, die über die Kompetenzen des Projektleiters hinausgehen (z. B. Einsatz zusätzlicher Ressourcen). Es dient somit als die dem Projektleiter vorgesetzte Instanz und ist bei bedeutenden Projekten in der Regel aus Führungskräften der betroffenen Fachbereiche und des IT-Bereichs zusammengesetzt, ansonsten aus ausgewählten Vertretern dieser Bereiche.

Abb. 3.3.2/1 zeigt ein von Keßler/Winkelhofer für allgemeine Projekte entwickeltes Referenzmodell, welches das beschriebene Zusammenspiel zwischen permanenter bzw. temporärer Projektsteuerung durch die Gremien und der Projektorganisation verdeutlicht und auf IT-Projekte übertragbar ist [KESSLER2004, S. 11].

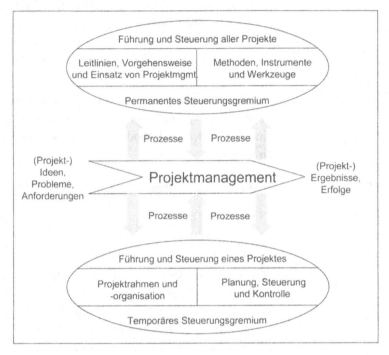

Abb. 3.3.2/1   Referenzmodell für Projektmanagement

In der Praxis sind vor allem zwei **Formen temporärer Projekt-organisationen** in Rein- oder Mischform anzutreffen:

- **Linien-Projektorganisation**
  Hierbei ist das Projektteam als eigenständige Organisationseinheit in die Unternehmensorganisation eingebunden. Die Projektmitarbeiter werden für die Projektdauer vollständig aus der Linienorganisation herausgelöst und dem Projektleiter disziplinarisch und fachlich unterstellt. Abb. 3.3.2/2 stellt diese Organisationsalternative in Diagrammform dar.

- **Matrix-Projektorganisation**
  Bei dieser Form wird die bestehende Organisation um die Matrix-Projektorganisation ergänzt (siehe Abb. 3.3.2/3). Die Projektmitarbeiter verbleiben hier im Gegensatz zur reinen Projektorganisation in ihrer Abteilung und führen im Regelfall zeitanteilig Linien- und Projektaufgaben aus. Sie bleiben disziplinarisch dem Linienvorgesetzten unterstellt, fachlich werden sie im Rahmen der Projektaufgabe dem Projektleiter zugeordnet.

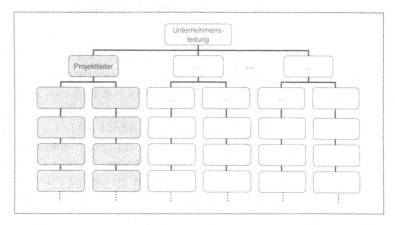

Abb. 3.3.2/2   Linien-Projektorganisation

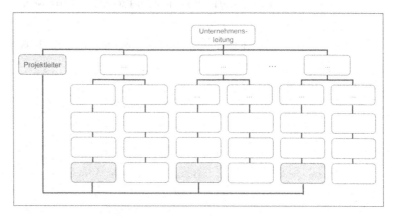

Abb. 3.3.2/3   Projekt-Matrixorganisation

Häufig wird für IT-Projekte die Matrix-Projektorganisation bevorzugt. Vorteilhaft ist hierbei, dass Mitarbeiter mit Spezialwissen und -erfahrung in mehreren Projekten mitwirken können. Problematisch können Weisungskonflikte zwischen Projektleiter und Linienvorgesetzten sein.

Die Linien-Projektorganisation erweist sich vor allem bei komplexen Projekten, die über einen längeren Zeitraum laufen, als vorteilhaft. Der Projektleiter hat hier den größeren Entscheidungsspielraum hinsichtlich der Mitarbeiter, die ausschließlich ihm unterstellt sind.

3.3.3   Projektmanagementmethode PRINCE2

PRINCE2[47] wurde 1989 als Standard der britischen Regierung für IT-Projekte ins Leben gerufen. Durch ständige Weiterentwicklung ist die Methode heute als generischer Ansatz für Steuerung, Organisation und Management von Projekten jeglicher Art und Größe zunehmend etabliert. Der Unterschied zu den traditionellen Projektmethoden (siehe Abschnitt 3.3.1) ist der Prozessansatz. Dadurch wird es möglich, das Endprodukt nicht nur innerhalb der vorgegebenen Zeit und des vereinbarten Budgets, sondern auch in der geforderten Qualität zu liefern [MAXPERT2009]. PRINCE2 wird ebenso wie ITIL von der OGC gefördert und weiterentwickelt.

PRINCE2 besteht aus Prozessen, Komponenten und Techniken. Tab. 3.3.3/1 zeigt die **acht PRINCE2-Prozesse.**

Tab. 3.3.3/1   PRINCE2-Prozesse [LINSSEN2008, S. 71]

Nr.	Prozessname	Inhalte
1	Vorbereiten eines Projekts	Von einer vagen Idee und einer Geschäftsanforderung bis zu einer Projektbeschreibung gelangen; entscheiden, ob man ein Projekt durchführen soll
2	Initiieren eines Projekts	Vorbereitende Aufgaben für das Projekt; Projektgenehmigung; organisieren, planen und überprüfen, ob das Projekt gerechtfertigt ist
3	Lenken eines Projekts	An Phasengrenzen oder bei Ausnahmen durch den Lenkungsausschuss Entscheidungen treffen
4	Steuern einer Phase	Die tagtägliche Arbeit des Projektmanagers
5	Managen der Produktlieferung	Aufgaben im Projektteam delegieren; sicherstellen, dass geliefert wird, was verabredet wurde
6	Planen	Pläne auf verschiedenen Ebenen erstellen und während des Projektverlaufs aktualisieren
7	Managen der Phasenübergänge	Die nächste Phase freigeben inklusive Überarbeitung der Planung; überprüfen, ob das Projekt fortgeführt wird
8	Abschließen eines Projekts	Projektergebnisse abnehmen, Projekt auswerten, Projekt auflösen

---

[47] **PR**ojects **IN** Controlled Environments.

Von den in Tab. 3.3.3/1 dargestellten Prozessen finden

- Vorbereiten eines Projekts (1[48])

- Initiieren eines Projekts (2)

- Abschließen eines Projekts (8)

innerhalb eines Projekts nur einmal statt.

Die anderen Prozesse werden im Regelfall mehrfach durchlaufen, wenn ein Projekt aus mehreren Phasen besteht.

Den Zusammenhang zwischen den Prozessen zeigt Abb. 3.3.3/1. Auf eine Darstellung der 45 Sub-Prozesse wird verzichtet.

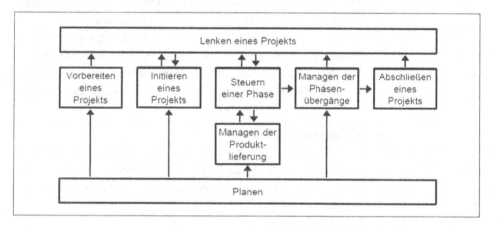

Abb. 3.3.3/1   Zusammenspiel der PRINCE2-Prozesse
[AMBERG2009, S. 17]

Unterstützung für die Prozesse bieten die **acht Komponenten von PRINCE2** (siehe [LINSSEN2008, S. 71 ff.] und [ASCHE2009, S. 17 ff.]):

- **Business Case**

  Der Business Case liefert die Begründung und wirtschaftliche Rechtfertigung des Projekts mit entscheidungsrelevanten Informationen wie Kosten, Risiken, Zeitrahmen und Nutzenerwartungen. Er bildet die Entscheidungsgrundlage für den Lenkungsausschuss, der als übergeordnetes Gremium über Projekte entscheidet.

---

[48] Nr. 1 in Tab. 3.3.3/1.

- **Organisation**
  Diese Komponente beschreibt die Zusammensetzung der Projektmanagementorganisation auf Basis einer Kunden-Lieferanten-Beziehung[49] und die Aufgaben und Beziehung der unterschiedlichen Rollen (z. B. Lenkungsausschuss, Projektmanager).

- **Pläne**
  Es werden Vorlagen für den Aufbau und den Informationsgehalt der zu entwickelnden Pläne bereitgestellt. Dabei sind Projektplan und Phasenpläne verpflichtend zu erstellen.

- **Steuerung**
  Für die Steuerung des Projekts wird der „Management-by-Exception"-Ansatz verwendet. Das Management greift nur ein, wenn die für jede Ebene des Projekts (Gesamtprojekt, Projektphase oder Arbeitspaket) vorgegebenen Toleranzwerte für Kosten, Zeit, Qualität, Nutzen etc. überschritten werden. Dadurch soll sichergestellt werden, dass das Projekt tatsächlich den Business Case (siehe oben) erfüllt.

- **Risikomanagement**
  Diese Komponente beschreibt einen Risikomanagementprozess, der aus Aktivitäten zur Risikoanalyse und zur Risikobehandlung besteht. Diese Aktivitäten werden auf die Prozesse abgebildet.

- **Projektqualität**
  Diese Komponente beschreibt die Hauptelemente der Qualität, wie sie in einem PRINCE2-Projekt zum Einsatz kommen. Ausgehend von einer Qualitätsplanung, welche die Qualitätsanforderungen des Kunden beinhaltet, werden Qualitätsstandards definiert und Maßnahmen zu deren Umsetzung und Kontrolle entwickelt.

- **Konfigurationsmanagement**
  Aufgabe dieser Komponente ist das Verwalten aller relevanten Produkte/Ergebnisse des Projekts und der freigegebenen Versionen. PRINCE2 liefert fünf grundlegende Aufgaben/Funktionen des Konfigurationsmanagements, die für ein Projekt notwendig sind.

---

[49] Diese Bezeichnung ist unabhängig davon, ob beide Partner zur gleichen Organisation gehören oder nicht.

- **Änderungssteuerung**

  Die Komponente Änderungssteuerung verwaltet alle Änderungen im Projekt und befasst sich mit deren Auswirkungen. Auf diese Weise soll vermieden werden, dass mögliche Änderungen das Projekt zum Scheitern bringen. Die hierfür erforderliche Steuerung wird mit Hilfe der Technik Änderungssteuerung (siehe unten) vorgenommen.

Diese Komponenten werden von den Prozessen verwendet und geben an, was und warum etwas im Projektablauf getan werden muss. Als Hilfsmittel sind sie für die erfolgreiche Umsetzung der Prozesse erforderlich [EBEL2007].

Methoden werden in PRINCE2 als **Techniken** bezeichnet. Es wird empfohlen, Techniken der eigenen Wahl einzusetzen. Vor diesem Hintergrund empfiehlt PRINCE2 lediglich drei Techniken:

- Für eine **produktbasierte Planung** sind unter anderem Produktstrukturpläne und Produktflussdiagramme darzustellen.

- Aufgabe der Technik **Änderungssteuerung** ist es, unkontrollierte Änderungen zu verhindern. Hierzu wird eine Liste der offenen Punkte geführt, die in der Verantwortung des Projektmanagers liegt. Änderungsanträge müssen dem Lenkungsausschuss zur Genehmigung vorgelegt werden.

- Die von PRINCE2 vorgeschlagene **Qualitätsprüfungstechnik** ist das Abhalten von Reviews, in denen die erstellten Produkte auf das Einhalten vorgegebener Qualitäts- und Akzeptanzkriterien geprüft werden.

Tab. 3.3.3/2 verdeutlicht den Zusammenhang zwischen den PRINCE2-Prozessen, -Komponenten und -Techniken.

Mit dem Erscheinen von PRINCE2:2009 hat die Projektmanagementmethode im Jahr 2009 eine umfangreiche Überarbeitung erfahren. Die entsprechenden Publikationen sind in Deutschland für Ende 2009 angekündigt. Laut Maxpert sind folgende Änderungen zu erwarten [MAXPERT2009]:

- Die acht Komponenten werden zu den sieben Schlüsselthemen Business Case, Fortschritt, Pläne, Risiken, Organisation, Änderungen und Qualität zusammengefasst.

- Die 45 Subprozesse wurden zu 40 Aktivitäten zusammengefasst.

- Die drei Techniken finden nun direkt in den neuen Aktivitäten Anwendung oder wurden mit Verweis auf andere Quellen des Projektmanagements gestrichen.

Tab. 3.3.3/2   Zusammenhang zwischen den PRINCE2-Elementen [ASCHE2009, S. 20]

		Prozesse							
		Vorbereiten eines Projekts	Initiieren eines Projekts	Lenken eines Projekts	Steuern einer Phase	Management der Produktlieferung	Planen	Management der Phasenübergänge	Abschließen eines Projekts
Komponenten	Business Case	x	x		x			x	x
	Organisation	x						x	
	Pläne	x			x			x	
	Steuerungsmittel	x	x	x	x			x	x
	Risikomanagement	x	x		x	x		x	x
	Projektqualität	x	x		x	x		x	
	Konfigurationsmanagement		x		x				x
	Änderungssteuerung		x		x	x			x
Techniken	Produktbasierte Planung						x		
	Änderungssteuerungstechnik				x	x			
	Qualitätsprüfungstechnik				x				

Neu sind die sieben Prinzipien des PRINCE2-Projektmanagements:

- Wirtschaftliche Rechtfertigung (Business Justification),
- Klare Rollenzuweisung und Verantwortlichkeiten in der Projektorganisation (Roles & Responsibilities),
- Produktorientierung (Product Focus),
- Management nach Phasen (Managed by stages),
- Risikomanagement (Management of risk),

- Skalierbarkeit und Anpassbarkeit (Scaling and tailoring),

- Lernen aus Erfahrung (Learning lessons).

Weitere Informationen zu PRINCE2 sind beispielsweise [EBEL 2007, KÖHLER2006 und TRIEST2008] zu entnehmen.

3.4   IT-Personal

3.4.1   Einführung

IT-Führungskräfte haben im Wesentlichen die gleichen Personalmanagementaufgaben wie ihre Kollegen anderer Fachbereiche. Tab. 3.4.1/1 gibt in Anlehnung an Krcmar [KRCMAR2009, S. 388 ff.] einen knappen Überblick über diese Aufgaben.

Tab. 3.4.1/1   Personalmanagementaufgaben

Aufgabe	Aufgabeninhalt
Personalbestandsanalyse	Welche quantitative Kapazität und welches qualitative Know-how stehen mir in meinem Team aktuell zur Verfügung?
Personalbedarfsbestimmung	Welche Kapazität und welches Know-how brauche ich, um die mir gestellten Ziele zu erreichen?
Personalbeschaffung	Wie kann ich fehlendes Personal intern/extern beschaffen?
Personalentwicklung	Wie kann ich fehlendes Know-how meiner Mitarbeiter entwickeln, wie hervorragende Mitarbeiter in deren Weiterentwicklung unterstützen?
Personalfreisetzung	Wie kann ich leistungsschwache Mitarbeiter motivieren, ggf. freisetzen?
Personaleinsatzmanagement	Wie setze ich meine Mitarbeiter möglichst effizient und zielführend ein?
Personalführung	Wie motiviere ich meine Mitarbeiter als Individuen und als Team?
Personalkostenmanagement	Wie gestalte ich den Personaleinsatz möglichst zielführend?
Veränderungsmanagement	Wie gestalte ich die erforderlichen Veränderungen in meinem Verantwortungsbereich?

Zur erfolgreichen Wahrnehmung dieser Aufgaben sind vor allem folgende Kenntnisse über verschiedene Personalinstrumente erforderlich:

- die notwendigen Maßnahmen für die Gewinnung von qualifiziertem IT-Personal (siehe Abschnitte 3.4.2 und 3.4.3) und deren Retention,

- Vergütungsaspekte für IT-Personal, insbesondere leistungsfördernde Anreizsysteme (siehe Abschnitt 3.4.5).

3.4.2 Situation am Arbeitsmarkt[50]

Die Situation am **Arbeitsmarkt für IT-Personal** lässt sich derzeit wie folgt beschreiben:

Neben der reinen Informatik-Kompetenz suchen die Unternehmen verstärkt die Kompetenz, Informatiksysteme und -prozesse zu managen. Gesucht wird nicht der Mitarbeiter, der ein IT-System für den Vertrieb entwickeln kann, sondern der Mitarbeiter, der dem Vertriebschef die am Markt verfügbaren IT-Systeme und deren Vorteile für die Optimierung des eigenen Vertriebs erläutert. Es geht also um die Beratung bei der Auswahl der geeigneten IT-Systeme, der Unterstützung bei deren Implementierung und gegebenenfalls Adaptierung auf die eigenen spezifischen Bedarfe. Der reine Informatiker sitzt damit beim Zulieferer, dem Softwareentwickler und dem Hardwarehersteller. In Anwendungsunternehmen wird verstärkt die IT-Managementkompetenz gebraucht.

Auch aufgrund der verstärkten Tendenz zum Outsourcing von IT-Services bis hin zu kompletten Geschäftsprozessen (siehe Abschnitt 3.5) wird die Nachfrage nach rein informatikzentrierten Berufen vermutlich nicht steigen, sondern sich weiter hin zu **Berufen mit Geschäftsprozess- und Managementkompetenz** verlagern (siehe beispielsweise [CIO2006]).

3.4.3 Personalgewinnung

Bei der Gewinnung von IT-Personal spielen neben **konventionellen Stellenanzeigen** in den regionalen und überregionalen Tageszeitungen sowie in einschlägigen Fachzeitschriften gerade in der IT-Branche **Onlinejobbörsen** eine zunehmende Rolle. Dort können Unternehmen eigene Stellenangebote präsentieren und/oder dort eingestellte Stellengesuche sichten und bewerten. Die

---

[50] Dieser Abschnitt stammt von Prof. Dr. Thomas Doyé, Professor für Human Capital an der Hochschule Ingolstadt.

Platzierung von Stellenangeboten auf speziellen Bereichen von Unternehmenswebsites gehört heute zum Standardrepertoire von Personalmarketingmaßnahmen.

Vor allem Großunternehmen **rekrutieren** ihr künftiges IT-(Führungs-)Personal häufig bereits **vor Aufnahme eines Studiums**. So bieten verschiedene Unternehmen[51] in Kooperation mit der Hochschule Ingolstadt Studienbewerbern der Wirtschaftsinformatik ein so genanntes Stipendiatenmodell an. Die ausgewählten Studierenden erhalten ein monatliches Stipendium, als Gegenleistung arbeiten sie in den Semesterferien und im Praxissemester in den Unternehmen und erstellen dort auch ihre Bachelorarbeit. Auch in anderen Studiengängen bewährte Verbundmodelle sind denkbar. Bei diesen würden die Studierenden parallel zum Studium der Wirtschaftsinformatik beispielsweise eine Lehre zum/zur Informatikkaufmann/-frau absolvieren. Solche und ähnliche Modelle haben durch die Einführung von Studiengebühren weiter an Bedeutung gewonnen.

Auf ein- bis zweitägigen, vor allem an Hochschulen beworbenen **Recruiting-Veranstaltungen** stellen sich Unternehmen potentiellen Mitarbeitern vor. Ihr Ziel ist es, aus den Interessenten über die Bearbeitung von Fallstudien und durch Gespräche mit Führungskräften des Unternehmens geeignete Kandidaten auszuwählen.

In die zurzeit jährlich veranstaltete **IT-Fachmesse** CeBIT in Hannover sind Karriereforen und Stellenbörsen integriert. Sie bietet mit ihrem „Job & Career Market" ein Forum für Hochschulen, sonstige Aus- und Weiterbildungseinrichtungen, Personaldienstleistungsunternehmen, Vermittlungsagenturen, Jobbörsen, Stellensuchende und Stellenanbieter. Im Rahmen von Veranstaltungen erfahren Bewerberinnen und Bewerber die neuesten Trends vom Arbeitsmarkt und erhalten Tipps für erfolgreiche Bewerbungsstrategien. Unternehmen präsentieren sich als attraktive Arbeitgeber und weisen auf offene Stellen hin.

Die zuletzt genannten Maßnahmen sind vor allem bei Großunternehmen sehr gefragt, während kleine und mittlere Unternehmen insbesondere **Fachkongresse** und die in den letzten Jahren

---

[51] Im November 2009 sind dies folgende Kooperationspartner: Allianz Deutschland AG, Controlware GmbH, Media-Saturn-Holding GmbH, Siemens AG.

verstärkt anzutreffenden **Firmenkontaktmessen** an Hochschulen (Jobbörsen) zur frühzeitigen Personalgewinnung bevorzugen.

3.4.4   Aus- und Weiterbildung

Bei der Ausbildung von IT-Personal ist grundsätzlich zwischen Berufsausbildung und Hochschulstudium zu unterscheiden.

Bei beiden Formen ist weiter zu differenzieren nach solchen mit reiner IT-Fokussierung, wie z. B. Informatik, und solchen mit einem konkreten Anwendungsbezug, z. B. Wirtschaftsinformatik.

Tab. 3.4.4/1 zeigt ausgewählte, in Deutschland mögliche Berufsausbildungen, welche die Bundesagentur für Arbeit zu den Computer-Kernberufen rechnet.

Tab. 3.4.4/1   IT-Berufsausbildungen in Deutschland
[GESAMTMETALL2009]

Berufsbezeichnung	Wesentliche Einsatzfelder
Fachinformatiker/in (Fachrichtung Anwendungsentwicklung)	Konzeption, Realisierung und Pflege von Anwendungssystemen
Fachinformatiker/in (Fachrichtung Systemintegration)	Konzeption, Realisierung, Inbetriebnahme und Service komplexer vernetzter Systeme unter Integration von Softwarekomponenten
Informatikkaufmann/-frau	Geschäftsprozessanalyse; Konzeption, Realisierung und Implementierung von IT-Anwendungen
Informationselektroniker	Planung, Installation und kundenspezifische Realisierung sowohl informations- und kommunikationstechnischer Systeme als auch von Geräten der Unterhaltungselektronik
IT-System-Kaufmann/-frau	Technische und kaufmännische Konzeption, Inbetriebnahme, Übergabe und Service kundenspezifischer IT-Systeme
IT-System-Elektroniker/in	Installation, Konfiguration und Service von IT-Geräten und -Systemen inklusive Netzwerke und Energieversorgung
Systeminformatiker	Entwicklung und Installation von Automatisierungssystemen, Informations- und Kommunikationssystemen

Ein **Hochschulabschluss** kann an Berufsakademien[52], Hochschulen für Angewandte Wissenschaften und Universitäten[53] erworben werden.

Das **Angebot an Studiengängen** ist sehr vielseitig. Für den späteren Einsatz in IT-Bereichen bieten sich den Interessenten im Wesentlichen folgende Studiengänge an:

- Informatik,
- Informatik mit Vertiefungsrichtung Wirtschaft,
- Wirtschaftsinformatik,
- Betriebswirtschaft mit Schwerpunkt Wirtschaftsinformatik oder
- Wirtschaftsingenieurwesen mit entsprechender Vertiefung.

Die an den Hochschulen erwerbbaren **Abschlüsse** sind nach wie vor im Umbruch. Als Folge der europäischen Harmonisierung der Studienabschlüsse (so genannter Bologna-Prozess) werden spätestens ab 2010 anstelle des Diplomabschlusses ausschließlich die internationalen Abschlüsse **Bachelor** und **Master** verliehen.

Dabei umfasst ein Bachelorstudium – abhängig vom jeweiligen Bundesland – sechs oder sieben Fachsemester, ein darauf aufsetzendes Masterstudium dauert weitere drei bzw. vier Semester. Für den Masterabschluss sind insgesamt zehn Semester zu absolvieren.

Das Masterstudium kann dabei unmittelbar an das Bachelorstudium angeschlossen werden (so genanntes **konsekutives Masterstudium**) oder nach einschlägiger Berufserfahrung als berufsbegleitendes Studium (so genannter **Weiterbildungsmaster**) absolviert werden. Als Beispiel eines berufsbegleitenden Masterstudienganges kann der seit 2004 laufende MBA-Studiengang „IT Management" gelten, der von der Hochschule Ingolstadt angebo-

---

52 Staatliche Berufsakademien wurden 1972 in Baden-Württemberg ins Leben gerufen. Heute gibt es sie auch in einer Reihe weiterer Bundesländer. Es handelt sich um ein duales Ausbildungsmodell, bei dem die Studierenden in der Regel je die Hälfte eines Semesters in der Hochschule und in einem Unternehmen, in dem sie angestellt werden, verbringen. Zulassungsvoraussetzung ist in der Regel die allgemeine oder die fachgebundene Hochschulreife.

53 Wesentliche Informationen zum Studium der Wirtschaftsinformatik in Deutschland, Österreich und der Schweiz findet man bei [KURBEL 2009].

ten und durchgeführt wird (siehe www.mba-itm.de). Dieser Studiengang hat als wesentliches Ziel, IT-Fachkräfte zu IT-Führungskräften zu qualifizieren.

Lebenslanges Lernen wird heute in nahezu allen Berufen erforderlich, im IT-Bereich wird es aufgrund der dynamischen technischen Entwicklungen nach wie vor in besonderem Maße gefordert.

Neben Weiterbildungsstudiengängen gibt es ein schier unerschöpfliches **Angebot an Weiterbildungsmaßnahmen**:

- Unternehmensinterne Schulungsangebote, beispielsweise von internen Trainern oder von Mitarbeitern z. B. des Benutzerservicezentrums (siehe Abschnitt 3.1.5) durchgeführt,

- Angebote von Schulungs- und Seminaranbietern,

- Angebote von Herstellern von IT-Systemen (Hardware, Software, Netzwerke).

Die genannten Weiterbildungsangebote werden heute nicht mehr nur als Präsenzkurse durchgeführt. Blended-Learning- und E-Learning-Angebote gewinnen zunehmend an Bedeutung.

3.4.5   Vergütungsaspekte für IT-Personal[54]

Vergütung ist die wesentliche Hauptleistungspflicht des Unternehmens aus dem Arbeitsvertrag und hat für die meisten Mitarbeiter eine hohe Bedeutung bei der Wahl des Arbeitgebers. Insofern muss das Vergütungspaket nicht nur den Anforderungen der jeweiligen Funktion entsprechen, sondern auch marktgerecht und branchenüblich sein. Funktionsadäquat heißt dabei, dass die Vergütung sich am Schwierigkeitsgrad und Umfang der jeweiligen Aufgabe orientiert. Das Vergütungsniveau unterscheidet sich in den verschiedenen Branchen deutlich; die Automobilbranche zahlt beispielsweise deutlich besser als etwa Banken – zumindest im Tarifbereich. Marktgerechte Vergütung kann sowohl regionale Märkte betreffen als auch bestimmte Zielgruppen. Studienabsolventen sind häufig weder regional noch bezüglich einer bestimmten Branche noch eines bestimmten Funktionsbereichs festgelegt. Bei vergleichbar interessanten Aufgabenstellungen spielt das Gehalt dann doch eine wesentliche Rolle bei der Arbeitgeberwahl.

---

[54] Dieser Abschnitt stammt von Prof. Dr. Thomas Doyé, Professor für Human Capital an der Hochschule Ingolstadt.

Aus Unternehmenssicht haben die Vergütungsbestandteile vor allem eine motivatorische Aufgabe. Es soll Anreize zu einer höheren Leistungsorientierung bzw. verstärkten Zielerreichung erzeugen. Der Mitarbeiter soll schneller, länger, effizienter arbeiten und seine Ziele mit einer höheren Erfolgsquote erreichen. Die verschiedenen Formen der variablen Vergütung versuchen, dieses Ziel zu erreichen – nicht alle mit dem gleichen Erfolg.

Variable oder flexible Vergütung heißt, dass ein Teil der bisherigen Fixvergütung erfolgsabhängig bezahlt wird. Dieser variable Anteil wird regelmäßig mit dem Erreichen von Zielen verknüpft. Manche Unternehmen verzichten darauf und überlassen die Einschätzung der Mitarbeiterleistung dem Management. Diese Art der Vergütung nach „Gutsherrenart" ist nicht besonders motivierend, da der Mitarbeiter allein von der subjektiven Einschätzung seines Vorgesetzten abhängt. Außerdem fehlt die Orientierung an klar definierten Zielen.

Typischerweise wird der variable Teil der Vergütung am Erreichen der eigenen Ziele sowie am Erreichen der Unternehmensziele bemessen (siehe Abb. 3.4.5/1). Die individuellen Ziele werden mit dem Vorgesetzten vereinbart, die Unternehmensziele sind vorgegeben. Je stärker die Unternehmensziele vom Mitarbeiter beeinflussbar sind, desto höher ist deren Anreizwirkung. Dies ist der Fall bei Zielen der nächstgrößeren Einheit, also Abteilung oder Bereich etc. Je mehr es sich dabei um Ziele des Gesamtkonzerns handelt, umso geringer ist der direkte Leistungsanreiz für den einzelnen Mitarbeiter. Hiermit wird eher die gemeinsame Unternehmenskultur, die Corporate Identity, unterstützt.

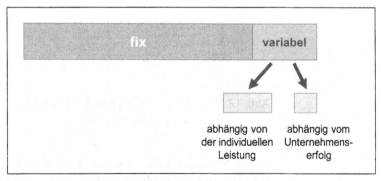

Abb. 3.4.5/1   Variable Vergütung in Abhängigkeit von individuellen Zielen und vom Unternehmenserfolg

Viele Unternehmen legen bei den Zielvereinbarungen einen Soll/ Ist-Vergleich zugrunde, d. h., es zählt nicht der absolut erreichte Wert, sondern der in Relation zum vereinbarten Soll-Wert.

Neben der 100-%-Zielgröße ist zusätzlich eine Bandbreite zu definieren. Dem Mitarbeiter muss bewusst sein, welche Zielerreichung als völlig unzureichend (= 0 %) beurteilt wird und welche als herausragend (= 200 %). Diese Definition der Bandbreite ist erforderlich, um nicht auch noch schlechte Ergebnisse mit variabler Vergütung bezahlen zu müssen. Wenn der Konzern einen Gewinn von 20 Millionen EUR geplant hat und in diesem Jahr nur 5 Millionen EUR erreicht, wäre das ein verheerendes Ergebnis. Eine variable Vergütung hierfür wäre nicht zielführend. Mit einer entsprechenden Bandbreite, etwa von 16 Millionen EUR (= 0 %) und 24 Millionen EUR (= 200 %) wird eine sinnvolle Eingrenzung geschaffen (vgl. Abb. 3.4.5/2). Wenn in diesem Beispiel der erreichte Gewinn 21,2 Millionen EUR wäre, würde dies einer Zielerreichung von 130 % entsprechen.

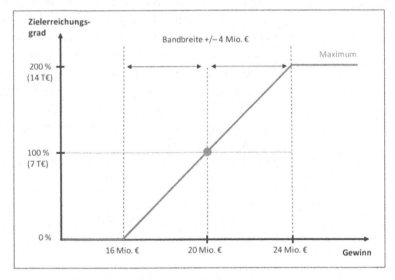

Abb. 3.4.5/2   Struktur der variablen Vergütung
mit Soll/Ist-Vergleich

In vergleichbarer Weise werden die Ziele und deren Bandbreiten für jeden einzelnen Mitarbeiter festgelegt. Jede Zielerreichung innerhalb der Bandbreite wird linear errechnet und mit diesem Prozentsatz variabel vergütet. Wenn der variable Anteil für das betrachtete Ziel beispielsweise 2.000 EUR beträgt und der Mitarbeiter dieses Ziel zu 130 % erreicht hat, erhält er dafür 2.600 EUR. Entsprechend erfolgt die Berechnung für die weiteren individuellen Ziele.

Der Verlauf der Kurve der variablen Vergütung sollte linear erfolgen. Hier gilt das „kiss"-Prinzip: keep it simple and small. Jede Veränderung des Kurvenverlaufs, sei es gekrümmt oder mit einer geänderten Steigung, macht die Berechnung der Vergütung komplizierter – und reduziert damit die Anreizwirkung ganz erheblich. Variable Vergütung muss primär als Motivationsinstrument gesehen werden und nicht als Instrument, um Kosten zu sparen. Natürlich reduzieren sich – quasi als schöner Nebeneffekt – in Jahren, in denen die Ziele nicht zu 100 % erreicht werden, auch die Kosten. Aber der eigentliche Zweck der variablen Vergütung liegt darin, Anreize für die Mitarbeiter und Führungskräfte zu schaffen, die Ziele zu übertreffen. Bei einer geschickten Gestaltung sind die daraus resultierenden Mehrkosten für die variablen Anteile nur ein Bruchteil des zusätzlich erwirtschafteten Mehrgewinns.

Unternehmen, die nicht nach Leistung differenzieren, landen in der Mittelmäßigkeit. Warum sollte ein überdurchschnittlicher Leistungsträger auf Dauer zehn oder mehr Stunden in der Woche zusätzlich arbeiten, wenn sein Kollege mit viel schlechteren Ergebnissen die gleiche Vergütung erhält? Die meisten entscheiden sich in solchen Fällen zwischen zwei Alternativen: Entweder sie reduzieren ihre Leistung deutlich oder sie suchen sich ein Unternehmen, in dem ihre herausragende Leistung auch entsprechend honoriert wird. Beide Wege sind verheerend für das Unternehmen.

3.5   IT-Outsourcing

3.5.1   Wesen

Während bei vielen Unternehmen erst im Zusammenhang mit dem Einzug der Lean-Management-Philosophie in den 1990er Jahren die Fremdvergabe von Leistungen an externe Unternehmen, auch als „Make-or-Buy-Entscheidung" bekannt, wieder stärker in den Fokus rückte, hat es bei der IT seit den 1960er Jahren aus unterschiedlichen Gründen immer Überlegungen zum *Out*side re*source* us*ing* gegeben. IT-Outsourcing hat allerdings durch neue globale Entwicklungen (IT-Dienstleister aus Osteuropa oder aus neuen Billiglohnländern wie Philippinnen oder China) und technische Möglichkeiten (Nutzung von Software über das Internet in Form von Software-as-a-Service (SaaS)) in den letzten Jahren zusätzlich an Bedeutung gewonnen und dabei auch zu einer Vielzahl von IT-Outsourcingformen geführt (siehe Abschnitt 3.5.2).

IT-Outsourcing ist Teil von **IT-Sourcing,** das sich zusätzlich mit der Strategie zur Lieferanten-/Dienstleister-Auswahl befasst. Auf diesen Aspekt von IT-Sourcing wird in diesem Abschnitt nicht weiter eingegangen.

Argumente pro und contra IT-Outsourcing hängen neben der gewählten IT-Outsourcingform naturgemäß unter anderem ab von den jeweiligen Rahmenbedingungen eines Unternehmens, von seinen strategischen Planungen sowie eventuell von der allgemeinen Branchenentwicklung.

Vor diesem Hintergrund ist die in Tab. 3.5.1/1 dargestellte Bilanz ausgewählter Argumente pro und contra IT-Outsourcing in den jeweiligen Unternehmenskontext zu stellen und ggf. zu ergänzen.

Tab. 3.5.1/1   Bilanz ausgewählter Argumente
               pro und contra IT-Outsourcing

Argumente pro IT-Outsourcing	Argumente contra IT-Outsourcing
Kostenersparnis durch Skaleneffekte beim IT-Outsourcingdienstleister	Abhängigkeit vom IT-Outsourcing-dienstleister
Variabilisierung der Fixkosten[55]	Verlust von IT-Know-how
Flexible Anpassung an den Bedarf	Widerstände der betroffenen Mitarbeiter
Konzentration auf Kernkompetenzen	Geringe Skaleneffekte bei individuellen Leistungen
Zugriff auf Know-how des IT-Outsourcingdienstleisters	Aufwand für das Management von entstehenden organisatorischen und technischen Schnittstellen

---

[55] Als Fixkosten gelten dabei die Personal- und Sachkosten, die bei interner Erbringung der Leistung kurzfristig nicht an den Bedarf angepasst werden können.

3.5.2   Formen

Die in Abschnitt 3.5.1 angesprochenen globalen und technischen Entwicklungen sowie andere Einflüsse wie sich ändernde Managementphilosophien haben zu einer Vielzahl unterschiedlicher IT-Outsourcingformen geführt. Eine Auswahl solcher Formen, gruppiert nach ihren inhaltlichen Dimensionen, zeigt Abb. 3.5.2/1 in Anlehnung an von Jouanne-Diedrich [JOUANNE-DIEDRICH 2004].

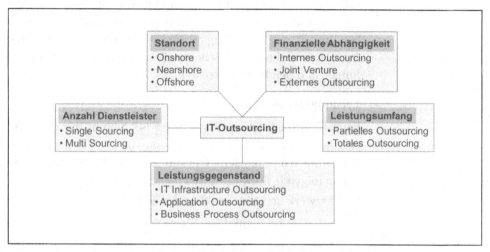

Abb. 3.5.2/1   Ausgewählte IT-Outsourcingdimensionen[56]

- **Finanzielle Abhängigkeit**

  Bei **internem Outsourcing**, häufig auch als Ausgliederung bezeichnet, werden die IT-Aufgaben von einem rechtlich selbstständigen Tochterunternehmen, meist in der Rechtsform einer GmbH, übernommen. Bei divisionalen Unternehmen werden die IT-Aufgaben häufig in einem Shared Service Center konzentriert, bei Gründung durch mehrere Unternehmen in Form eines **Joint-Venture-Unternehmens** (siehe hierzu Abschnitt 3.1.1). Die Vergabe von IT-Aufgaben an externe Firmen wird als **Externes Outsourcing** bezeichnet.

---

[56] Eine jeweils aktuelle Einteilung der Dimensionen findet man in der so genannten IT-Sourcing-Map [JOUANNE-DIEDRICH2009].

- **Leistungsumfang**

  Bei **partiellem Outsourcing,** zuweilen auch als selektives Outsourcing, Outtasking oder Managed Services bezeichnet, wird nur ein Teil der IT-Aufgaben an externe Dienstleister ausgelagert (z. B. Host-Betrieb, SAP-Basisbetrieb, LAN-Betrieb). Bestimmte Dienstleistungen, zumeist solche, welche als besonders wichtig angesehen werden (z. B. das Management der Anwendungen, welche die Kernprozesse des Unternehmens unterstützen), werden weiterhin vom IT-Bereich des Unternehmens selbst durchgeführt. Beim **totalen Outsourcing** hingegen werden sämtliche IT-Aufgaben an externe IT-Dienstleister vergeben. Im Unternehmen fungiert für diese Form ein Koordinator (ggf. auch mehrere) als Schnittstelle zwischen den Fachabteilungen und den IT-Dienstleistern.

- **Leistungsgegenstand**

  Beim **IT Infrastructure Outsourcing** übernimmt der Outsourcingdienstleister Betrieb und Wartung von IT-Systemen. Diese am häufigsten praktizierte Outsourcingvariante kann unter anderem folgende IT-Systeme umfassen:

  – Netzwerk und Netzwerkkomponenten,

  – zentral und dezentral betriebene Server,

  – Arbeitsplatzsysteme (z. B. PCs, Thin Clients) mit Peripherie wie Drucker und Scanner sowie

  – Betriebs- und Datenbanksysteme.

  Application Outsourcing beinhaltet das Outsourcing von IT-Anwendungen. Dabei handelt es sich zumeist um Standardsoftware wie Office-, CRM- oder ERP-Systeme.

  Beim **Application Management Outsourcing** gehören die Softwarelizenzen dem Auftraggeber, der IT-Dienstleister ist für Betrieb und Wartung der gesamten Plattform, d. h. Standardsoftware, Hardware, Betriebssystem und Netzwerk zuständig, häufig auch für die Anwenderbetreuung.

  Bei der Variante Application Service Providing (ASP), das sich in jüngerer Zeit unter der Bezeichnung **Software-as-a-Service (SaaS)** erfolgreich etabliert hat, bleibt die Lizenz Eigentum des Service Providers (auch als SaaS-Anbieter oder Acting Saas bezeichnet). Der Anwender mietet die Software für eine von der

Anzahl der Nutzer abhängige Gebühr beim Saas-Anbieter, der für Lizenzierung, Implementierung, Betrieb, Wartung inklusive Update und Administration der Software verantwortlich ist. Der Zugriff auf die Software erfolgt z. B. über sichere Internetverbindungen (z. B. Virtual Private Network). SaaS soll künftig stark an Bedeutung gewinnen. So gehen Analysten davon aus, dass bis zum Jahr 2012 mindestens ein Drittel der Aufwendungen für betriebswirtschaftliche Anwendungssoftware für SaaS anstatt für Produktlizenzen ausgegeben werden wird [CAP-GEMINI2009, S. 52].

Eine Erweiterung des SaaS-Konzeptes stellt **Cloud Computing** dar. Dabei werden – neben der Software – je nach Bedarf z. B. auch Speicherkapazität und Rechenleistung über das Internet bezogen [ARMBRUST2009].

Am weitestgehend werden eigene Aufgaben bei **Business Process Outsourcing (BPO)** abgegeben. Dabei wird ein kompletter Geschäftsprozess inklusive unterstützender IT an einen Dienstleister übertragen. Bei den Geschäftsprozessen handelt es sich im Regelfall um Support-Prozesse, wie z. B. die Personalabrechnung oder den Einkauf geringerwertiger Güter mittels E-Procurement-Lösungen. Diese Prozesse weisen einen hohen Standardisierungsgrad auf und haben zumeist keine strategische Bedeutung (Näheres siehe auch [GROSS2006]).

Seit dem Jahr 2007 beschreibt von Jouanne-Diedrich mit dem Begriff **Next Generation Outsourcing (NGO)** eine neue Form des IT-Outsourcings (siehe [JOUANNE-DIEDRICH2007] und [JOUANNE-DIEDRICH2008]), die er zwischen IT Infrastructure/Application Outsourcing und Business Process Outsourcing ansiedelt.

Die Industrialisierung der IT (siehe Abschnitt 3.2.1) führt auch bei der Beschaffung „zu einer Automatisierung und Standardisierung des IT-Leistungsbezugs durch Übertragung bewährter Methoden und Prozesse aus dem Bereich des klassischen Beschaffungsmanagements" [JOUANNE-DIEDRICH2008, S. 73].

Ein wichtiger Aspekt dieses Ansatzes ist die durchgängige Trennung von Geschäftsprozessen und den diese unterstützenden IT-Services[57]. Vor dem Hintergrund der IT-Industrialisierung lässt sich NGO mit den in Tab. 3.5.2/1 dargestellten Kennzeichen charakterisieren.

Tab. 3.5.2/1   Ausgewählte NGO-Kennzeichen
[JOUANNE-DIEDRICH2008, S. 75]

Kennzeichen	Beschreibung
Prozessorientierung	Konsequente Prozessorientierung im Sinne des durchgängigen Einsatzes von Standardprozessen.
Produktorientierung	IT wird im Sinne von nutzenstiftenden Geschäftsprozess-Unterstützungsleistungen als IT-Service (IT-Produkt) beschafft.
Variable Losgrößen	Die IT-Services (IT-Produkte) werden innerhalb eines laufenden Prozesses in beliebigen Mengen flexibel beschafft und abgerechnet.
Beschaffung durch Fachbereich	Anstelle der internen IT-Organisation beschafft die Fachabteilung die IT-Services (IT-Produkte).
Lösungsneutrale Spezifikation	Die Fachbereiche spezifizieren die IT-Services (IT-Produkte) lösungsneutral und müssen sich nicht mehr um deren technische Umsatzung kömmern.

Die Besonderheit von NGO liegt in der konsequenten Umsetzung aller Kennzeichen, die einzeln auch bei anderen IT-Outsourcingformen anzutreffen sind.

- **Anzahl Dienstleister**

  Hier wird unterschieden, ob man die IT-Aufgaben einem IT-Dienstleister (**Single Sourcing**) oder mehreren IT-Dienstleistern (**Multi Sourcing**) überträgt. Im Fall von Multi Sourcing ist Vendormanagement erforderlich, d. h., es müssen die einzelnen IT-Dienstleister koordiniert und die zwischen ihnen auftretenden Schnittstellen beherrscht werden. Häufig wird hierfür eine zentrale Vendormanagementorganisation als dedizierte Abteilung für die Steuerung der IT-Dienstleiter eingesetzt. Die niederländische Bank ING hat das Vendormanagement an einen IT-Dienstleister ausgelagert, der als neutraler Integrator die Multisourcing-Vorhaben (Desktop-, LAN-, Voice- und Service-Desk-Services) steuert [OV2007].

---

[57] von Jouanne-Diedrich verwendet statt IT-Service den Begriff IT-Produkt und versteht darunter „ein Bündel von IT-Leistungen, mit deren Hilfe ein Geschäftsprozess oder ein Geschäftsprodukt des Leistungsabnehmers unterstützt und dort ein Nutzen erzielt wird" [JOUANNE-DIEDRICH2008, S. 74]. Beide Begriffe werden in diesem Zusammenhang gleich gesetzt.

- **Standort**

  Onshore bedeutet, dass die Dienstleistung im Land des Unternehmens erbracht wird.

  Im Falle von **Offshoring** verlagern Unternehmen IT-basierte Dienstleistungen in Staaten mit niedrigem Lohnkostenniveau. Als hierfür geeignete IT-Dienstleistungen gelten zunächst einfache Tätigkeiten wie Dateneingabe, Call Center- und Support-Dienstleistungen (Help Desk) oder Prozesse, bei denen Vorgänge standardisiert bearbeitet werden können. Es sind aber auch anspruchsvolle Tätigkeiten wie Anwendungsentwicklung und -instandhaltung anzutreffen. Neben den klassischen Offshore-Ländern wie Indien, Philippinen oder China ist in neuerer Zeit auch **Nearshoring** anzutreffen, vor allem in osteuropäische Länder.

  Bei der Vergabe von IT-Leistungen an Unternehmen in Near- und Offshoreländer sind neben fachlichen Aspekten vor allem das unterschiedliche Lohnkostenniveau, mögliche kulturelle Unterschiede, eventuelle Sprachbarrieren sowie länderspezifische Gesetze, z. B. zum Datenschutz, ins Kalkül zu ziehen.

  Für Offshore- und Nearshore-IT-Outsourcing haben sich folgende **Betreibermodelle** bewährt:

  - **Brückenkopf-Modell**
    Der IT-Dienstleister betreibt ein rechtlich selbstständiges Unternehmen in Deutschland, das als Anlaufstelle für die Projektkommunikation fungiert.

  - **Werkbank-Modell**
    Der IT-Dienstleister fungiert als verlängerte Werkbank des Auftraggebers, der im Near-/Offshore-Land seine eigenen Experten die einzelnen Teams führen lässt. Die rechtliche Verantwortung und die Projektverantwortung liegen beim Auftraggeber.

  Die behandelten Formen von IT-Outsourcing lassen sich nahezu beliebig miteinander kombinieren, so dass eine sehr hohe kombinatorische Vielfalt entsteht. Diese Komplexität wird weiter dadurch erhöht, dass einzelne Formen auch nebeneinander existieren können. So kann man beispielsweise bei Multisourcing die IT-Aufgaben auf IT-Dienstleister aus Deutschland sowie aus Near- und Offshoring-Ländern auslagern. Welche Form ein Unternehmen letztendlich auswählt, ist einzelfallspezifisch zu entscheiden.

3.5.3   Vorgehensweise bei IT-Outsourcingprojekten

In Anlehnung an Söbbing zeigt Abb. 3.5.3/1 die Vorgehensweise bei IT-Outsourcingprojekten, ausgehend von einer ursprünglich existenten Vision bis hin zum laufenden Outsourcingbetrieb [SÖB-BING2006, S. 239 ff.].

Am Anfang der **Vorüberlegungen** steht meist eine **Vision** des Managements, z. B. der Gedanke, mit IT-Outsourcing Kosten senken oder flexibler auf Bedarfsschwankungen reagieren zu können. Die **Outsourcingstrategie** enthält erste Überlegungen unter anderem zur Outsourcingform (siehe Abschnitt 3.5.2), zur vorläufigen Festlegung auf die Outsourcingobjekte und zu möglichen technologischen Aspekten (z. B. Hardware- und Systemplattform, ERP-System).

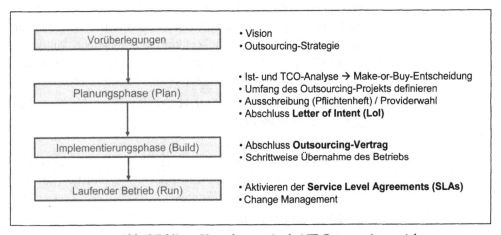

Abb. 3.5.3/1   Vorgehensweise bei IT-Outsourcingprojekten

In der **Planungsphase** bilden die eingehende **Ist-Analyse** der IT-Struktur und der IT- und Geschäftsprozesse sowie ausführliche **TCO-Analysen** (siehe Abschnitt 4.4) die Basis für eine **Make-or-Buy-Entscheidung** und damit für den **Umfang des Outsourcingprojekts**. Auf Basis eines Pflichtenheftes erfolgt die **Ausschreibung** und nach deren Auswertung die **Wahl eines IT-Outsourcingdienstleisters**. Mit diesem Dienstleister werden in einem so genannten **Letter of Intent (LoI)** vorvertragliche Vereinbarungen getroffen. Diese umfassen Leistungen und Vergütungen, die vor Abschluss des Outsourcingvertrags zu erbringen sind, Mitteilungs-, Aufklärungs- und Geheimhaltungspflichten, Abbruchkriterien etc. Sie sind unter anderem dazu erforderlich, dass dem IT-Dienstleister bis zum Abschluss des eigentlichen Outsourcing-vertrags detaillierte Informationen offen gelegt werden können. Auf dieser Basis kann über konkrete Inhalte des Outsourcing-vertrags verhandelt werden.

In der **Implementierungsphase** wird der **Outsourcingvertrag** auf Basis der in der Planungsphase erhobenen Details **abgeschlossen**. Der Outsourcingvertrag ist als übergreifendes Vertragswerk zu verstehen, in dem die Leistungen der Vertragspartner definiert werden. Ausgewählte Inhalte eines Vertrags zeigt Abb. 3.5.3/2. Im Regelfall besteht der Outsourcingvertrag aus einem Rahmenvertrag, in dem die Grundlagen zur Zusammenarbeit festgelegt werden, und einer Reihe von Einzelverträgen. In so genannten Leistungsverträgen werden die jeweiligen Einzelleistungen spezifiziert, durch technische Leistungsbeschreibungen ergänzt und leistungs-spezifische Mitwirkungspflichten festgelegt [BITKOM2009, S. 27]. Übernahmeverträge regeln die Übernahme von Mitarbeitern, von Hard- und Software oder von vertraglichen Verpflichtungen (z. B. von Miet- und Leasingverträgen oder Lizenzen).

Nach Abschluss des Outsourcingvertrags wird der **Betrieb** vereinbarungsgemäß auf den IT-Dienstleister **übergehen**.

Im **laufenden Betrieb** werden zunächst die **Service Level Agreements** (siehe Abschnitt 3.2.1) **aktiviert**, d. h., die hinsichtlich Inhalt, Form und zeitlichem Rahmen genau festgelegten Wartungs-, Pflege- und Supportleistungen sind nunmehr vereinbarungsgemäß zu erbringen. Ansonsten werden die vereinbarten Vertragsstrafen fällig. **Change Management** bedeutet in diesem Kontext, dass die vereinbarten Verträge von Zeit zu Zeit den Anforderungen des operativen Geschäftes angepasst werden müssen. Änderungsgesuche (Change Requests) eines Vertragspartners werden nach einem vorher bestimmten Verfahren abgewickelt.

Vertragliche Grundlagen

- Ziel der Zusammenarbeit
- Technischer, organisatorischer und finanzieller Rahmen
- Qualitätskriterien
- Planungs- und Systemverantwortung

Inhalt der Leistungen

- Phasenplanung für Migration und Übernahme des IT-Betriebs
- Übernahme der Mitarbeiter
- Übernahme von laufenden Verträgen mit Dritten
- Datenübernahme und -pflege
- Zugriffs- und Lizenzrechte
- Vergütungspflichten
- Mitwirkungspflichten des Auftraggebers

Leistungsabsicherung

- Qualitätssicherung
- Gewährleistung und Haftung
- Vertragsstrafen
- Geheimhaltung

Vertragsdurchführung

- Projektmanagement
- Abwicklungsstrukturen wie Ausschüsse, Gremien u. Ä.
- Leistungs- und Planungsänderungen
- Sonderkündigungsrechte
- Vertragsbeendigung

Abb. 3.5.3/2   Ausgewählte Inhalte eines IT-Outsourcingvertrags

3.6   Green IT als Herausforderung für das IT-Management

Eine zunehmend wichtige Aufgabe des IT-Managements, das die meisten in diesem Buch angesprochenen Handlungsfelder berührt, stellt das Thema **Green IT** dar. Im Vordergrund stehen dabei die wechselseitigen Beziehungen zwischen Maßnahmen zur Ressourcenschonung und Kosteneinsparungspotenzialen.

Die wachsende Bedeutung dieses Themas zeigt sich beispielsweise auch darin, dass auf der CEBIT 2009 mit Green World eine ganze Halle für diese Thematik reserviert war [CEBIT2009], während bei der CEBIT 2008 hierfür nur ein kleiner Bereich (Green Village) vorgesehen war [DEUTSCHEBANK2009]. Die Bedeutung wird auch dadurch deutlich, dass „die Ausgaben für Energie im Rechenzentrum achtmal schneller steigen als die Ausgaben für Hardware" und einen beträchtlichen Teil des IT-Budgets ausmachen [DEUTSCHEBANK2009].

Bei Green IT unterscheidet man zwischen Ansätzen, die sich wie beispielsweise die Verwendung energieeffizienter Kühlsysteme direkt in den IT-Bereichen auswirken (Green IT in der IT), und Ansätzen, bei denen durch IT-Systeme wie z. B. Videokonferenzsysteme Einsparungen erzielt werden können (Green IT durch IT).

▥ Green IT in der IT

Diesen Ansatz, bei dem es um direkte Auswirkungen für die IT-Bereiche geht, kann man nach [SIEBER2008] unter anderem in die in Abb. 3.6/1 dargestellten Handlungsfelder einteilen.

- **Einsatz energieeffizienter IT-Geräte**

  Energie- und damit auch Energiekosteneinsparungen lassen sich durch den Einsatz von IT-Geräten, deren Energieeffizienz beispielsweise durch Gütesiegel[58] ausgewiesen wird, erreichen.

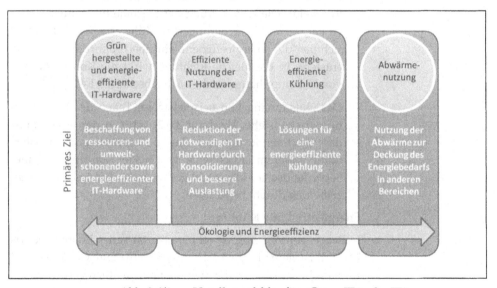

Abb. 3.6/1   Handlungsfelder für „Green IT in der IT"
[SIEBER2008, S. 12]

---

[58] Beispiele für Gütesiegel sind das seit 2002 in Europa gültige Effizienzlabel Energy Star, das energiesparende Bürogeräte auszeichnet, oder das TCO-Label, das neben niedrigem Energieverbrauch auch die Umweltverträglichkeit und die Wiederverwertbarkeit bewertet [DENA 2009].

- **Effiziente Nutzung der IT**

  Die effiziente Nutzung von IT umfasst unter anderem folgende Aspekte:

  - Der Einsatz von IT-Geräten mit reduzierter funktionaler Ausstattung, wie beispielsweise Thin Clients, reduziert automatisch den Energieverbrauch. Der flächendeckende Einsatz dieser Systeme in einem Unternehmen wird sich trotz der Notwendigkeit, leistungsfähigere Server und ggf. ein schnelleres Netzwerk einsetzen zu müssen, hinsichtlich des gesamten Energieverbrauchs im Regelfall als wirtschaftlich erweisen. Zudem lassen sich Thin Clients einfacher als Desktop-Systeme administrieren.

  - Durch Virtualisierung bei Servern und Storagesystemen werden weniger physische Systeme benötigt, deren Auslastung aber im Vergleich zum herkömmlichen Einsatz deutlich steigt. Die Reduzierung der Systeme führt automatisch zu geringeren Anforderungen an Kühlsysteme, so dass hinsichtlich der Energieeffizienz ein überproportionaler Effekt entsteht. In die gleiche Richtung wirkt die Konsolidierung von IT-Landschaften (siehe auch Abschnitt 5.1.4).

  - Das Outsourcing von beispielsweise Teilen des Infrastrukturbetriebs (siehe Abschnitt 3.5.2) führt in der Regel dazu, dass der Energieverbrauch des IT-Outsourcingdienstleisters unter anderem durch eine geschickte Konzeption seiner Serverlandschaft insgesamt geringer sein kann als beim Einzelbetrieb durch die Kunden.

- **Energieeffiziente Kühlung**

  In Rechenzentren werden oft bis über 30 % des Energiebedarfs von Kühlsystemen erzeugt. Durch eine effiziente Gebäude- und Klimatechnik lässt sich die Energiebilanz deutlich verbessern.

- **Abwärmenutzung**

  Die Abwärme des Rechenzentrums kann unter anderem für das Heizen von anderen Gebäuden genutzt werden. Auf diese Weise „beheizt" beispielsweise das in Hannover gelegene Rechenzentrum der Hostway Deutschland GmbH, nach eigenen Angaben eines der größten Rechenzentren Europas, die Büros des Unternehmens und andere Gewerbegebäude [SCHOENE2008].

Neben diesen energiesparenden Formen schließt ein ganzheitlicher Ansatz die auch in Abb. 3.6/1 angesprochene Verwendung „grün hergestellter IT-Hardware" ein. Dabei sind die bei der Produktion verwendeten Materialien in Bezug auf ihre Verträglichkeit für die Nutzer der IT-Geräte ebenso wichtig wie bei der Entsorgung der Geräte im Hinblick auf ihre Wiederverwertbarkeit.

▪ Green IT durch IT (Green Business)

Bei diesem Ansatz – auch als Green Business bezeichnet – geht es darum, durch die Nutzung von IT entsprechende Einsparungen zu erzielen[59]. Folgende ausgewählte Beispiele sollen diesen Ansatz verdeutlichen:

- Um die Anzahl von Dienstreisen zu Besprechungen mit Kollegen an anderen Standorten oder mit Mitarbeitern von Kunden oder Lieferanten zu reduzieren, gelangen seit spätestens Mitte der 1990er Jahre **Videokonferenzlösungen** – heute mit entsprechend gesteigerter Leistungsfähigkeit – in dafür geeigneten Bereichen zum Einsatz (siehe z. B. [LAUTZ1995]). Neben der Reisekosten- und Zeitersparnis schont die Verwendung solcher Systeme auch die Umwelt, da insgesamt weniger Auto-, Zug- oder Flugreisen erforderlich sind.

- Eine seit ebenfalls Mitte der 1990er Jahre erprobte Organisationsform stellt die **Telearbeit** dar. Dabei arbeiten Mitarbeiter vom häuslichen Arbeitsplatz aus und haben – zumeist über Internet und eine sichere VPN-Verbindung – Zugriff auf die Anwendungs- und Informationssysteme des Unternehmens. Mit Ausnahme von persönlichen Abstimmungen im Unternehmen, deren Häufigkeit und Regelmäßigkeit vom Aufgabeninhalt abhängt und die auch durch Desktop-Videokonferenzlösungen erfolgen können, arbeiten die Mitarbeiter zuhause. Fahrten ins Unternehmen, beispielsweise mit dem eigenen PKW, können weitgehend entfallen.

---

[59] Die Nutzung der IT zur direkten Optimierung der Energienutzung, wie sie beispielsweise in der Funktionalität von Facility-Management-Anwendungen vorzufinden ist, fällt im Regelfall nicht in den Aufgabenbereich der IT und wird deshalb in diesem Rahmen nicht behandelt.

- **E-Business-, E-Commerce- und E-Government-Lösungen** verlagern viele Aktivitäten von Geschäftsstellen der Unternehmen/Behörden an den Arbeitsplatz des Geschäftspartners oder der Privatperson. Wareneinkauf in Onlineshops oder speziellen Einkaufsportalen, Steuererklärungen, Informationsrecherchen in spezifischen Datenbanken sind nur wenige Beispiele für diese Verlagerungen. Die dadurch möglichen Energieeinsparungspotenziale überwiegen in der Regel die durch die Transportlogistik entstehenden Energieverbräuche.

DB Research, die Denkfabrik der Deutschen Bank, sieht in Green IT mehr als einen temporären Hype. Vielmehr sollte vor allem der Ansatz „Green IT durch IT" von Unternehmensstrategen aufgegriffen werden [DEUTSCHEBANK2009]. Insofern stellt Green IT auch eine Chance für das IT-Management und insbesondere den CIO dar, der Unternehmensleitung die entsprechenden Potenziale aufzuzeigen und bei deren Erschließung proaktiv mitzuwirken.

3.7   Literatur zu Kapitel 3

[ADL2004]
Arthur D. Little, Vom IT-Outsourcing zum IT Shared Service Center, Studie, Zürich 2004.

[AMBERG2009]
Amberg, M. u. a., IT und E-Business, Grundlagen des E-Business, Universität Erlangen-Nürnberg, Vorlesungsskript WS 2009/2010.

[APMG2009]
APMG Deutschland, ITIL V3 Qualifizierungsschema, http://www.apmg-deutschland.com/ITIL/ITILV3.asp, Internetrecherche am 22.07.2009.

[ASCHE2009]
Asche, R., Erfolgreiches Projektmanagement mit PRINCE2, it-Service-Management 4 (2009) 8, S. 17–20.

[ARMBRUST2009]
Armbrust, M. u. a., Above the Clouds: A Berkeley View of Cloud Computing, http://www.eecs.berkeley.edu/Pubs/TechRpts/2009/EECS-2009-28.pdf vom 10.02.2009, Internetrecherche am 17.05.2009.

[BEARINGPOINT2007]
BearingPoint GmbH (Hrsg.), Shared Service Center – Wertbeitrag und zukünftige Trends, Frankfurt am Main 2007.

[BEIERSDORF2009]
Beiersdorf Shared Services GmbH, http://www. bss.beiersdorf.de/ueber-uns/was-wir-bieten.aspx ?l=1, Internetrecherche am 30.06.2009.

[BEIMS2009]
Beims, M., IT-Service Management in der Praxis mit ITIL 3: Zielfindung, Methoden, Realisierung, München 2009.

[BITKOM2009]
BITKOM (Hrsg.), Outsourcing: Arbeitsteilung mit den Besten – Nutzen, Erfolgsfaktoren, Empfehlungen, http://www.bitkom.de/de/themen/36129_ 58017.aspx, Download am 07.07.2009.

[BLEEK2008]
Bleek, W.-G. und Wolf, H., Agile Softwareentwicklung – Werte, Konzepte, Methoden, Heidelberg 2008.

[BMW2006]
BMW (Hrsg.), Kreativität mit System – Innovationsmanagement als Teil der Unternehmensstrategie, München 2006, http://www.bmwgroup.com/ d/0_0_www_bmwgroup_com/forschung_entwicklung/science_club/veroef fentlichte_artikel/2006/news20064.html, Internetrecherche am 14.06.2009.

[BOCK2006]
Bock, W. u. a., ITIL – Zertifizierung nach BS 15000/ISO/IEC 20000, Bonn 2006.

[BÖTTCHER2008]
Böttcher, R., IT-Servicemanagement mit ITIL V3, Einführung, Zusammen-fassung und Übersicht der elementaren Empfehlungen, Hannover 2008.

[BUCHSEIN2007]
Buchsein, R. u. a., IT-Management mit ITIL V3 – Strategien, Kennzahlen, Umsetzung, Wiesbaden 2007.

[BUHL2005]
Buhl, U., ITIL-Praxishandbuch – Beispiele und Tipps für die erfolgreiche Prozessoptimierung, Heidelberg 2005.

[CAPGEMINI2005]
Capgemini (Hrsg.), Paradigmenwechsel in Sicht, Studie IT-Trends, Berlin 2005.

[CAPGEMINI2009]
Capgemini (Hrsg.), Zukunft sichern in der Krise, Studie IT-Trends, Berlin 2009.

[CEBIT2009]
CEBIT, green IT-World, http://www.cebit.de/greenit_world_d, Internet-recherche am 17.05.2009.

[CIO2006]
Der Extrem-Informatiker gehört zur aussterbenden Art, CIO & Karriere, http://www.silicon.de/enid/cio/20834, Internetrecherche am 02.08.2006.

[DENA2009]
Deutsche Energie-Agentur (DENA), Effizienzlabel, http://www.thema-energie.de/strom/effizienzlabel, Internetrecherche am 19.05.2009.

[DEUTSCHEBANK2009]
Deutsche Bank Research (Hrsg.), Green IT: Die IT ist nicht grün und wird es niemals sein, Kommentar vom 18.02.2009; http://www.dbresearch.de/servlet/reweb2.ReWEB?addmenu=false&document=PROD00000000002372 93&rdLeftMargin=10&rdShowArchivedDocus=true&rwdspl=0&rwnode= DBR_INTERNET_DE-PROD$NAVIGATION&rwobj=ReDisplay.Start.class &rwsite=DBR_INTERNET_DE-PROD, Internetrecherche am 15.05.2009.

[DOHLE2009]
Dohle, H. u. a., ISO 20000 – Eine Einführung für Manager und Projektleiter, Heidelberg 2009.

[EBEL2007]
Ebel, N., PRINCE2 – Projektmanagement mit Methode. Grundlagenwissen und Vorbereitung für die Zertifizierungsprüfungen, München 2007.

[EBEL2008]
Ebel, N., ITIL V3 Basis-Zertifizierung: Grundlagenwissen und Zertifizierungsvorbereitung für die ITIL Foundation-Prüfung, München 2008.

[ElSÄSSER2006]
Elsässer, W., ITIL einführen und umsetzen, München-Wien 2006.

[GADATSCH2006]
Gadatsch, A. und Mayer, E., Masterkurs IT-Controlling, Wiesbaden 2006.

[GESAMTMETALL2009]
Gesamtmetall (Hrsg.), Jobs mit Perspektive – Die Berufsbilder der fünf IT-Berufe, http://www.it-berufe.de, Recherche am 14.07.2009.

[GROSS2006]
Gross, J. u. a., Business Process Outsourcing – Grundlagen, Methoden, Erfahrungen, Wiesbaden 2006.

[HANSEN2009]
Hansen, H. R. und Neumann, G., Wirtschaftsinformatik I, Stuttgart 2009.

[HERZWURM2006]
Herzwurm, G., Jesse, S. und Pietsch, W., Der IT-Koordinator, WISU 2/06, S. 184–187.

[HOFFMANN2008]
Hoffmann, K., Projektmanagement heute, in: Hoffmann, K. und Mörike, M. (Hrsg.), IT-Projektmanagement im Wandel, Praxis der Wirtschaftsinformatik (HMD), Heft 260, April 2008, S. 5–16.

[HOLEY2007]
Holey, T. u. a., Wirtschaftsinformatik, Ludwigshafen 2007.

[HRUSCHKA2009]
Hruschka, P. u. a., Agility kompakt – Tipps für erfolgreiche Systementwicklung, Heidelberg 2009.

[IBM2009]
IBM Institute for Business Value (Hrsg.), Die Stimme des CIOs – Ergebnisse der weltweiten Chief Information Officer Studie, http://www-935.ibm. com/services/de/cio/ciostudy/pdf/ibm-cio-study-09-de.pdf, Download am 15.07.2009.

[IDS2007]
IDS Scheer AG (Hrsg.), Business Process Report 2007, Geschäftsprozessmanagement in Deutschland, Österreich und der Schweiz, Saarbrücken 2007.

[INFORA2008]
Infora (Hrsg.), Shared Service Center attackieren das Outsourcing-Geschäft, Studie, Hürth 2008.

[ISOIEC2009]
ISO/IEC und itSMF (Hrsg.), What is ISO/IEC 20000?, http://www.isoiec 20000certification.com/about/whatis.asp, Internetrecherche am 13.04.2009.

[JOUANNE-DIEDRICH2004]
von Jouanne-Diedrich, H., 15 Jahre Outsourcing-Forschung: Systematisierung und Lessons Learned, in: Zarnekow, R., Brenner, W. und Grohmann, H. H. (Hrsg.), Informationsmanagement: Konzepte und Strategien für die Praxis, Heidelberg 2004, S. 125–133.

[JOUANNE-DIEDRICH2007]
von Jouanne-Diedrich, H., Next Generation Outsourcing: Versuch einer Einordnung, www.ephorie.de/ngo.htm, Internetrecherche am 21.12.2007.

[JOUANNE-DIEDRICH2008]
von Jouanne-Diedrich, H. u. a., Next Generation Outsourcing aus IT-Dienstleistersicht, in: Fröschle, H.-P. und Zarnekow, R., (Hrsg.), Wertorientiertes IT-Servicemanagement, Praxis der Wirtschaftsinformatik (HMD), Heft 264, Dezember 2008, S. 73–81.

[JOUANNE-DIEDRICH2009]
von Jouanne-Diedrich, H.: Die ephorie.de IT-Sourcing-Map. Eine Orientierungshilfe im stetig wachsenden Dschungel der Outsourcing-Konzepte. In: ephorie.de – Das Management-Portal; http://www.ephorie.de/it-sourcing-map.htm, Internetrecherche am 15.07.2009.

[KALL2008]
Kall, P., ITIL Version 3: Rolle vorwärts, it-Service-Management 3 (2008) 5, S. 3–9.

[KEMPER2004]
Kemper, H.-G., Hadjicharalambous, E. und Paschke, J., IT-Servicemanagement in deutschen Unternehmen – Ergebnisse einer empirischen Studie zu ITIL, in: Meier, A. und Myrach, T. (Hrsg.), IT-Servicemanagement, Praxis der Wirtschaftsinformatik (HMD), Heft 237, Juni 2004, S. 22–31.

[KESSLER2004]
Keßler, H. und Winkelhofer, G., Projektmanagement: Leitfaden zur Steuerung und Führung von Projekten, Berlin u. a. 2004.

[KLIMMER2009]
Klimmer, M., Unternehmensorganisation, Herne 2009.

[KÖHLER2006]
Köhler, P.T., PRINCE2: Das Projektmanagement-Framework, Berlin u. a. 2006.

[KPMG2007]
KPMG Deutsche Treuhand-Gesellschaft Aktiengesellschaft Wirtschaftsprüfungsgesellschaft, Shared Service Center Controlling – Ergebnisse einer empirischen Erhebung, September 2007.

[KRCMAR2009]
Krcmar, H., Informationsmanagement, Berlin u. a. 2009.

[KURBEL2009]
Kurbel, K. u. a., Studienführer Wirtschaftsinformatik 2009/2010, Wiesbaden 2009.

[KUSCHKE2005]
Kuschke, M., IT-Servicemanagement – ein Überblick, ttp://www.hitforum. de/itil-itsm.pdf, Download am 20.02.2006.

[LAUTZ1995]
Lautz, A., Videoconferencing: Theorie und Praxis für den erfolgreichen Einsatz im Unternehmen, Frankfurt am Main 1995.

[LINSSEN2008]
Linssen, O. und Rachmann, A., PRINCE2 – ein prozessorientierter Projektmanagementansatz, in: Hoffmann, K. und Mörike, M. (Hrsg.), IT-Projektmanagement im Wandel, Praxis der Wirtschaftsinformatik (HMD), Heft 260, April 2008, S. 69–77.

[MATERNA2008]
Materna (Hrsg.), IT-Service-Management, Executive Befragung der MATERNA GmbH, Dortmund 2008.

[MAXPERT2009]
Maxpert AG (Hrsg.), Erfolgreiches Projektmanagement mit PRINCE2, http:// www.maxpert.de/main/services/prince2_schulungen.html, Internetrecherche am 15.09.2010.

[MERTENS1998]
Mertens, P. und Knolmayer, G., Organisation der Informationsverarbeitung, Wiesbaden 1998.

[MERTENS2009]
Mertens, P., Integrierte Informationsverarbeitung 1, Wiesbaden 2009.

[ÖSTEREICH2008a]
Östereich, B., Agiles Projektmanagement, in: Hoffmann, K. und Mörike, M. (Hrsg.), IT-Projektmanagement im Wandel, Praxis der Wirtschaftsinformatik (HMD), Heft 260, April 2008, S. 18–26.

[ÖSTEREICH2008b]
Östereich, B. und Weiss, C., APM – Agiles Projektmanagement – Erfolgreiches Timeboxing für IT-Projekte, Heidelberg 2008.

[OV2002]
O.V., Bertelsmann: Shared Service Center statt Outsourcing, Computerwoche vom 10.10.2002.

[OV2007]
O.V., Outsourcing – Vendor-Management ist ein Fulltime-Job, Computerwoche vom 18.12.2007.

[PICOT2008]
Picot, A. u. a., Organisation – Eine ökonomische Perspektive, München und Zürich 2008.

[PWC2008]
PriceWaterhouseCoopers (PWC) (Hrsg.), Shared Service Center – The 2nd Generation, Frankfurt 2008.

[RIEDL2008]
Riedl, R. u. a., Zur personellen Verankerung der IT-Funktion im Vorstand börsennotierter Unternehmen: Ergebnisse einer inhaltsanalytischen Betrachtung, Wirtschaftsinformatik 50 (2008) 2, S. 111–128.

[SCHOENE2008]
Schoene, S., Green IT im Rechenzentrum – Hostway heizt mit seiner RZ-Abwärme Firmenbüros, Computerwoche vom 26.09.2008.

[SCHULTE2005]
Schulte-Zurhausen, M., Organisation, München 2005.

[SERVIEW2008]
Serview GmbH (Hrsg.), learn IT!L v3 – Advanced Service Management, Pocket Book, Bad Homburg 2008.

[SIEBER2008]
Sieber & Partner, Green IT - Studie und Leitfaden zur Gestaltung nachhaltiger IT-Infrastrukturen, Bern 2008.

[SÖBBING2006]
Söbbing, T., Handbuch IT-Outsourcing – Recht, Strategie, IT, Steuern samt Business Process Outsourcing, Heidelberg u. a. 2006.

[STAHLKNECHT2005]
Stahlknecht, P. und Hasenkamp, U., Einführung in die Wirtschaftsinformatik, Berlin 2005.

[TRIEST2008]
Triest, S., PRINCE2: Gezielte Vorbereitung auf die Foundation- und die Practitioner-Prüfung, Heidelberg 2008.

[TÜV2009]
TÜV SÜD Akademie GmbH (Hrsg.), Foliensatz zum ISO/IEC 20000 Foundation-Training, München 2009.

[TURINSKY2009]
Turinsky, M., Integratives Prozessmanagement bei Audi, Gastvortrag im Rahmen des MBA-Weiterbildungsstudienganges IT-Management am 20.04.2009 an der Hochschule Ingolstadt.

[WALTER2007]
Walter, S. M. u. a., Industrialisierung der IT – Grundlagen, Merkmale und Ausprägungen eines Trends, in: Fröschle, H.-P. und Strahringer, S. (Hrsg.), IT-Industrialisierung, Praxis der Wirtschaftsinformatik (HMD), Heft 256, August 2007, S. 6–16.

[ZARNEKOW2004]
Zarnekow, R. u. a., Informationsmanagement – Konzepte und Strategien für die Praxis, Heidelberg 2004.

[ZARNEKOW2005]
Zarnekow, R. u. a., Serviceorientiertes IT-Management – ITIL-Best-Practices und -Fallstudien, Berlin 2005

4 IT-Controlling

Controlling- und Führungsaufgabe sind über alle Managementebenen eng miteinander verzahnt. So unterstützt auch das IT-Controlling alle Managementfunktionen, die mit der Planung und Steuerung von IT-Ressourcen vertraut sind, sowohl im eigentlichen IT-Bereich als auch in den Fachabteilungen als Nutzer von IT-Leistungen. Ziel dieses Kapitels ist es, dem interessierten Leser den Begriff des IT-Controllings in seinen unterschiedlichen Ausprägungen und Dimensionen näher zu bringen, den Stand sowie aktuelle Entwicklungen in der Praxis aufzuzeigen sowie die Rolle des IT-Controllings in einem umfassenden IT-Management-Ansatz einzuordnen.

4.1 Begriffsverständnis und Einordnung

4.1.1 Definition IT-Controlling

Aufgaben und Inhalte des IT-Controllings werden in der Literatur und in der Praxis mit unterschiedlichen Begrifflichkeiten verbunden. So finden sich unter anderem folgende Aufgabenbezeichnungen, die sich zum Teil aus der historischen Entwicklung der Informationstechnik ableiten: ADV-Controlling (Automatisierte Datenverarbeitungs-Controlling), DV-Controlling (Datenverarbeitungs-Controlling), EDV-Controlling (Elektronische Datenverarbeitungs-Controlling), INF-Controlling (Informatik-Controlling), IV-Controlling (Informationsverarbeitungs-Controlling), IS-Controlling (Informationssystem-Controlling) oder IT-Controlling (Informationstechnik-Controlling) (vgl. [GADATSCH2005, S. 31]).

Mit zunehmender Bedeutung der Informationstechnik für Unternehmen (vgl. Abschnitt 2.2.1) ist auch das Interesse an einem professionellen IT-Controlling gewachsen, so dass sich heute ein allgemeines Verständnis für den Begriff etabliert hat. Definitionen jüngeren Datums betrachten IT-Controlling als Instrument zur Entscheidungsvorbereitung im Rahmen der Nutzung von IT-Ressourcen [GADATSCH2005, S. 31]. Nach Becker und Winkelmann umfasst IT-Controlling die Beschaffung, Aufbereitung und Analyse von Daten zur Vorbereitung zielsetzungsgerechter Entscheidungen bei Anschaffung, Realisierung und Betrieb von Hardware und Software (vgl. [BECKER2004, S. 214]). Horvath und Reichmann umreißen IT-Controlling als funktions- und bereichsübergreifendes Koordinationssystem für den IT-Bereich und die Informationswirtschaft der Gesamtorganisation [HORVATH2003, S. 343 ff.]. Eine umfassende Beschreibung zum Selbstverständnis des IT-Controllings in Form eines Leitbildes hat sich die Fachgruppe 5.7 IT Controlling in der Gesellschaft für Informatik e.V. gegeben: „Die Fachgruppe befasst sich mit der zielorientierten Planung und Steuerung von IT-Organisationen, -Systemen und -Prozessen. Dazu gehören auch IT-Leistungen und -Projekte sowie die entsprechenden Leistungs- und Projektportfolios. Von besonderem Interesse sind Steuerungssysteme und -prozesse, Bewertung und Vergleich von Nutzen und Kosten des IT-Einsatzes sowie die entsprechenden Methoden, Verfahren und Werkzeuge. Die Fachgruppe behandelt sowohl strategische als auch operative Planungs- und Steuerungsaufgaben, denn Strategien müssen operativ umgesetzt werden" (vgl. [KÜTZ2005, S. 9] und [GI2006]). Zusammenfassend beinhaltet IT-Controlling im Sinne dieser Definitionen also

- die Entscheidungsvorbereitung zur zielsetzungsgerechten Nutzung (Anschaffung, Realisierung, Betrieb) von IT-Ressourcen (Hard- und Software) einschließlich der dazu notwendigen Steuerungssysteme und -prozesse,

- die Beschaffung, Aufbereitung und Analyse der hierfür benötigten Informationen sowie

- die funktions- und bereichsübergreifende und unternehmensweite Koordination dieser Aktivitäten.

Die darüber hinaus im Leitbild der Fachgruppe angesprochenen Aspekte des IT-Controllings werden im Folgenden weiter vertieft.

4.1.2   Verhältnis IT-Management und IT-Controlling

Die definitorische Charakterisierung des Begriffs IT-Controlling verdeutlicht den engen Zusammenhang zwischen der Management- und der Controllingaufgabe. Wenn Controlling der zielsetzungsgerechten Entscheidungsfindung dient, so unterstellt man entsprechende Managementprozesse, die vorgegebene Ziele im Rahmen von Umsetzungsstrategien konkretisieren und die Zielerreichung vorantreiben. Für diese Führungsaufgabe werden sowohl geeignete Planungs- und Kontrollinstrumente benötigt, die bei der Festlegung von Zielen und Umsetzungsstrategien sowie bei der Überprüfung der Zielerreichung unterstützen, als auch ein ergänzendes Informationsversorgungssystem, das die für diese Aufgabe benötigten Daten beschafft, aufbereitet und präsentiert. Controlling ist insofern integraler Bestandteil der Managementaufgabe (vgl. [HORVATH2003, S. 149]).

Diese enge Verzahnung hat streng genommen zur Konsequenz, dass Führungs- und Controllingaufgabe natürlicher Weise in Personalunion durchgeführt werden. Tatsächlich findet man diese Situation gerade im IT-Controlling bei kleinen und mittleren Unternehmen oder in Unternehmen mit gering ausgeprägtem IT-Management häufig (vgl. Ausführungen zum Reifegrad des IT-Managements in Abschnitt 2.2.3). Das Zusammenlegen von Informationswirtschaft und Controlling wird kleinen Mittelständlern sogar nahegelegt, um auch mit begrenzten Ressourcen wirtschaftlich Informationsmanagement betreiben zu können [SPITTA1999, S. 507].

Erst mit Zunahme der Komplexität der zu steuernden Systeme hat sich die Controllingfunktion von der Entscheidungsfunktion im Sinne einer Arbeitsteilung und Spezialisierung getrennt. Sowohl im allgemeinen Controlling als auch im IT-Controlling haben sich im Lauf der Zeit eigene Organisationseinheiten herausgebildet, die häufig als **Controllingdienste** bezeichnet werden.

Bei der organisatorischen Einbettung dieser Dienste in ein Unternehmen ist sorgfältig zwischen einer engen Anbindung an die jeweiligen Managementfunktionen und dem Anspruch an eine übergreifende Koordinierungsfunktion des Controllings mit den sich daraus möglicher Weise ergebenden Zielkonflikten abzuwägen (vgl. Ausführungen in Abschnitt 4.3). Es sei darauf hingewiesen, dass bei einer Trennung der beiden Funktionen die Entscheidungsverantwortung stets beim Management bleibt und nicht auf die Controllingstellen übertragen werden kann. Der Controller kann nur die Rolle des Beraters und Navigators übernehmen [KÜTZ2005, S. 6].

Die Einheit von Führungs- und Controllingfunktion führt in der einschlägigen Management- und Controllingliteratur zu zahlreichen Überschneidungen bei der Beschreibung von Planungs- und Kontrollinstrumenten, wobei im Managementbereich tendenziell der Führungsaspekt, im Controllingbereich eher der Prozessgestaltungs- und Informationsversorgungsaspekt im Vordergrund steht. Ähnliches gilt auch für die Ansätze, IT-(Management-)Prozesse in Form von Referenzmodellen zu beschreiben (vgl. [HOCHSTEIN 2003]). Die beiden bekanntesten Ausprägungen sind wohl die „IT Infrastructure Library" (ITIL) (vgl. Abschnitt 3.2.2) sowie die „Control Objectives for Information and related Technology" (CO-BIT) (vgl. Abschnitt 8.3). Beide Modelle basieren auf Erfahrungen aus der Praxis („best practice") und versuchen, in unterschiedlichen Ausprägungen IT-Prozesse zu kategorisieren und systematisch darzustellen. Die Controllingaufgabe ist dabei meist integrativer Teil des Managementsystems und nur schwer als eigenständige Funktion erkennbar.

4.1.3 Controllingregelkreis

Die Tätigkeit des Controllings folgt einem bestimmten Grundmuster, das häufig als **Controllingregelkreis** bezeichnet wird. Wenn ein gegebenes Controllingobjekt oder -system, das aufgrund einer vereinbarten Zielsetzung in einem bestimmten Zeitraum von einem Ist- in einen Soll-Zustand überführt werden soll, so sind dazu zunächst aus den Zielen geeignete Stellgrößen zu bestimmen (Planungsphase) und anschließend geeignete Maßnahmen zur Veränderung des Controllingobjekts einzuleiten (Umsetzungsphase). Ergeben sich im Verlauf des Prozesses Änderungen der Stellgrößen (Mess-/Analysephase), so müssen geeignete Korrekturen vorgenommen (Korrekturphase) werden [KÜTZ2005, S. 38 ff.]. Abb. 4.1.3/1 zeigt diesen Zusammenhang als integrierten Management-/Controlling-Prozess.

Danach legt der verantwortliche Manager die Ziele für das von ihm zu steuernde Objekt fest oder stimmt sie mit einer übergeordneten Instanz ab. Das Controlling kann ihn dabei bei der Bildung von Zielen und der Prüfung auf ihre Vollständigkeit und Widerspruchsfreiheit unterstützen (in der Abbildung ist der Controllinganteil grau hinterlegt).

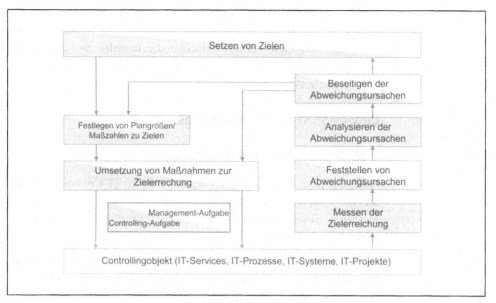

Abb. 4.1.3/1   Management- und Controlling-Regelkreis
(angelehnt an [ADELSBERGER2003, S. 1.9])

Die Zielsetzung kann grundsätzlich mit einer Änderung des Steuerungsobjekts (z. B. Verbesserung der durchschnittlichen Bearbeitungszeit von IT-Service-Einrichtungen oder mit einer Aufrechterhaltung des Status quo (z. B. Einhaltung vereinbarter Service Levels) verbunden sein. Für beide Szenarien sind geeignete Steuerungsgrößen zu bestimmen, mit deren Hilfe die Zielerreichung im Sinne eines Soll/Ist-Abgleichs gemessen werden kann. Bei der Aufstellung eines solchen Zielerreichungssystems kann das Controlling einen wesentlichen Beitrag leisten. Um Veränderungen einzuleiten oder den Status quo zu erhalten, müssen anschließend geeignete Maßnahmen ergriffen und umgesetzt werden. Das Controlling unterstützt hier bei der Aussteuerung dieser Maßnahmen. In regelmäßigen Abständen wird die Entwicklung des Systems anhand der Steuerungsgrößen gemessen, analysiert und ggf. Entscheidungsalternativen aufgezeigt. Auch dies gehört zu den Kernaufgaben des Controllings. Als Führungsaufgabe verbleibt dem Management die Entscheidung über mögliche Korrektur- und Anpassungsmaßnahmen. Diese Maßnahmen können sich direkt auf die Aussteuerung der verabschiedeten Umsetzungsstrategien beziehen, aber auch auf eine Anpassung des Zielsystems oder der gesamten Zielvereinbarung, wenn erkannt wurde, dass die beabsichtigten Ziele nicht (mehr) erreichbar sind. Über die Variabilität der vorgegebenen Ziele lassen sich auch die Begriffe des operativen und strategischen Controllings unterscheiden (vgl. auch die Ausführungen in Abschnitt 4.2).

4.2 Dimensionen des IT-Controllings

4.2.1 Erscheinungsformen des IT-Controllings

Nach der ersten Charakterisierung des Begriffs IT-Controlling wird im Folgenden auf typische Elemente und Eigenschaften dieser Funktion eingegangen, die in der Literatur häufig in unterschiedlichem Zusammenhang mit IT-Controlling genannt werden.

Die Planung und Steuerung von IT-Ressourcen ist in verschiedene Managementprozesse eingebunden (vgl. Abb. 4.2.1/1). Dabei wird IT-Controlling zunächst mit der Bereitstellung entsprechender IT-Dienste (IT-Infrastruktur, Applikationen, Services) verbunden. Die Verantwortung für diese Prozesse liegt im IT-Bereich und ist Teil des IT-Managements. Primäres Ziel des IT-Managers ist es, die für das Unternehmen erforderlichen Ressourcen kostenoptimal zur Verfügung zu stellen **(Controlling der IT-Bereitstellung)**.

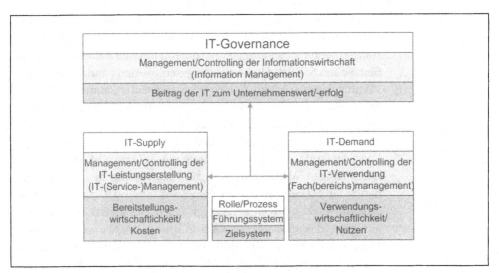

Abb. 4.2.1/1   Management-/Controlling-Prozesse zur Steuerung der IT-Ressourcen (angelehnt an [KÜTZ2005, S. 8 und S. 66])

Aber auch die Nutzung der IT-Dienste erfordert ein entsprechendes Controlling, das in der Regel beim Anwender, also der Fachabteilung angesiedelt ist. Da hier die IT nur eine unter mehreren genutzten Ressourcen darstellt, ist das IT-Controlling in diesem Fall Element eines umfassenderen Ressourcencontrollings des Fachbereichs. Ziel des Fachbereichsverantwortlichen ist die optimale Nutzung der eingesetzten Ressourcen **(Controlling der IT-Verwendung)**.

Beide Zielsysteme müssen nicht immer kongruent sein. So kann die Fachabteilung z. B. bei der Auswahl eines Anwendungssystems aus Gründen der gebotenen Leistung eine externe (Outsourcing-)Lösung bevorzugen, während die interne IT-Organisation im Sinne einer optimierten Auslastung der eigenen Ressourcen für eine Inhouse-Lösung plädiert. In diesem Fall ist eine übergeordnete Instanz notwendig, welche „die partikulären Ziele und Interessen der Leistungsanbieter und der IT-Leistungsnehmer in die für die Gesamtorganisation optimale Balance bringt" [KÜTZ2005, S. 7]. Diese dritte Ausprägung des IT-Controllings findet sich heute typischer Weise als Teil eines umfassenden Information Managements, das seine Aufgabe darin sieht, den Beitrag der IT zum Unternehmenswert/-erfolg optimal zu gestalten **(Controlling der IT-Governance)** (zum Begriff der IT-Governance siehe Kapitel 8).

4.2.2   Sonderformen des IT-Controllings

In Ergänzung zu den vorgenannten IT-Management und -Controllingprozessen trifft man im Lauf der Unternehmensentwicklung auf zwei weitere typische Situationen, die ein spezifisches IT-Management und ein begleitendes IT-Controlling erfordern.

Dies ist zum einen die organisatorische Verselbständigung der IT im Sinne eines Profitcenters, einer rechtlich selbständigen Einheit (Systemhaus) oder einer teilweise oder vollständigen Ausgliederung der IT aus dem Unternehmen (Outsourcing). Diese Strukturänderungen erfolgen vor allem mit der Zielsetzung, die Transparenz der IT zu erhöhen und einen wirtschaftlichen Umgang mit der Ressource IT zu erzwingen **(Controlling der IT-Ausgliederung/-Auslagerung)** (vgl. [KÜTZ2005, S. 81 ff.]).

Zum anderen kann die Situation eintreten, dass im Rahmen einer Unternehmensübernahme oder eines -zusammenschlusses die IT-Landschaften integriert werden müssen. Diese Aufgabe hat sich dabei oft als kritischer Erfolgsfaktor herausgestellt. Für die Integration bieten sich verschiedene Strategien an, die in der Praxis in unterschiedlichen Ausprägungen und Kombinationen auftreten (vgl. [STRAHRINGER2003, S. 523]):

- **Absorptionsstrategie**
  Ersatz der IT-Systeme einer Organisationseinheit durch die der anderen.

- **Koexistenz-Strategie**
  Beibehaltung aller Informationssysteme bei loser Kopplung.

- **„Best-of-Breed"-Strategie**
  Nutzung der Vorteile beider IT-Systeme für den Aufbau einer neuen IT-Landschaft.

- **„Greenfield"-Strategie**
  Aufbau einer komplett neuen IT-Landschaft losgelöst von der bestehenden.

Zielsetzung ist in allen Fällen, die Unternehmenseinheiten bei der Integration ihrer Geschäftsprozesse zu unterstützen und mögliche Synergien im IT-Bereich konsequent umzusetzen (**Controlling des IT-Transfers**).

4.2.3   Objekte des IT-Controllings

Auf der Suche nach den zu planenden und steuernden Elementen im IT-Umfeld trifft man in der Literatur auf eine Fülle unterschiedlicher Aufgabenfelder, die in mehr oder weniger systematischer Form beschrieben werden. Eine der wenigen durchgängigen Darstellungen im Sinne eines IT-Controllingsystems findet man bei [KRCMAR2009, S. 542 ff.]. Als Kernobjekte zum Controlling der IT-Leistungserstellung nennt er die Aufgabengebiete Portfolio-Controlling, Projekt-Controlling und Produkt- sowie Infrastruktur-Controlling. Er orientiert sich damit wie viele andere Ansätze am Lebenszyklus von IT-Systemen, der von der Planung neuer IT-Systeme über die Umsetzung in Projekten bis hin zur Bereitstellung und zum Betrieb der fertigen Anwendungssysteme und der dafür benötigten IT-Infrastrukturen führt. Daneben weist er auf die Bedeutung der Koordination als übergeordnete Gesamtaufgabe hin, die für eine ganzheitliche Steuerung der Objekte notwendig ist. „Diese Koordination der Informationswirtschaft bezieht sich im Licht der Gesamtziele der Unternehmung auf den Lebenszyklus der IS, die IT-Infrastruktur und den Einsatz der Ressource Information" [KRCMAR2009, S. 543]. Der Ansatz fokussiert allerdings auf die Erstellung und den Betrieb von Anwendungssystemen (IT-Bereitstellung) und geht auf die IT-Nutzung nur indirekt als Aufgabe eines übergreifenden Informationsmanagements ein. Zarnekow und Brenner erweitern diese Sichtweise explizit um die Sicht des IT-Leistungsabnehmers und binden Leistungserbringung und -abnahme in eine Wertschöpfungs- und Lieferkette ein (Supply Chain) [ZARNEKOW2004, S. 3 ff.]. Zwischen beiden existiert eine Kunden-Lieferantenbeziehung, die über einen unternehmensinternen oder externen Markt abgewickelt wird (vgl. Abb. 1.1/2). Das Modell des integrierten Informationsmanagements umfasst die Kernprozesse „Source – Make – Deliver" und schließt neben den oben genannten Kernobjekten im Prozessbereich „Make" das Lieferanten-Controlling (Source) sowie das Controlling der Kundenbeziehung (Deliver) mit ein.

Die folgenden Ausführungen orientieren sich an der Systematisierung von [KÜTZ2005, S. 13 ff.], die ebenfalls auf das Lebenszyklusmodell zurückgreift, dabei aber sowohl die Sicht der IT-Organisation als Leistungsersteller als auch die spezifische Sicht der Fachabteilung als Leistungsabnehmer berücksichtigt. Die Kernobjekte des IT-Controllings werden rückwärts vom Abnehmer her entwickelt (vgl. Abb. 4.2.3/1).

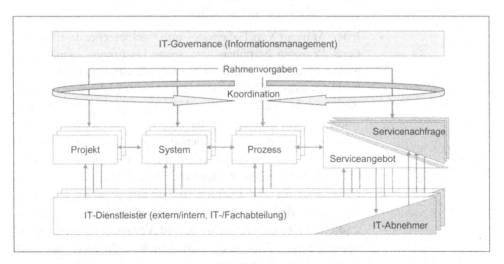

Abb. 4.2.3/1   Kernobjekte des IT-Controllings
(angelehnt an [KÜTZ2005, S. 16])

- Die Fachabteilungen artikulieren zu Beginn der Kette die von ihnen benötigten IT-Services, um ihre bestehenden Geschäftsprozesse zu optimieren, mit Hilfe der IT-Abläufe neu zu gestalten oder IT-Services in ihre Produkte und Dienstleistungen einzubinden. Es entsteht ein Bündel von Serviceanforderungen, das im Unternehmen vom zentralen Informationsmanagement synchronisiert und entsprechend der Rahmenvorgaben strukturiert werden muss. Nur so kann sichergestellt werden, dass übergreifende Synergiepotentiale (z. B. die Nutzung eines gemeinsamen ERP-Systems) umgesetzt und zentrale Zielvorgaben (z. B. die Auswahl bestimmter IT-Anbieter) eingehalten werden. Dieser Servicenachfrage steht am Ende ein entsprechend abgestimmtes Serviceangebot (eines oder mehrerer Anbieter) gegenüber, das von den Fachabteilungen abgerufen werden kann. Das **Controllingobjekt „Service"** umfasst unter anderem den Abgleich von Serviceangebot und Servicenachfrage, die Gestaltung entsprechender Produkte (Produktkataloge), die Mengenplanung, die Kosten- und Produktkalkulation, die Überwachung von Abnahmevereinbarungen (Service Level Agreements, SLAs) sowie die Verrechnung der abgenommenen Services. Die Bereitstellung der Services erfolgt aus Anbietersicht unter der übergeordneten Zielsetzung der Bereitstellungswirtschaftlichkeit. Aus Sicht der Abnehmer spielt dagegen die Verwendungswirtschaftlichkeit eine herausragende Rolle (vgl. auch Abschnitt 4.2.5).

- Jeder Anbieter von IT-Services muss entsprechende (Produktions-)Prozesse betreiben, um seine Leistungen gemäß den SLAs vorzuhalten. Dabei ist der Dienstleistungscharakter vieler IT-Services zu berücksichtigen. Aus Anbietersicht entsteht das Produkt oder die Dienstleistung erst im Moment der Abnahme (Zusammenfall von Herstellung und Nutzung als typisches Merkmal einer Dienstleistung, z. B. Aufruf einer Transaktion zur Auftragsbearbeitung, Anstoß eines Druckauftrags, Anruf bei einer Hotline). Der IT-Dienstleister muss hierzu aber die notwendigen Anwendungen und Systeme in der erforderlichen Kapazität und Verfügbarkeit vorhalten. Insofern ist zwischen Vorhalte- und Verbrauchsleistungen zu unterscheiden. Das **Controllingobjekt „Prozess"** umfasst unter anderem Systeme und Werkzeuge für die Prozesssteuerung (z. B. Kapazitäts-, Verfügbarkeits-, Wiederanlauf- oder

Sicherheitsplanung) sowie die Optimierung der Fertigungstiefe im Sinne der Auslagerung von Prozessen oder Prozessteilen an Outsourcinganbieter.

- Wesentliches Bearbeitungsobjekt der vorgenannten Prozesse sind wiederum IT-Systeme, die unabhängig von diesen Prozessen vorhanden und erst im Rahmen von Bereitstellungsprozessen vom IT-Kunden als Service wahrgenommen werden [KÜTZ2005, S. 13]. Auf eine oftmals vorgenommene Unterscheidung zwischen Anwendungssystemen und IT-Infrastruktur (z. B. bei [KRCMAR2009]) wird in diesem Zusammenhang verzichtet, da sie aus Sicht des Leistungsabnehmers nicht relevant ist. Für diesen ist Hard- und Software integrativer Teil eines IT-Services und damit nur in der Gesamtheit Gegenstand des Controllings. Das **Controllingobjekt „System"** umfasst unter anderem die Planung und Zusammensetzung der Applikationslandschaft, die Entscheidung über den Einsatz von Standardsoftware („Make-or-Buy") sowie Entscheidungen über die Beschaffungs- (Kauf, Miete, Leasing) und die Bereitstellungsform (Application Service Providing, Computing on Demand, Eigenbetrieb). Insofern fällt im Sinne des oben angesprochenen Supply-Chain-Modells auch das Lieferantenmanagement in diesen Bereich.

- IT-Systeme, seien es Neuentwicklungen, Anpassungen oder Ergänzungen, werden im Rahmen von Projekten realisiert. Die besonderen Charakteristika von Projekten, wie Einmaligkeit, Komplexität, zeitliche Begrenzung, heterogene Beteiligte u. a. m., stellen eigene Anforderungen an ein Controlling, was zu einer eigenen Ausprägung in Form des Projekt-Controlling als Teil des Projektmanagements geführt hat (vgl. Ausführungen zum Projektmanagement in den Abschnitten 2.3.6.3 und 3.3 bzw. Projekt-Controlling in [KESSLER2002, S. 265 ff.]). Über einzelne Projekte hinaus muss aber auch die Gesamtheit aller IT-Projekte gesteuert werden. Dies erfordert eine Bewertung und Priorisierung aller Entwicklungsvorhaben anhand der übergreifenden Unternehmensziele und ist Kernaufgabe des Informationsmanagements (vgl. Abschnitt. 2.3.6.2). Das **Controllingobjekt „Projekt"** umfasst unter anderem die Steuerung des gesamten Projektportfolios sowie die Unterstützung bei der Umsetzung der Einzelvorhaben.

Abb. 4.2.3/1 stellt die vier Kernobjekte des IT-Controllings in einen übergeordneten Rahmen. Darin wird deutlich, dass IT-Services von mehreren Fachabteilungen nachgefragt und in der Regel von mehreren internen oder externen IT-Dienstleistern erbracht werden, die jeweils für sich eigene Prozess-, System- und Projektlandschaften betreiben. Diese Vielfalt erfordert ein gemeinsames Regelwerk (Rahmenvorgaben) und eine übergeordnete Koordination, die Kernaufgabe eines unternehmensweiten Informationsmanagements ist. Das IT-Controlling ist auch hier gefordert, entsprechende Unterstützung zu leisten.

4.2.4   Strategisches versus operatives IT-Controlling

Im allgemeinen Sprachgebrauch und auch in der Literatur wird häufig zwischen **operativem und strategischem (IT-)Controlling** unterschieden. Tatsächlich sind die Begriffe aber nicht klar voneinander zu trennen. Als Hilfsgröße wird häufig die zeitliche Dimension herangezogen, wobei unklar bleibt, welcher Zeitraum als strategisch angesehen wird. Die Grenzen sind hier erfahrungsgemäß fließend. Gadatsch und Mayer unterscheiden die Begriffe nach der ebenso bekannten Metapher Effektivität („doing the right things") und Effizienz („doing things right"). Der Versuch, die Werkzeuge des IT-Controlling entsprechend zuzuordnen, bleibt aber unscharf [GADATSCH2005, S. 39 f.]. Kütz orientiert sich an der grundlegenden Aufgabe des Controllings, der Unterstützung von Regelkreisen. Er macht die Begriffe daran fest, ob der Zielzustand des zu steuernden Systems über den Betrachtungszeitraum als variabel (strategisch) oder fix (operativ) angesehen wird [KÜTZ2003, S. 7]. In der praktischen Umsetzung bedeutet dies, dass im strategischen Controlling unter Umständen auf eine mögliche Änderung des Zielsystems (ausgelöst durch existentielle Veränderungen der Rahmenbedingungen) eingegangen werden muss (z. B. durch Anpassung des zugrunde gelegten Controllingsystems). Andererseits hängen beide Begriffe untrennbar zusammen, schließlich sollte jede Strategie auch operativ umgesetzt werden. Eine ausführliche Diskussion beider Begriffe findet sich z. B. bei [KÜTZ2005, S. 50 ff.].

4.2.5   Bereitstellungs- versus Verwendungswirtschaftlichkeit

Eine wesentliche Aufgabe des IT-Controllings ist nach allgemeinem Verständnis die Sicherstellung der Wirtschaftlichkeit der IT. Das IT-Controlling ist dabei gefordert, dem Management die notwendigen Informationen zur Verfügung zu stellen, um Entscheidungen rund um die IT nach wirtschaftlichen Gesichtspunkten beurteilen zu können. Dazu gehören das Aufzeigen und Bewerten der mit einer Entscheidung verbundenen positiven (wertsteigernden) und negativen (wertmindernden) Konsequenzen, die Gegenüberstellung von alternativen Lösungsansätzen oder Hinweise auf mögliche Risiken aufgrund unvollständiger Informationen. Letztendlich sollte jeweils die Alternative favorisiert werden, die unter Berücksichtigung der damit verbundenen Risiken den größten positiven Saldo verspricht.

Das Wirtschaftlichkeitsgebot gilt für alle oben aufgeführten Controllingobjekte und die damit verbundenen Entscheidungen über den Aufbau und den Betrieb von IT-Infrastrukturen und IT-Anwendungssystemen. Dabei sollte auch hier zwischen der Sicht der IT-Organisation als Leistungsersteller und der Sicht der Fachabteilung als Leistungsabnehmer unterschieden werden. So kann man einerseits von der **Bereitstellungswirtschaftlichkeit**, andererseits von der **Verwendungswirtschaftlichkeit** sprechen [DOBSCHÜTZ2000a, S. 435].

IT-Dienstleister sind gefordert, ihre Leistungen möglichst kostengünstig zu erbringen und somit der Forderung nach einer Bereitstellungswirtschaftlichkeit zu genügen. Angesichts des generellen Kostendrucks, dem unsere westliche Industriegesellschaft seit Jahren ausgesetzt ist, leiden auch die IT-Bereiche unter rigiden Kostenvorgaben. Einschlägige Umfragen bei IT-Verantwortlichen bestätigen diese Tendenz trotz wieder steigender Budgets auch für die Zukunft (vgl. z. B. [CAPGEMINI2006]). Der zu beobachtende Zwang zur Verbesserung der Kostenposition ist zum Teil aber auch in der Entwicklung des Reifegrades von IT-Organisationen begründet (siehe Abschnitt 2.2.3). In den frühen Phasen fehlen insbesondere Methoden und Werkzeuge zur Kostenplanung und -kontrolle, was tendenziell zu überhöhten Entwicklungs- und Betriebskosten führt. Insbesondere ist das Projektmanagement selten professionell ausgebaut, so dass zum Teil massive Kostenüberschreitungen eher die Regel als die Ausnahme sind. Hierüber wird in zahlreichen Studien und Publikationen immer wieder berichtet. Die bekannteste Studie ist wohl der CHAOS-Report der Standish Group, der regelmäßig erscheint und einen repräsentativen Überblick über den Stand des IT-Projektmanagements in Unternehmen gibt [STANDISH2006].

Bei der Frage, auf welche Weise das IT-Management und damit auch das IT-Controlling die eigene Kostenposition beeinflussen und verbessern kann, stößt man auf drei mögliche Ansatzpunkte (vgl. Abb. 4.2.5/1): **Kostenhöhe, Kostenstruktur** und **Kostenverlauf** (vgl. [GADATSCH2005, S. 137 ff.]).

Da ist zunächst der Ansatz, die absoluten Ausgaben für die IT zu reduzieren. Dies kann einerseits über die bezogene bzw. gelieferte Menge, andererseits über den Preis geschehen. Mögliche Beispiele, um an diesen Hebeln anzusetzen, wären die Reduzierung der Hardwareausstattung auf ein branchen- oder marktübliches Maß, die Reduzierung von Softwarelizenzvereinbarungen auf den tatsächlichen Bedarf oder das Ausnutzen von Preisstaffeln durch Bündelung der Nachfrage und Konzentration auf wenige Lieferanten.

Die Beeinflussung der Kostenstruktur umfasst die gezielte Veränderung des Verhältnisses von fixen zu variablen Kosten. IT-Organisationen sind traditionell durch einen relativ hohen Fixkostenanteil geprägt. Experten schätzen den Anteil auf 70 % und mehr [KÜTZ2005, S. 108]. Dies hat zur Folge, dass allein für die Bereitstellung der benötigten IT-Kapazitäten hohe Mittel gebunden werden müssen (die IT-Infrastruktur verursacht Kosten, egal ob man sie nutzt oder nicht) und die IT-Stückkosten je nach Nachfrage stark schwanken können, was aus Sicht der Leistungsabnehmer eher kontraproduktiv wirkt und wenig Anreiz für eine wirtschaftliche Nutzung der IT-Ressourcen bietet. Viele Organisationen sind deshalb bemüht, ihre IT-Kosten nach Möglichkeit zu proportionalisieren, um den Kostenverlauf besser an den Verbrauchsverlauf zu koppeln. Ansätze zur Reduzierung der Fixkosten finden sich in allen Formen des IT-Outsourcing, bei dem das Fixkostenproblem auf den externen Dienstleister abgewälzt wird oder in alternativen Finanzierungsformen für die benötigte IT-Infrastruktur (Leasing statt Kauf).

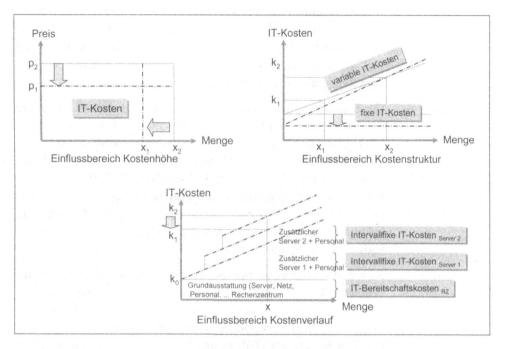

Abb. 4.2.5/1   Gestaltungsebenen im Kostenmanagement
[GADATSCH2005, S. 138]

Eine Betrachtung des Kostenverlaufs zeigt zudem das Phänomen
der sprungfixen Kosten, das ebenfalls typisch für IT-Organisationen ist. Eine bestimmte Systemausstattung ist durchaus in der Lage, über einen längeren Zeitraum auch eine steigende Nachfrage
zu befriedigen. Mit Erreichen der Kapazitätsgrenzen verändert sich
allerdings das Systemverhalten (Verlangsamung der Reaktionszei-
ten, Anstieg der Fehlerhäufigkeit u. a. m.), so dass eine Erhöhung
der Kapazität notwendig wird. Die Anschaffung weiterer IT-Ressourcen führt dann typischer Weise zu einem neuen Fixkosten-
block. Der Zeitpunkt einer solchen Kapazitätsanpassung ist allerdings nicht determiniert und kann durch geeignete Maßnahmen
wie Systemtuning oder Datenarchivierung nach hinten verschoben
werden. Umgekehrt ist das IT-Management gefordert, bei fallender
Nachfrage nicht mehr benötigte Fixkostenblöcke möglichst zeitnah
wieder abzubauen. Dies kann z. B. durch den Abschluss nutzungs-
abhängiger Lizenzverträge für die benötige Softwareausstattung
(Betriebssysteme, System- und Applikationssoftware) erfolgen.

Alle Maßnahmen zur Verbesserung der Kostenposition setzen auf Seiten des IT-Controllings ein effektives Kostenmanagement voraus. Ob und welche Verfahren der Kostenrechnung im konkreten Fall in einem Unternehmen vorzufinden sind, hängt wiederum vom Reifegrad der IT-Organisation ab (vgl. Abschnitt 2.2.3).

Der Begriff der Bereitstellungswirtschaftlichkeit umfasst neben der Kosten- natürlich auch die Leistungssicht. Nur wenn die von der IT-Organisation erbrachten Leistungen transparent ausgewiesen werden können, kann aus Managementsicht eine sinnvolle Steuerung der IT-Ressourcen erfolgen. Hier ist das IT-Controlling gefordert, beim Aufbau geeigneter **Leistungskataloge** zu unterstützen und durch eine ergänzende Leistungsrechnung zur Preisfindung beizutragen. Der Grad der Umsetzung hängt wiederum vom Reifegrad der IT-Organisation ab.

So wie die IT-Organisation als Leistungsersteller dem Gebot der Wirtschaftlichkeit folgen muss, ist auch der Leistungsabnehmer dazu aufgerufen, die angebotenen IT-Leistungen im Sinne einer möglichst hohen Verwendungswirtschaftlichkeit einzusetzen. Der mit dem Einsatz der IT-Ressourcen erzeugte Nutzen muss größer sein als der dafür bezahlte (Verrechnungs-)Preis bzw. die damit verbundene Kostenumlage. Damit stellt sich für das IT-Controlling vor allem die Frage, wie der Nutzen des IT-Einsatzes nachgewiesen werden kann.

Die Betrachtung des so genannten **„Business Value" der IT** ist seit jeher Gegenstand zahlreicher – zum Teil kontroverser – Diskussionen (vgl. auch Abschnitt 2.2.1 zum Wertbeitrag der IT). Die Problematik der Nutzenbetrachtung von IT-Investitionen besteht darin, dass die damit verbundenen Effekte meist nicht direkt, sondern indirekt in komplexen Ursachen-Wirkungs-Ketten auftreten. Hinzu kommt, dass viele Effekte nur qualitativ beschrieben werden können.

Im Lauf der Zeit haben sich verschiedene Ansätze zur Kategorisierung der IT-Nutzeffekte herausgebildet [KRMCAR2005, S. 395 ff.]. Eine Übersicht über mögliche Beiträge der IT für Unternehmen ist beispielhaft in Abb. 4.2.5/2 dargestellt. Mertens unterscheidet drei Kategorien, in denen IT-Systeme zur Erfüllung der Unternehmensmission beitragen können [vgl. MERTENS2001, S. 16 ff.].

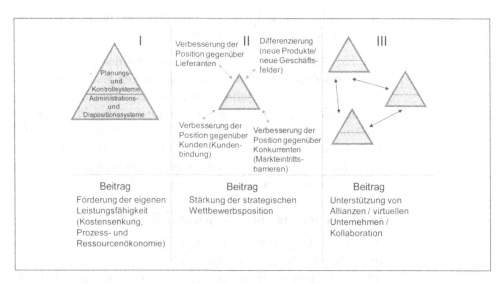

Abb. 4.2.5/2   Beiträge der IT für Unternehmen [MERTENS2001, S. 16]

In der ersten Kategorie geht es um Beiträge zur Förderung der eigenen Leistungsfähigkeit. Der Fokus des IT-Einsatzes liegt hier bei der Umsetzung von Kostensenkungspotenzialen, der Optimierung interner Geschäftsprozesse und der generellen Verbesserung des Ressourceneinsatzes im Unternehmen. Beispiele für mögliche IT-Systeme sind im Grunde alle interbetrieblichen Informationssysteme, angefangen von der elektronischen Buchhaltung über die Fertigungssteuerung bis hin zu IT-gestützten Analysen des Betriebsergebnisses. In der zweiten Kategorie konzentriert sich der IT-Einsatz auf die Stärkung der Wettbewerbsposition des Unternehmens. Im Fokus stehen IT-Systeme, die zur Stärkung der Position gegenüber Kunden, Lieferanten und Wettbewerbern dienen oder zur Produktdifferenzierung eingesetzt werden können. Beispiele hierfür sind die Intensivierung der Kundenbeziehungen über Web-Portale, die Einbeziehung von Lieferanten in den Entwicklungsprozess mit Hilfe von Produktdaten-Management-(PDM-)Systemen oder die Ergänzung von Produkten um elektronische Diagnosesysteme. Die dritte Kategorie zielt letztendlich auf die Unterstützung von losen Unternehmenskopplungen, die mit der Zielsetzung geschlossen werden, für eine bestimmte Zeit ein gemeinsames Vorhaben voranzutreiben („virtuelle Unternehmen"). Dies erfordert Teilsysteme, die in der Lage sind, über

Schnittstellen flexibel Daten auszutauschen und übergreifende Geschäftsprozesse effizient zu unterstützen.

Der von IT-Systemen erwartete Nutzen kann dabei von verschiedenen Beteiligten durchaus unterschiedlich eingeschätzt werden. Wie weiter vorne ausgeführt, kann es zwischen der Sicht der Fachabteilungen und der Sicht der Gesamtorganisation durchaus zu Zielkonflikten kommen. Hier ist die Koordinierungsfunktion des IT-Controllings gefordert, im Sinne der übergeordneten Unternehmensziele die notwendigen Rahmenbedingungen zu setzen (vgl. die Ausführungen zu IT-Governance in Kapitel 8).

4.3   Organisatorische Einbettung des IT-Controllings

Bereits bei der Definition des Begriffs IT-Controlling zu Beginn dieses Kapitels wurde die enge Verzahnung zwischen Führungs- und Controllingaufgabe dargelegt mit der Konsequenz, dass beide Aufgaben natürlicherweise in Personalunion durchgeführt werden sollten. Tatsächlich hat sich heute vor allem in großen Unternehmen eine Arbeitsteilung in der Führungsorganisation vollzogen. Eigenständige **Controllinginstanzen** unterstützen als Dienstleister auf unterschiedlichen Ebenen das Management bei der Umsetzung ihrer Zielsysteme. Dabei stellt sich die Frage der organisatorischen Einbettung einer solchen Funktion in das Unternehmen. Wie und an welcher Stelle soll das IT-Controlling in die Primärorganisation eines Unternehmens (Organigramm) eingebunden werden, und benötigt man darüber hinaus Formen der Sekundärorganisation (Arbeitskreise, Gremien etc.) zur Koordination der beteiligten Stellen?

Bei den Erscheinungsformen des IT-Controllings wurde zwischen dem Controlling der IT-Bereitstellung, der IT-Verwendung und der übergreifenden Informationswirtschaft (vgl. auch Ausführungen zu IT-Governance in Kapitel 8) unterschieden. Da alle drei Bereiche mit unterschiedlichen Managementsystemen verknüpft sind, sollte das IT-Controlling auch in unmittelbarer Umgebung des jeweils verantwortlichen Managements angesiedelt sein. Das Controlling der IT-Bereitstellung sollte demnach in den IT-Organisationen erfolgen, das Controlling der IT-Verwendung in den Fachbereichen und das Controlling der Informationswirtschaft beim Chief Information Officer (CIO). In einem solch dezentralen Ansatz muss allerdings die Koordination und die gemeinsame fachliche Ausrichtung der beteiligten Stellen sichergestellt werden. Dies kann organisatorisch idealer Weise durch die fachliche Zuordnung der **IT-Controllingdienste** zum zentralen Unternehmenscontrolling geschehen („dotted-line" Prinzip).

Die konkrete Ausprägung und personelle Ausstattung des IT-Controllings hängt im Einzelfall von verschiedenen Einflussfaktoren ab. Dazu gehören gemäß [KÜTZ2005, S. 65] neben der Unternehmensgröße als bestimmendem Element unter anderem

- Ausmaß und Intensität des IT-Einsatzes,

- Abhängigkeit des Geschäftsmodells von der IT,

- Ausprägung der IT-Leistungserstellung,

- Reifegrad der IT-Organisation und

- vorhandene Controllingtradition.

Heute betreiben nur relativ wenige Unternehmen (mit entsprechender Größenordnung und einem ausgeprägten Controllingverständnis) eine IT-Controllingstruktur in dem oben beschriebenen Umfang [DOBSCHÜTZ 2000b]. Zumeist ist die Controllingfunktion entweder dem IT-Bereich (oder einem übergeordneten Informationsmanagement, soweit das Unternehmen bereits darüber verfügt) oder dem zentralen Controllingbereich zugeordnet (vgl. Abb. 4.3/1). In beiden Fällen ist auf eine enge Zusammenarbeit zwischen allen Beteiligten (IT-Bereich und Fachabteilungen einerseits und IT-Bereich und zentrales Controlling andererseits) zu achten, um Ziel- und Interessenskonflikte zwischen den Managementfunktionen IT-Bereitstellung, IT-Verwendung und IT-Governance nach Möglichkeit zu vermeiden. Zur Planung und Abstimmung von IT-Vorhaben werden deshalb häufig spezifische Ausschüsse eingerichtet (IT-Ausschuss, IT-Steuerungsausschuss, IT-Lenkungsausschuss), die periodisch oder nach Bedarf zusammentreten und die Koordination der Beteiligten sicherstellen sollen. Aus organisatorischer Sicht handelt es sich hierbei um eine Form der Sekundärorganisation, die die primäre Aufbauorganisation ergänzt (vgl. Ausführungen zur Organisation der IT in Abschnitt 3.1.3).

Eine weitere Sekundärorganisation zur Wahrnehmung von IT-Controllingaufgaben findet sich bei der Abwicklung von IT-Projekten, bei denen das Controlling den Projekteiter unterstützen soll und somit Teil der jeweiligen Projektorganisation ist.

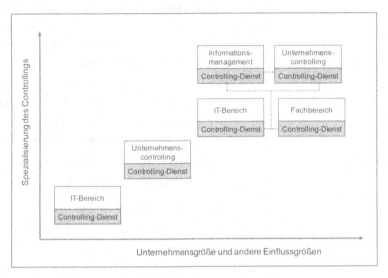

Abb. 4.3/1   Organisatorische Zuordnung des IT-Controllings

4.4   Instrumente des IT-Controllings

Zur Erfüllung seiner Aufgaben kann das IT-Controlling auf eine Fülle von Verfahren, Methoden und Werkzeugen zurückgreifen, die zum größten Teil aus dem allgemeinen Fundus der bekannten Controllinginstrumente stammen und auf die speziellen Bedürfnisse des IT-Managements zugeschnitten werden. Eine ausführliche Beschreibung und Bewertung dieser Instrumente kann und soll dieser Beitrag allerdings nicht leisten. Hierzu sei auf die einschlägige Literatur verwiesen. Kommentierte Kataloge möglicher IT-Controllinginstrumente finden sich z. B. bei [KÜTZ2005], [GADATSCH2005], [TIEMEYER2005]] oder [JÄGER-GOY2000]. Vielmehr soll der Leser hier einen repräsentativen Überblick über typische Instrumente im IT-Controlling erhalten. Diese sind in Tab. 4.4/1 zusammengefasst. Als Gliederungskriterium dienen die weiter vorne beschriebenen Objekte des IT-Controllings: Service, Prozess, System sowie Projekt. Sie spiegeln die zu planenden und zu steuernden Elemente im IT-Management wider. Jedem Controllingobjekt ist ein Satz von Verfahren, Methoden und Werkzeugen zugeordnet, die dort typischerweise zum Einsatz kommen. Dabei finden sich sowohl allgemeine Instrumente, die für verschiedene Aufgabenfelder geeignet sind, als auch solche, die einen spezifischen Bezug zu einem Controllingobjekt haben.

Tab. 4.4/1   Instrumente des IT-Controllings

Objekte des IT-Controllings	Controllingaufgabe	Controllinginstrumente
Service	Unterstützung bei Planung und Steuerung der nachgefragten/ angebotenen Services	■ Portfoliomanagement (Service) ■ Service Level Agreements (SLAs) ■ Stückkostenrechnung ■ Target Costing ■ Voll-/Teilkostenrechnung ■ Produktkalkulation/Preisfindung ■ Total Cost of Ownership (TCO) ■ Wirtschaftlichkeitsrechnung (Service) ■ Leistungserfassung- und -verrechnung ■ Benchmarking (Service) ■ Outsourcing (Service)
Prozess	Unterstützung bei Planung und Steuerung der IT-(Produktions-) Prozesse	■ Prozessmanagement (Produktion) ■ Prozesskostenrechnung ■ Benchmarking (Prozess) ■ Outsourcing (Prozess) ■ Risikomanagement (Prozess)
System	Unterstützung bei Planung und Steuerung der Applikations- und Infrastrukturlandschaft	■ Portfoliomanagement (System) ■ Outsourcing (System) ■ Total Cost of Ownership (TCO) ■ Standardisierung ■ Asset Management ■ Risikomanagement (System)
Projekt	Unterstützung bei Planung und Steuerung der zu entwickelnden IT-Systeme	■ Portfoliomanagement (Projekt) ■ Wirtschaftlichkeitsrechnung (Projekt) ■ Outsourcing (Projekt) ■ Projektmanagement ■ Aufwandsschätzung ■ Qualitätsmanagement ■ Risikomanagement (Projekt)
Basisaufgaben	Beschaffung, Aufbereitung und Analyse der notwendigen Datenbasis	■ Kosten-/Leistungs-Rechnung ■ Leistungs-/Verbrauchs-Erfassung ■ Data-Warehouse-Systeme ■ Planung/Budgetierung ■ Kennzahlensysteme/Performance Measurement ■ Bewertungs-/Scoring-Verfahren ■ Analyse- und Prognoseverfahren
Übergreifende Aufgaben	Koordination aller Controllingaktivitäten	■ Prozessmanagement (Koordination der Managementprozesse) ■ Workflow Management (Koordination der Genehmigungsprozesse) ■ Standardisierung/Normierung ■ Instrumente der Organisationsgestaltung

Neben der Unterstützung der verschiedenen Managementprozesse obliegt dem IT-Controlling gemäß seiner Definition auch die Beschaffung, Aufbereitung und Analyse der notwendigen Datenbasis sowie die Koordination sämtlicher Controllingaktivitäten. Auch hierfür sind entsprechende Werkzeuge notwendig, die ebenfalls in der Tabelle aufgeführt sind.

Eine auf die IT-Bedürfnisse ausgeprägte Kostenrechnung stellt die Grundlage für jede Form wirtschaftlichen Handelns auch im IT-Bereich dar.

Die mit der IT-Leistungserstellung verbundenen Kosten sollten nach ihrer Art, ihrer Verantwortung und ihrer Verwendung (Kostenarten-, Kostenstellen- und Kostenträgerrechnung) bekannt sein. Die Verteilung der Kosten auf einzelne Kostenarten und Kostenstellen zeigt die Kostenstrukturen einer Organisation und liefert wichtige Erkenntnisse über die Wirtschaftlichkeit ihrer Leistungserstellung. Für den IT-Bereich existieren zahlreiche Kostenarten- und Kostenstellenpläne, die auf die speziellen Gegebenheiten der IT zugeschnitten sind. Eine vergleichende Übersicht findet der Leser z. B. in [KÜTZ2005, S. 98 ff.].

Das Sammeln und Zuordnen der entstehenden Kosten auf Kostenträger liefert darüber hinaus wichtige Informationen für die Bewertung der erbrachten IT-Leistungen und bildet die Basis für ihre Verrechnung. Hierzu zählt auch der TCO-Ansatz (Total Cost of Ownership), eine Variante der Kostenträgerrechnung, die Ende der 1980er Jahre von der Gartner Group für den IT-Bereich entwickelt wurde. Ziel dieses Ansatzes ist es, sämtliche Kosten für die Erstellung oder Beschaffung, den Betrieb und die Nutzung von IT-Systemen über den gesamten Lebenszyklus des Systems hinweg zu ermitteln, wobei nicht nur die Kosten der IT, sondern auch die Kosten der Fachbereiche einfließen. Eine kritische Würdigung dieses Ansatzes findet der Leser z. B. in [TREBER2004].

Für die wirtschaftliche Bewertung von IT-Services aus Anwendersicht kann eine ergänzende Leistungsrechnung wertvolle Informationen liefern. Sie zeigt auf, welche Leistungen in welchen Mengen erbracht wurden und welcher Wert damit verbunden ist. Für die Bildung und Beschreibung von IT-Services hat sich im IT-Bereich das Konzept der Service Level Agreements (SLAs) etabliert. SLAs beschreiben, welche Leistungen in welchen Ausprägungen (Service

Levels) unter welchen Rahmenbedingungen erbracht werden sollen (vgl. Abschnitt 3.2.1).

Der Ansatz ist in Deutschland vor allem mit der IT Infrastructure Library (ITIL) bekannt geworden (vgl. Abschnitt 3.2.2). Für detaillierte Bewertungen einzelner IT-Leistungen können darüber hinaus Verfahren der Stück-, der Teil-/Vollkosten- oder der Prozesskostenrechnung zum Einsatz kommen.

Target Costing-Ansätze können dazu beitragen, die (finanziellen) Erwartungen des Anwenders schon bei der Konzeption von IT-Services zu berücksichtigen. Damit wird der Gefahr vorgebeugt, IT-Services mit unnötigen Teilleistungen zu verbinden, einem Phänomen, das in der IT sehr häufig zu beobachten ist. Ein Beispiel hierfür wäre die Bereitstellung von Desktop-Systemen, die für den eigentlichen Bedarf überdimensioniert sind und dem Fachbereich unnötige Kosten verursachen.

Verfahren der Preisfindung und Produktkalkulation helfen auch dem IT-Bereich bei der Bestimmung von (Verrechnungs-)Preisen für seine Services. Für die Abrechnung von IT-Services werden Mengendaten benötigt, die über entsprechende Leistungs- und Verbrauchserfassungssysteme erhoben werden. Je nach Servicekomponente (Maschinen- oder Personalleistungen) können hierzu Accounting-Systeme oder Stundenaufschreibungen zum Einsatz kommen.

Zur Beurteilung von IT-Investitionen (Wirtschaftlichkeitsrechnungen) kommen die klassischen Verfahren der Investitionsrechnung zum Einsatz. Man unterscheidet zwischen ein- (monetären) und mehrdimensionalen (nicht monetären) Verfahren [DOBSCHÜTZ 2000a, S. 437]. Bei den eindimensionalen Verfahren gibt es wiederum solche ohne Berücksichtigung von Zinseffekten (Kostenvergleich, Rentabilität, Amortisation, Nutzen/Kosten-Verhältnis) und solche mit (Kapitalwert, Interner Zinsfuss, Amortisation, Kosten/Nutzen-Verhältnis). Dabei werden bei den letzteren Ein- und Auszahlungen späterer Perioden auf die Gegenwart abgezinst. Bei mehrdimensionalen Verfahren erfolgt die Bewertung auf Basis mehrerer Kriterien. Sie berücksichtigen die Tatsache, dass Investitionen nicht nur nach monetären Gesichtpunkten beurteilt werden können, sondern auch nicht quantifizierbare Nutzeffekte eine wesentliche Rolle für die Entscheidungsfindung spielen können. Gerade im IT-Umfeld ist der mit dem Einsatz der IT verbundene Nutzen häufig nur schwer in monetären Einheiten auszudrücken. Aus diesem Grund bedient man sich hier zur Bewertung der Wirtschaftlichkeit in der Regel solcher mehrdimensionaler Verfahren, wie z. B. Argumentenbilanzen oder Scoring-Verfahren. Unter den Scoring-Verfahren hat die Nutzwertanalyse sicher die weiteste Verbreitung gefunden. Eine Beschreibung dieser Methode findet der Leser z. B. bei [SCHULTE-ZURHAUSEN2005].

Unter die mehrdimensionalen Bewertungsverfahren fällt auch das Portfoliomanagement, das im IT-Umfeld vor allem dazu dient, bei der strategischen Positionierung der verschiedenen IT-Objekte zu unterstützen. Einen aktuellen Überblick über den Einsatz von IT Portfolio Management findet man z. B. bei [JEVERY2004].

Ergänzt werden die Methoden der Kosten- und Leistungsrechnung schließlich durch Planungs- und Budgetierungsinstrumente sowie eine Reihe von Analyse- und Prognoseverfahren, wie Zeitreihen-, ABC- oder Sensitivitätsanalysen.

Zur eigenen Positionierung und zum direkten Leistungsvergleich kann der IT-Controller auf das Instrument des Benchmarking zurückgreifen. Der strukturierte Vergleich mit anderen kann wertvolle Hinweise auf Stärken und Defizite im eigenen Unternehmen geben. Allerdings setzt dies eine Vergleichbarkeit in den Strukturen voraus. Im IT-Umfeld gibt es seit Jahren verschiedenste Initiativen zum internen Leistungsvergleich. Eine Einführung in das Thema IT-Benchmarking findet man z. B. bei [KÜTZ2005, S. 56 ff.] oder [KÜTZ2003, S. 95 ff.].

Auch im IT-Bereich spielt die Frage des „Make-or-Buy", also die Entscheidung, welche Leistungen vom Unternehmen selbst erstellt und welche von außen zugekauft werden sollten, eine Rolle. Heute existieren für alle Controllingobjekte umfangreiche externe Leistungsangebote, die von Unternehmen in Anspruch genommen werden können. Das IT-Management und das IT-Controlling stehen hier vor der Aufgabe, die optimale Fertigungstiefe für das eigene Unternehmen zu finden. Eine ausführliche Abhandlung über mögliche Formen des Outsourcing findet der Leser z. B. bei [JOUANNE-DIEDRICH2004].

Bei der Unterstützung der Planung und Steuerung der IT-(Produktions-)Prozesse spielt darüber hinaus das effektive und effiziente Management der Prozesse eine wichtige Rolle. Im IT-Umfeld haben sich verschiedene Prozessmodelle etabliert, die als Leitfaden für die Gestaltung der eigenen Prozesse zu verstehen sind. Eines der bekanntesten dürfte wohl die IT Infrastructure Library (ITIL) sein, die an anderer Stelle im Buch beschrieben wird (vgl. Abschnitt 3.2.2).

Standardisierung und Normierung sind Instrumente, die dabei unterstützen können, die Kostenposition der Applikations- und Infrastrukturlandschaft zu verbessern und zur Transparenz zwischen den beteiligten Stellen beizutragen. Dazu gehören auch Instrumente zur Verwaltung und Optimierung der vorhandenen Assets.

Zur Unterstützung der Planung und Steuerung neuer IT-Systeme finden sich neben den bereits erläuterten Instrumenten alle Ausprägungen des Projektmanagements, insbesondere Aufwandsschätzverfahren und Qualitätssicherungsverfahren.

Für die übergreifende Steuerung der IT-Management-Prozesse spielen Kennzahlen und Kennzahlensysteme eine zentrale Rolle. Sie dienen im Controllingregelkreis als Messgrößen, die eine Aussage über die Zielereichung des zu steuernden Objektes geben. Trotz dieser zwingenden Notwendigkeit haben sich in der Praxis bis heute keine allgemeingültigen IT-Kennzahlen bzw. IT-Kennzahlensysteme etabliert [KÜTZ2005, S. 177]. Vielmehr existiert eine Fülle von Kennzahlen unterschiedlichster Art, aus denen der IT-Controller im konkreten Fall einen passenden Satz zusammenstellen könnte. Die wohl umfassendste Sammlung möglicher Kennzahlen findet sich bei [KÜTZ2003]. Im Zusammenhang mit Kennzahlen haben in den letzten Jahren zunehmend Perfomance-Measurement-Ansätze Einzug in die IT-Bereiche gehalten. Der Begriff steht für mehrdimensionale Steuerungs- und Kennzahlensysteme, die neben finanzorientierten Größen auch andere Steuerungsgrößen enthalten. Die Balanced Scorecard ist ein bekannter Vertreter dieser Gattung. Ihr Einsatz in der IT wird im abschließenden Unterkapitel an einem Beispiel erläutert.

Im Zusammenhang mit der Implementierung umfangreicher Kennzahlensysteme stößt man auch auf spezifische Data-Warehouse-Systeme, in denen die notwendigen Informationen gesammelt, abgelegt und aufbereitet werden.

Schließlich kann das IT-Controlling zur Erfüllung seiner Koordinationsaufgabe auf Prozess- und Workflow-Management-Ansätze und verschiedene Instrumente aus der Organisationsgestaltung zurückgreifen.

4.5 Balanced Scorecard als Beispiel eines übergreifenden Steuerungsinstruments

Bei der Darstellung der Instrumente für ein IT-Controlling wurde auf die zentrale Rolle von Kennzahlen für die Aufgabe des Controllings hingewiesen. An dieser Stelle soll deshalb ein Kennzahlensystem skizziert werden, das heute in unterschiedlichen Ausprägungen in vielen Unternehmen Einzug gehalten hat, die Balanced Scorecard.

Wie bereits erwähnt, ist das Konzept der Balanced Scorecard (BSC) den Performance-Measurement-Ansätzen zuzuordnen. Es wurde von Kaplan und Norton als Instrument der strategischen Unternehmenssteuerung konzipiert [KAPLAN1997] und in der Folge bereits früh auf die Belange von IT-Bereichen angepasst [GOLD 2001]. Der Ansatz basiert darauf, aus den strategischen Zielen und Strategien des Unternehmens respektive des IT-Bereichs die kritischen Erfolgsfaktoren für eine Umsetzung zu identifizieren und über korrespondierende Kennzahlen und geeignete Maßnahmen zu steuern.

Dabei schließt das BSC-Konzept neben der Steuerung über Kennzahlen explizit auch den Prozess der Erstellung der Scorecard mit ein. Die Kommunikation und Abstimmung von Strategien, Zielen, Kennzahlen und Maßnahmen über Bereichsgrenzen und Unternehmenshierarchien hinweg ist ein wesentliches Element dieses Ansatzes. Insofern versteht sich die BSC als ein umfassendes Managementsystem.

Neben der Durchgängigkeit in der Ableitung der Kenngrößen berücksichtigt die BSC auch die Erkenntnis, dass zu einer ganzheitlichen Steuerung eines Unternehmens bzw. eines Teilbereichs eine

Fokussierung auf traditionelle Finanzkennzahlen in der Regel nicht ausreicht. Ein Controlling der Leistungsgrößen, die für den finanziellen Erfolg letztendlich verantwortlich sind, ist ebenfalls notwendig. Die BSC tut dies durch die Berücksichtigung unterschiedlicher Leistungsbereiche (Perspektiven), die ebenfalls über geeignete Kennzahlen beschrieben werden. Ausgehend von der Finanzperspektive schlagen Kaplan und Norton eine integrierte Betrachtung (und Steuerung) der Kundenbeziehung (Kundenperspektive), der internen Leistungserstellung (Prozessperspektive) sowie der eigenen Entwicklungsfähigkeit (Lern- und Entwicklungsperspektive) vor. Letztlich wirken alle Perspektiven direkt oder indirekt auf die vorgegebenen Finanzziele. In welchem Umfang dies geschieht, wird in der BSC über Ursache-Wirkungs-Zusammenhänge dargestellt.

Über eine ausgewogene (balanced) Mischung aus Ergebnis- und Leistungsgrößen (lag und lead indicators) will die BSC schließlich ein effizientes und effektives Managementwerkzeug bereitstellen.

Beim Einsatz der BSC im IT-Bereich stellt sich zunächst die Frauge, ob und wie die IT-BSC in ein übergeordnetes Steuerungssystem eingebettet ist. Da es sich um einen Ansatz der strategischen Steuerung handelt, lassen sich idealerweise aus einer Unternehmens-Scorecard auch die strategischen Ziele für den IT-Bereich ableiten. Häufig findet man jedoch die Situation, dass eine unternehmensweite Scorecard (noch) nicht im Einsatz ist und eine kodifizierte Unternehmensstrategie nicht vorliegt. In diesem Fall ist der IT-Verantwortliche gefordert, die Positionierung seines Bereichs im Unternehmen aus eigener Sicht zu formulieren und ggf. zu einem späteren Zeitpunkt anzupassen. In jedem Fall ist eine enge Verzahnung und Kommunikation zwischen den Verantwortlichen auf Geschäfts- und IT-Seite erforderlich, was wiederum einen gewissen Reifegrad der IT-Organisation voraussetzt (vgl. Abschnitt 2.2.3).

Am Beispiel der Vorgehensweise eines IT-Bereichs, der einem Geschäftsgebiet eines Großkonzerns zugehört, sei eine solche Strategiefindung verdeutlicht. In Abstimmung mit der Geschäftsbereichsleitung wurde ein Leitbild der IT erstellt, das als Grundlage für die Ableitung der Scorecard diente (vgl. Abb. 4.5/1).

Vision:
IT provides value

Mission:
- Wir sind begehrte Anbieter von erstklassigen Beratungs- und IT-Diensten für unsere operativen Einheiten und ihre Geschäftspartner.
- Wir werden die Geschäftsstrategien der operativen Einheiten durch die Möglichkeiten und Chancen der IT unterstützen und mitgestalten.
- Unsere Aktivitäten sind ein messbarer Beitrag zur Wertsteigerung unseres Unternehmens.
- Unsere Vision ist geprägt durch Teamarbeit und Best Practice.

Abb. 4.5/1   Leitbild der IT eines Geschäftsbereichs innerhalb eines Großkonzerns

Aus den strategischen Zielen der IT und den Vorgaben aus den Fachbereichen werden in der Folge die kritischen Erfolgstreiber identifiziert und nach Perspektiven geordnet. Neben den von Kaplan und Norton vorgeschlagenen Perspektivgruppen bieten sich hier natürlich die in Abschnitt 4.2.3 beschriebenen Objekte des IT-Controllings an: Prozesse, Systeme (Architekturen und Infrastruktur) sowie Projekte. Darüber hinaus haben sich im Lauf der Zeit einige typische Steuerungsfelder etabliert, die häufig in IT-Scorecards zu finden sind.

So spielen IT-Bereiche oft die Rolle eines „Business Enablers" in übergreifenden Unternehmensinitiativen, was eine entsprechende Managementsteuerung rechtfertigt. Das Gleiche gilt für die Innovationsperspektive, wo viele IT-Bereiche gefordert sind, Impulse für das operative Geschäft zu geben. Da Innovationen ganz erheblich von den Mitarbeitern der IT-Organisation getrieben werden, ist eine eigene Mitarbeiterperspektive nahe liegend. Die zunehmende Bedeutung des Fremdbezugs von Produkten und Leistungen auch für IT-Organisationen spiegelt sich oftmals in einer eigenen Lieferantenperspektive wider. Und schließlich führt der Stellenwert der IT-Sicherheit häufig ebenfalls zu einem eigenen Steuerungsfeld.

Abb. 4.5/2 zeigt mögliche Perspektivgruppen für eine IT Balanced Scorecard im Überblick, wobei die IT-Ausprägungen der Perspektiven den klassischen Feldern zugeordnet sind. Darüber hinaus wurde eine übergeordnete Perspektivgruppe hinzugefügt, die auf die Notwendigkeiten einer übergreifenden IT-Governance Rücksicht nimmt.

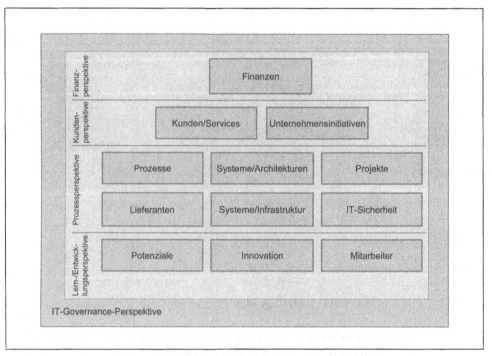

Abb. 4.5/2   Perspektiven für eine IT Balanced Scorecard

Mit der Zuordnung der Erfolgstreiber (Ziele) auf Perspektivgruppen werden im Konzept der BSC auch die Ursache-Wirkungs-Zusammenhänge zwischen den Leistungszielen in einer Strategy Map aufgezeigt. Sie stellt den visuellen Bezugsrahmen für die logische Abbildung der Strategie in der BSC dar. Abb. 4.5/3 zeigt ein Beispiel für eine Strategy Map eines IT-Bereichs, der in eine größere Organisation mit einer übergeordneten IT-Governance-Funktion eingebunden ist. Folgerichtig findet sich hier eine Perspektive Konzernrichtlinien und Initiativen, die auf die übergeordnete Richtlinienkompetenz des zentralen Informationsmanagements Rücksicht nimmt.

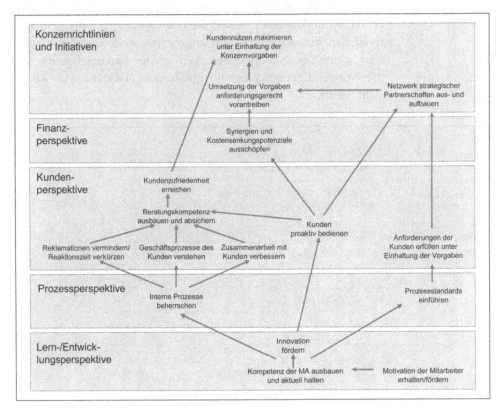

Abb. 4.5/3   Strategy Map

Schließlich benötigt man zur Steuerung der gefundenen Erfolgstreiber geeignete Kenngrößen, anhand derer die gewünschte Zielerreichung gemessen werden kann. Da die Balanced Scorecard neben der Verfolgung von (finanziellen) Ergebnisgrößen auch Leistungsgrößen beinhaltet, die sich nur über Hilfsgrößen messen lassen, kommt der Ableitung von Messgrößen im Prozess der BSC-
Erstellung eine besondere Bedeutung zu. Hier ist auf eine intensive
Abstimmung zwischen allen Beteiligten zu achten. Anderenfalls
besteht die Gefahr, dass die gewählten Kennzahlen nicht die notwendige Akzeptanz finden und der Steuerungsgedanke der BSC
verloren geht. Wertvolle Hinweise auf geeignete Kennzahlen findet der Leser z. B. bei [KÜTZ2003].

Abb. 4.5/4 zeigt ein Beispiel für eine vollständige Balanced Scorecard. Sie setzt auf den strategischen Aussagen in Abb. 4.5/1 auf
und zeigt Ziele und abgeleitete Kenngrößen, die in diesem Beispiel

den klassischen Perspektivgruppen zugeordnet sind. Ein Ziel bzw. eine Perspektivgruppe kann dabei durchaus über mehrere Messgrößen charakterisiert werden.

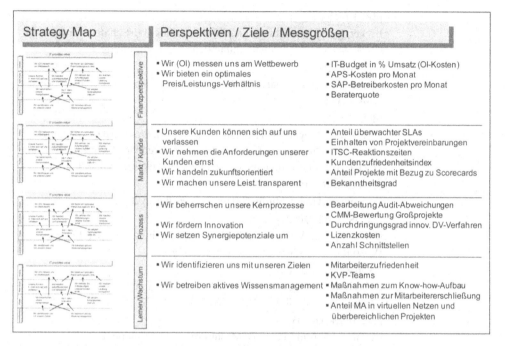

Abb. 4.5/4   IT Balanced Scorecard

Zu jeder Kennzahl wurde ein Steckbrief erstellt, der Auskunft über die genaue Ableitung, die Aktualität sowie die Darstellungsform gibt. Darüber hinaus existiert zu jeder Kennzahl eine Zielvorgabe, die es zu erreichen oder einzuhalten gilt. So soll in unserem Beispiel die Einhaltung von Projektvereinbarungen über die Jahre von 30 % auf 80 % gesteigert werden.

Zur Erreichung der vorgegebenen Ziele sind schließlich Maßnahmen bzw. Maßnahmenbündel notwendig, die budgetiert, umgesetzt und ebenfalls überwacht werden müssen. Diese umfassende Sicht des BSC-Konzeptes macht auch den Anspruch der BSC als integriertes Managementsystem noch einmal deutlich.

Für weitere Ausführungen zum Aufbau und zur Einführung einer IT-BSC kann der Leser auf verschiedene Literaturquellen zurückgreifen, z. B. bei [BLOMER2003], [BÖH2004], [HELMBRECHT2003] und [TEWALD2000].

4.6   Literatur zu Kapitel 4

[ADELSBERGER2003]
Adelsberger, H, Grundlagen IT und Organisation, Skript, Uni-GH Essen 2003.

[BECKER2004]
Becker, J. und Winkelmann, A., IV-Controlling, Wirtschaftsinformatik 46 (2004) 3, S. 213–221; enthält umfangreiche Linksammlung.

[BLOMER2003]
Blomer, R. und Bernhard, M. (Hrsg.), Balanced Scorecard in der IT, Düsseldorf 2003.

[BÖH2004]
Böh, A. und Meyer, M., IT Balanced Scorecard: Ein Ansatz zur strategischen Ausrichtung der IT, in: Zarnekow, R., Brenner, W. und Grohmann, H. H. (Hrsg.), Informationsmanagement, Heidelberg 2004, S. 103–122.

[CAPGEMINI2006]
Capgemini (Hrsg.), Studie IT-Trends 2006, Berlin 2006.

[DOBSCHÜTZ2000a]
Dobschütz, L., IV-Wirtschaftlichkeit, in: Dobschütz, L. u. a. (Hrsg.), IV-Controlling, Wiesbaden 2000 S. 431–449.

[DOBSCHÜTZ2000b]
Dobschütz, L., Organisation des IV-Controlling, in: Dobschütz, L. u. a. (Hrsg.), IV-Controlling, Wiesbaden 2000, S. 13–22.

[GADATSCH2005]
Gadatsch, A. und Mayer, E., Masterkurs IT-Controlling, 2. Auflage, Wiesbaden 2005.

[GI2006]
Gesellschaft für Informatik E.V. Fachgruppe 5.7 IT-Controlling, http://www.gifg57.de, Internetrecherche am 24.10.2006.

[GOLD2001]
Gold, R. S., Enabling the Strategy-Focused IT Organization, Balanced Scorecard Report, September-October 2001.

[HELMBRECHT2003]
Helmbrecht, U., Einführung einer Balanced Scorcard für den Bereich Informationsverarbeitung der Bayerischen Versorgungskammer, ZfCM 2 (2003), S. 93–97.

[HOCHSTEIN2003]
Hochstein, A. und Huntziker, A., Serviceorientierte Referenzmodelle des IT-Managements, HMD – Praxis der Wirtschaftsinformatik 39 (2003) 232, S. 45–56.

[HORVATH2003]
Horvath, P., Controlling. 9. Auflage, München 2003.

[HORVATH2003]
Horvath, P. und Reichmann, Th. (Hrsg.), Vahlens großes Controlling Lexikon, 2. Auflage, München 2003.

[JEVERY2004]
Jevery, M. und Leliveld, I., Best Practices in IT Portfolio Management, MIT Sloan Management Review 45 (2004) 3.

[JÄGER-GOY2000]
Jäger-Goy, H., Instrumente des IV-Controlling, in: Dobschütz, L. u. a. (Hrsg.), IV-Controlling, Wiesbaden 2000, S. 23–36.

[JOUANNE-DIEDRICH2004]
Jouanne-Diedrich, H., 15 Jahre Outsourcing-Forschung: Systematisierung und Lessons Learned, in: Zarnekow, R., Brenner, W. und Grohmann, H.H. (Hrsg.), Informationsmanagement, Heidelberg 2004, S. 125–133.

[KAPLAN1997]
Kaplan, R. S. und Norton, D. P., Balanced Scorecard: Strategien erfolgreich umsetzen, Stuttgart 1997.

[KESSLER2002]
Kessler, H. und Winkelhofer, G., Projektmanagement, 3. Auflage, Berlin 2002.

[KRCMAR2009]
Krcmar, H., Informationsmanagement, 5. Auflage, Berlin 2009.

[KÜTZ2003]
Kütz, M. (Hrsg.), Kennzahlen der IT, Heidelberg 2003.

[KÜTZ2005]
Kütz, M. (Hrsg.), IT-Controlling in der Praxis, Heidelberg 2005.

[MEYER2003]
Meyer, M., Zarnekow, R. und Kolbe, L. M., IT-Governance – Begriff, Status quo und Bedeutung, Wirtschaftsinformatik 45 (2003) 4, S. 445–448.

[SPITTA1999]
Spitta, Th. u. a., IV-Controlling und Informationsmanagement im Mittelstand – abschließende Ergebnisse einer Feldstudie, Wirtschaftsinformatik 41 (1999) 6, S. 506–515.

[STANDISH2006]
The Standish Group, http://www.standishgroup.com, Internetrecherche am 24.10.2006.

[STRAHRINGER2003]
Strahringer, S. und Zdarsky, F., IT-Integration bei strategischen Unternehmensbeteiligungen: Technologische Optionen und Vorgehensweisen, in: Wurl, H.-J. (Hrsg.), Industrielles Beteiligungscontrolling, Stuttgart 2002, S. 523–554.

[TEWALD2000]

Tewald, C., Die Balanced Scorecard für die IV, in: von Dobschütz u. a. (Hrsg.), IV-Controlling, Wiesbaden 2000, S. 621–640.

[TIEMEYER2005]

Tiemeyer, E., IT-Controlling kompakt, München 2005.

[TREBER2004]

Treber, U., Teipel, P. und Schwickert, A. C., Total Cost of Ownership – Stand und Entwicklungstendenzen 2003, in: Arbeitspapiere WI, Nr. 1/2004, Professur BWL – Wirtschaftsinformatik, Justus-Liebig-Universität Gießen 2004.

[ZARNEKOW2004]

Zarnekow, R. und Brenner, W., Integriertes Informationsmanagement: Vom Plan, Build, Run zum Source, Make, Deliver, in: Zarnekow, R., Brenner, W. und Grohmann, H. (Hrsg.), Informationsmanagement, Heidelberg 2004, S. 3–24.

5 Management von Anwendungssystemen

Das folgende Kapitel befasst sich mit dem Management von Anwendungssystemen auf zweierlei Ebenen. Abschnitt 5.1 zum Architekturmanagement eröffnet eine eher strategische Perspektive und knüpft an die Ausführungen zur IT-Strategie in Kapitel zwei an. Einer Einführung und Begriffsklärung folgen Passagen, in denen Motivation, Ziele, Vorgehensweisen und die Werkzeugunterstützung für das Architekturmanagement vorgestellt werden. Ein Beispiel aus der Unternehmenspraxis rundet das Teilkapitel ab. Eher operative Aufgaben beschreibt Abschnitt 5.2 zum Management von Hard- und Software. Ausgehend von ihrer Einordnung in ITIL werden Aktivitäten des Netzwerk- und Client Managements behandelt. Insbesondere für das Client Management mit den Teilaspekten Inventory Management, Lizenzmanagement, Softwareverteilung, Help Desk und Remote Control werden Wesen, Werkzeugunterstützung und Nutzen aufgezeigt. Auch dieses Teilkapitel endet mit einem Praxisbeispiel.

5.1 Architekturmanagement

5.1.1 Einführung

Insbesondere in Großunternehmen steht die bewusste Planung und kontinuierliche Entwicklung der IT-Landschaft stark im Fokus. Objekt dieser Managementaufgabe ist die Architektur im Sinne eines Bauplans mit unterschiedlichen Ansichten, die die Komponenten von Systemen und deren Beziehungen beschreiben und auf Konstruktionsprinzipien basieren [SINZ2005, S. 315]. Eine solche Architektur ist also Ergebnis eines Planungsprozesses und stellt selbst einen Masterplan für die Realisierung künftiger Maßnahmen dar [AIER2005, S. 608]. Architekturmanagement umfasst demnach die Erstellung, Dokumentation, Pflege, Kommunikation und Umsetzung von Architekturmodellen in der betrieblichen Praxis.

5.1.2 Architekturverständnis

Wenn im IT-Kontext von Architektur oder Architekturmanagement die Rede ist, fallen häufig die Begriffe Unternehmensarchitektur, Systemarchitektur, Anwendungsarchitektur, IT-Architektur, IV-Architektur, Softwarearchitektur u.v.m.

Die Begriffsvielfalt rührt von einer Vielzahl von **Architektur-Frameworks** her, die – je nach Zielsetzung, Zielgruppe und (Branchen-)Blickwinkel – unterschiedlich bezeichnete Teilarchitekturen ggf. mit weiter differenzierenden Sichten miteinander in Beziehung setzen. Ausgewählte Beispiele solcher Frameworks sind[61]:

- Zachman Framework [ZACHMAN1987, S. 276 ff.],

- Architekturebenen nach Winter [WINTER2005a, S. 628],

- Ganzheitliche Informationssystem-Architektur (ISA) [KRCMAR 2009, S. 46 f.],

- Standards und Architekturen für E-Government-Anwendungen (SAGA) [MAICHER2003, S. 275 f.] und

- Enhanced Telecom Operations Map (eTOM) [KRCMAR2009, S. 545 ff.].

Das Architekturverständnis für die weiteren Betrachtungen ergibt sich aus der in Abb. 5.1.2/1 dargestellten Kombination der Architekturebenen von Winter mit der ISA von Krcmar. Es orientiert sich am St. Galler Ansatz des Business Engineering mit dem hierarchischen Dreiklang von Strategie, Prozessen und Informationssystemen [ÖSTERLE2003, S. 3 ff.].

Die Ebene der **Geschäftsarchitektur** bildet die Geschäftsstrategie mit dem Gesamtzusammenhang der Leistungsverflechtung in einem Wertschöpfungsnetzwerk ab. Aus Unternehmens- bzw. Organisationssicht geht es hier um Abstimmung der Ziele mit den für die Kunden anzubietenden Leistungen (market-based view) und den Kernkompetenzen des Unternehmens (resource-based view). Damit wird die Positionierung am Markt vorgenommen und der Rahmen für den Austausch von Waren, Dienstleistungen und Informationen mit Geschäftspartnern wie Lieferanten und Kunden gesetzt.

---

[61] Eine Reihe weiterer Ansätze findet sich bei [HILDEBRAND2001, S. 171 ff.].

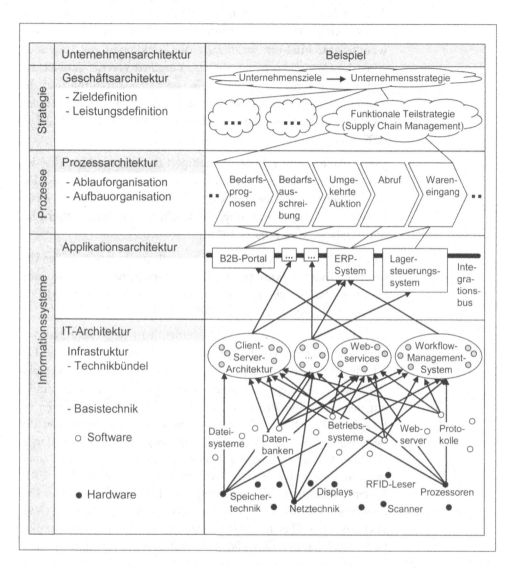

Abb. 5.1.2/1   Architekturverständnis – von der Unternehmens- zur
IT-Architektur

Die aus der Geschäftsarchitektur abgeleitete **Prozessarchitektur**
umfasst die Aufbau- und Ablauforganisation, die der Entwicklung,
der Erstellung und dem Vertrieb des Leistungsangebots dienen.
Hierzu zählen unter anderem Stellen- und Ablaufbeschreibungen,
Organigramme, Zuständigkeiten etc.

227

Auf der Stufe der Informationssysteme lassen sich Applikations- und IT-Architektur unterscheiden[62]. Die **Applikations-** oder **Anwendungsarchitektur** spezifiziert die Funktionen zur Unterstützung der Geschäftsprozesse. Sie wird ergänzt von der Datenarchitektur zur Beschreibung der statischen Datenstrukturen und der Kommunikationsarchitektur, die den logischen Zusammenhang zwischen den Anwendungen und den Daten herstellt [KRCMAR 2009, S. 47].

Die **IT-Architektur** schließlich definiert die Infrastruktur, die sich aus so genannten Technikbündeln zusammensetzt. Diese wiederum bestehen aus Basistechnik (Hard- und Software), die IT-Basisfunktionalitäten (Speicherung, Verarbeitung, Kommunikation) bereitstellt [KRCMAR2009, S. 307 ff.][63].

Alle vier Architekturebenen sind wesentliche Bestandteile der **Unternehmensarchitektur (Enterprise Architecture)**, zu der im umfassenden Sinn noch weitere Ressourcen wie Menschen und Produktionsanlagen zählen [SINZ2005, S. 315].

Die Darstellung in Abb. 5.1.2/1 verdeutlicht den Gesamtzusammenhang mit Hilfe von Beispielen. Sie zeigt auf der Ebene der Geschäftsarchitektur mit dem Supply Chain Management exemplarisch eine Teilstrategie für die Beschaffungsfunktion. Diese mündet auf der Ebene der Prozessarchitektur in Prozesse, von denen im Beispiel lediglich ein vereinfachter Beschaffungsprozess von der Bedarfsprognose bis hin zum Eingang der gekauften Waren dargestellt ist. Auf der Applikationsebene sind ausgewählte, durch einen Integrationsbus verbundene Anwendungen sichtbar. Das ERP-System unterstützt die Teilprozesse der Bedarfsprognose, der Lieferabrufe und des Wareneingangs (Wareneingangsprüfung, Verbuchung etc.). Das B2B[64]-Portal als Informations-, Kommunikations- und Transaktionsplattform mit Lieferanten und Kunden

---

62   Oft wird anstatt dieser Differenzierung einfach von der Informationssystemarchitektur gesprochen. Darunter versteht beispielsweise Dern die „strukturierende Abstraktion existierender oder geplanter Informationssysteme" [DERN2003, S. 18].

63   Explizit abzugrenzen ist hier die Softwarearchitektur, die sich auf interne Strukturen von Softwaresystemen bezieht. Einführende Informationen hierzu und Hinweise auf weiterführende Literatur finden sich bei [HASSELBRING2006, S. 48 ff.].

64   Business to Business.

dient der öffentlichen Ausschreibung der vom ERP-System ermittelten Bedarfe sowie der Beschaffung im engeren Sinn in Form einer umgekehrten Auktion (Reverse Auction). Das Lagersteuerungssystem steuert die Einlagerung der eingegangenen Ware mittels eines fahrerlosen Transportsystems. Bei der IT-Architektur schließlich illustriert die Abbildung beispielsweise, dass das ERP-System unter anderem auf den Technikbündeln „Client-Server-Architektur" und „Workflow-Management-System" und das B2B-Portal unter anderem auf dem Technikbündel „Webservices" basiert. Ebenso ist erkennbar, dass etwa für die Realisierung des Technikbündels „Client-Server-Architektur" Hardwareelemente wie Prozessoren, Speicher- und Netzkomponenten mit Softwareelementen wie Betriebssystemen, Datenbanken etc. zusammenwirken.

5.1.3 Motivation für Architekturmanagement

In vielen Unternehmen ist die in der Regel historisch gewachsene IT-Landschaft gekennzeichnet von hoher **Heterogenität** und **Komplexität**. Eher selten ist eine wohl strukturierte und durchgängig konsistente Architektur anzutreffen. Deutsche Firmen setzen im Durchschnitt etwa 80 Applikationen ein, von denen einige nach wie vor als Insellösungen, andere im Sinne der integrierten Informationsverarbeitung wenigstens über Schnittstellen gekoppelt betrieben werden. Unterschiedliche Anwendungsarchitekturen, Betriebssystem- und Datenbankplattformen sowie die vielen Schnittstellen beeinträchtigen **Transparenz** und **Beherrschbarkeit**. Die zwischenbetriebliche Integration mit Geschäftspartnern und Übernahmen von Unternehmen mit anderen Systemlandschaften verschärfen diese Problematik ebenso wie Technologieschübe (z. B. Internettechnologie, E-Business). Veränderte Geschäftsprozessanforderungen erfordern laufend An- und Umbaumaßnahmen, die auf einer solchen Basis sehr **kostenintensiv** sind und die Komplexität weiter erhöhen. Aus Sicht der Fachanwender erweist sich die Dauer für solche Anpassungen häufig als zu lang und, damit verbunden, die gesamte IT-Unterstützung als zu **unflexibel**. Mit solchen Charakteristika verursacht die IT-Landschaft hohe Kosten für laufenden Betrieb und Weiterentwicklung und ist obendrein der Kritik durch die Benutzer ausgesetzt.

Ursachen für diese Situation liegen in der Tatsache, dass sich in vielen Unternehmen Applikations- und IT-Architektur wegen verschiedener Lebenszyklen nicht im Gleichschritt mit der Geschäfts- und Prozessarchitektur entwickeln.

Für die **relativ häufige und schnelle Veränderung der Geschäfts- und Prozessarchitektur** sorgen vor allem Einflüsse von außen. Strategie und Prozesse werden etwa getrieben vom dynamischen Wettbewerbsumfeld in vielen Branchen, das immer kurzfristigere Anpassungen erfordert, um sich am Markt proaktiv von Mitbewerbern abzusetzen oder zumindest reaktiv nachzuziehen. Die Verpflichtung zur Erfüllung nationaler und internationaler gesetzlicher Vorgaben und anderer Regulierungen (Compliance) zwingt Unternehmen häufig ebenfalls, Prozesse umzugestalten. Als Beispiele können Maßnahmen zur Umsetzung der Grundsätze zum Datenzugriff und zur Prüfbarkeit digitaler Unterlagen (GDPdU), des Gesetzes zur Kontrolle und Transparenz im Unternehmensbereich (KonTraG) oder des Sarbanes-Oxley Act (SOX) gelten.

Gründe für die **mangelnde oder zumindest vergleichsweise langsamere Umsetzung der veränderten Geschäfts- und Prozessarchitektur in die Applikations- und IT-Architektur** sind vor allem in der häufig veralteten, noch aus den 1970er und 1980er Jahren stammenden Grundstruktur der IT-Landschaft und in der professionellen IT-Projektorganisation zu sehen. Beispielsweise liegt die Federführung und Budgetverantwortung für IT-Entwicklungsprojekte zunehmend bei den Fachabteilungen, deren Blickwinkel sich häufig auf ihre individuellen Bedürfnisse beschränkt. Das prinzipiell erwünschte professionelle Projektmanagement hat eine starke Konzentration auf die fachlichen und ökonomischen Ziele des jeweiligen Projekts zum Ergebnis. Konsequenz sind beispielsweise Entscheidungen für Best-of-Breed-Lösungen, die zwar die Anforderungen des Teilbereichs am besten abdecken, oft aber relativ stark von bestehenden IT-Landschaften abweichen und damit erhöhten Integrationsaufwand verursachen (vgl. [WINTER2005b, S. 45] und [WINTER2005a, S. 629]).

Diese Entwicklungen führen tendenziell zur **Vernachlässigung des Blicks für das „große Ganze"**, d. h. zur Vernachlässigung einer aus Gesamtunternehmenssicht optimalen Architektur mit den oben angesprochenen Konsequenzen.

Viele Unternehmen haben diesen Zusammenhang erkannt und wurden dadurch zu aktivem Architekturmanagement motiviert. Abb. 5.1.3/1 fasst die skizzierte Situation zusammen.

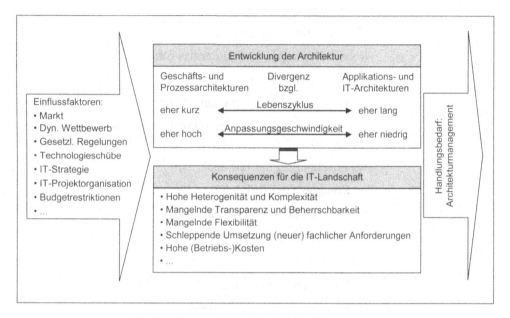

Abb. 5.1.3/1   Motivation für Architekturmanagement

5.1.4   Ziele des Architekturmanagements

Mit Bezug zum identifizierten Handlungsbedarf werden die Ziele für das Architekturmanagement definiert. Generelles Ziel ist es, mit vorausschauendem, an den fachlichen Bedarfen orientiertem Architekturmanagement die **Applikations- und IT-Architektur effektiver und effizienter mit der Geschäfts- und Prozessarchitektur zu koordinieren.** Daraus lassen sich unter anderem folgende Teilziele ableiten (vgl. [WINTER2005a, S. 631 ff.]):

- **Optimale Ausrichtung von Geschäft und IT (Alignment)**

  - Adäquate Abdeckung der geschäftlichen Anforderungen durch IT

  - Höhere Geschäftsprozessqualität

- Flexibilität der IT-Landschaft
  - Schnellere Umsetzung (neuer) fachlicher Anforderungen
  - Bessere Integrationsfähigkeit (einfachere Anbindung neuer, auch externer Systeme)
- Homogenität der IT-Landschaft

  Konsolidierung durch Standardisierung von
  - Hard- und Software sowie von
  - Prozessen und IT-Funktionalitäten

  soweit nicht berechtigte individuelle Anforderungen dagegen stehen.
- Beherrschbarkeit der IT-Landschaft
  - Komplexitätsreduktion
  - Bessere Plan- und Wartbarkeit
  - Höhere Sicherheit
- Akzeptanz und Transparenz der IT-Landschaft
  - Interessenausgleich unter allen Beteiligten
  - Kommunikation an alle Beteiligten
  - Verständlichkeit für alle Beteiligten
- Wirtschaftlichkeit der IT-Landschaft
  - Nutzen- und Kostenoptimierung
  - Nachhaltigkeit

Die aufgeführten Ziele sind teilweise interdependent und können auch in Konflikt zueinander stehen. Beispielsweise kann wegen spezieller Geschäftsanforderungen eine ganz bestimmte Lösung erforderlich sein, die die Homogenität der IT-Landschaft beeinträchtigt. Die aus Flexibilisierungsgründen angestrebte Ablösung evolutionärer Applikationslandschaften durch Serviceorientierte Architekturen (SOA) wirkt tendenziell dem Ziel der Komplexitätsreduktion entgegen [SCHELP2007, S. 66]. Solche Konflikte sind im Zuge des in Abschnitt 5.1.5 behandelten Architekturmanagementprozesses zu lösen. Um die Ziele mit geeigneten Maßnahmen verfolgen zu können, müssen sie **operationalisiert** werden. Dies kann mit Hilfe der folgenden **Anforderungen an Architekturen** geschehen (vgl. [BIRKHÖLZER2003, S. 37 ff.]):

- **Mächtigkeit**

  Die Mächtigkeit umfasst im Wesentlichen die Abdeckung der von den Anwendern benötigten Funktionalität. Hintergrund ist die Ausrichtung von IT und Geschäft (Alignment). Damit verbunden sind weitere Eigenschaften wie Performance (z. B. Antwortzeiten bei Datenbankabfragen), Verfügbarkeit (z. B. 24x7-Betrieb) und Sicherheit (vgl. Kapitel 6).

- **Wirtschaftlichkeit**

  Aufbau, Betrieb und Weiterentwicklung der Architektur sollen möglichst effizient erfolgen. Dabei gilt es zu beachten, dass Nutzeffekte von Investitionen in Architektur oft schlecht quantifizierbar sind (z. B. höhere Flexibilität) und/oder erst später eintreten (z. B. dass eine nötige Erweiterung in Zukunft einfach und schnell zu bewerkstelligen ist).

- **Skalierbarkeit und Fähigkeit zur Evolution**

  Die Architektur soll sich einfach und flexibel an sich verändernde Geschäfts- und Prozessarchitekturen anpassen lassen. Beispielsweise kann es im Zuge des Zu- oder Verkaufs eines Unternehmensteils wichtig sein, die IT-Landschaft durch Up- oder Downsizing schnell auf das richtige Maß zurechtzuschneiden.

- **Stabilität**

  Stabilität bedeutet, dass Umgestaltungen der grundlegenden Struktur nur stattfinden sollen, wenn fundamentale Änderungen der Geschäfts- und Prozessarchitektur oder der Technologie eintreten (z. B. Wechsel beim ERP-System von Eigenentwicklung auf Standardsoftware). Bei gegebener Skalierbarkeit sollte so etwas selten nötig sein, da Änderungen dann evolutionär vollzogen werden können.

- **Kapselung**

  Gemäß dieser Anforderung soll die Architektur in weitgehend voneinander unabhängige Teile strukturiert werden (z. B. Netzwerkarchitektur, Anwendungsarchitektur etc.). Dies erhöht die Transparenz und beschränkt die Auswirkungen von Änderungen, Fehlern etc. auf die gekapselten Bereiche.

- **Verständlichkeit**

  Die Architektur soll für alle Betroffenen transparent und verständlich sein. Dies bedeutet, dass sie allen Personen im Unternehmen so kommuniziert werden muss, dass Zusammenhänge erkennbar und Architekturentscheidungen nachvollziehbar sind. Die Architektur bildet damit eine gemeinsame Kommunikationsplattform zur Verbesserung der Plan- und Steuerbarkeit der betrieblichen Anwendungssystemlandschaft [DERN 2003, S. 18].

Erfolgreiches Architekturmanagement muss sich zur Erreichung der Ziele an diesen Anforderungen orientieren. Für die Messung des Erfolgs der Architekturmanagementaktivitäten, insbesondere der Konformität der IT-Architektur mit der Unternehmensstrategie, sind kennzahlengestützte Ansätze in der Diskussion (vgl. [DURST2006]).

5.1.5   Vorgehensmodell für das Architekturmanagement

Zur Erfüllung der im vorangegangenen Abschnitt skizzierten Anforderungen bedarf es eines **planmäßigen Vorgehens** für das Architekturmanagement. Ein wohl definierter **Architekturmanagementprozess** ist auch im Sinne der Wirtschaftlichkeit nötig, da Erstellung, Dokumentation, Pflege, Kommunikation und Umsetzung von Architekturmodellen sehr zeit- und kostenintensiv sind [BUHL2004, S. 311].

Ein Erfolg versprechendes Vorgehensmodell soll theoretisch verankert und praktisch abgeleitet sowie anschlussfähig an andere Teile des IT-Managements sein (z. B. an die IT-Strategieentwicklung oder das IT-Projektmanagement). Es muss außerdem methodische Ergebnisse hervorbringen (z. B. Templates für ERP-Systeme), diese im Sinne der Serviceorientiertheit bereitstellen und den eigenen Erfolg durch Kennzahlen nachweisen können. Hafner und Winter haben eine Auswahl bekannter Ansätze für das Architekturmanagement bezüglich der genannten Kriterien beurteilt. Wegen deren Defizite entwickelten die Autoren auf der Basis von Praxisbeispielen der Finanzdienstleistungsbranche ein eigenes Vorgehensmodell [WINTER2005a, S. 633 ff.]. Es besteht aus vier Phasen, die jeweils eine Reihe von Aktivitäten umfassen (vgl. Abb. 5.1.5/1) und dürfte sich problemlos auch branchenunabhängig einsetzen lassen.

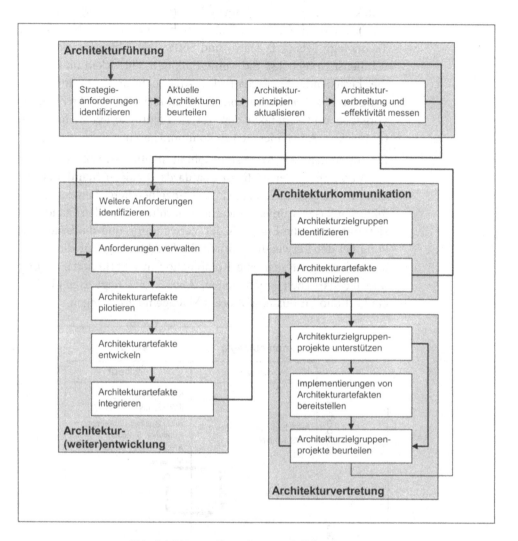

Abb. 5.1.5/1   Vorgehensmodell für das Architekturmanagement
(angelehnt an [WINTER2005a, S. 643])

In der Phase der **Architekturführung** verwendet man die aus der IT-Strategie abgeleiteten Anforderungen, beurteilt damit bestehende Architekturen und identifiziert so Handlungsbedarfe. Ergebnis sind neue bzw. überarbeitete Architekturprinzipien, die im Rahmen der **Architektur(weiter)entwicklung** zusammen mit den dort identifizierten operativen Anforderungen in die Gestaltung so genannter Architekturartefakte einfließen. Solche Artefakte sind Architekturelemente wie Frameworks (z. B. Java EE[65], Microsoft. NET), Standards (z. B. zur Gestaltung barrierefreier Websites) oder Technology Sets (z. B. Hard- und Softwarekombination eines Außendienst-Notebooks). Sie werden pilotiert, entwickelt und ggf. in die bestehende Landschaft der Architekturartefakte integriert. Aufgabe der **Architekturkommunikation** ist es, die Architekturvorgaben und -artefakte den vorher identifizierten Zielgruppen (Entwickler, Anwender etc.) zu kommunizieren.

Ein Instrument der Architekturkommunikation ist üblicher Weise ein **Verzeichnis der gültigen Standards (Book of Standards)**. Es gibt für Architekturelemente in den einzelnen Bereichen des Architekturbaukastens unter anderem Aufschluss über den Standardisierungsstatus, die Erlaubnis der Verwendung und die Unterstützung bei der Verwendung durch die IT-Abteilung. Für die Dokumentation eignet sich eine Kombination aus Portfoliodarstellung und tabellarischen Ergänzungen. Abb. 5.1.5/2 zeigt exemplarisch ein Portfolio für Business-Process-Management-Lösungen.

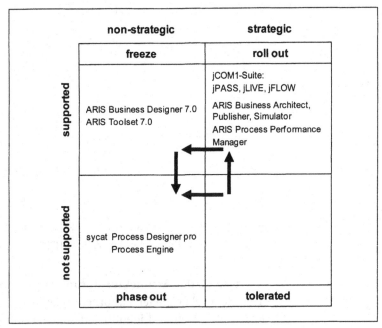

Abb. 5.1.5/2   Beispiel für Portfoliodarstellung in einem Book of Standards

---

65 Java Platform Enterprise Edition.

Die waagrechte Dimension unterscheidet zwischen strategischen und nicht-strategischen Elementen und die senkrechte Dimension differenziert nach der Unterstützung durch den IT-Bereich. Je nach Bedarf lässt sich eine dritte Dimension einführen, mit der man z. B. Betriebssystemplattformen, auf denen Anwendungen laufen, mit unterschiedlichen Symbolen darstellt. Die vier Portfolioquadranten besitzen folgende Bedeutung:

- **Roll out**

  Elemente sind als Standard in der Organisation freigegeben, werden unterstützt und eine zunehmende Zahl von Anwendern nutzen sie.

- **Freeze**

  Elemente sind als Standard in der Organisation freigegeben, werden noch unterstützt und von bestehenden Anwendern genutzt. Neue Anwender werden nicht zugelassen, da bereits die Entscheidungen über Nachfolger getroffen sind.

- **Phase out**

  Elemente gelten nicht mehr als Standard in der Organisation, werden nicht mehr unterstützt und dürfen nicht mehr genutzt werden.

- **Tolerate**

  Es ist noch nicht entschieden, ob die Elemente zum Standard in der Organisation werden. Sie sind demnach nicht freigegeben und unterstützt, dürfen jedoch auf eigenes Risiko, z. B. im Rahmen ihrer Evaluation, eingesetzt werden.

Die Pfeile in der Abbildung drücken die möglichen Statusübergänge im Standardisierungsprozess aus.

Eine dem Portfolio nachgeordnete Tabelle kann die in die Quadranten eingetragenen Elemente genauer beschreiben und beispielsweise Auskunft geben über Hersteller, Status (ggf. Phase-out-Termin) und Verantwortlichkeit bzw. Ansprechpartner innerhalb der IT-Organisation.

Die **Architekturkommunikation** stellt zusammen mit den Aktivitäten der **Architekturvertretung** die Serviceorientierung sicher. Das Architekturmanagement berät bei der Durchführung von (Entwicklungs-) Projekten oder wirkt direkt mit und stellt ggf. Architekturartefakte bereit. Damit können Entwicklungsteams unterstützt und gleichzeitig die Architekturkonformität erhöht werden. Letztere wird regelmäßig bei der Beurteilung von Projekten erhoben.

Die Kommunikations- und Vertretungsphase liefern Feedback für die Messung der Architekturverbreitung und -effektivität an die Architekturführung zurück. Mit den daraus entstehenden **Rückkopplungen** für die Identifikation der Anforderungen schließt sich der Kreis.

5.1.6 Werkzeugunterstützung für das Architekturmanagement

5.1.6.1 Markt

Erfolgreiches und vor allem wirtschaftliches Architekturmanagement bedarf nicht nur eines praktikablen Vorgehensmodells, sondern auch geeigneter IT-Unterstützung. Vor allem die kosten- und zeitintensive Erstellung, Pflege und Analyse von Architekturmodellen sowie deren Kommunikation im Unternehmen lassen sich in Anbetracht häufiger Änderungen nur sinnvoll mit leistungsfähigen Werkzeugen bewerkstelligen. Softwarehersteller haben diesen Bedarf erkannt und entsprechende Lösungen entwickelt. Die folgende Auflistung zeigt eine Auswahl dieser als **Enterprise Architecture Management Tools (EAM-Tools)** bezeichneten Systeme. Der Hersteller ist jeweils in Klammern angegeben:

- Adaptive EAM (Adaptive Inc.)
- ADOit (BOC GmbH)
- ARIS IT Architect (IDS Scheer AG)
- Troux (Troux Technologies Inc.)
- planningIT (alfabet AG)
- Telelogic System Architect (Telelogic AB)

Der Markt für EAM-Tools ist relativ jung, wenngleich auch etablierte Anbieter auftreten, deren EAM-Lösungen in der Regel in Software zur Unterstützung anderer Felder wurzeln, wie etwa der ARIS IT Architect der IDS Scheer AG. Außerdem existiert eine Vielzahl von Lösungen für Teilaspekte des Architekturmanagements. Beispiele hierfür sind die in Abschnitt 2.3.6.2 genannten Systeme für das IT-Portfolio-Management.

5.1.6.2   **Funktionale Anforderungen und ihre Umsetzung**

In einer 2008 veröffentlichten Studie wurden 13 Lösungen, darunter der Großteil der eben genannten, zunächst anhand einer Vielzahl von Fragestellungen evaluiert [MATTHES2008]. Von Interesse waren bei der Softwareauswahl übliche Kriterien bezüglich des Herstellers (z. B. wirtschaftliche Situation, Referenzinstallationen, Implementierungspartnerschaften, Support etc.) und der Technologie (z. B. Systemvoraussetzungen für den Betrieb, eigene Softwarearchitektur, Sicherheit etc.).

Bezüglich der Funktionalität wurden die Lösungen unter anderem anhand umfangreicher praxisorientierter Anwendungsszenarien getestet. Die Evaluation stellte dabei auf Kriterien ab, die als wesentliche Anforderungen an solche Systeme gelten können. Die folgenden Passagen behandeln diese Anforderungen [vgl. MATTHES2008] und zeigen punktuell am Beispiel des Systems planningIT ihre Umsetzung in den Lösungen auf.

■ **Management von Unternehmensstrategie und -zielen**

Wie in Abschnitt 5.1.2 dargelegt, hat die Unternehmensarchitektur ihren Ausgangspunkt in der Unternehmensstrategie. Deren Umsetzung erfolgt regelmäßig durch Herunterbrechen innerhalb der Organisation in Teilstrategien bis hin zur Maßnahmenebene und mündet in Prozessen und deren IT-Unterstützung. Das EAM-Tool sollte in diesem Kontext Möglichkeiten bieten, die Strategien, Ziele und Kennziffern für die Messung der Zielerreichung zu formulieren. Es sollte sowohl den Top-down-Prozess der Strategieimplementierung unterstützen als auch umgekehrt von einer Maßnahme, beispielsweise einer funktionalen Änderung an einer Applikation, auf die zugrunde liegende Strategie und die verfolgten Ziele schließen lassen. In dem in Abschnitt 5.1.2 skizzierten Beispiel bedeutet dies, dass man etwa ausgehend von einer Änderung im ERP-System über den damit unterstützten Prozess der Bedarfsprognosen zur Teilstrategie des Supply Chain Managements innerhalb der Unternehmensstrategie gelangt (vgl. Abb. 5.1.2/1). Als gewünschte Auswertungen sind z. B. Reports zu Zielerreichungsgraden von Organisationseinheiten und zum Zusammenhang von Zielen und Strategien zu nennen. Abb. 5.1.6.2/1 zeigt beispielsweise für eine im System formulierte Anforderung zur Konsolidierung der CRM-Anwendungen welche Architekturen davon betroffen sind. Die Liste im überlagerten Fensterausschnitt enthält in den Abschnitten „Applikation", „Business-Funktion" (zugeklappt) und „Business-Prozess" (zugeklappt) die Anwendungen der berührten Architektur, die mit ihren Funktionen bestimmte Prozesse unterstützen.

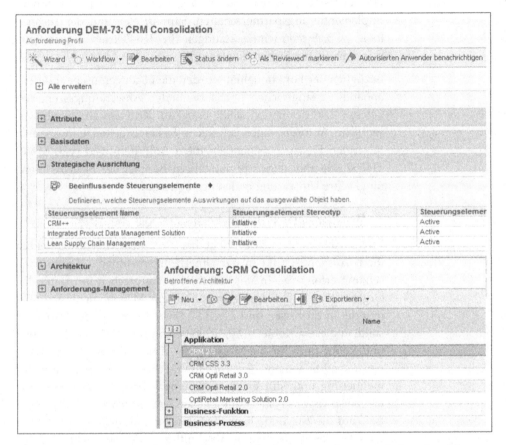

Abb. 5.1.6.2/1   Zusammenhang von Projektanforderung mit der strategischen Ausrichtung und betroffenen Architekturen [ALFABET]

▦ Management der Applikationslandschaft

Ausgehend von einer evolutionären Architekturentwicklung muss ein Werkzeug in der Lage sein, die Applikationslandschaft in Form der aktuellen, der geplanten und der angestrebten Zielarchitektur darzustellen. Dies erfolgt in einem EAM-System am besten mit Hilfe von **Softwarelandkarten**. Solche Landkarten geben in unterschiedlichen Ausprägungen Auskunft darüber, welche Applikationen welche Prozesse **(Process Support Maps)** für welche Organisationseinheiten **(Cluster Maps)** in welchen Lebenszyklen **(Interval Maps)** unterstützen [LANKES2005, S. 1450 f.]. Damit ist es möglich, Architekturlücken und Handlungsbedarfe zu identifizieren und daraus Maßnahmen bzw. Projekte abzuleiten, mit denen die Lücken zu schließen sind.

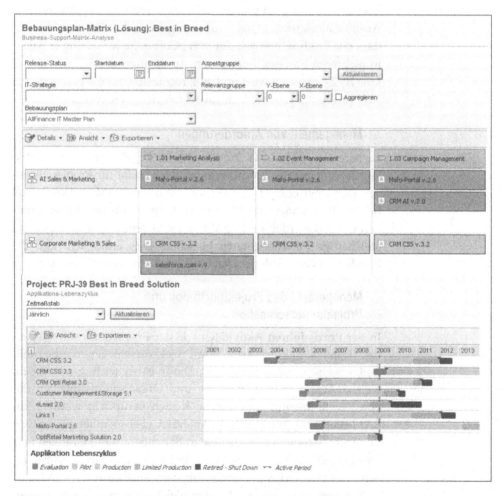

Abb. 5.1.6.2/2   Beispiele für Process Support Map, Cluster Map und Interval Map
[ALFABET]

In Abb. 5.1.6.2/2 ist im oberen Bereich einen Bebauungsplan als Kombination von Process Support Map und Cluster Map mit Prozessen in der Waagrechten, Organisationseinheiten in der Senkrechten sowie Applikationen in den Feldern dazwischen zu sehen. Aus der Darstellung geht beispielsweise hervor, dass die Anwendung „Mafo-Portal v.2.6" derzeit den Bereich „AI Sales & Marketing" bei den Prozessen „Marketing Analysis", „Event Management" und „Campaign Management" und den Bereich „Corporate Marketing & Sales" nur beim Kampagnenmanagement unterstützt. Die Überlagerung im unteren Teil zeigt eine Interval Map für den Applikationslebenszyklus. Aus ihr geht unter anderem hervor, dass der Produktivbetrieb der von „Corporate Marketing & Sales" in mehreren Prozessen genutzten Applikation „CRM CSS 3.2" im Jahr 2012 eingestellt wird und evtl. rechtzeitig auf die planmäßig in 2011 produktiv gesetzte Version 3.3 migriert werden sollte.

▧ Management von Anforderungen

Fachabteilungen und IT formulieren im Regelfall aus ihren Tätigkeitsfeldern heraus Anforderungen (Demands) für Problemlösungen fachlicher oder IT-technischer Natur. Ein EAM-Werkzeug soll helfen zu erkennen, welche Anwendungen von den Anforderungen tangiert werden und ob sich verschiedene Anforderungen auf gleichartige Funktionalitäten beziehen. Dies ermöglicht ggf. die Bündelung verschiedener Demands in einem Projektvorschlag.

▧ Management des Projektportfolios und Projektsynchronisation

In der Praxis führen Aktivitäten wie der Ersatz eines stillzulegenden Systems zu einer Reihe von Projektvorschlägen, die beurteilt und priorisiert werden müssen. Dafür ist es wichtig zu wissen, welche Anwendungen, Prozesse und Organisationseinheiten davon jeweils berührt und welche Kosten verursacht werden. Ein EAM-Werkzeug muss solche Analysen ebenso unterstützen wie die Aufbereitung der Ergebnisse in Berichtsform mit Grafiken und Tabellen. Für die optimale Synchronisation von Projekten bezüglich ihrer Auswirkungen sollte mit dem Tool auch fest- und darstellbar sein, ob mehrere Projekte gleichzeitig zu Änderungen an denselben Anwendungen führen oder dieselben Organisationseinheiten betreffen. Damit lassen sich mögliche Konfliktsituationen im Vorfeld erkennen und vermeiden. Abb. 5.1.6.2/3 zeigt die Ausgabe von Architekturüberschneidungen für ein Vorhaben (Project Proposal) namens „Investigate Trade*Net Replacement" sowie die auf Basis dieses Zusammenhangs ermittelten abhängigen Projekte. Abb. 5.1.6.2/3 zeigt den Architekturüberschneidungsbericht für ein Vorhaben namens „Implement Unified Trade Solution" sowie die auf Basis dieses Zusammenhangs ermittelten abhängigen Projekte.

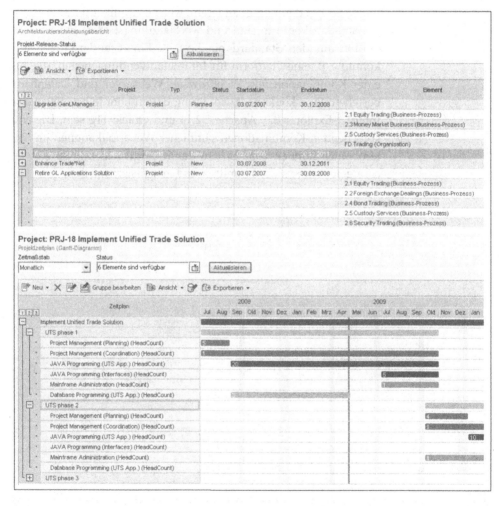

Abb. 5.1.6.2/3   Analyse von Projektauswirkungen [ALFABET]

▨ Management der IT-Architektur

Die in der Applikationslandschaft beschriebenen Anwendungen basieren auf der IT-Architektur (vgl. Technikbündel in Abb. 5.1.2/1). Im Hinblick auf deren Harmonisierung und Konsolidierung soll der Benutzer mit der EAM-Anwendung die aktuellen Applikationsarchitekturen in technischer Hinsicht dokumentieren und Standardarchitekturen definieren können. Auswertungsfunktionen zeigen dann unter anderem, welche Applikationsarchitekturen standardkonform sind und wo Handlungsbedarf für eine Migration auf den Standard hin besteht. Eine Standardarchitektur könnte z. B. eine Plattform für Internetanwendungen sein, die aus einer Kombination von Webbrowser, Webserver und Datenbank bestehen. Eine konkrete Ausprägung davon könnte beispielsweise Internet Explorer 8.0, Apache 2.2.14 und Oracle 11g sein. Die entsprechenden Kombinationen sämtlicher Webapplikationen im Unternehmen können vom System damit verglichen und so Abweichungen vom Standard ermittelt und visualisiert werden.

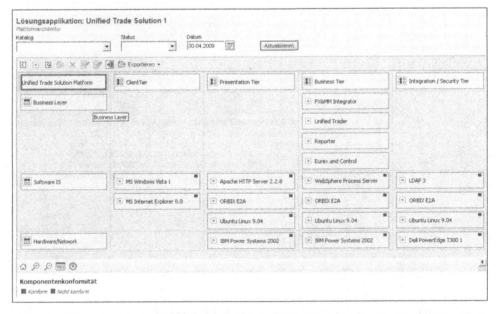

Abb. 5.1.6.2/4   Ausschnitt der Plattformarchitektur für die Anwendung „Unified Trade Solution 1" [ALFABET]

Die beiden Abbildungen 5.1.6.2/4 und 5.1.6.2/5 illustrieren die Nutzung der Werkzeugfunktionalität bei der Planung einer neuen Anwendung namens „Unified Trade Solution 1". Zunächst wird die für die Applikation nötige Plattform in verschiedenen Schichten definiert (vgl. Abb. 5.1.6.2/4).

Anschließend kann man die entstandene Applikationsarchitektur auf Konformität zu im System hinterlegten Standardarchitekturen prüfen. Im Beispiel existiert eine Standardplattform „Unix Platform 4", mit der die Architektur für „Unified Trade Solution 1" verglichen wird. Das Ergebnis des Vergleichs ist in Abb. 5.1.6.2/5 zu sehen. Im Beispiel hat das EAM-Tool eine Reihe von Abweichung vom Standard festgestellt.

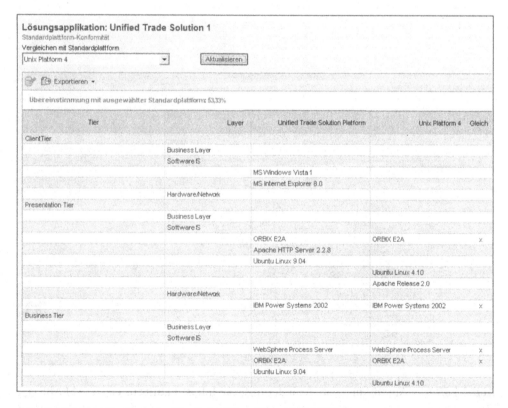

Abb. 5.1.6.2/5   Ergebnis der Konformitätsprüfung [ALFABET]

▦ Management der IT-Infrastruktur

Die IT-Infrastruktur stellt die Bausteine für die IT-Architektur zur Verfügung. Diese Bausteine und ihre Eigenschaften wie z. B. Datenbanksysteme mit Lebenszyklusangaben (z. B. Versionsstand und Support-Zeitraum) müssen mit Hilfe des EAM-Tools verwaltet werden können. Auswertungsfunktionen sollten dann beispielsweise Informationen liefern, wann welche Datenbank abgelöst werden muss und welche Anwendungen davon betroffen sind. Abb. 5.1.6.2/6 zeigt exemplarisch den Werkzeugeinsatz bei der Konsolidierung einer Datenbanklandschaft.

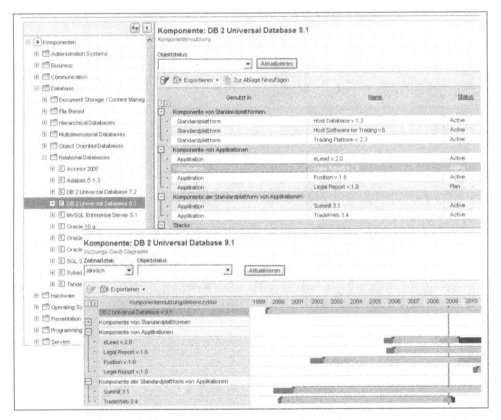

Abb. 5.1.6.2/6   Auswirkung von Veränderungen an Infrastrukturbausteinen [ALFABET]

Im Beispiel soll aus der langen Liste zunächst die „DB 2 Universal Database 9.1" stillgelegt werden. Mit dem Komponentennutzungsreport ermittelt das EAM-Tool, welche Applikationen auf der Datenbank basieren und in welchen Standardplattformen sie vorkommt. Das überlagerte kleinere Fenster in der Abbildung zeigt die Auswertung der Lebenszyklusangaben zu den betroffenen Applikationen. Damit kann man einfach feststellen, wo wegen der Stilllegung der Datenbank Handlungsbedarf besteht.

Management von Geschäftsobjekten

Für die Modellierung der Prozessunterstützung durch Anwendungen muss das EAM-System darstellen können, welche Applikation in welchem Prozess welche Geschäftsobjekte manipuliert (Beispiel: im Vertriebsmodul SD von SAP R/3 Enterprise wird im Prozess Auftragsabwicklung ein Kundenauftrag angelegt). Auch die Dokumentation des Austausches von Informationen und Geschäftsobjekten, also von Informationsflüssen, zwischen Anwendungen sollte möglich sein. Abb. 5.1.6.2/7 zeigt überblicksartig den Informationsfluss zwischen Applikationselementen einer CRM-Lösung.

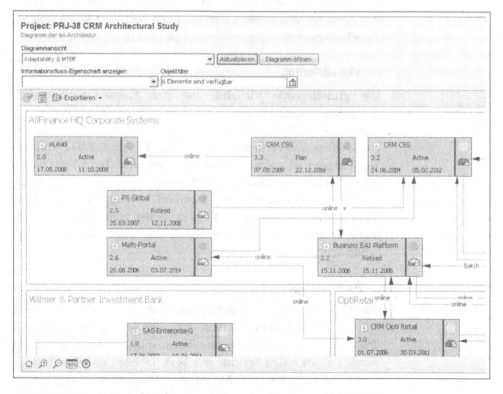

Abb. 5.1.6.2/7   Informationsfluss zwischen Applikationen [ALFABET]

▣ Unterstützung der Überführung bestehender in Serviceorientierte Architekturen (SOA)

Ziel hier ist die Identifikation von Anwendungsfunktionalitäten, die sich anbieten, in wiederverwendbare Services überführt zu werden. Das EAM-Werkzeug könnte dazu eine Process Support Map liefern, welche Auskunft gibt über die unternehmenskritischen Prozesse, wie diese in den unterschiedlichen Organisationseinheiten von Anwendungen unterstützt werden und wie häufig letztere geändert werden. Besitzt das System gleichzeitig Kenntnis über bereits verfügbare und geplante Services, kann es in einer Interval Map darstellen, wann von welcher Applikationsfunktionalität auf den passenden Service migriert werden kann.

5.1.6.3   ### Funktionsunabhängige Anforderungen und ihre Umsetzung

Neben der Erfüllung der eben erläuterten, auf die Unterstützung des Architekturmanagements im engeren Sinne bezogenen Anforderungen wurden in der zitierten Studie noch eine Reihe weiterer Aspekte bewertet. Ausgewählte Beispiele sind:

▣ Visualisierung

Die grundlegende Visualisierung der Anwendungslandschaft durch Softwarelandkarten wurde bereits oben angesprochen. Besondere Anforderungen sind dabei an die Hervorhebung von Eigenschaften wie Verfügbarkeit, Standardkonformität etc. von Anwendungen und anderen Architekturelementen durch Farben oder Symbole (z. B. Ampeln) zu stellen. Beispielsweise sollte das EAM-Tool von einem definierten Standard abweichende technische Plattformen rot einfärben oder demnächst vom Hersteller nicht mehr unterstützte Softwareversionen mit einem kleinen Stopp-Schild kennzeichnen.

▣ Auswertungen

Die Ergebnisse der mit dem System durchgeführten Analysen müssen für die Kommunikation unter den Beteiligten und für die Entscheidungsvorbereitung in übersichtlicher Form aufbereitet werden. Dazu sollen Berichte mit Text, Tabellen und Grafiken generiert werden können. Neben der Möglichkeit, vorgefertigte Standardreports zu erzeugen, sollte der Benutzer Auswertungen auch individuell gestalten können.

▨ Integrationsfähigkeit

Viele Unternehmen halten und bearbeiten für das Architekturmanagement benötigte Informationen in anderen Systemen. Prozess- und Organisationsmodelle werden häufig in ARIS gepflegt, Applikationsdaten in MS Access-Datenbanken oder MS Excel-Tabellen verwaltet. Deshalb ist es wichtig, dass ein EAM-Werkzeug solche Daten importieren und dem Benutzer zur Weiterbearbeitung mit der eigenen Funktionalität bereitstellen kann. Umgekehrt sollte es auch möglich sein, Informationen zu exportieren. Dies ist vor allem relevant für die gleichzeitige Manipulation einer großen Menge von Objekten, welche in einem stapelverarbeitungstauglichen Verfahren wesentlich effizienter als im üblicherweise dialogorientierten EAM-Werkzeug zu bewerkstelligen ist. Anschließend kann man die geänderten Daten wieder importieren.

▨ Unterstützung der Zusammenarbeit

Im Architekturmanagementprozess arbeiten naturgemäß viele Personen aus unterschiedlichsten Bereichen der Organisation zusammen. So definieren etwa Vertreter der Unternehmensleitung Strategien, Prozessverantwortliche oder Fachbereichsspezialisten spezifizieren den IT-Unterstützungsbedarf ihrer Prozesse und IT-Fachleute implementieren Applikationen und technische Plattformen. Eine EAM-Lösung sollte diesen kollaborativen Ablauf abbilden und den Anwendern in ihren unterschiedlichen Rollen die jeweils benötigte Funktionalität bereitstellen.

▨ Benutzerfreundlichkeit

Die eben angesprochene Heterogenität der Benutzer und die unterschiedliche Nutzungshäufigkeit stellen hohe Ansprüche an die Benutzerfreundlichkeit eines Systems für das Architekturmanagement. Die Pflege der Architekturelemente und die Analysefunktionen müssen leicht zugänglich und weitgehend intuitiv bedienbar sein. Das System sollte auch mit dem oben erwähnten Rollenkonzept helfen, die Komplexität für den einzelnen Nutzer zu reduzieren. Zur effizienten Architekturkommunikation an alle Beteiligten in der Organisation (vgl. Abschnitt 5.1.5) muss das EAM-Tool auch Möglichkeiten bieten, die Unternehmensarchitektur auf einfache Art und Weise z. B. im Intranet zu publizieren. Die Adressaten sollten dabei die Darstellung verändern können (z. B. Aspekte aus-/einblenden und verkleinern/vergrößern). Idealerweise geschieht dies mit einem Web Client.

5.1.7   Praxisbeispiel HypoVereinsbank AG (HVB)

Die HypoVereinsbank, Mitglied der UniCredit Group, befasst sich seit langem eingehend mit dem Thema Architekturmanagement. Die folgenden Ausführungen geben einen Überblick über das zu Grunde liegende Architekturmodell, den Architekturmanagementprozess und die Werkzeugunterstützung (vgl. [JUNG2004] und [MAURER2004]).

▦ Architekturmodell

Die HVB hat ein **Referenzmodell der IT-Architektur** entwickelt, das das in Abschnitt 5.1.2 erläuterte Architekturverständnis weiter ausdifferenziert. So ergeben sich die in der folgenden Abbildung dargestellten sechs Ebenen.

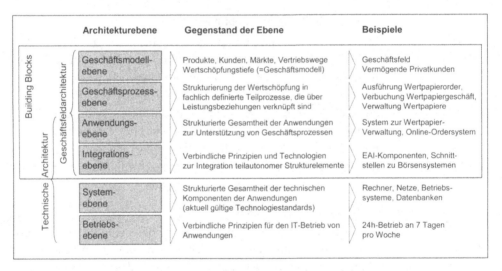

Abb. 5.1.7/1   HVB-Referenzmodell der IT-Architektur
(angelehnt an [JUNG2004, S. 314])

Bei der HypoVereinsbank orientiert man sich an folgenden **verbindlichen Architekturgrundsätzen** [MAURER2004, S. 3]:

- Nutzung eines **Prozess-Metamodells** zur Strukturierung der Geschäftsprozesse.

- Nutzung von so genannten **Building Blocks** zur Strukturierung der Architektur. Building Blocks bündeln oder schneiden Prozesse nach funktionalen Ähnlichkeiten und fassen damit gleichartige Funktionsgruppen zusammen. Sie reichen von der Geschäftsmodellebene bis zur Integrationsebene und bilden so Strukturierungselemente, mit denen die Geschäftsarchitektur fachlich auf einer relativ groben Ebene modularisiert werden kann (vgl. Abb. 5.1.7/1). Hierfür wurden bei der HVB ausgehend von den Geschäftsfeldern ca. 20 Building Blocks entlang standardisierter Schnittstellen gekapselt. Die Building Blocks ihrerseits werden intern entlang der Geschäftsprozesse modularisiert. Ein Beispiel für einen Building Block ist die Wertpapierabwicklung, die mit Teilfunktionen wie Geschäftsabrechnung/-verbuchung, Verwahrung/Verwaltung und Outputmanagement für alle Kundensegmente der Bank gleich ausgeprägt ist. Für den Vertrieb hingegen sind Building Blocks kundensegmentspezifisch für „Privatkunden", „vermögende Privatkunden", „Corporates & Institutionen" etc. gestaltet. Die Building Blocks erhöhen die Flexibilität, die Architektur an neue oder veränderte Geschäftsmodelle anzupassen.

- **Präferenz für** den Einsatz von **Standardsoftware**, vor allem bei nicht-differenzierenden Prozessen.

- Konsequente **Entkopplung** wesentlicher Architekturkomponenten durch **Middleware**.

- Nutzung von so genannten **Technology Sets** auf der System- und Betriebsebene. Technology Sets sind gültige Kombinationen von Produkten und deren Versionen für bestimmte Nutzungsszenarien. Sie werden in einem Repository verwaltet. Für das Szenario „Entwicklung von Internetapplikationen" existiert beispielsweise ein Technology Set „J2EE Server", das in Abschnitte unterteilt ist wie Präsentation, Webserver, Connectivity und Datenbanken und dort die gültigen Produkte und Versionen, beim Webserver etwa Apache Version 2.0.52, verzeichnet. Durch die Ergänzung von Lebenszyklusinformationen lassen sich Handlungsbedarfe hinsichtlich der Ablösung oder Erneuerung der Technology Sets ableiten bzw. die Soll-Kombinationen für neue Projekte festlegen.

Architekturmanagementprozess

Das Architekturmanagement basiert auf dem eben erläuterten Modell. Grundprinzip ist die **dezentrale Zuständigkeit für Modellpflege und Umsetzungsmaßnahmen** durch Verantwortliche auf den einzelnen Ebenen sowie die **zentrale Qualitätssicherung** durch die Konzernsteuerung. Ordnet man die wesentlichen Charakteristika des Architekturmanagementprozesses grob den vier Phasen des in Abschnitt 5.1.5 dargelegten Vorgehensmodells zu, so ergibt sich folgendes Bild:

- **Architekturführung**
  Vertreter des Architekturmanagements, der Geschäftsfelder, der Anwendungsentwicklung und des IT-Betriebs arbeiten bei der Formulierung von Vorgaben und Richtlinien zusammen. Architekturrelevante Infrastrukturprojekte wie z. B. Datenbank-Updates werden durch zuständige Gremien verabschiedet. Technology Sets unterliegen einem vierteljährlichen Releasezyklus, bei dem kleinere Modifikationen veröffentlicht werden. Gravierende, die Fachbereiche betreffende Änderungen bei einem Produkt, das Teil eines Technology Sets ist, behandelt wiederum ein einschlägiges Kriterium. Die Konzernsteuerung sichert die Qualität durch die Prüfung von Vorgaben und Richtlinien, den Abgleich von Projektportfolios mit architekturrelevanten IT-Projekten etc. In die kontinuierliche Weiterentwicklung des Architekturmodells werden unter anderem Industrie-Benchmarks einbezogen.

- **Architektur(weiter)entwicklung**
  Die „IT-Produkt-Owner" sind verantwortlich für die Definition der technischen Standards und für geeignete Maßnahmen zu deren Umsetzung (z. B. Update von E-Mail-Clients).

- **Architekturkommunikation**
  Regelmäßige Jourfixes, eine sogenannte „Architekturdrehscheibe" und Anwenderworkshops bilden Kommunikationsplattformen bezüglich der Architektur zwischen allen Beteiligten. Flankierende Instrumente sind das Architekturportal PASS (siehe unten) sowie Frequently Asked Questions (FAQs) und themenbezogene Newsletter.

- **Architekturvertretung**
  Architekturreviews als feste Bestandteile des HVB-Vorgehensmodells zur Anwendungsentwicklung stellen die Architekturkonformität bei der Änderung oder Neuentwicklung von Anwendungssystemen sicher.

Der gesamte Prozess unterliegt einem permanenten Monitoring und wird bei Bedarf an veränderte Rahmenbedingungen angepasst.

▪ Werkzeugunterstützung

Seit 2003 unterstützt das **Architekturportal PASS** den Architekturmanagementprozess. Es erlaubt allen berechtigten Benutzern den Zugriff auf Prozesse, Architektur der IT, Strukturen der Organisation und Standards der Dokumentation. Die enthaltenen Modelle werden mit ARIS erzeugt und gepflegt und im Intranet publiziert. PASS ermöglicht je nach Informationsbedürfnis und Zugriffsrechten folgende fünf Sichten auf die Architektur:

- **Organisationssicht**

  Diese Sicht visualisiert Aufbau und Geschäftsauftrag der Geschäftsfelder und der gesamten HVB-Group. Sie dokumentiert alle Organigramme und Geschäftsmodelle.

- **Leistungssicht**

  Hier sind die Produkte zur Abdeckung der Kundenbedürfnisse (z. B. Immobiliendarlehen oder Wertpapiergeschäft) und die Form der Leistungserbringung erfasst und dokumentiert.

- **Prozesssicht**

  Die Prozesssicht zeigt die für die Leistungserbringung implementierten Geschäftsprozesse. Abb. 5.1.7/2 illustriert den Einstieg über das Prozessmodell auf der höchsten Ebene mit Management-, Kern- und Unterstützungsprozessen. Die Auswahl der Kernel Business Processes (erster Pfeil) führt zur Übersicht der Kernprozesse. Im angezeigten Beispiel ist dann noch der Prozess „ZV Inland" (Zahlungsverkehr) ausgewählt und herausvergrößert worden (zweiter Pfeil).

- **IT-Sicht**

  Die IT-Sicht strukturiert die Informationstechnologie nach dem oben erläuterten Architekturmodell mit den Building Blocks. Sie orientiert sich an den Strukturen und Bedürfnissen der Prozesse.

- **Informationssicht**

  Hier sind Zusatzinformationen zu den Prozessen und IT-Anwendungen der HVB Group gespeichert. Ziel ist es, konzernweit gültige Weisungen und Standards verfügbar zu machen.

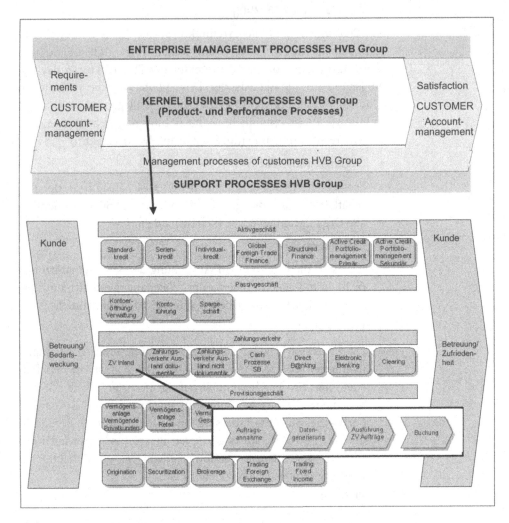

Abb. 5.1.7/2   Prozesssicht in PASS [JUNG2005, S. 18]

In Abb. 5.1.7/3 ist zunächst das Architekturmodell zu sehen. Von dort aus führt ein Link zur Ansicht der Building Blocks (erster Pfeil), die im unteren Teil dargestellt ist. Eine Ebene tiefer gelangt man zu den Anwendungen, die die Building Blocks repräsentieren. So zeigt beispielsweise Abb. 5.1.7/4 oben die Applikationen, die zum Building Block „Abwicklung Wertpapier" gehören, und unten aus welchen Bausteinen die Anwendung „WABSY" besteht.

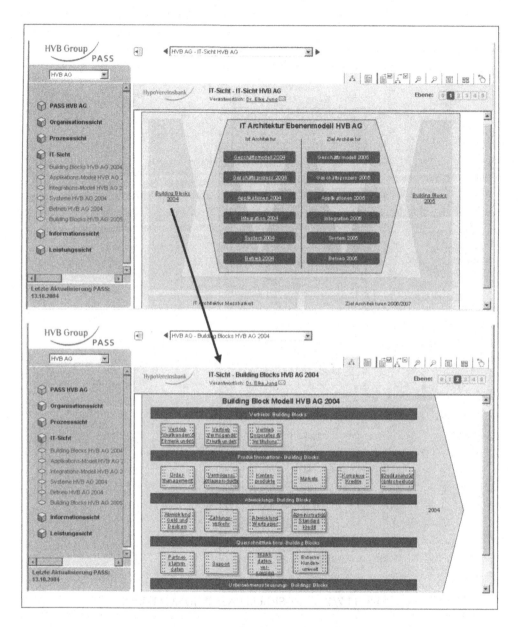

Abb. 5.1.7/3   IT-Sicht in PASS I [JUNG2005, S. 21 f.]

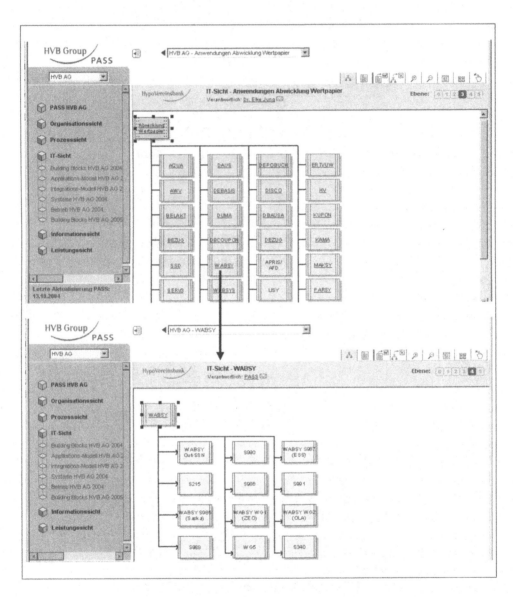

Abb. 5.1.7/4   IT-Sicht in PASS II [JUNG2005, S. 23 f.]

Mit dem Portal finden alle dazu berechtigten Konzernmitarbeiter
Zugang zum Architekturmodell. Es befriedigt die Informationsbedarfe von Führungskräften, Prozessverantwortlichen, Anwen-
dungsentwicklern, Systembetreuern etc. und schafft Transparenz
über architekturrelevante Standards, Richtlinien und Aktivitäten.

▪ Erfahrungen

Die Erfahrungen der HVB zeigen, dass erfolgreiches Architekturmanagement eines langfristigen, fortwährenden Prozesses mit klar definierten Rollen, Funktionen und Verantwortlichkeiten bedarf. Ein weiterer Erfolgsfaktor ist kultureller Wandel hin zu Transparenz, Interdisziplinarität und unternehmensweiter Zusammenarbeit. Die realisierten Kostenersparnisse überstiegen die Investitionen nach etwa drei bis vier Jahren [JUNG2005, S. 30].

5.2   Hard- und Softwaremanagement

5.2.1   Einordnung in ITIL

Der folgende Abschnitt hat das Management der Hard- und Softwarekomponenten zum Inhalt, die in ihren Kombinationen die Applikations- und IT-Architektur bilden (vgl. Abschnitt 5.1.2). Dieses Gebiet entwickelt sich nach Einschätzung der Gartner Group in den kommenden Jahren zu einer Kerndisziplin im IT-Management [KOLL2005, S. 17]. Im Folgenden wird davon ausgegangen, dass strategische Infrastrukturentscheidungen bezüglich Hardware und Softwareapplikationen (z. B. welche Rechnerplattform? welches ERP-System?) bereits getroffen sind (vgl. hierzu die Abschnitte 2.3.5.2 und 2.3.5.3). Im Vordergrund steht also die **operative Sicht** mit dem Management von Netzwerk, Rechnern, Peripherie und Software sowie dem Support der Anwender. Die Erledigung dieser Aufgaben koppelt wichtige Informationen zurück für Bewertungen und Änderungen der Strategie (z. B. Ablösung einer Rechnerplattform wegen zunehmender Performanceprobleme, die durch gehäufte Benutzerbeschwerden beim Support offensichtlich werden). Einer Studie zu Folge wickeln mehr als 70% aller Unternehmen mit mehr als 500 Arbeitsplatzrechnern (Clients) das Management ihrer Hard- und Software über definierte Prozesse ab. Ein Großteil davon orientiert sich dabei an den **ITIL-Prozessen** zum Incident Management, Problem Management, Configuration Management, Change Management und Release Management [DERON2004, S. 7 f.]. Zusammen mit der Funktion des Service Desks formen diese Prozesse den **Service Support** gemäß ITIL (vgl. Abschnitt 3.2.2).

Abb. 5.2.1/1 setzt den ITIL-konformen Service Support mit den Teilgebieten des Managements von Hard- und Software in Beziehung. Letzteres lässt sich gliedern in **Netzwerkmanagement** und

Client Management, beides begleitet vom **Help Desk** und den Möglichkeiten der **Fernsteuerung (Remote Control)** von IT-Systemen z. B. in Support- oder Wartungsfällen. Das Netzwerkmanagement erstreckt sich traditionell auf Server, aktive und passive Komponenten und die drahtgebundenen oder drahtlosen Verbindungen in Rechnernetzen. Die Bezeichnung Client Management verwenden vorwiegend Hard- und Softwarehersteller und Beratungshäuser für Aufgaben und Funktionalitäten im Zusammenhang mit der Verwaltung und Pflege von Arbeitsplatzrechnern und Peripherie. Beispiele für solche Aufgaben sind Inventarisierung, Lizenzmanagement und Softwareverteilung. Als Synonyme für Client Management findet man auch die Begriffe **Desktop Management, Desktop Managed Services, Asset Lifecycle Management** oder **PC-Lifecycle Management**.

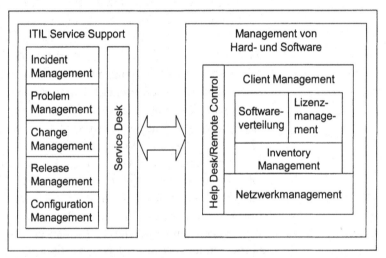

Abb. 5.2.1/1   Management von Hard- und Software im Kontext des ITIL Service Support

5.2.2   Netzwerkmanagement

Das Netzwerkmanagement umfasst alle Aufgaben zur Steuerung, Überwachung und Koordination der Ressourcen, die der Kommunikation in Rechnernetzen dienen (Netze, Server, Router, Switches etc.). **Netzwerkmanagementsysteme (NWMS)** unterstützen die Administratoren bei der Erledigung dieser Aufgaben. Wesentliche Teilbereiche sind gemäß ISO/OSI [ISOo.J.]:

- **Konfigurationsmanagement (Configuration Management)**

  Das Konfigurationsmanagement dient der Erfassung, Verwaltung und Steuerung der Netzressourcen. Durch automatische Erhebung von Informationen über den Zustand der Komponenten kann das NWMS selbsttätig Änderungen an der Konfiguration vornehmen wie z. B. ein Update der Netzwerkprotokolle.

- **Leistungsmanagement (Performance Management)**

  Mit Hilfe von geeigneten Mechanismen und Parametern wie Antwortzeit, Durchsatz und Lastverteilung gilt es beim Leistungsmanagement, die Netzleistung zu erfassen, zu analysieren und zu optimieren. Die Auswertungen der Parameterdaten fließen in die Leistungs- und Kapazitätsplanung ein.

- **Fehlermanagement (Fault Management)**

  Das Fehlermanagement basiert auf der permanenten Überwachung des Netzwerks. Erkannte Fehler müssen diagnostiziert, im Idealfall selbsttätig behoben und der gesamte Vorgang dokumentiert werden. Fällt z. B. die gespiegelte Festplatte eines Fileservers aus, sollte das NWMS dies feststellen, auf die andere Festplatte umschalten, diesen Vorgang ins Log-File eintragen und den Administrator per E-Mail oder SMS verständigen.

- **Abrechungsmanagement (Accounting Management)**

  Sollen IT-Services gegenüber internen oder externen Kunden verrechnet werden, müssen Leistungsparameter erfasst, aufgezeichnet und unter anderem in Form von Rechnungen oder Nutzungsstatistiken ausgewertet werden. Das NWMS muss dazu beispielsweise Anschaltzeiten oder übertragene Datenvolumina erheben.

- **Sicherheitsmanagement (Security Management)**

  Netzwerkumgebungen sind vielerlei Sicherheitsrisiken durch Angriffe, Fehlbedienungen oder Fehlfunktionen ausgesetzt. Schutzziele des Sicherheitsmanagements sind unter anderem Informationsvertraulichkeit, Datenintegrität und Verfügbarkeit [ECKERT2006, S. 6 ff.]. Zur Verfolgung dieser Ziele kommen Mechanismen zum Einsatz wie Login-Prüfungen, Verschlüsselung, digitale Signatur etc. (vgl. auch die Ausführungen zum Thema IT-Sicherheitsmanagement in Kapitel 6).

Netzwerkmanagement-Systeme decken – meist ergänzt um Spezialsoftware – einen Großteil der geschilderten Funktionalität ab. Typische, in der Praxis häufig eingesetzte Vertreter solcher Werkzeuge sind beispielsweise HP OpenView, IBM NetView/Tivoli, FSC ServerView, Dell OpenManage, CA UniCenter oder ICCM network.

5.2.3   Client Management

5.2.3.1   Überblick

Das Client Management umfasst alle Aufgaben für Betrieb, Steuerung und Überwachung der Clientsysteme in einer Client-/Server-Architektur (vor allem Rechner, netzwerkfähige Peripheriegeräte). Zur Einschätzung der wirtschaftlichen Bedeutung dieser Aufgaben können folgende Aussagen dienen:

- Ein PC-Arbeitsplatz verursacht über einen Lebenszyklus von drei bis vier Jahren Gesamtkosten für Hardware, Software und laufende Wartung und Support in Höhe von ca. 13.000 Euro [STIEL2006].

- Mögliche Einsparungen durch umfassendes, systematisches Client Management können im ersten Jahr 30 Prozent, in den fünf Folgejahren jeweils zwischen fünf und zehn Prozent betragen [GARTNER2004].

- Auch durch Outsourcing lassen sich Praxiserfahrungen zufolge über den kompletten Lebenszyklus eines Arbeitsplatzes bis zu 30 Prozent der Kosten einsparen [STIEL2006].

- Diese Potenziale werden jedoch unzureichend erschlossen, da nur zehn bis 15 Prozent aller Unternehmen optimiertes Asset Management betreiben [KOLL2005, S. 17].

- Werkzeugunterstütztes Client Management entfaltet seinen vollen Nutzen ab einer Rechnerzahl von etwa 70.

▪ Werkzeugunterstützung

Werkzeuge, die der Unterstützung der oben genannten Aufgaben dienen, werden als **Client-** oder **Desktop-Management-Systeme** bezeichnet. Sie sind in der Regel modular aufgebaut und bieten Funktionalitäten für

- das Inventory Management (vgl. Abschnitt 5.2.3.2),
- das Lizenzmanagement (vgl. Abschnitt 5.2.3.3),
- die Softwareverteilung (vgl. Abschnitt 5.2.3.4),
- die Remote Control (vgl. Abschnitt 5.2.3.5) und
- den Help Desk (vgl. Abschnitt 5.2.3.6).

Am Markt ist eine Vielzahl von Programmsuiten verfügbar, die weite Teile der genannten Funktionalität abdecken. Beispiele dafür sind

- altiris Management Suite (Assets, Clients, Server),
- baramundi Management Suite (inventory, deploy, remote control),
- Fujitsu Siemens Computers ManageIT Suite,
- HP Client Manager,
- Intel LANDesk,
- Microsoft Systems Management Server (SMS),
- Novell ZENworks (Desktop Management, Patch Management, Server Management),
- Remedy IT Service Management Suite oder
- FCS Asset.Desk/Install.Desk/Heinzelmann (Inventory, Deploy, Ticketing).

Häufig kommen in der Praxis auch Eigenentwicklungen und Kombinationen von auf einzelne Teilgebiete spezialisierten Tools zum Einsatz.

Die Einführung und Nutzung solcher Werkzeuge setzt die **Einbeziehung der Personalvertretung** voraus. Diese reicht je nach Vorliegen von Regelungen zur Nutzung von Rechnerarbeitsplätzen (z. B. durch entsprechende Betriebsvereinbarungen) von reiner **Information** bis hin zur Einholung der **Zustimmung**.

Standards

Damit die Werkzeuge ihre Funktionalität in heterogenen System-
umgebungen entfalten können, müssen sie Standards unterstützen.
Eine Auswahl ist in Tab. 5.2.3.1/1 dargestellt.

Tab. 5.2.3.1/1   Auswahl wichtiger Standards für das Client
Management

Standard	Bedeutung/Zweck
DMI (Desktop Management Interface)	Schnittstelle für das Desktop Manage- ment
PXE/BootP (Pre-Boot Execution Environment)	Fernbooten und Konfigurieren von Clients über das lokale Netz
WMI (Windows Management Instrumentation)	Standardschnittstelle für Microsoft- Betriebssysteme
SNMP (Simple Network Management Protocol)	Standardschnittstelle für das Netz- werkmanagement
ASF (Alert Standard Format)/ AoL (Alert on LAN)	Behandlung von Statusmeldungen oder Alarmen, die durch Geräte im Netz abgesetzt werden
WoL (Wake on LAN)	Start eines ausgeschalteten Rechners über das lokale Netz

5.2.3.2   Inventory Management

Inventory Management bezeichnet die Erhebung und Speicherung
von Daten über Hard- und Softwarekomponenten der Clientsysteme in einer Netzwerkumgebung (Rechner, Peripheriegeräte etc.).
Synonym wird häufig der Begriff Asset Management verwendet.

Werkzeugunterstützung

Werkzeuge, die der weitgehend automatischen Abwicklung dieser
Aufgaben dienen, werden als **Inventory-Management-Systeme**
bezeichnet[66].

Über standardisierte Schnittstellen (vgl. Tab. 5.2.3.1/1) inventarisieren diese Tools im **Hardwarebereich** automatisch Rechner, Mo-
nitore, Drucker und sonstige Peripheriegeräte. Dazu scannen die
Programme die ans Netz angeschlossenen Geräte, lesen bis zu

---

[66] Viele dieser Werkzeuge inventarisieren auch Server und beinhalten
somit teilweise auch Funktionen von NWMS.

1.000 detaillierte Informationen aus und legen diese in einem Repository ab. I.d.R. handelt es sich hierbei um eine Datenbank im Sinne der **Configuration Management Database (CMDB)** in ITIL (vgl. Abschnitte 3.2.2.2 und 3.2.2.3). Der Vorgang dauert pro Clientrechner etwa 30 Sekunden und kann im Hintergrund ablaufen, so dass der Anwender weiterarbeiten kann. Bezüglich der **Software** ermitteln die Werkzeuge mit hinterlegten Regelwerken unter anderem, welche Programme in welchen Versionen auf den Clients installiert sind. Diese Funktionalität wird beim Thema Lizenzmanagement in Abschnitt 5.2.3.3 weiter ausgeführt.

Typische Parameter, die zur Hardware erfasst werden, sind Seriennummer, Prozessor und dessen Leistung, Festplattentyp und -kapazität, Firmware-Version und Speicherausstattung. Die in Abb. 5.2.3.2/1 dargestellte Bildschirmansicht gibt beispielsweise Auskunft über die Festplatte eines einem Mitarbeiter zugeordneten Rechners. Die Reiter im rechten Fensterbereich bezeichnen weitere Kategorien mit Parametern des betreffenden Computers.

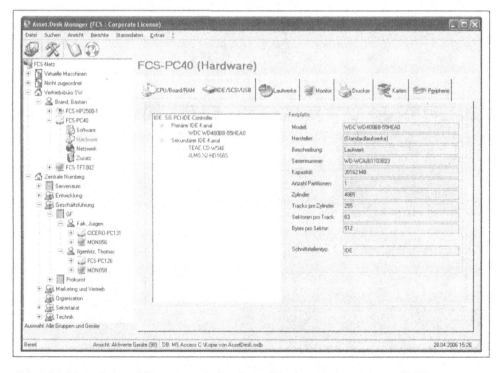

Abb. 5.2.3.2/1   Beispiel für automatisch erfasste Hardwareinformationen [FCS]

Die Tools bieten umfangreiche standardisierte und benutzerdefi-
nierbare Auswertungsmöglichkeiten über die automatisch erfassten und ggf. manuell ergänzten Informationen. Die Palette reicht
von der Ausstattungsliste eines einzelnen Rechners bis hin zur
kompletten Historie zu Hard- und Softwarekonfigurationen aller
erfassten Geräte.

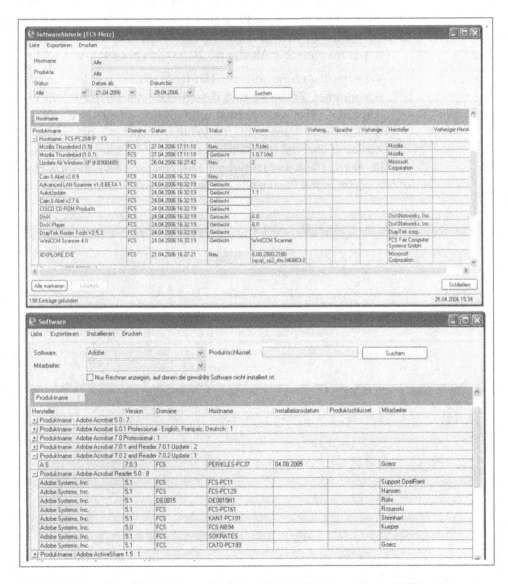

Abb. 5.2.3.2/2   Beispiel für Softwarehistorie und Installationsnachweis [FCS]

Abb. 5.2.3.2/2 zeigt beispielsweise im oberen Bereich einen Aus-
schnitt aus einer Softwarehistorie und im unteren Bereich eine
Übersicht, auf welchen Rechnern eine bestimmte Software (hier
Adobe Acrobat) in welcher Version installiert ist.

Zusätzliche Funktionalitäten umfassen je nach Hersteller beispielsweise die Unterstützung der Vertragsverwaltung (Kauf-,
Leasing-, Wartungs-, Support-, Lizenzverträge und Service Level
Agreements) oder des Rechnungswesens (z. B. Verwaltung ab-
schreibungsrelevanter Gerätedaten). Schnittstellen können außerdem die Integration in Enterprise-Resource-Planning- und E-Procurement-Lösungen ermöglichen um beispielsweise Daten für Beschaffungen übergeben zu können.

Nutzen

Wesentliche Nutzeffekte von Inventory-Management-Systemen
sind in der **Kostenverminderung**, der **erhöhten Transparenz** und
den **verringerten Sicherheitsrisiken** zu sehen.

Die weitgehend automatische Erhebung der Daten reduziert den
manuellen Erfassungs- und Pflegeaufwand und die dabei auftretenden Fehler erheblich und spart so Kosten. Der geringere Aufwand ermöglicht eine regelmäßige Inventur in wesentlich kürzeren
Abständen als beim konventionellen Vorgehen. Auf diese Weise
kann man Transparenz über installierte Hard- und Software schaffen und das Inventar stets aktuell halten. Damit wird eine fundierte Basis geschaffen für die Hardwareplanung (Neuanschaffung,
Ersatz, Aufrüstung, Wartung, Standardisierung etc.) sowie für das
Lizenzmanagement, die Softwareverteilung und für Problemlösungen im Help Desk (vgl. Abschnitte 5.2.3.3 bis 5.2.3.5). Die
Identifikation größerer Heterogenität bei den eingesetzten Rechnern und Druckern liefert z. B. Anhaltspunkte für eine Standardisierung. Diese wiederum kann helfen, Kosten bei der Beschaffung,
bei der Wartung, bei Schulungen, beim Help Desk etc. zu senken.
Schließlich macht die regelmäßige Inventur auch Veränderungen
an Hard- und Software transparent. Dadurch lassen sich einfach
unbefugte Installationen von Geräten und Programmen erkennen,
die die Betriebs- und Datensicherheit beeinträchtigen können.

5.2.3.3 Lizenzmanagement

Gegenstand des Lizenzmanagements ist die Sicherstellung der **ökonomisch optimalen** und **rechtlich einwandfreien Lizenzierung** der in der Organisation genutzten Fremdsoftware. Im Kern geht es dabei darum, bedarfsgerecht vorzugehen, d. h., weder zu wenige noch zu viele Nutzungsrechte für Programme vorzuhalten. Zielführendes Lizenzmanagement stützt sich auf die in Abb. 5.2.3.3/1 dargestellten Säulen (vgl. [KPMG2002, S. 25 f.]).

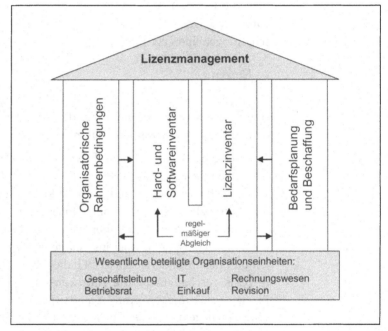

Abb. 5.2.3.3/1   Säulen des Lizenzmanagements

Die **organisatorischen Rahmenbedingungen** beziehen sich vorwiegend auf den Lizenzmanagementprozess und auf damit verbundene Richtlinien und personalbezogene Aktivitäten. Sie umfassen im Wesentlichen

- die Definition und Dokumentation des Lizenzmanagementprozesses und seiner Teilprozesse,

- die Festlegung von Prozessverantwortlichen (Process Owner),

- die routinemäßige Überprüfung der Prozesse (Monitoring),

- die Definition und Kommunikation von Richtlinien bezüglich der Beschaffung, Installation und Nutzung von Software (z. B. Verbot der Beschaffung ohne Involvierung der Verantwortlichen für das Lizenzmanagement oder Verbot der Installation von aus dem Internet herunter geladener Software),

- die Verpflichtung des Personals auf Einhaltung der Richtlinien mit Sanktionsmöglichkeiten bei Nichtbefolgung (z. B. in Betriebsvereinbarungen) und

- die themenbezogene Sensibilisierung, Motivation und Schulung des Personals.

Sämtliche organisatorischen Rahmenbedingungen sind regelmäßig zu überprüfen und ggf. anzupassen.

Eine weitere Säule ist die **Inventarisierung der Hard- und Software**, die bereits in Abschnitt 5.2.3.2 behandelt wurde. Im Zusammenhang mit dem Lizenzmanagement geht es dabei vor allem um

- die Ermittlung der Rechneranzahl (vernetzte und Stand-alone-Rechner),

- die Ermittlung der auf den Rechnern installierten Software,

- die Zuordnung der Installationen zu Organisationseinheiten und/oder Nutzern und

- das Erstellen von Nutzungsstatistiken.

Um das Hard- und Softwareinventar aktuell zu halten ist eine Inventur in regelmäßigen Abständen erforderlich.

Dies gilt analog für das **Lizenzinventar** als dritte Säule des Lizenzmanagements. Im Mittelpunkt stehen hier

- die Ermittlung vorhandener Lizenzen (mit Informationen wie Version, Gültigkeitsdauer etc.),

- die Zuordnung von Lizenzen zu Organisationseinheiten und/oder Nutzern und

- die Verwaltung von Lizenznachweisen (spezielle Dokumente der Hersteller oder Kaufnachweise).

Hard- und Softwareinventar sowie Lizenzinventar und deren **regelmäßiger Abgleich** zeigen Handlungsbedarfe auf. Beispielsweise kann die Feststellung, dass Mitarbeiter selbsttätig und unautorisiert Service Packs installiert haben, im Bereich der organisatorischen Rahmenbedingungen eine Überarbeitung der Richtlinien nach sich ziehen. Das Erkennen einer Unterlizenzierung kann zur Deinstallation von Programmen führen, während eine Überlizenzierung eine Korrektur der Bedarfsplanung auslöst.

Bedarfsplanung und Beschaffung bilden die letzte Säule des Lizenzmanagements. Die dazu gehörenden Aktivitäten müssen sich orientieren

- am aktuellen Hardware-, Software- und Lizenzinventar,

- an der aktuellen und geplanten Unternehmensentwicklung und der damit verbundenen Entwicklung des Personalstands und

- am Softwareangebot (neue Anwendungen, veränderte Nutzungs- und Lizenzierungsformen wie z. B. „Software on demand").

Beschaffungen sollen nur den echten Bedarf decken, der aus den genannten Fakten ermittelt werden kann. Damit die Transparenz gewährleistet ist und bessere Konditionen durch Bedarfsbündelungen erzielt werden können, müssen sie mit den Lizenzmanagementverantwortlichen abgestimmt werden. Die regelmäßig durchzuführende Bedarfsplanung wird fallweise von Ad-hoc-Planungen ergänzt, z. B. bei Firmenübernahmen.

Ein mit den erläuterten Dimensionen betriebenes Lizenzmanagement involviert als dauerhafter Prozess eine Vielzahl von Organisationseinheiten des Unternehmens. Wesentliche Stakeholder reichen von der IT über den Einkauf, das Rechnungswesen, die Revision und die Geschäftsleitung bis hin zum Betriebsrat, der beispielsweise einzuschalten ist, wenn Systeme eingesetzt werden sollen, welche die Softwarenutzung protokollieren. Umso bedeutsamer sind die bereits angesprochene klare Regelung der Zuständigkeiten und die sorgfältige Gestaltung des Gesamtprozesses. In der Praxis bietet es sich in der Regel an, die Federführung für das Lizenzmanagement der IT zu übertragen.

▪ Werkzeugunterstützung

Die skizzierten Aufgaben des Lizenzmanagements lassen erkennen, dass vor allem zeitaufwändige, fehlerträchtige und wiederholt auszuführende Aktivitäten wie die Erfassung von Hardware-, Software- und Lizenzinventar wirtschaftlich nur mit IT-Unterstützung zu bewerkstelligen sind. Werkzeuge, die der weitgehend automatischen Abwicklung dieser Aufgaben dienen, werden als **Lizenzmanagementsysteme** bezeichnet. In Verbindung mit Funktionalitäten der oben beschriebenen Inventory-Management-Systeme suchen sie auf der Festplatte gezielt nach bestimmten Informationen wie z. B. Dateinamen, Dateigrößen, Seriennummer, Version, Herstellerangaben, Service Packs etc. Die Tools greifen dafür auf leistungsfähige Datenbanken zurück, die Wissen über Dateipakete, Installations- und Betriebsvoraussetzungen, Lizenzierungsmodelle etc. einer Vielzahl von Softwareherstellern und ihrer Produkte enthalten. Anschließend vergleichen die Systeme identifizierte Installationen automatisch mit den gespeicherten Lizenznachweisen und entsprechend dokumentierten Eigenentwicklungen und weisen Differenzen aus, die dann zu klären sind. Neben der Verwaltung und Kontrolle des Einsatzes von Softwarelizenzen sind meist Programmfunktionen verfügbar für die Verwaltung von Kauf-, Leasing-, Wartungs-, Support- und Lizenzverträgen mit Wiedervorlagefunktionen (z. B. bei nahendem Auslaufdatum). Mit standardisierten und benutzerdefinierten Reports lassen sich die in der Datenbank enthaltenen Informationen – z. B. die Historie über installierte Softwarekonfigurationen – auswerten und übersichtlich darstellen.

Abb. 5.2.3.3/2 zeigt eine Übersicht über installierte Software, den Installationen zugeordnete Lizenzen, den vorhandenen Lizenzbestand und die ermittelte Über- oder Unterlizenzierung.

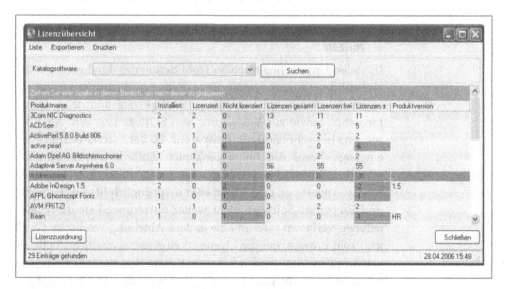

Abb. 5.2.3.3/2   Beispiel für Lizenzabgleich [FCS]

Der Bildschirmabdruck in Abb. 5.2.3.3/3 ist ein Teil eines Pflegedialogs für einen Lizenzvertrag, bei dem unter anderem Vertragslaufzeiten, Kündigungsfristen und Wiedervorlagetermine eingegeben werden.

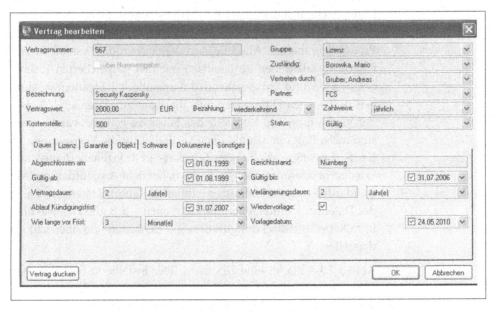

Abb. 5.2.3.3/3   Beispiel für Lizenzvertragsverwaltung [FCS]

▪ Nutzen

In vielen Unternehmen fehlen wohl definierte, durchgängige und einheitliche Prozesse sowie klare Verantwortlichkeiten zur Softwarebeschaffung, zur Installation von Software und deren Dokumentation sowie zur Verwaltung von Softwarelizenzen. Als Konsequenz herrscht häufig Intransparenz, ob der Softwareeinsatz den eingangs dieses Abschnitts genannten Anforderungen ökonomischer und juristischer Natur genügt. In der Praxis kommt es beispielsweise oft vor, dass Mitarbeiter ursprünglich für sie beschaffte und lizenzierte Software nicht weiter nutzen, weil sie das Unternehmen verlassen oder in eine andere Abteilung wechseln. Greift jetzt kein Prozess, der die Lizenz an eine verantwortliche Stelle als verfügbar meldet, wird bei neuem Bedarf eine zusätzliche Lizenz beschafft oder für die nicht genutzte weiterhin Wartungsgebühr bezahlt. Andererseits besteht die Gefahr der Unterlizenzierung, wenn Software auf mehr Rechnern installiert wird, als gemäß der ursprünglichen Lizenzvereinbarung erlaubt ist. Dies gilt auch, wenn es sich nur um einen kurzen Zeitraum etwa bei Neueinstellungen handelt, beispielsweise bis zusätzlich benötigte Lizenzen beschafft sind. Sich dynamisch ändernde Lizenzierungsbestimmungen und teilweise komplexe Updatepfade der Hersteller sowie Umorganisationen und Zu- oder Verkäufe von Unternehmensteilen erhöhen die Herausforderungen an alle Beteiligten zusätzlich. Ein klar definierter, IT-gestützter Lizenzmanagementprozess zielt auf eine Verbesserung der skizzierten Situation ab. Der Hauptnutzen liegt – ähnlich dem Inventory Management – in der **erhöhten Transparenz**, die sich in **vermindertem Risiko** und **niedrigeren Kosten** niederschlägt.

Verlässliche Informationen über vorhandene gültige Lizenzen und tatsächliche Installationen von Software helfen, eine Reihe von **Risiken** zu **vermeiden** oder zumindest zu **vermindern**. So kann man beispielsweise eine eventuelle **Unterlizenzierung erkennen** und deren mögliche Folgen (Strafzahlung) mit den geeigneten Maßnahmen (Nachlizenzierung) abwenden. Ebenso können Sicherheitsrisiken beseitigt werden, die beispielsweise durch vom Endanwender aus dem Internet herunter geladene und eigenmächtig installierte Software entstehen. Solche **unautorisierten und unkontrollierten Installationen** werden schneller **identifiziert** und etwaige Schadprogramme wie **Viren** können **entfernt** werden, bevor sie größeren Schaden anrichten. Auch lässt sich leicht feststellen, welche Rechner **Sicherheitslücken** aufweisen, etwa weil Sicherheitsupdates der Hersteller noch nicht aufgespielt sind.

Die höhere Transparenz trägt zur Senkung der Lizenzkosten bei, weil sie **Überlizenzierung** zu **vermeiden** hilft. Das System gibt im Bedarfsfall Auskunft über freie Lizenzen und kann so unnötige Beschaffungen verhindern. Durch die Überwachung und Auswertung der Lizenzlaufzeiten entsteht eine **verbesserte Planungsgrundlage** für die Anschaffung neuer Software. In diese fließen auch die Ergebnisse von Statistiken ein, die z. B. belegen können, dass bestimmte Software gar nicht oder sehr selten angewendet wird, also offenbar nur geringer oder gar kein Bedarf besteht. Ein besserer Überblick über Bestand und Bedarf erlaubt auch einen **zentralen Einkauf** und die **Bündelung von Bedarfen**, womit sich in der Regel Einsparungen durch vereinfachte Einkaufsprozesse und bessere Konditionen (z. B. durch Volumenlizenzen) erzielen lassen. Aufgrund der gesteigerten Transparenz lässt sich außerdem leichter erkennen, ob unterschiedliche Produkte mit gleicher Funktionalität und unterschiedliche Versionen der gleichen Software genutzt werden. Sie fördert damit die **Standardisierung des Softwareeinsatzes**. Je weniger verschiedene Applikationen eingesetzt werden, desto weniger Aufwand fällt an für Installation, Bedienung, Schulung und Support.

Bei beabsichtigten Rollouts neuer Softwareversionen (z. B. Betriebssystemupdate) kann man durch den automatisierten Vergleich der Installationsanforderungen der Software mit den entsprechenden Hardwaredaten (Hauptspeichergröße, Festplattenplatz etc.) schnell und einfach ermitteln, welche Rechner **updatefähig** sind.

Mit **ISO/IEC 19770-1:2006** stellt die International Organization for Standardization einen **Standard** für das **Software Asset Management (SAM)** vor. Durch die damit konforme Gestaltung ihrer Prozesse können Unternehmen die Erfüllung der einschlägigen Compliance-Regeln sicherstellen und sich die weiteren aufgezeigten Nutzenpotenziale erschließen [ISO2006].

5.2.3.4   Softwareverteilung

Softwareverteilung (Deployment) umfasst die automatisierte Installation und Deinstallation von Software (Erstinstallation, Updates, Sicherheits-Patches etc.) auf Arbeitsplatz-PCs. Diese Aufgabe bedarf insbesondere in größeren Netzwerken wohl definierter Vorgehensweisen. Der Service Support nach ITIL sieht dafür die Teilprozesse für Release Management, Change Management und Configuration Management vor (vgl. Abschnitte 3.2.2.2 und 3.2.2.3). Bei der Versorgung von Clients mit Software lassen sich drei **generelle Varianten** unterscheiden:

- **Pull-Prinzip**

  Das Pull-Prinzip sieht die Bereitstellung zu installierender Programme in Verzeichnissen am Server vor. Der Administrator oder der Endbenutzer selbst startet die Installation vom Client aus. Dieses Verfahren ist einfach und in der Regel ohne spezielle Verteilungswerkzeuge zu realisieren. In diesem Fall sind jedoch Administrationsrechte am Client nötig, die auch andere als die zentral bereitgestellten Installationen ermöglichen. Deshalb sollten Richtlinien regeln, welche Installationsaktivitäten zulässig sind. Da die Initiative zum Update den Benutzern überlassen bleibt, wird eine Harmonisierung der Softwarestände (z. B. gleiche Versionen von Service Packs) erschwert.

- **Push-Prinzip**

  Beim Push-Prinzip wird das Installationspaket zum Client übertragen und dort in der Regel ohne Eingriff des Endbenutzers ausgeführt. Administrationsrechte auf den Clients besitzt nur der Installationsprozess und der Systemadministrator. Zusätzlich werden häufig Laufwerke sowie USB- und andere Schnittstellen deaktiviert sowie bestimmte Internetadressen blockiert[67]. Eigenmächtige Installationen durch den Endbenutzer sind damit weitgehend ausgeschlossen. Durch den zentral gesteuerten Softwarepush kann man einen hohen Homogenitätsgrad der Software auf den Clients erreichen. Installationspakete lassen sich zielgruppenspezifisch definieren und als Standardkonfiguration automatisch auf die Rechner der Gruppenmitglieder übertragen. Ein Paket für die Einkaufsabteilung könnte beispielsweise eine Basisausstattung mit Office-Programmen, E-Mail-Client, Internetbrowser, Acrobat Reader sowie Clients von Fachanwendungen wie SAP oder E-Procurement-Systemen umfassen. Mit dem Push-Prinzip lassen sich schnell große Anzahlen von Rechnern auf einen gewünschten Softwarestand bringen.

- **Thin-Client-Betrieb**

  Der Thin-Client-Betrieb stellt die dritte Variante der Versorgung von Netzwerk-Clients mit Software dar. Hierbei handelt es sich allerdings nicht um Softwareverteilung im engeren Sinn, da auf den Clients keine Anwendungssoftware installiert wird. Vielmehr greifen diese auf Anwendungen zu, die zentral auf entsprechenden Servern angeboten werden. Hinsichtlich der Aufgabenverteilung in einer Client/Server-Architektur übernehmen die Clients lediglich die Präsentation, die Verarbeitung und Datenhaltung findet auf Servern statt. Clients können dementsprechend schlank, z. B. ohne eigene Festplatte, ausgestattet werden. Bekannteste Systeme, die einen solchen Betrieb

---

[67]   Dies gilt auch in Verbindung mit dem Pull-Prinzip.

zulassen, sind Windows Terminal Server und Citrix MetaFrame. Dieses zentralistische Vorgehen garantiert homogene Software und begrenzt den Installations- und Updateaufwand auf die Server.

▨ Werkzeugunterstützung

Tools zur Unterstützung der beschriebenen Aufgaben werden als **Softwareverteilungssysteme** bezeichnet. Sie ermöglichen dem Administrator Installationspakete zu schnüren, mit denen auf einzelnen Rechnern oder ganzen Rechnergruppen eines oder mehrere Programme installiert werden. Die dazu definierten Aufträge (Jobs) sorgen zunächst für den Transport der Installationspakete vom Ort ihrer Zusammenstellung auf dem so genannten Paketserver zu den zu versorgenden Arbeitsplatzrechnern. Dort führen die Werkzeuge die eigentliche Installation durch. Diese kann ohne Benutzereingriffe im Hintergrund ablaufen. Bedienereingaben können mit angegebenen Parametern oder vorgefertigten Antwort- oder Skriptdateien simuliert werden. Eine Zeitsteuerung erlaubt die Nutzung unproduktiver Zeiten, etwa nachts oder an Wochenenden. In solchen Fällen nimmt die Wake-on-LAN-Funktion (vgl. Tab. 5.2.3.1/1) die betreffenden Rechner in Betrieb und fährt sie nach Abschluss der Installation wieder herunter. Die Unterstützung der Werkzeuge umfasst meist auch das Logging, das Kontrollieren des Erfolgs und das Rücksetzen und Neustarten bei Fehlern. Das Spektrum der Erfolgskontrollen reicht von einfachen Konsistenzprüfungen (sind alle nötigen Dateien vorhanden?) bis hin zu Funktionsprüfungen der installierten Software. Softwareverteilungswerkzeuge vereinfachen und beschleunigen meist auch das Management von Sicherheitsupdates (Patches) und die Desktop-Migration, d. h. die Übertragung der kompletten Umgebung eines Clients mit allen benutzerspezifischen Einstellungen und Daten auf einen neuen Rechner. Die Deinstallation von Programmen und umfangreiche Reporting-Möglichkeiten runden den typischen Funktionsumfang der Systeme ab. Abb. 5.2.3.4/1 zeigt für ein Beispielsystem die Hauptansicht, von der aus sich Rechner zu Verteilgruppen zusammenfassen, Installationspakete definieren oder auswählen und Installations-Jobs definieren und starten lassen.

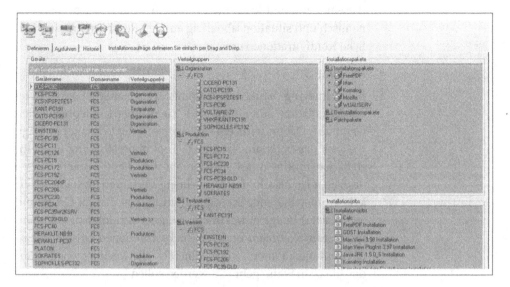

Abb. 5.2.3.4/1 Beispiel für die Hauptansicht eines
Softwareverteilungssystems [FCS]

Softwareverteilungs-Tools unterstützen in der Regel mehrere **Installationsverfahren**. Die wesentlichen sind:

- **Unattended Setup**

  Dieses Verfahren nutzt die vom Softwarehersteller vorgesehene Installationsroutine. Die Steuerung erfolgt über Parameter, die statisch in einer Antwortdatei hinterlegt werden. Dies kann manuell oder durch Aufzeichnung bei einer Musterinstallation geschehen. Wegen der starren Antwortdatei ist jeweils nur die Ausführung einer einzigen Installationsvariante möglich.

- **Native Installation**

  Auch hier kommt die Installationsmethode des Herstellers zum Einsatz. Im Gegensatz zu einer statischen Antwortdatei steuert ein Skript den Ablauf. Das Skript kann mit der Installationsroutine interagieren und je nach Situation unterschiedliche Parameter übergeben. So ist es beispielsweise möglich, auf einem Client den vorhandenen Festplattenplatz zu überprüfen und abhängig vom Ergebnis ggf. die Installation von Zusatzoptionen zu veranlassen. Das Skript würde dabei ein Anklicken der Auswahlkästchen durch den Anwender simulieren. Mit diesem Verfahren kann man in einem Installationsprozess dynamisch und situationsabhängig auf den Rechnern unterschiedliche Konfigurationen erzeugen.

- **Imaging**

  Beim Imaging baut der Administrator zunächst eine Referenzinstallation auf einem den Zielrechnern entsprechenden Gerät auf. Davon wird ein bitgenaues Abbild (Image) erzeugt, welches das Softwareverteilungs-Tool ohne Nutzung einer Installationsroutine quasi als Klon auf die Clients kopiert. Dieses deshalb auch als Cloning bezeichnete Verfahren ist statisch. Für jede zu installierende Konfiguration ist aus diesem Grund ein spezifisches Image nötig. Imaging eignet sich folglich vor allem für Erstinstallationen und für Rücksetzaktionen beispielsweise in Schulungsräumen, wo regelmäßig alle Rechner wieder auf den gleichen Stand gebracht werden sollen.

- **Snapshot**

  Dieses auch als Differenzabbildverfahren bezeichnete Verfahren arbeitet beim Rollout ebenfalls ohne Installationsroutine. Zunächst wird durch manuelle Installation auf einem Client ein definierter Ist-Zustand hergestellt und aufgezeichnet. Anschließend spielt der Administrator auf diesen Rechner beispielsweise ein neues Programm auf oder er verändert eine Systemeinstellung. Der dadurch veränderte Zustand wird ebenfalls aufgezeichnet und anschließend die Differenz zum Ist-Image gebildet. Das Softwareverteilungswerkzeug kopiert letztlich das Differenzabbild mit den darin enthaltenen Veränderungen von Dateien, Verzeichnisstrukturen etc. automatisch auf die Clients. Aufgrund des statischen Verfahrens ist je gewünschter Zielinstallation ein eigenes Differenzabbild zu erstellen.

- **Microsoft-Installer-Verfahren (MSI)**

  Bei diesem Verfahren werden so genannte MSI-Pakete erzeugt, die den Rechnerzustand nach einer Installation sowie die Installationsregeln enthalten. Der als Betriebssystemdienst in MS Windows integrierte Installer übernimmt auf dieser Basis mit Hilfe von Antwortdateien das Aufspielen auf die Clients. Aufgrund dieser Charakteristika wird MSI häufig als Mischung aus Snapshot und Unattended Setup bezeichnet.

Eine ausführlichere Darstellung der Verfahren und ihrer Vor- und Nachteile findet sich in [DERON2003].

▦ Nutzen

Der wesentliche Nutzeffekt der automatischen Softwareverteilung liegt in der **Zeit- und Kostenersparnis**. Beispielsweise lässt sich die Zeit für das Aufspielen eines Service Packs eines Betriebsystems von – je nach Clientanzahl – mitunter mehreren Tagen bei konventioneller Vor-Ort-Installation durch einen Administrator auf wenige Stunden während der Nacht reduzieren. Dies ist bedeutsam, weil sich die durchschnittliche Installationshäufigkeit für Clients allein vom Jahr 2000 bis zum Jahr 2002 von vier auf neun pro Jahr mehr als verdoppelt hat [DERON2002, S. 6]. Die unbediente, vollautomatisch im Hintergrund und zu jeder gewünschten Zeit ablaufende Installation spart nicht nur Personalressourcen, sie erhöht auch die Verfügbarkeit der Arbeitsplätze für die eigentlichen Aufgaben der Nutzer. Darüber hinaus wird es mit dem zentralistischen Vorgehen möglich, Software zeitgleich und in einheitlichen Versionen auf alle gewünschten Rechner auszurollen. Dies trägt zur Homogenisierung der Softwarelandschaft mit den bereits oben angeführten Einspareffekten bei. Die auf diese Weise versorgten Rechner weisen in der Regel sorgfältig definierte, getestete und damit sehr stabile Softwareumgebungen auf. Dies vermindert die Ausfallzeiten der Clientrechner durch undefinierte Fehlerzustände und erhöht somit die Verfügbarkeit. Sollten – etwa wegen eines Hardwaredefekts oder im Falle des Disaster Recovery – Notfallmaßnahmen notwendig werden, ermöglicht die automatische Softwareverteilung eine einfache und schnelle Wiederherstellung qualitätsgesicherter Zustände der Software auf den betroffenen Arbeitsplatz-PCs.

Wenn sichergestellt ist, dass Software ausschließlich automatisch von zentraler Stelle aus verteilt wird, wird das Lizenzmanagement vereinfacht, da wesentlich leichter zu dokumentieren ist, welche Programme wann, wo und von wem installiert wurden.

5.2.3.5   Help Desk

Unter **Help Desk, User Help Desk, Service Desk** oder **Benutzerservicezentrum** wird in diesem Kontext eine Stelle verstanden, die IT-bezogene Problem- oder Störungsmeldungen oder sonstige

Anfragen von organisationsinternen Nutzern entgegennimmt, deren Bearbeitung koordiniert und im Idealfall sofort selbst eine Problemlösung bzw. ein Ergebnis zurückliefert (vgl. Abschnitt 3.1.5)[68]. Ist dies nicht möglich, involviert der Help Desk andere Stellen mit der benötigten Expertise (z. B. Softwarespezialisten) und/oder den benötigten Möglichkeiten (z. B. Servicetechniker, die ein Gerät vor Ort reparieren können). In jedem Fall behält er als **Single Point of Contact (SPOC)** die Kontrolle über den Prozess bis zur Lösung des Problems und informiert den Anfrager ggf. über den Status seines Anliegens. Für die eventuell nötige fachliche Eskalation der Anfragenbearbeitung bis zur befriedigenden Lösung des Problems haben sich in der Praxis **Support Levels** als hilfreich erwiesen. Tab. 5.2.3.5/1 zeigt als Beispiel eine häufig anzutreffende Struktur mit drei Ebenen.

Tab. 5.2.3.5/1   Realisierung von Support Levels

Support Level	abgebildet durch
1st Level	Help Desk
2nd Level	Fachabteilung (z. B. SAP-Anwenderbetreuung Controlling)
3rd Level	Hersteller (z. B. SAP)

▪ Werkzeugunterstützung

Help-Desk-Systeme helfen bei der Bewältigung der genannten Aufgaben. Ihre Funktionalität erstreckt sich auf folgende Bereiche:

- **Erzeugung so genannter Tickets (Problem- oder andere Meldungen)**

  Anwender und Support-Personal können **Tickets** erfassen und ggf. Anlagen (z. B. Dateiausgaben, die einen Fehler zeigen) anhängen. Das System ist im Idealfall in der Lage, Informationen auch aus anderen Eingangskanälen (Webformulare, E-Mails, Fax, Telefon, automatische Störmeldungen von Geräten oder Anwendungen etc.) automatisch zu integrieren und daraus Tickets zu erzeugen. Abb. 5.2.3.5/1 zeigt das Beispiel eines Dialogfensters zum Anlegen eines Tickets.

---

[68] Help-Desk-Leistungen für externe Kunden sind bei dieser Sicht explizit ausgegrenzt. Der Help Desk selbst kann durchaus ausgelagert sein.

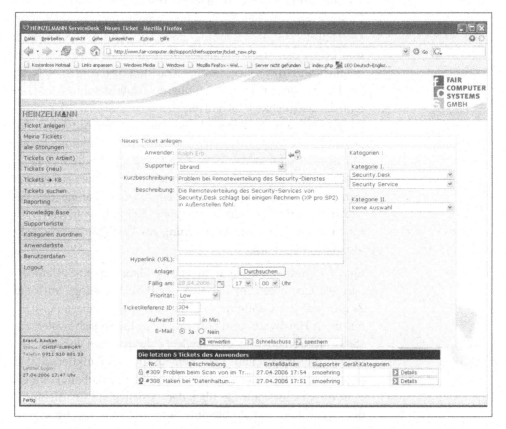

Abb. 5.2.3.5/1   Beispiel für das Anlegen eines Tickets

- **Abarbeitung von Tickets**

  Der Eingang eines Tickets löst einen **Workflow** aus, den das Help-Desk-System steuert. Es muss entweder selbsttätig einen Lösungsvorschlag präsentieren oder ein Ticket einem freien und geeigneten Bearbeiter zuordnen. Dazu analysiert es das Ticket und ermittelt idealerweise wissensbasiert Lösungsmöglichkeiten oder Experten, denen es das Problem dann zur Lösung weiter leitet. Grundlage dafür ist eine Wissensbasis mit bereits früher aufgetretenen Problemen, den dazu entwickelten Lösungen und Fachleuten mit ihren Expertisen (Yellow Pages). Über die Abarbeitungsreihenfolge von Tickets kann das System anhand einer wissensbasierten Priorisierung entscheiden. Es **eskaliert fachlich** stufenweise durch das Routing des Tickets über die Support Levels und **managementbezogen** über die parallele Information von Führungskräften gemäß definierter Regeln. Die Help-Desk-Lösung verfolgt und überwacht die Bearbeitung und liefert dem Ticket-Ersteller **Statusinformationen** bzw. ermöglicht ihm das selbstständige **Tracking** des Vorgangs. Nach der Lösung des im Ticket formulierten Problems muss das System die Möglichkeit bieten, die Ursachen, die Art der Behebung, involvierte Stellen und den entstandenen Aufwand (Arbeitszeit, ggf. Ersatzteile etc.) strukturiert zu dokumentieren. Mit dem Abschluss des Tickets im System steht die Zeitdauer des Support-Vorgangs fest, etwa vom Anlegen eines Tickets mit einer Ausfallmeldung bis zur Wiederinbetriebnahme des betroffenen Geräts. Die für den Support-Fall aufgezeichneten Informationen stehen zur **Auswertung** zur Verfügung und erweitern die Wissensbasis.

Eine Integration mit dem Inventory-Management-System erleichtert Diagnosen im Rahmen der Problemlösung. Mit dem Zugriff auf die Configuration Management Database (CMDB) mit ihren Hardware- und Softwaredaten lassen sich Systemzustände feststellen und eventuelle Fehlerursachen lokalisieren. Durch die Integration von Remote-Control-Funktionalitäten (vgl. Abschnitt 5.2.3.6) können Help-Desk-Mitarbeiter außerdem direkt die Kontrolle über den Arbeitsplatz übernehmen, der Gegenstand der Problemmeldung ist, und eventuelle Fehlerzustände beseitigen.

- **Auswertungsmöglichkeiten**

  Aus den aufgezeichneten Daten sind vielerlei Managementinformationen gewinnbar. Das System kann **Kennziffern für die Servicequalität** errechnen wie Quoten für den Abschluss von Tickets auf den einzelnen Service Levels (z. B. Sofortlösungsquote[69]), die durchschnittliche Dauer von Support-Vorgängen, die durchschnittliche Dauer bis zur ersten Reaktion gegenüber dem Ticketersteller etc. Reports können beispielsweise Aufschluss geben über die Häufung von Fehlern bei Rechnern bestimmter Hersteller oder Konfiguration sowie von Bedienungsproblemen bei bestimmten Programmen. Damit kann man eine

---

[69] Anteil der Tickets, die unmittelbar am First Level abgeschlossen werden konnten.

Historie über Anzahl, Kategorien und konkrete Ausprägungen von Support-Fällen sowie über die Servicequalität des Help Desks aufbauen. Aus dem in der Wissensbasis gespeicherten Problem- und Lösungswissen lassen sich dynamisch Frequently Asked Questions (FAQs) generieren.

▨ Nutzen

Help-Desk-Systeme weisen eine Reihe von Nutzeffekten auf. Sie können wesentlich zur **Verbesserung der Servicequalität** beitragen, in dem sie die Problemlösung durch den oben beschriebenen Workflow beschleunigen oder dem Benutzer Hilfe zur Selbsthilfe (z. B. durch FAQs oder andere Anleitungen) liefern. Die Selbstauskunftsfähigkeit wird ständig verbessert durch die Erweiterung der Wissensbasis mit neuen Fällen.

Mit den aus dem System gewonnenen Informationen kann man **Schwachstellen erkennen** und daraus Handlungsbedarfe ableiten. Bei einer Häufung gleichartiger Hardwarefehler etwa kann man gezielte Ursachenforschung betreiben und ggf. z. B. Umgebungsbedingungen ändern (Hitze, Staub etc.) oder für besser geeigneten Ersatz sorgen. Wiederkehrende Anfragen mehrerer Benutzer bezüglich des Umgangs mit einer Softwarefunktion können Schulungsbedarf anzeigen. Solche Maßnahmen sind geeignet, Servicefälle zu vermeiden oder zumindest in ihrer Zahl zu verringern.

Durch die effizientere und beschleunigte Problemlösung entstehen **Kostensenkungspotenziale** hinsichtlich der Personalkosten im Support und der Ausfallkosten von Systemen für die Aufgabenerfüllung.

Bezogen auf die Organisation des Supports unterstützen Help-Desk-Systeme **virtuelle Help Desks**, d. h. Mischformen aus zentralen und dezentralen Lösungen. Dabei werden Anfragen vom zentralen Help Desk entgegengenommen und an lokale Help Desks verteilt, die die Anwender vor Ort betreuen. Der Zugriff auf zentral im System verwaltete Informationen ermöglicht dabei stets die hohe Auskunftsbereitschaft aller Help Desks.

5.2.3.6   Remote Control

Remote Control bezeichnet die **Fernsteuerung von Server- und Clientrechnern** in einem Netzwerk von einem Administrationsrechner aus. Ein wichtiges Anwendungsfeld ist die Lösung von

Hard- und Softwareproblemen auf den ferngesteuerten Rechnern durch den Help Desk. Weitere Anwendungsbeispiele sind typische Administratoraktivitäten wie die Löschung temporärer Dateien (z. B. vom Internetbrowser angelegte Dateien), die Defragmentierung der Festplatte oder die Einstellung der Monitorauflösung jeweils am Clientrechner[70].

▨ Werkzeugunterstützung

Werkzeuge, die dies ermöglichen, werden als **Remote-Control-Systeme** bezeichnet. Ihre Funktionalität umfasst die Echtzeitübertragung des Bildschirminhalts und die Übernahme der Tastatur- und Maussteuerung vom fernzusteuernden Rechner auf den Fernbedienungsrechner.

▨ Nutzen

Durch die Fernsteuerung lassen sich die Zahl der Einsätze von Servicepersonal vor Ort und die Fehlerbehebungszeiten zum Teil erheblich verringern. Entsprechend sinken damit verbundene Kosten. Zudem besteht die Möglichkeit, auch schwer zugängliche Systeme zentral zu administrieren.

5.2.3.7   Praxisbeispiel TUI InfoTec GmbH

Die TUI InfoTec GmbH ist als IT-Dienstleister für den Touristik-Konzern TUI und dessen Tochterfirmen tätig. Zum Aufgabengebiet zählen unter anderem die zentralisierte und automatisierte Softwareverteilung und -installation. Die folgenden Angaben beziehen sich auf ein 2005 durchgeführtes **Projekt zur Softwareverteilung** (vgl. [JOTZ2005]).

Aufgabe war es, etwa **4.500 Clients** im gesamten TUI-Konzern **von MS Windows NT auf MS Windows XP zu migrieren**. Da weder ein konzernweit zentralisiertes Beschaffungswesen noch verbindliche Standards für Hardware existieren, war man mit einer sehr heterogenen Clientlandschaft konfrontiert. Aufgrund der **Heterogenität** entschied man sich beim Verfahren für die **Native Installation** (vgl. Abschnitt 5.2.3.4). Damit war eine dynamische Installation möglich. Mit ihr konnten unterschiedliche Hard- und Softwareaus-

---

[70] Für mehrere Rechner gleichzeitig werden solche Aufgaben in der Regel mit Softwareverteilungswerkzeugen erledigt.

stattungen optimal berücksichtigt werden, etwa durch Auswahl und Aufspielen der jeweils passenden Gerätetreiber. Dazu nötige Informationen stellte ein seinerzeit noch manuell befülltes Repository eines selbst entwickelten **Inventory-Management-Systems** bereit[71]. Auf dieser Basis wurden mithilfe eines **Softwareverteilungs-Tools** innerhalb von **sechs Monaten** alle Clients in Portionen von ca. 250 Rechnern pro Wochenende migriert. Dabei waren keine nennenswerten Probleme zu verzeichnen.

Generell können die Kunden TUI InfoTec je nach Bedarf mit der Installation von fast 400 verschiedenen Softwareprodukten beauftragen. Pro Monat werden durchschnittlich 13.000 Softwareverteilungen durchgeführt. Für die konventionelle Installation vor Ort wurden durchschnittlich 15 Minuten angesetzt. Der Ersparnis von etwa 400 Personentagen stehen im Wesentlichen lediglich die Aufwände für die Zusammenstellung der Installationspakete gegenüber.

5.3   Literatur zu Kapitel 5

[ALFABET]
Bildschirmabdrucke von planningIT 5.0, teilweise zugeschnitten und modifiziert, bereitgestellt von der alfabet AG, Berlin 2009.

[AIER2005]
Aier, S. und Dogan, T., Indikatoren zur Bewertung der Nachhaltigkeit von Unternehmensarchitekturen, Tagungsband zur 7. Internationalen Tagung Wirtschaftsinformatik, Bamberg 2005, S. 607–626.

[BIRKHÖLZER2003]
Birkhölzer, T. und Vaupel J., IT-Architekturen, Berlin 2003.

[BUHL2004]
Buhl, H., Unternehmensarchitekturen in der Praxis – Architekturdesign am Reißbrett vs. situationsbedingte Realisierung von Informationssystemen, Wirtschaftsinformatik 46 (2004) 4, S. 311.

[DERN2003]
Dern, G., Management von IT-Architekturen, Wiesbaden 2003.

[DERON2002]
Deron Systemhaus GmbH (Hrsg.), Client Management 2002 (Auszug), 2002, www.deron.de/download/download.html# markt studie02client, Download am 08.04.2003.

---

[71] In Teilbereichen kommt auch ein Inventarisierungstool zum Einsatz.

[DERON2003]
Deron Systemhaus GmbH (Hrsg.), Technologien der Softwareverteilung 2003, Zugang per E-Mail am 12.05.2005.

[DERON2004]
Deron Systemhaus GmbH (Hrsg.), Client Management 2004 (Auszug), 2004, Zugang per E-Mail am 12.05.2005.

[DURST2006]
Durst, M., Kennzahlengestütztes Management von IT-Architekturen, HMD – Praxis der Wirtschaftsinformatik 42 (2006) 250, S. 37–48.

[ECKERT2006]
Eckert, C., IT-Sicherheit, 4. Auflage, München 2006.

[FCS]
Bildschirmabdrucke, teilweise zugeschnitten und modifiziert, bereitgestellt von der Fair Computer Systems GmbH, Nürnberg.

[GARTNER2004]
O'Brien, F., Life Cycle Management underpins IT Asset Management, 2004.

[HASSELBRING2006]
Hasselbring, W., Software-Architektur, Informatik Spektrum 29 (2006) 1, S. 48–52.

[HILDEBRAND2001]
Hildebrand, K., Informationsmanagement: Wettbewerbsorientierte Informationsverarbeitung mit Standardsoftware und Internet, 2. Auflage, München 2001.

[ISOo.J.]
ISO International Organization for Standardization (Hrsg.), Information Processing Systems – OSI Basic Reference Model – Part 4, Management Framework, o.O., o.J.

[ISO2006]
ISO International Organization for Standardization (Hrsg.), ISO/IEC 19770-1:2006 Software Asset Management Part 1: Processes, http://www.iso.org/iso/en/CatalogueDetailPage.Catalogue Detail? CSNUMBER=33908&ICS1=35&ICS2= 80&ICS3=, Download am 02.11.2006.

[JOTZ2005]
Jotz, K., Verteilungs-Tool lässt die Software fliegen, Computer-Zeitung, Nr. 49, 2005, S. 23.

[JUNG2004]
Jung, E., Ein unternehmensweites IT-Architekturmodell als erfolgreiches Bindeglied zwischen Unternehmensstrategie und dem operativen Bankgeschäft, Wirtschaftsinformatik 46 (2004) 4, S. 313–315.

[JUNG2005]
Jung, E., PASS – The successful enterprise portal to implement IT architectures in the HVB Group, Beitrag zur Euroforum-Konferenz IT-Architekturmanagement, Stuttgart 2005.

[KOLL2005]
Koll, S., Anwender erhalten IT-Transparenz, Computer-Zeitung, Nr. 34–35, 2005, S. 17.

[KPMG2002]
KPMG Deutsche Treuhand-Gesellschaft Aktiengesellschaft Wirtschafts-prüfungsgesellschaft (Hrsg.), Lizenzmanagement in deutschen Unternehmen Ergebnisse einer Umfrage, 2002, http://www.kpmg.de/library/pdf/020620_Lizenzmanagement_in_deutschen_Unternehmen_de.pdf, Download am 22.02.2006.

[KRCMAR2009]
Krcmar, H., Informationsmanagement, 5. Auflage, Berlin 2009.

[LANKES2005]
Lankes, J., Matthes, F. und Wittenburg, A., Softwarekartographie: Systematische Darstellung von Anwendungslandschaften, Tagungsband zur 7. Internationalen Tagung Wirtschaftsinformatik, Bamberg 2005, S. 1443–1462.

[MAICHER2003]
IT-Governance – Koordinationsinstrumente, Probleme, Standards, in: Bernhard, M. und Blomer, R., Bonn, J. (Hrsg.), Strategisches IT-Management, Band 1, Düsseldorf 2003, S. 231–296.

[MATTHES2008]
Matthes, M., Buckl, S., Leitel, J., Schweda, C., Enterprise Architecture Management Tool Survey 2008, TU München, Chair for Informatics 19, Germany, 2008.

[MAURER2004]
Maurer, B. und Neu, M., Das Architekturmodell der HVB – Methodische Grundlagen und praktische Umsetzung, Workshop der GI-Fachgruppe IF am 4. Juni 2004, München 2004.

[ÖSTERLE2003]
Österle, H. und Winter, R., Business Engineering, in: Österle, H. und Winter, R. (Hrsg.), Business Engineering, 2. Auflage, Berlin 2003, S. 3–20.

[SCHELP2007]
Schelp, J. und Stutz, M., SOA-Governance, HMD – Praxis der Wirtschaftsinformatik 43 (2007) 253, S. 66–73.

[SINZ2004]
Sinz, E., Unternehmensarchitekturen in der Praxis – Architekturdesign am Reißbrett vs. situationsbedingte Realisierung von Informationssystemen, Wirtschaftsinformatik 46 (2004) 4, S. 315–316.

[STIEL2006]
Stiel, H., Firmen mustern die Geldfresser auf den Schreibtischen aus, Handelsblatt, Nr. 48 vom 08.03.2006, Seite B4.

[WINTER2005a]
Winter, R. und Hafner, M., Vorgehensmodell für das Management der unternehmensweiten Applikationsarchitektur, Tagungsband zur 7. Internationalen Tagung Wirtschaftsinformatik, Bamberg 2005, S. 627–646

[WINTER2005b]
Winter, R. und Schelp, J., Dienstorientierung im Business Engineering, HMD – Praxis der Wirtschaftsinformatik 41 (2005) 241, S. 45–54.

[ZACHMAN1987]
Zachman, J. A., A Framework for Information Systems Architecture, IBM Systems Journal 26 (1987) 3, S. 276–292.

6   IT-Sicherheitsmanagement

In diesem Kapitel werden in Abschnitt 6.1 wesentliche Grundlagen von IT-Sicherheitsmanagement wie seine Bedeutung, gesetzliche Anforderungen und IT-Sicherheitsstandards erläutert. Der Prozess „IT-Sicherheitsmanagement" wird in Abschnitt 6.2 zunächst grundsätzlich dargelegt, bevor in Abschnitt 6.3 mit dem Grundschutzansatz des Bundesamtes für Sicherheit in der Informationstechnik (BSI) ein vereinfachtes, als IT-Sicherheitsstandard etabliertes Verfahren vorgestellt wird. Mit der Zertifizierung ihres IT-Sicherheitsmanagements weisen Unternehmen nach, dass sie vorgegebene Sicherheitsanforderungen erfüllen. In Abschnitt 6.4 wird auf Wesen und Vorgehensweise der Zertifizierung eingegangen. Werkzeuge zur Unterstützung des Prozesses „IT-Sicherheitsmanagement" in Abschnitt 6.5 sowie aufbauorganisatorische Aspekte wie der mögliche Aufbau einer IT-Sicherheitsorganisation und die Darstellung der Aufgaben von IT-Sicherheits- und Datenschutzbeauftragten in Abschnitt 6.6 runden dieses Kapitel ab.

6.1   Grundlagen

6.1.1   Bedeutung von IT-Sicherheitsmanagement

Die wachsende Bedeutung einer möglichst umfassenden IT-Sicherheit in Unternehmen und damit der Notwendigkeit zur Etablierung von IT-Sicherheitsmanagement ergibt sich aus einer Reihe von Gründen:

- Die Durchdringung von Unternehmen aller Branchen und Größenordnungen mit IT und die daraus resultierende **zunehmende Abhängigkeit von der IT** erfordern ein hohes Maß an IT-Sicherheit. So beziffert beispielsweise der IT-Vorstand einer Versicherung den Verlust bei IT-Ausfall in einer einzigen Zweigniederlassung auf ca. 1 Million EUR pro Tag [WÖBKING 2005]. Der IT-Leiter eines Automobilunternehmens hat die Überlebensfähigkeit des Unternehmens ohne IT auf maximal zwei Wochen eingeschätzt. Auch mittelständische Unternehmen sind zunehmend von IT-Systemen, z. B. für Angebots- und Auftragsbearbeitung oder Produktionsplanung und -steuerung, abhängig und würden bei längerem Ausfall der IT in ernsthafte Schwierigkeiten geraten.

- Das **wachsende Bedrohungspotenzial**, das sich durch den flächendeckenden Einsatz der Internettechnologien zum Teil exponentiell erhöht, stellt die IT-Sicherheit vor besondere Herausforderungen. Folgende Entwicklungen, die sich zum Teil verstärken, tragen hierzu bei:

  - Die Anzahl der Websites, der Internethosts und der Nutzer ist seit der „Erfindung" des World Wide Web (WWW) im Jahr 1990 explosionsartig gestiegen. So gibt es 2009 weltweit knapp 1,6 Milliarden Internetnutzer [MINIWATTS2009], ca. 70 % der über vierzehnjährigen Deutschen greifen auf das Internet zu [STATISTA2009]. Mobile Zugangstechnologien wie WLAN (Wireless Local Area Network) erhöhen die Nutzbarkeit des Internets und werden zusammen mit Internetdiensten wie Voice over IP (VoIP) weiteres Wachstum generieren.

  - Im Internet laufen sehr viele geschäftskritische – auch unternehmensübergreifende – Anwendungen, auf die Mitarbeiter von Niederlassungen, vom Homeoffice oder bei Dienstreisen von unterwegs aus über Fest- oder Mobilfunknetze ebenso zugreifen wie Logistikunternehmen, Lieferanten, Kunden und andere Geschäftspartner.

  - Computerkriminelle schließen sich in organisierter Form zusammen und verfolgen vor allem finanzielle Vorteile [APPSENSE2006, S. 7]. Das Bundeskriminalamt hat festgestellt, dass es die Täter im Internet vermehrt auf vollständige digitale Identitäten abgesehen haben [HEISE2008]. Dies wird erleichtert durch Einbruchswerkzeuge, die im Internet frei verfügbar sind und immer leichter anwendbar und effizienter werden. Als Folge davon werden die Schadprogramme immer ausgefeilter und effektiver [BSI2009d, S. 20 ff.]. Die Struktur des Internet bietet zudem genug Freiraum, bei Angriffen unerkannt zu bleiben. Im Jahr 2007 wurden in Deutschland 180.000 Straftaten mit Hilfe des Internets begangen, bei der Wirtschaftskriminalität sind 10 %

der Straftaten auf Basis des Internets ausgeführt worden [ZIERCKE2008].

– Die Anzahl der jährlich gemeldeten Softwaresicherheits-lücken, die verbreitete Betriebssysteme, Anwendungspro-gramme und Netzkomponenten aufweisen und die poten-ziellen Einbrechern den Zugang erleichtern, ist von 1.090 im Jahr 2000 über 5.990 im Jahr 2005 auf 7.236 im Jahr 2007 dra-matisch gestiegen. Für die drei Quartale des Jahres 2008 lie-gen bereits über 6.000 gemeldete Sicherheitslücken vor [CERT2009b][72]. Auch werden diese Sicherheitslücken im-mer schneller ausgenutzt, im Falle so genannter Zero-Day-Angriffe oft vor oder am gleichen Tag der öffentlichen Be-kanntmachung [BSI2009d, S. 19].

• In zunehmendem Maße schreiben **gesetzliche Vorschriften und Regelungen** und andere **Compliance-Vorgaben** (Näheres siehe Abschnitt 6.1.3) zumindest implizit ein funktionierendes IT-Sicherheitsmanagement vor.

6.1.2 Grundbegriffe

Im Zusammenhang mit IT-Sicherheitsmanagement sind die im Folgenden definierten Begriffe von besonderer Relevanz.

Unter **Risiko** versteht man das Produkt aus der Wahrscheinlichkeit des Eintritts eines Schadensereignisses und der Höhe des poten-ziellen Schadens, der dadurch hervorgerufen werden kann [ECKERT2008, S. 15 und AEBI2004, S. 4 f.]. Weniger wahrscheinli-che Ereignisse mit hohem Schadenspotenzial können somit zum gleichen Risiko führen wie wahrscheinlichere Ereignisse mit gerin-gem Schadenspotenzial.

Risikomanagement umfasst alle organisatorischen Maßnahmen, die sich auf

• die Definition der Risikofelder,

• die Identifikation der Risiken und

• deren Analyse, Bewertung, Steuerung, Überwachung sowie die Berichterstattung beziehen.

---

[72] Bei Redaktionsschluss lagen keine aktuelleren Zahlen vor.

IT-Risikomanagement bezieht sich somit auf die entsprechenden organisatorischen Maßnahmen im Zusammenhang mit IT.

Dies können beispielsweise Risiken bei IT-Projekten sein, sei es aufgrund des Projektcharakters, z. B. bei High-Potential-Anwendungen (siehe Abschnitt 2.3.5.2), oder bei mangelhaftem Projektmanagement mit Termin- und/oder Kostenüberschreitungen und/oder Qualitätsproblemen. Auch die mangelhafte Abstimmung zwischen Unternehmens- und IT-Strategie (siehe Abschnitt 2.3.7) birgt IT-Risiken, z. B. falsche Entscheidungen für IT-Plattformen und -Anwendungen mit der Konsequenz einer mangelhaften Unterstützung von Geschäftsprozessen.

Einen wesentlichen Bestandteil von **IT-Risikomanagement** stellt das **Management von IT-Sicherheitsrisiken** dar. Hierauf wird in diesem Kapitel 6 näher eingegangen.

Gefährdungen, welche Schadensereignisse im Bereich der IT auslösen können und somit zu IT-Sicherheitsrisiken führen, lassen sich gemäß Bundesamt für Sicherheit in der Informationstechnik (BSI) in folgende Kategorien einteilen [BSI2009d]:

- höhere Gewalt (Hochwasser, Blitz, technische Katastrophen im Umfeld etc.),

- organisatorische Mängel (z. B. fehlende Zugangskontrollen, ungesicherter Akten- und Datenträgertransport),

- menschliche Fehlhandlungen (z. B. sorgloser Umgang mit Passwörtern, unbeabsichtigtes Löschen von Daten),

- technisches Versagen (z. B. Ausfall von Netzkomponenten oder der internen Stromversorgung) und/oder

- vorsätzliche Handlungen (z. B. Computersabotage und -spionage).

In der Praxis wird unter **IT-Sicherheit** zumeist die Erfüllung der drei Sicherheitsbedürfnisse Vertraulichkeit, Integrität und Verfügbarkeit eines IT-Systems verstanden, die man auch als **Grundwerte der IT-Sicherheit** bezeichnet:

- **Vertraulichkeit** (confidentiality) bedeutet, dass das IT-System Daten nur den dafür Berechtigten zugänglich macht. Darunter fallen personenbezogene Daten im Sinne des BDSG ebenso wie firmeninterne Daten jeglicher Art, beispielsweise Entwicklungspläne, Marketingkonzepte, Produktionsabläufe oder interne Rechnungswesensdaten.

- **Integrität** (integrity) bezeichnet die Sicherstellung der Korrektheit (Unversehrtheit) von Daten und der korrekten Funktionsweise von Hard- und Softwarekomponenten. Integrität im Zusammenhang mit Daten liegt vor, wenn es nicht möglich ist, Daten unberechtigt und unbemerkt zu verändern [AEBI2004, S. 12].

- **Verfügbarkeit** (availability) bedeutet, dass der Zugriff auf ein funktionsbereites IT-System oder auf funktionsbereite Komponenten eines IT-Systems gewährleistet ist. Als Quotient aus vereinbarter und theoretisch möglicher Verfügbarkeit in einem Zeitrahmen drückt beispielsweise ein Wert von 99 % aus, dass das IT-System an 99 % der geplanten Betriebszeiten genutzt werden kann. Bei einer vereinbarten Verfügbarkeit von 365 Tagen à 12 Stunden pro Tag bedeutet dieser Prozentsatz, dass das IT-System im Jahr insgesamt an nicht mehr als 3,65 Tagen respektive 43,8 Stunden ausfallen darf.

IT-Sicherheitsmanagement ist in Anlehnung an das Österreichische Sicherheitshandbuch [A-SIT 2007, S. 14] ein kontinuierlicher Prozess, der die IT-Sicherheit innerhalb einer Organisation gewährleisten soll (siehe auch Abschnitt 6.2).

6.1.3 Gesetzliche Anforderungen

Rechtsvorschriften mit Konsequenzen für den Bereich der IT-Sicherheit sind nicht in einem Gesetz zusammengefasst, sondern verteilen sich auf eine Reihe von Gesetzen und Richtlinien. Neben diesen für nahezu alle Unternehmen gültigen Vorschriften gibt es branchenspezifische Vorschriften, z. B. für den Umgang mit Gesundheits- und Sozialdaten [WITT2006] oder auch für Kreditinstitute durch das Kreditwesengesetz (KWG) [MOHR2005]. Zu beachten sind schließlich für eine Reihe von Unternehmen die Regelungen für den Geheimschutz in der Wirtschaft [BMWI2004]. Demzufolge müssen Wirtschaftsunternehmen und Forschungseinrichtungen, die IT-Systeme für den Umgang mit staatlichen Verschlusssachen[73] nutzen, entsprechende Sicherheitsmaßnahmen ergreifen [BMWI2004, Abschnitt 6.11].

Die in diesem Abschnitt zusammengefassten rechtlichen Anforderungen lassen sich zu den Anforderungen an ein **Compliance Management** rechnen, das für die Einhaltung und Überwachung von Gesetzen, Richtlinien, internen und Branchenstandards, freiwilligen Kodizes etc. innerhalb eines Unternehmens verantwortlich ist [KPMG2009d]. Abb. 6.1.3/1 zeigt die Quellen von Compliance-Vorgaben in systematischer Form (siehe auch Abschnitt 8.2). Aufgrund einer Reihe von Verstößen gegen entsprechende Gesetze und Regeln ist das Thema Compliance in den letzten Jahren verstärkt in den Fokus der Unternehmen und der Öffentlichkeit geraten.

Unternehmensinterne Regelwerke		Unternehmensexterne Regelwerke
Richtlinien	**Rechtliche Vorgaben**	Kodizes
Hausstandards	Gesetze und Rechtsverordnungen	Normen
Verfahrens-anweisungen	Rechtssprechung	Branchenstandards
Service Level Agreements	Verwaltungsvorschriften	Verbandsstandards
	Referenzierte Regelwerke	
...	Verträge	...

Abb. 6.1.3/1   Quellen von Compliance-Vorgaben [KLOTZ2009, S. 4]

Wesentliche Gesetze und Rechtsverordnungen, die nahezu alle Unternehmen betreffen, lassen sich in die Kategorien Datenschutz-, Buchführungs- und Archivierungs- sowie Risikomanagementregelungen einteilen (siehe Abb. 6.1.3/2). Diese Kategorien werden im Folgenden kurz beschrieben:

---

[73] Als Verschlusssachen werden Informationen und Vorgänge eingestuft, deren Bekanntwerden den Bestand oder lebenswichtige Interessen oder die Sicherheit der Bundesrepublik Deutschland gefährden kann. Sie unterliegen dem Geheimschutz, müssen demzufolge geheim gehalten und vor unbefugter Kenntnisnahme geschützt werden.

Abb. 6.1.3/2   Wesentliche gesetzliche Regelungen

- **Datenschutzregelungen**

  Zweck des bereits seit 1977 bestehenden, zuletzt im August 2009 geänderten **Bundesdatenschutzgesetzes (BDSG)** ([BDSG 2009] in Verbindung mit [DDV2009]) ist, den Einzelnen davor zu schützen, dass er durch den Umgang mit seinen personenbezogenen Daten in seinem Persönlichkeitsrecht beeinträchtigt wird. Bei **personenbezogenen Daten** handelt es sich um Einzelangaben über persönliche oder sachliche Verhältnisse einer bestimmten oder bestimmbaren Person. Das BDSG beinhaltet neben einer Reihe von Vorschriften für Bundesbehörden im Hinblick auf den Umgang mit personenbezogenen Daten auch Vorschriften für Unternehmen. So haben Unternehmen unter bestimmten Voraussetzungen einen betrieblichen Datenschutzbeauftragten zu bestellen, der auf die Einhaltung des BDSG hinzuwirken hat (Details siehe Abschnitt 6.6.3). Die Datenschutzgesetze der einzelnen Bundesländer **(Landesdatenschutzgesetze)** beinhalten im Wesentlichen datenschutzrechtliche Regelungen für die jeweiligen Landesbehörden.

  Als Folge der bekannt gewordenen Mitarbeiterüberwachung in mehreren deutschen Großunternehmen ist im August 2009 eine **Grundsatzregelung zum Arbeitnehmer-Datenschutz** getroffen worden. In dieser seit 1. September 2009 gültigen Norm wird geregelt, zu welchen Zwecken und unter welchen Voraussetzungen der Arbeitgeber Mitarbeiterdaten vor der Einstellung, im und nach dem Beschäftigungsverhältnis erheben und verwenden darf. Eine ausführliche Regelung soll in der nächsten Legislaturperiode erarbeitet werden [ROLFS2009].

Neben diesen Datenschutzregelungen sind auch im **Betriebs-verfassungsgesetz** Regelungen zur Datenschutzkontrolle enthalten. So bedarf „generell jegliche Erhebung und DV-mäßige Verarbeitung oder Nutzung von Arbeitnehmerdaten der Zustimmung der Mitarbeitervertreter" [GOLA2009, S. 63]. Der Betriebsrat ist zur Wahrnehmung dieser Kontrollfunkion umfassend über die im Betrieb stattfindenden Verarbeitungen von Personaldaten zu informieren [GOLA2009, S. 64]. Häufig werden die Bedingungen, unter denen der Arbeitgeber die Personaldaten automatisiert verarbeiten darf, zwischen ihm und dem Betriebsrat in einer verbindlichen **Betriebsvereinbarung** festgelegt.

Die Datenschutzregelungen des seit 2007 gültigen, zuletzt im August 2009 modifizierten **Telemediengesetzes**[74], welches z. B. Regelungen für Anbieter von Telemediendiensten beinhaltet, stehen aufgrund ihrer spezifischen Ausrichtung nicht im Fokus dieses Buches.

• **Buchführungs- und Archivierungsregelungen**

Die seit 1995 geltenden **Grundsätze ordnungsmäßiger DV-gestützter Buchführungssysteme (GoBS)** beinhalten Regeln zur Behandlung aufbewahrungspflichtiger Daten und Belege in elektronischen Buchführungssystemen sowie in revisionssicheren Dokumentenmanagement- und Archivsystemen [BMF 2001]. Darunter befinden sich auch explizit Vorschriften zur Datensicherheit. So sind gemäß dieser Vorschrift die Buchführungsdaten unter anderem gegen Verlust und Veränderung zu schützen. Dieser Schutz ist durch wirksame Zugangs- und Zugriffskontrollen zu gewährleisten.

Auf den GoBS bauen die seit 2002 gültigen **Grundsätze zum Datenzugriff und zur Prüfbarkeit digitaler Unterlagen (GDPdU)** auf [BMF2009]. In ihnen wird unter anderem gefordert, dass originär digital erstellte, steuerlich relevante Daten für eine Betriebsprüfung jederzeit verfügbar und maschinell auswertbar sein müssen. Die den Behörden hierfür zur Verfü-

---

[74] Das Telemediengesetz (TMG) löste die bis dato gültigen Vorschriften, das Teledienstegesetz (TDG), das Teledienstedatenschutzgesetz (TDDSG) und den Mediendienste-Staatsvertrag (MdStV) [HOEREN 2007], ab.

gung stehende Prüfsoftware ermöglicht einen unmittelbaren Einblick in die entsprechenden Daten. Zur Erfüllung der genannten Anforderung müssen für die steuerlich relevanten Daten somit zumindest die Grundwerte Verfügbarkeit und Integrität durch geeignete Sicherheitsmaßnahmen erfüllt werden.

- **Risikomanagementregelungen**

  Das 1998 in Kraft getretene **Gesetz zur Kontrolle und Transparenz im Unternehmensbereich (KonTraG)** besteht als Artikelgesetz aus Änderungen und Ergänzungen bestehender Gesetzestexte, vor allem des Aktiengesetzes und des Handelsgesetzbuches [BGBL1998]. So schreibt der Gesetzgeber unter anderem vor, dass Aktiengesellschaften ein unternehmensweites Risikomanagement einführen und betreiben müssen. Dabei gilt es, mindestens die bestandsgefährdenden Risiken zu identifizieren und zu bewerten. Dies können strategische Risiken und/oder operative Risiken sein. Anschließend sind geeignete Maßnahmen zur Steuerung dieser Risiken zu treffen, um bestandsgefährdende Situationen zu verhindern. In Bezug auf IT-Risiken, die man zumeist zu den operativen Risiken rechnet, bedeutet dies, dass „als geeignete Maßnahme zur Steuerung von IT-Risiken" ein entsprechendes IT-Sicherheitsmanagement aufgebaut werden muss.

  Ziel des 2002 verabschiedeten US-Gesetzes **Sarbanes-Oxley Act (SOX)** ist – vor dem Hintergrund der Unternehmenszusammenbrüche von Enron und Worldcom – die Wiederherstellung des Vertrauens der Anleger in die Richtigkeit der veröffentlichten Finanzdaten von Unternehmen, die den amerikanischen Rechtsvorschriften unterliegen [KPMG2009a]. Dazu zählen auch die deutschen Unternehmen, deren Wertpapiere an einer amerikanischen Börse gehandelt werden, sowie deutsche Tochterunternehmen amerikanischer Gesellschaften.

  Die Unternehmen sind verpflichtet, ein internes Kontrollsystem über die Finanzberichterstattung einzuführen, die hierfür erforderlichen Prozesse zu dokumentieren und seine Wirksamkeit jährlich von Wirtschaftsprüfern bestätigen zu lassen. Darüber hinaus haften Vorstandsvorsitzender und Finanzvorstand persönlich für die Richtigkeit bestimmter Erklärungen, wie z. B. des Jahresabschlusses.

Da die der Finanzberichtserstattung zugrunde liegenden Daten und Informationen zumeist direkt aus Unternehmensanwendungen stammen und auch das Kontrollsystem größtenteils in die IT-gestützten Prozesse des Unternehmens integriert ist, leiten sich auch aus diesem Gesetz aus haftungsrechtlicher Sicht hohe Anforderungen an die IT-Sicherheit der betroffenen IT-Systeme und -Prozesse ab.

Derartige Regelungen spielen nunmehr auch in der EU eine bedeutsame Rolle. So enthält die im Juni 2006 in Kraft getretene 8. EU-Richtlinie, die anschließend in nationales Recht in den Mitgliedsstatten umgesetzt werden musste, an SOX angelehnte Regelungen für alle Kapitalgesellschaften. Allerdings befasst sich „**Euro-SOX**[75]" im Gegensatz zu SOX weniger mit exakten Fragestellungen der Bewältigung von Risiken in Unternehmen. Es legt vielmehr fest, nach welchen Kriterien Unternehmen Risikomanagement mindestens institutionalisieren müssen und welche Voraussetzungen Wirtschaftsprüfer erfüllen müssen, um das Risikomanagement der Unternehmen effizient kontrollieren zu können [VOSSBEIN2008, S. 6].

Die Regelungen von Euro-SOX sind im Mai 2009 im Rahmen des Bilanzrechtsmodernisierungsgesetzes (BilMoG) in Deutschland in Kraft getreten. So lautet beispielsweise der neu hinzugefügte Absatz 5 von § 289 HGB [BGBL2009, S. 1108]:

Kapitalgesellschaften im Sinn des § 264d haben im Lagebericht die wesentlichen Merkmale des internen Kontroll- und des Risikomanagementsystems im Hinblick auf den Rechnungslegungsprozess zu beschreiben.

Das Bilanzrechtsmodernisierungsgesetz enthält darüber hinaus weitere Euro-SOX-konforme Regelungen für verschiedene Gesetze und Regelungen (z. B. Aktiengesetz, Genossenschaftsgesetz).

Basel II ist das Synonym für eine tief greifende Neuregelung des Bankenaufsichtsrechts [BUNDESBANK2009], welche für sämtliche Banken innerhalb der Europäischen Union in Kraft

---

[75] Offiziell trägt diese Richtlinie die Bezeichnung „Richtlinie des Europäischen Parlaments und des Rates über die Prüfung des Jahresabschlusses und des konsolidierten Abschlusses und zur Änderung der Richtlinien 78/660/EWG und 83/349/EWG des Rates" [VOSSBEIN2008, S. 6].

getreten ist[76] und auch signifikante Auswirkungen auf Unternehmen als Kreditnehmer bei Banken haben kann [KPMG 2009b]. Es stellt eine aufsichtsrechtliche Anforderung für die Kreditinstitute dar, sich stärker an betriebswirtschaftlichen Risikomanagementprinzipien zu orientieren. Eine wichtige Rolle spielt dabei auch die systematisierte Einschätzung der Bonität von Kreditnehmern in Form von Ratings, die der Einschätzung des Kreditrisikos dienen und auf umfangreichen quantitativen und qualitativen Informationen beruhen. Für die Ratings spielen neben Marktrisiken zunehmend auch IT-Risiken eine Rolle – abhängig von der Bedeutung der IT für die Geschäftsprozesse des Unternehmens. Das Rating-Urteil, das künftig in viel größerem Umfang als bisher über Kreditwürdigkeit und Konditionen der Kreditnehmer entscheidet, hängt somit auch von der Qualität des vorhandenen IT-Sicherheitsmanagements ab [OV2007].

Für die Versicherungswirtschaft sind von der Europäischen Union unter dem Begriff **Solvency II** an Basel II angelehnte Richtlinien entwickelt worden. Eine entsprechende Rahmenrichtlinie, die bis spätestens 31.10.2012 auf nationaler Ebene umzusetzen ist, wurde im April 2009 verabschiedet, Details werden in noch zu entwickelnden Durchführungsmaßnahmen festgelegt. In Deutschland sind wesentliche Elemente von Solvency II bereits durch Gesetzesinitiativen vorweggenommen worden, so z. B. durch die 9. Novelle des Versicherungsaufsichtsgesetzes (VAG). So sind gemäß § 64a VAG Versicherungsunternehmen zur Errichtung einer ordnungsgemäßen Geschäftsorganisation verpflichtet, die auch Anforderungen an ein angemessenes Risikomanagement beinhaltet [KPMG2009c].

6.1.4 IT-Sicherheitsstandards

Die Etablierung und Aufrechterhaltung von IT-Sicherheitsmanagement (siehe Abschnitt 6.2) ist ein komplexer und komplizierter Prozess, der durch die Verwendung bewährter Verfahren be-

---

[76] Die Regelungen von Basel II sind in Deutschland im „Gesetz zur Umsetzung der neu gefassten Bankenrichtlinie und der neu gefassten Kapitaladäquanzrichtlinie" umgesetzt. Dieses Gesetz ist im Wesentlichen zum 1. Januar 2007, einzelne Teile sind schon in der 2. Jahreshälfte 2006 in Kraft getreten [BGBL2006].

schleunigt und verbessert werden kann. Solche bewährten Verfahren werden in IT-Sicherheitsstandards dargestellt. Diese liefern beispielsweise Methoden und Anforderungen an ein leistungsfähiges Managementsystem für IT-Sicherheit [BITKOM2009, S. 5], aber auch Beschreibungen von IT-Sicherheitsmaßnahmen und Checklisten für deren Implementierung [BITKOM2007, S. 8].

Die Verwendung von IT-Standards führt unter anderem zu folgenden Nutzeffekten [BITKOM2009, S. 5]:

- **Kostensenkung**

  Durch die Nutzung vorhandener und praxiserprobter Vorgehensmodelle wie beispielsweise dem BSI-Grundschutzmodell (siehe Abschnitt 6.3) sind die Etablierung und Aufrechterhaltung von IT-Sicherheitsmanagement mit weniger Ressourcenaufwand realisierbar.

- **Einführung eines angemessenen Sicherheitsniveaus**

  Die Verwendung eines Standards gewährleistet die Orientierung am aktuellen Stand von Wissenschaft und Technik.

- **Wettbewerbsvorteile**

  Im Rahmen von öffentlichen oder privatwirtschaftlichen Vergabeverfahren werden zunehmend auf IT-Sicherheitsstandards basierende Zertifikate (siehe Abschnitt 6.4) als Voraussetzung für die Teilnahme gefordert.

Im Folgenden werden die für das IT-Sicherheitsmanagement wesentlichen IT-Sicherheitsstandards skizziert, aber auch andere wichtige IT-Sicherheitsstandards angeführt[77]. Nicht angesprochen werden technische Standards, wie Verschlüsselungsnormen und Normen zur physischen Sicherheit, beispielsweise zur Einbruchshemmung (nähere Ausführungen hierzu siehe [BITKOM2009, S. 50–71]).

- **Standards zum Sicherheitsmanagement**

  Im deutschsprachigen Raum ist seit vielen Jahren der Grundschutzansatz des BSI (siehe Abschnitt 6.3) wegweisend für Aufbau und Betrieb eines IT-Sicherheitsmanagements.

---

[77] Die nachfolgend verwendete Systematik basiert auf dem Leitfaden von BITKOM über IT-Sicherheitsstandards (vgl. [BITKOM2009]).

Derzeit gibt es vier BSI-Standards[78], die unter anderem auch die international verbindlichen Standards ISO/IEC 27001[79] und ISO/IEC 27002 (vor dem Jahr 2007 als ISO/IEC 17799 bekannt) berücksichtigen. Auf die internationalen ISO/IEC-Standards bzw. auf deren britische Vorgängernormen BS 7799-1 und BS7799-2, die in der Literatur häufig noch zitiert werden, muss deshalb im Weiteren nicht eingegangen werden.

– **BSI-Standard 100-1: Managementsysteme für IT-Sicherheit**

Dieser Standard beschreibt, wie ein IT-Sicherheitsmanagementsystem[80] (ISMS) aufgebaut werden kann. Es wird festgelegt, mit welchen Methoden und Instrumenten die Unternehmensleitung die Aufgaben und Aktivitäten nachvollziehbar lenkt, die für ein angemessenes Niveau von Informationssicherheit erforderlich sind [BSI2008a, S. 6]. Zu einem ISMS gehören folgende Komponenten [BSI2008a, S. 13–32]:

- **Managementprinzipien**
  Zu beachten sind beispielsweise folgende grundlegenden Prinzipien:
  - **Managementpflichten** wie die Übernahme der Gesamtverantwortung oder die Integration der Informationssicherheit in alle Prozesse und Projekte des Unternehmens,
  - **reibungsloser Informationsfluss** über Sicherheitsvorkommnisse und -maßnahmen im gesamten Unternehmen.

- **Ressourcen**
  Die für die Erreichung und Aufrechterhaltung eines bestimmten Sicherheitsniveaus erforderlichen personellen, finanziellen und technischen Ressourcen sind bereitzustellen.

---

[78] Die ersten drei Standards gelten seit Anfang 2006, der BSI-Standard 100-4 seit Ende 2008.

[79] Die ISO/IEC 27001 wurde 2008 als DIN ISO/IEC 27001 ins deutsche Normenwerk übernommen [BITKOM2009, S. 18].

[80] Die Abkürzung ISMS steht in diesem Buch für IT-Sicherheitsmanagementsystem. Der von BSI verwendete Begriff Informationssicherheitsmanagementsystem wird synonym gesetzt.

- **Mitarbeiter**
  Die Mitarbeiter sind in den Sicherheitsprozess entsprechend einzubinden, d. h. über beabsichtigte Vorhaben zu informieren, in geeigneter Weise zu schulen und für sicherheitsrelevante Aspekte zu sensibilisieren.

- **Sicherheitsprozess**
  Bei diesem Prozess wird ausgehend von Sicherheitszielen und einer davon abgeleiteten Sicherheitsstrategie ein Sicherheitskonzept erstellt. Die konkrete Ausgestaltung des Prozesses soll nach IT-Grundschutzvorgehensweise (siehe unten BSI-Standard 100-2) erfolgen.

Der Standard ist zum ISO/IEC-Standard 27001 vollständig kompatibel und berücksichtigt auch die Empfehlungen der Standards ISO/IEC 27000 und ISO/IEC 27002 [BSI2008a, S. 10].

– **BSI-Standard 100-2: IT-Grundschutzvorgehensweise**

In diesem Standard wird detailliert beschrieben, wie ein IT-Sicherheitsmanagementsystem eingeführt werden kann. Dabei werden für die einzelnen Phasen dieses Prozesses Best-Practice-Ansätze zur Bewältigung der Aufgaben vorgestellt. Diese Vorgehensweise bietet somit eine umfangreiche Basis für ein IT-Sicherheitsmanagementsystem, das noch auf die unternehmensindividuellen Gegebenheiten und Anforderungen anzupassen ist [BSI2008b, S. 7]. Die Vorgehensweise bei der Anwendung dieses Standards wird in Abschnitt 6.3 behandelt.

– **BSI-Standard 100-3: Risikoanalyse auf der Basis von IT-Grundschutz**

Die in den Grundschutzkatalogen des BSI enthaltenen Standardsicherheitsmaßnahmen (siehe Abschnitt 6.3) bieten bei „normalen" Anforderungen an die IT-Sicherheit einen angemessenen Schutz. Bei Anforderungen, die darüber hinausgehen, oder bei Komponenten, für die noch keine Bausteine in den Grundschutzkatalogen (siehe Abschnitt 6.3.4) vorhanden sind, ist eine ergänzende Sicherheitsanalyse – zumeist in Form einer Risikoanalyse (siehe Abschnitt 6.3.5) – erforderlich. Der BSI-Standard 100-3 bietet einen Standard

zur Risikoanalyse, der auf den Ergebnissen der IT-Grundschutz-Vorgehensweise aufbaut und somit weniger Aufwand als eine herkömmliche Risikoanalyse erfordert
[BSI2008c].

– **BSI-Standard 100-4: Notfallmanagement**

Dieser Standard beschreibt, wie die Ergebnisse der klassischen IT-Grundschutz-Vorgehensweise gemäß BSI-Standard
100-2 und der Risikoanalyse gemäß BSI-Standard 100-3 als
Basis für eine angemessene Vorsorge zur Vermeidung von
Notfällen wie auch zur Minimierung der Schäden in einem
Notfall verwendet werden können. Es handelt sich um ein
eigenständiges Managementsystem für die Geschäftsfort-
führung und die Notfallbewältigung. Das Managementsystem soll einen systematischen Weg aufzeigen, um bei Notfällen und Krisen der verschiedensten Art, die zu einer Ge-
schäftsunterbrechung führen können, schnell reagieren zu
können [BSI2008e, S. 4].

• **Standards mit Sicherheitsaspekten**

Die Standards COBIT[81] und ITIL[82] stellen Rahmenwerke dar,
die alle Aspekte (inklusive IT-Sicherheit resp. IT-Sicherheitsmanagement) des IT-Einsatzes in einem Unternehmen beinhalten
und somit eine ganzheitliche Sicht auf die IT einnehmen.

Im Rahmen von COBIT (siehe Abschnitt 8.3) werden auch die
Ziele der IT-Sicherheit im Unternehmen systematisch berücksichtigt und der Stand der Implementierungen durch Audit-
richtlinien überprüfbar.

ITIL, das Referenzmodell für IT-Serviceprozesse (siehe Abschnitt 3.2.2), sieht Sicherheitsaspekte als unverzichtbaren Bestandteil eines ordnungsgemäßen IT-Betriebs an und hat diese
in ITIL V3 mit den Prozessen Information Security Management und IT Service Continuity Management in der Phase Service Design verankert (siehe Abschnitt 3.2.2.3).

---

[81] Control Objectives for Information and Related Technology.
[82] IT Infrastructure Library.

- **Standard ISO/IEC 15408 zur Evaluierung von IT-Sicherheit**

  Bei diesem Standard – auch als Common Criteria bekannt – handelt es sich um einen Bewertungsstandard für die Sicherheitseigenschaften von IT-Produkten und -Systemen. Diese werden auf Basis eines Evaluationshandbuches auf ihre Sicherheitseigenschaften durch eine unabhängige Stelle geprüft und evaluiert. Bei erfolgreicher Bewertung wird ein Zertifikat erteilt [BITKOM2009, S. 43 f.]. Auf Basis dieses Standards werden beispielsweise elektronische Signaturen oder Chipkartenhardware zertifiziert.

  Seit 2005 werden Sicherheitszertifikate für IT-Produkte und -Systeme ausschließlich auf der Basis dieses Standards [BITKOM2007, S. 41] vergeben. Für IT-Anwendungsunternehmen ist dieser Standard im Wesentlichen bei der Beschaffung von IT-Produkten und -Systemen zu beachten.

6.2   Prozess „IT-Sicherheitsmanagement"

6.2.1   Überblick

Abb. 6.2.1/1 zeigt den Prozess „IT-Sicherheitsmanagement" mit den Prozessbereichen Entwicklung, Umsetzung und Betrieb. Die den Prozessbereichen zugeordneten Prozessschritte werden in den folgenden Kapiteln detailliert ausgeführt.

Aus Abb. 6.2.1/1 wird durch die Rückkopplungspfeile deutlich, dass es sich um einen kontinuierlichen Prozess handelt, bei dem beispielsweise Erkenntnisse aus der Betriebsphase zu Änderungen in der Entwicklungs- oder Umsetzungsphase führen können.

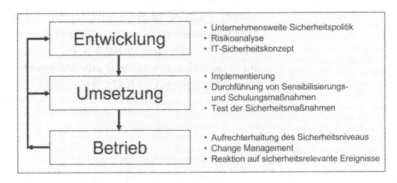

Abb. 6.2.1/1   Prozess „IT-Sicherheitsmanagement"

Die im Folgenden beschriebene Vorgehensweise orientiert sich teilweise an der in Teil 1 des Österreichischen Informationssicherheitshandbuchs [A-SIT2007, S. 14 ff.] geschilderten, an den Grundschutzansatz des BSI angelehnten Vorgehensweise.

6.2.2   Entwicklung

6.2.2.1   Entwicklung einer unternehmensweiten IT-Sicherheitspolitik

Die IT-Sicherheitspolitik bildet die Basis für die Entwicklung und Umsetzung eines risikogerechten und wirtschaftlich angemessenen IT-Sicherheitskonzepts (siehe Abschnitt 6.2.2.3). Sie stellt ein Grundlagendokument dar, in dem allgemeine, langfristige und verbindliche Festlegungen für die IT-Sicherheit getroffen werden, die für alle Einsatzbereiche der IT in einem Unternehmen gelten.

Die IT-Sicherheitspolitik beinhaltet unter anderem folgende Festlegungen:

- **Wesentliche IT-Sicherheitsziele eines Unternehmens,** wie z. B.

  - Sicherstellung der kritischen Geschäftsprozesse,

  - Sicherung der Qualität von Informationen, die als Basis für weitreichende Entscheidungen dienen,

  - Gewährleistung der aus gesetzlichen Vorgaben resultierenden Anforderungen (siehe Abschnitt 6.1.3),

  - Schutz der Unternehmenswerte (z. B. Hard- und Softwareinvestitionen oder spezielles, in einer Wissensdatenbank gespeichertes Know-how).

- **Organisation und Verantwortlichkeiten**

  Für eine effiziente Gestaltung des gesamten IT-Sicherheitsmanagementprozesses ist die Festlegung von Rollen und Verantwortlichkeiten aller in diesen Prozess involvierten Personen zu einem frühen Zeitpunkt essentiell. Wesentliche Rollen und Verantwortlichkeiten der direkt für IT-Sicherheitsmanagement Zuständigen werden in Abschnitt 6.6 behandelt. Daneben gilt es hier auch die Verantwortung der Unternehmensleitung und die der IT-Anwender festzulegen.

Diese unternehmensweiten Festlegungen werden einerseits in den nachgeordneten IT-Systemsicherheitspolitiken, z. B. als PC-, Netz-

oder Internetsicherheitspolitik detailliert (siehe Abschnitt 6.2.2.3), andererseits werden sie entsprechend der speziellen Anforderungen der einzelnen Organisationseinheiten zu organisationsspezifischen Dokumenten erweitert und ergänzt. So sind die IT-Sicherheitsziele eines Produktionsbereichs, bei dem eine hohe Verfügbarkeit der IT-Systeme im Vordergrund steht, anders gelagert als die eines Personalbereichs, der unter anderem den Datenschutzbelangen und damit der Vertraulichkeit eine besondere Priorität einräumen wird.

6.2.2.2   Durchführung einer Risikoanalyse

Eine wesentliche Voraussetzung für ein funktionierendes IT-Sicherheitsmanagement ist das Einschätzen von bestehenden IT-Sicherheitsrisiken (siehe Abschnitt 6.1.2). Nur wenn man die Risiken kennt und sie bewerten kann, lassen sich diese beherrschen. Im Rahmen einer Risikoanalyse werden die zu schützenden Werte (z. B. Know-how, Daten, IT-Systeme) bestimmt und daraufhin untersucht, welchen Gefährdungen (z. B. höhere Gewalt, menschliche Fehlhandlungen, vorsätzliche Handlungen, technisches Versagen (siehe Abschnitt 6.1.2)) sie ausgesetzt sind.

Zur Ermittlung der Risiken werden in der Praxis im Wesentlichen drei Analysestrategien angewendet:

- **Detaillierte Risikoanalyse**

  Hier werden für jedes IT-System die Risiken ermittelt und bewertet. Diese Strategie führt bei allen Systemen zu effektiven und angemessenen Sicherheitsmaßnahmen, ist aber sehr aufwändig. Neben hohen Kosten besteht vor allem die Gefahr, dass durch den insgesamt hohen Zeitaufwand Sicherheitsmaßnahmen für geschäftskritische Systeme nicht rechtzeitig ergriffen werden können. Zudem lässt sich die zu erwartende Schadenshöhe in vielen Fällen nur schwer bestimmen.

- **Grundschutzansatz**

  Beim Grundschutzansatz verzichtet man für IT-Komponenten auf detaillierte Risikoanalysen. Stattdessen enthalten die IT-Grundschutzkataloge des Bundesamts für Sicherheit in der Informationstechnik (BSI) Angaben über mögliche Gefährdungen und über empfohlene Standardsicherheitsmaßnahmen für typische und weit verbreitete IT-Anwendungen, IT-Systeme und

IT-Netze bereit, die einfach, schnell und zumeist kostengünstig umsetzbar sind (siehe Abschnitt 6.3).

Damit erreicht man relativ schnell ein vergleichsweise gutes Sicherheitsniveau, läuft aber Gefahr, dass dieses Niveau für geschäftskritische Systeme zu niedrig ist.

- **Kombinierter Ansatz**

  Für alle IT-Systeme, die höchstens einen normalen Schutzbedarf aufweisen, kommt der Grundschutzansatz zum Tragen. Lediglich für IT-Systeme und -Komponenten mit hohem Schutzbedarf wird eine detaillierte Analyse durchgeführt, die letztendlich die Basis für die zu ergreifenden Sicherheitsmaßnahmen bildet.

  Durch die Kombination der Vorteile der beiden anderen Alternativen führt dieser Ansatz schnell zu einem angemessenen und wirksamen Schutz für alle IT-Systeme und stellt somit eine empfehlenswerte Lösung für die Risikoanalyse dar.

  Seit 2008 steht für diesen Ansatz mit dem BSI-Standard 100-3 (siehe Abschnitt 6.1.4) eine bewährte und wirtschaftliche Vorgehensweise zur Verfügung.

6.2.2.3   Erstellung eines IT-Sicherheitskonzepts

Die für die Erstellung eines IT-Sicherheitskonzepts durchzuführenden Schritte zeigt Abb. 6.2.2.3/1.

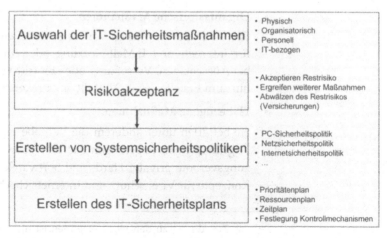

Abb. 6.2.2.3/1   Schritte beim Erstellen eines Sicherheitskonzepts

Das Ergebnis einer jeden Risikoanalyse sind Sicherheitsanforderungen, für deren Erfüllung im Zuge der Erstellung des IT-Sicherheitskonzepts Sicherheitsmaßnahmen ausgewählt werden, welche die vorhandenen Risiken auf ein definiertes und beherrschbares Maß reduzieren sollen.

Im Falle der ausschließlichen Anwendung des Grundschutzansatzes erfolgt diese Auswahl im Rahmen der Modellierung (siehe Abschnitt 6.3.4).

Andernfalls umfasst der erste Schritt die **Auswahl der IT-Sicherheitsmaßnahmen**, die sich in folgende vier Kategorien einordnen lassen[83]:

- **Physische Maßnahmen**

  Sie dienen dem Schutz von IT-Systemen mittels baulicher und infrastruktureller Vorkehrungen. Ihr Spektrum reicht von allgemeinen baulichen Maßnahmen, wie Einbruchschutz und Zutrittskontrolle, über Brandschutzmaßnahmen und Maßnahmen zur Aufrechterhaltung der Stromversorgung bis hin zur Verwendung geeigneter Schutzräume für Datenträger mit Sicherungskopien und Archiven.

- **Personelle Maßnahmen**

  Sie umfassen beispielsweise Maßnahmen zur Sensibilisierung der Mitarbeiter für IT-Sicherheit und regelmäßige Sicherheitsschulungen, z. B. zur Vermittlung von Kenntnissen über Gefahren und über geeignete Gegenmaßnahmen.

- **Organisatorische Maßnahmen**

  Die Maßnahmen reichen von verschiedenen Regelungen, z. B. für Internet- und E-Mail-Nutzung oder für Vorgehensweisen bei Ausscheiden, Versetzung oder Eintritt von Mitarbeitern bis hin zum Erstellen eines Notfallvorsorgekonzepts.

- **IT-bezogene Maßnahmen**

  Sie betreffen unter anderem die Vergabe und Verwaltung von Zugriffsrechten, Regelungen für den Passwortgebrauch, Nutzungsverbote privater Hard- und Softwarekomponenten sowie Konzepte für Virenschutz und Internetsicherheit.

---

[83] Die Zuordnung zu den vier Kategorien ist nicht immer eindeutig, da beispielsweise IT-bezogene Maßnahmen häufig auch organisatorische Aspekte betreffen (z.B. Regelungen für den Passwortgebrauch).

Die Auswahl der zu ergreifenden Maßnahmen richtet sich unter anderem nach den vorgegebenen Sicherheitszielen (siehe Abschnitt 6.2.2.1) sowie nach zeitlichen, finanziellen und technischen Rahmenbedingungen (z. B. Kompatibilität mit eingesetzter Hard- und Software). Ein sehr ausführlicher Katalog mit Maßnahmen findet sich beispielsweise in Teil 2 des österreichischen Sicherheitshandbuchs [A-SIT2007, S. 89 ff.].

Auch nach Auswahl und Umsetzung aller angemessenen IT-Sicherheitsmaßnahmen verbleibt üblicherweise ein **Restrisiko**. Das Unternehmen muss entscheiden, ob es durch weitere Maßnahmen dieses Restrisiko weiter reduziert oder ob es bestimmte Restrisiken akzeptiert, die zu reduzieren beispielsweise wirtschaftlich nicht vertretbar ist. Eine weitere Möglichkeit besteht darin, das Restrisiko mit **IT-Versicherungen** auf Dritte abzuwälzen. Allerdings besteht hierbei das Problem, dass die Schadenshöhe vorab richtig geschätzt werden muss.

Als dritter Baustein eines Sicherheitskonzeptes sind **IT-Systemsicherheitspolitiken** für große und komplexe und/oder zahlreich anzutreffende Systeme zu erstellen. In diesen Basisdokumenten werden die grundlegenden Vorgaben und Leitlinien zur Sicherheit in einem IT-System definiert und Details über die ausgewählten Sicherheitsmaßnahmen beschrieben. Beispiele für solche Systemsicherheitspolitiken sind PC-Sicherheitspolitik, Netzsicherheitspolitik oder Internetsicherheitspolitik. Die einzelnen Basisdokumente ergänzen die unternehmensweite IT-Sicherheitspolitik und müssen miteinander kompatibel sein.

Als letzter Baustein des IT-Sicherheitskonzepts beschreibt der **IT-Sicherheitsplan**, wie die ausgewählten Sicherheitsmaßnahmen umgesetzt werden. Er enthält unter anderem eine Prioritäten- und Ressourcenplanung sowie einen Zeitplan für die Umsetzung der Maßnahmen. Des Weiteren sind Kontrollmechanismen festzulegen, mit denen der Fortschritt der umzusetzenden Maßnahmen zu bewerten ist und die Möglichkeiten zum Eingriff bei Verzögerungen oder bei Änderungsbedarf vorsehen.

6.2.3   Realisierung

Bei der Umsetzung des IT-Sicherheitsplans sind die – auch für andere IT-Projekte typischen – Rahmenbedingungen zu beachten (siehe Abschnitt 3.3):

- Verantwortlichkeiten und Mitwirkungspflichten müssen rechtzeitig und detailliert festgelegt werden,

- finanzielle und personelle Ressourcen müssen planmäßig zur Verfügung stehen,

- sämtliche Maßnahmen müssen korrekt und vollständig umgesetzt werden und

- finanzielle und terminliche Vorgaben sind einzuhalten.

Parallel zur Implementierung sind Sensibilisierungsmaßnahmen einzuleiten, um den Stellenwert der IT-Sicherheit im Unternehmen herauszuarbeiten und die Akzeptanz der Mitarbeiter für die getroffenen IT-Sicherheitsmaßnahmen bereits vor deren Inbetriebnahme zu gewinnen. Ergeben sich durch Sicherheitsmaßnahmen wesentliche Änderungen der Geschäftsprozesse, sind neue Anwendungssysteme zu bedienen oder sind neue Aufgabenfelder dazugekommen, so sind entsprechende Schulungsmaßnahmen durchzuführen.

Abschließend müssen die umgesetzten IT-Sicherheitsmaßnahmen in der tatsächlichen Anwendungsumgebung auf ihre Auswirkungen getestet werden. Bei positivem Testergebnis sind die implementierten Maßnahmen für den Regelbetrieb freizugeben.

6.2.4   Betrieb

6.2.4.1   Aufrechterhaltung des Sicherheitsniveaus

Während der Betriebsphase gilt es, das durch die vorausgegangenen Schritte erreichte IT-Sicherheitsniveau zu halten und ggf. auszubauen. Neuen Bedrohungen ist z. B. durch neue oder angepasste Sicherheitsmaßnahmen entgegenzuwirken, Weiterentwicklungen bei physischen oder IT-bezogenen Sicherheitsmaßnahmen sind auf ihre Eignung und Einsatzfähigkeit hin zu prüfen.

Die regelmäßige Wartung der eingesetzten Sicherheitsmaßnahmen (z. B. Update der Virenschutz- und anderer Sicherheitssoftware) durch dafür autorisierte und geschulte Mitarbeiter ist ein weiteres wichtiges Aufgabenfeld. Mit dem permanenten Überwachen der

IT-Systeme (Monitoring) und der für sie getroffenen Sicherheitsmaßnahmen wird das Ziel verfolgt, das festgelegte Sicherheitsniveau zu erhalten.

6.2.4.2 Change Management

Die in einem Unternehmen eingesetzten IT-Systeme und -Anwendungen werden regelmäßig aktualisiert, ergänzt und/oder ersetzt. Dies kann die Umstellung auf einen leistungsfähigeren Anwendungsserver oder eine neue Version des ERP-Systems ebenso betreffen wie die Integration einer neuen Softwarekomponente, z. B. eines CRM-Systems.

Sind solche Änderungen geplant, so sind die jeweiligen Auswirkungen auf die IT-Sicherheit zu untersuchen; ggf. ist durch angemessene IT-Sicherheitsmaßnahmen zu reagieren.

6.2.4.3 Reaktion auf sicherheitsrelevante Ereignisse

Unter sicherheitsrelevanten Ereignissen werden alle Vorkommnisse verstanden, die Sicherheitslücken aufdecken, wie z. B. Einbruchversuche in das System o. Ä.

Solche Ereignisse werden auch bei einem sehr hohen Sicherheitsniveau nie gänzlich auszuschließen sein. Im Falle ihres Eintretens ist für das Unternehmen eine schnelle und sachgerechte Reaktion im Sinne eines definierten Prozesses erforderlich, um so die Bedeutung des Ereignisses und seine Konsequenzen abschätzen sowie ggf. geeignete Gegenmaßnahmen ergreifen zu können.

In großen Unternehmen wird für diese Aufgabe häufig ein so genanntes Computer Emergency Response Team (CERT) eingesetzt, ansonsten wird der IT-Sicherheitsbeauftragte mit dieser Aufgabe betraut werden

6.3 IT-Sicherheitsmanagement nach BSI-Grundschutz

6.3.1 Überblick

Die Vorgehensweise nach BSI-Grundschutz greift wesentliche Teile der in Abb. 6.2.1/1 dargestellten Phasen auf und liefert ein vereinfachtes Verfahren für Entwicklung und Umsetzung von IT-Sicherheitsmanagement. Abb. 6.3.1/1 zeigt die wesentlichen Schritte dieser Vorgehensweise.

Zu Beginn des Prozesses ist festzulegen, welcher Teil der IT eines Unternehmens untersucht werden soll, also z. B. die IT des gesamten Unternehmens oder nur die einer Teileinheit. Der so festgelegte Untersuchungsgegenstand wird als IT-Verbund bezeichnet. Zur Veranschaulichung der Vorgehensweise wird als beispielhafter IT-Verbund in den folgenden Abschnitten die IT eines Unternehmens mit einer Zentrale, einer Produktionsstätte und vier Vertriebsbüros zugrunde gelegt[84].

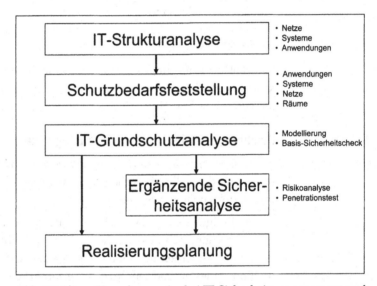

Abb. 6.3.1/1   Vorgehensweise bei IT-Sicherheitsmanagement nach IT-Grundschutz

6.3.2   IT-Strukturanalyse

Im Rahmen der IT-Strukturanalyse gilt es, Informationen über die IT-Infrastruktur (Anwendungen, Systeme und Netze) sowie die dazu gehörigen Räume[85] zusammenzustellen und zu analysieren. Ein Teil dieser Informationen kann aus bereits vorhandenen Quellen stammen, wie beispielsweise Angaben über die verwendete Hard- und Software aus dem Inventory Management (vgl. Ab-

---

[84] Der im Folgenden verwendete beispielhafte IT-Verbund orientiert sich sehr stark an dem Beispielunternehmen RECPLAST, welches vom BSI dem Webkurs für IT-Grundschutz zugrunde gelegt wurde [BSI2006].

[85] Anwendungen, Systeme, Netze und Räume werden auch als Zielobjekte bezeichnet.

schnitt 5.2.3.2) oder der Configuration Management Database (CMDB), die durch den ITIL V3-Prozess *Service Asset and Configuration Management* erstellt und gepflegt wird (siehe Phase *Service Transition* in Abschnitt 3.2.2.3). Andernfalls sind die Informationen neu zu erheben.

Die IT-Strukturanalyse wird in folgenden Schritten durchgeführt:

- **Schritt 1: Erstellen eines bereinigten Netzplans**

  Das Netz des IT-Verbunds wird mit seinen IT-Systemen (aktive Netzkomponenten (z. B. Router), Peripheriegeräte (z. B. Netzdrucker), Server-, Clientcomputer), den Verbindungen zwischen den IT-Systemen, den Außenverbindungen der IT-Systeme (z. B. Internetanbindung) sowie den TK-Komponenten erfasst und in Form eines Netzplanes dargestellt. Dabei werden aus Gründen der Übersichtlichkeit und zur Komplexitätsreduzierung gleichartige Systeme zusammenzufassen, also z. B. die drei gleich konfigurierten Clientrechner des Personalwesens (siehe C2 in Abb. 6.3.2/1). Abb. 6.3.2/1 zeigt für den als Beispiel herangezogenen IT-Verbund einen derartig bereinigten Netzplan.

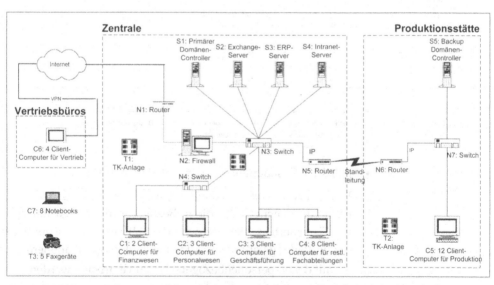

Legende: Die IT-Systeme und -Komponenten sind typweise durchnummeriert. Der vorausgehende Buchstabe bezeichnet den Typ:
S=Server, C=Client-Computer, N=Netzkomponente, T=Telekommunikationsgerät

Abb. 6.3.2/1   Bereinigter Netzplan für das Beispielunternehmen

- **Schritt 2: Zusammenstellen der IT- und TK-Systeme**

  Alle vorhandene IT-Systeme und TK-Komponenten werden mit
  den sie charakterisierenden Angaben in tabellarischer Form zusammengestellt. Für den in Abb. 6.3.2/1 dargestellten Netzplan
  zeigt Tab. 6.3.2/1 beispielhaft Ausschnitte aus einer solchen Zusammenstellung.

  Tab. 6.3.2/1   Ausschnitt aus der Zusammenstellung der IT-Systeme
  und -Komponenten

Nr.	Beschreibung	Plattform	Standort	Anzahl	Status	Benutzer/Administration
S1	Primärer Domänen-Controller	Windows Server 2003	Zentrale Ingolstadt, Raum 1.4 (Serverraum)	1	in Betrieb	alle IT-Benutzer/ IT-Administration
S3	ERP-Server	Windows Server 2003	Zentrale Ingolstadt, Raum 1.4 (Serverraum)	1	in Betrieb	alle IT-Benutzer/ IT-Administration
C1	Client-Computer für Finanzwesen	Windows XP	Zentrale Ingolstadt, Raum 2.6	2	in Betrieb	Berechtigte Personalmit-arbeiter/ IT-Administration
C2	Client-Computer für Personalwesen	Windows XP	Zentrale Ingolstadt, Räume 3.4 - 3.6	3	in Betrieb	Berechtigte Personalmit-arbeiter/ IT-Administration
C3	Client-Computer für Geschäftsführung	Windows XP	Zentrale Ingolstadt, Räume 4.1 - 4.3	3	in Betrieb	Geschäftführung, Assis-tenz/IT-Administration
C5	Client-Computer für Produktion	Windows XP	Produktionsstätte in Pfaffenhofen	12	in Betrieb	Mitarbeiter Produktion/ IT-Administration
C6	Client-Computer für Vertrieb	Windows XP	Vertriebsbüros Nürn-berg, München, Leipzig und Stuttgart	4	in Betrieb	Mitarbeiter Vertrieb/ IT-Administration
C7	Notebooks für Vertrieb	Windows XP	Vertriebsbüros Nürn-berg, München, Leipzig und Stuttgart	8	in Betrieb	Mitarbeiter Vertrieb/ IT-Administration
N4	Switch	Switch	Zentrale Ingolstadt, Raum 1.4 (Serverraum)	1	in Betrieb	alle IT-Benutzer/ IT-Administration
T1	Telefonanlage Zentrale	TK-Anlage	Zentrale Ingolstadt, Raum 1.2	1	in Betrieb	alle Mitarbeiter in Ingol-stadt/ IT-Administration

Legende: Die IT-Systeme und -Komponenten sind typweise durchnummeriert. Der vorausgehende Buchstabe bezeichnet den Typ:
S=Server, C=Client-Computer, N=Netzkomponente, T=Telekommunikationsgerät

- **Schritt 3: Zusammenstellen der IT-Anwendungen**

  Um den Aufwand zu reduzieren, werden nur solche Applikationen zusammengestellt, die in Bezug auf die drei Grundwerte
  der IT-Sicherheit (siehe Abschnitt 6.1.2) besonders schutzwür-
  dig und/oder gefährdet sind. Hierzu zählen Applikationen,

  - mit denen personenbezogene Daten verarbeitet werden,

  - die über externe Netze laufende Daten verarbeiten und/oder

  - einen wesentlichen Geschäftsprozess des Unternehmens un-
    terstützen.

Diese Anwendungen werden den IT-Systemen zugeordnet, auf denen sie im Server- oder Clientmodus implementiert sind (siehe Tab. 6.3.2/2).

Das Ergebnis dieser Phase sind ein bereinigter Netzplan, die Zusammenstellung der IT-Anwendungen, IT- und TK-Systeme, Netzkomponenten sowie deren wechselseitigen Zuordnungen.

Tab. 6.3.2/2   Zuordnung der IT-Anwendungen zu Servern und Clientcomputern

Nr.	Beschreibung	Personenbezogene Daten	C1	C2	C3	C4	C5	C6	C7	S1	S2	S3	S5
A1	Benutzerauthentizierung	x								x			x
A2	Auftrags- und Kundenverwaltung	x			x	x	x	x			x		
A3	Lohn- und Gehaltsbuchführung	x			x						x		
A4	Reisekostenabrechnung	x			x						x		
A5	Finanzbuchhaltung	x		x							x		
A6	Produktionsplanung							x			x		
A7	Strategische Unternehmensplanung					x					x		
A8	Email-Management	x		x	x	x	x	x	x		x		

Legende: Die IT-Systeme und -Komponenten sind typweise durchnummeriert. Der vorausgehende Buchstabe bezeichnet den Typ:
A=Anwendung, C=Client-Computer, S=Server

6.3.3   Schutzbedarfsanalyse

In dieser Phase wird für jede der in der Strukturanalyse erfassten IT-Anwendungen der Schutzbedarf im Hinblick auf die drei **Grundwerte** Vertraulichkeit, Integrität und Verfügbarkeit (siehe Abschnitt 6.1.2) festgelegt. Der Schutzbedarf wird in Abhängigkeit der Auswirkungen eines Schadens – z. B. in finanzieller Hinsicht oder im Hinblick auf die Auswirkungen auf Kerngeschäftsprozesse – in drei Kategorien eingeteilt:

- **Normal**

  Die Auswirkungen eines Schadens sind begrenzt und überschaubar, d. h., ein möglicher finanzieller Schaden ist für das Unternehmen tolerierbar, Geschäftsprozesse werden, wenn überhaupt, nur unerheblich beeinträchtigt.

- **Hoch**

  Die Auswirkungen eines Schadens können beträchtlich sein, d. h., der finanzielle Schaden ist für das Unternehmen spürbar, Geschäftsprozesse werden erheblich beeinträchtigt und/oder signifikante Ausfallzeiten (z. B. von mehr als einem Arbeitstag) drohen.

- **Sehr hoch**

  Die Auswirkungen eines Schadens können ein existentiell be-
  drohliches, katastrophales Ausmaß annehmen, d. h., der finanzielle Schaden ist für das Unternehmen Existenz bedrohend
  und/oder der Ausfall wesentlicher Geschäftsprozesse führt zu
  nachhaltigen Imageschäden oder zum Verlust von Aufträgen.

Tab. 6.3.3/1 veranschaulicht für vier ausgewählte IT-Anwendungen
beispielhaft den festgestellten Schutzbedarf hinsichtlich der drei
Grundwerte.

Auf IT-Systemen können mehrere IT-Anwendungen implementiert
sein, im Beispiel laufen auf dem ERP-Server S3 die sechs Anwendungen A2 bis A7 (siehe Tab. 6.3.2/2). Im Sinne eines Maximumprinzips[86] bestimmt der jeweils höchste Schutzbedarf der IT-Anwendungen den Schutzbedarf eines IT-Systems.

Tab. 6.3.3/1   Schutzbedarfsfeststellung für IT-Anwendungen

IT-System		Schutzbedarfsfeststellung			
Nr	Bezeichnung	Personenbe-zogene Daten	Grundwert	Schutz-bedarf	Begründung
A1	Benutzerauthentisierung	x	Vertraulichkeit	normal	Die Passwörter sind verschlüsselt gespeichert und damit praktisch nicht zugänglich.
			Integrität	hoch	Der hohe Schutzbedarf ergibt sich daraus, dass sich alle Mitarbeiter hierüber identifizieren.
			Verfügbarkeit	hoch	Bei Ausfall dieser Anwendung ist keine Identifizierung und somit keine Ausführung von IT-Anwendungen möglich. Ein Ausfall ist allenfalls bis zu 24 Stunden tolerabel.
A2	Auftrags- und Kundenverwaltung	x	Vertraulichkeit	hoch	Es werden personenbezogene Daten verarbeitet, deren Bekanntwerden dem Unternehmen großen Schaden zufügen kann (z.B. besondere Kundenkonditionen).
			Integrität	hoch	Die Änderung von Mengen- und Preisangaben kann dem Unternehmen im Extremfall sehr großen Schaden zufügen.
			Verfügbarkeit	hoch	Da mit dieser Anwendung geschäftskritische Prozesse wie z.B. Angebotserstellung, Auftragsbestätigung und Bestellabwicklung abgewickelt werden, kann ein Ausfall höchstens bis zu 24 Stunden manuell überbrückt werden.
A3	Lohn- und Gehaltsbuchführung	x	Vertraulichkeit	hoch	Hierbei handelt es sich um besonders schutzwürdige Daten, deren Bekanntwerden die Betroffenen erheblich beeinträchtigen kann.
			Integrität	normal	Fehler werden rasch erkannt und können entweder aus der Datensicherung eingespielt oder durch Eingabe korrigiert werden.
			Verfügbarkeit	normal	Ausfälle bis zu einer Woche können mit manuellen Verfahren überbrückt werden.
A5	Finanzbuchhaltung	x	Vertraulichkeit	hoch	Es werden vertrauliche Finanzdaten des Unternehmens verarbeitet, deren Bekanntwerden dem Unternehmen u.U. hohen finanziellen Schaden und Ansehensverlust zufügen kann.
			Integrität	hoch	Alle Finanzdispositionen setzen korrekte Daten voraus. Bei falschen Daten sind beträchtliche finanzielle Schäden möglich.
			Verfügbarkeit	normal	Ein Ausfall von bis zu drei Tagen kann (mit zumutbarem Mehraufwand) manuell überbrückt werden.

Legende: Die IT-Systeme und -Komponenten sind typweise durchnummeriert. Der vorausgehende Buchstabe bezeichnet den Typ:
    A=Anwendung

---

[86] Das Maximumprinzip findet in vielen Fällen Verwendung. Daneben
gibt es auch noch das Kumulationsprinzip und das Verteilungprinzip
(Näheres siehe [BSI2009a]).

Tab. 6.3.3/2 zeigt für zwei Server die auf diese Weise aus den Anwendungen abgeleiteten Schutzbedarfe.

Aus den so bestimmten Schutzbedarfen der IT-Systeme lassen sich – wiederum bei Anwendung des Maximumprinzips – die Schutzbedarfe der betreffenden Kommunikationsverbindungen (Netze) und die der zugehörigen Infrastruktur (Räume) ableiten.

Aus Tab. 6.3.3/2 ergibt sich somit automatisch, dass der beide IT-Systeme beherbergende Serverraum (Raum 1.4) gemäß Maximumprinzip hinsichtlich aller Grundwerte die Schutzbedarfsstufe „hoch" aufweist. Gleiches gilt beispielsweise für den Switch N3, da über ihn die komplette Client-Server-Kommunikation der Anwendungen läuft.

Tab. 6.3.3/2   Schutzbedarfsfeststellung für IT-Systeme

IT-System		Schutzbedarfsfeststellung		
Nr	Bezeichnung	Grundwert	Schutzbedarf	Begründung
S1	Primärer Domänen-Controller	Vertraulichkeit	normal	Maximumprinzip gemäß Anwendung A1
		Integrität	hoch	Maximumprinzip gemäß Anwendung A1
		Verfügbarkeit	normal	Gemäß Anwendung A1 (Benutzerauthentisierung) ist der Schutzbedarf hoch. Da jedoch an der Produktionsstätte ein zweiter Domänen-Controller (S5) steht, ist die Anmeldung auch für Benutzer der Zentrale dort möglich. Ein Ausfall von einigen Tagen ist somit hinnehmbar.
S3	ERP-Server	Vertraulichkeit	hoch	Maximumprinzip gemäß Anwendungen A2, A3 und A5
		Integrität	hoch	Maximumprinzip gemäß Anwendungen A2 und A5
		Verfügbarkeit	hoch	Maximumprinzip gemäß Anwendung A2

Legende: Die IT-Systeme und -Komponenten sind typweise durchnummeriert. Der vorausgehende Buchstabe bezeichnet den Typ:
A=Anwendung, S=Server

Als Ergebnis dieser Phase erhält man somit – ausgehend von den IT-Anwendungen – den Schutzbedarf aller IT-Systeme, Netzkomponenten und Räume.

6.3.4   IT-Grundschutzanalyse

Die Grundschutzanalyse umfasst die Aufgaben Modellierung und Basis-Sicherheitscheck.

Im Rahmen der **Modellierung** werden nun die Zielobjekte des IT-Verbunds (Räume, Netze, IT-Systeme und IT-Anwendungen) den in den Grundschutzkatalogen vorhandenen Bausteinen zugeordnet (siehe Tab. 6.3.4/1). Zu diesen einzelnen Komponenten kommen noch übergeordnete Bausteine, die den gesamten IT-Verbund oder

zumindest wesentliche Teile davon betreffen. Typische übergeordnete Bausteine sind ein Datensicherheitskonzept und ein Viren-
schutzkonzept.

Tab. 6.3.4/1   Modellierung

Nr. des Bausteins	Titel des Bausteins	Zielobjekt/ Zielgruppe	Hinweise
2.3	Büroraum	Vertriebsbüros	Alle vier Büros liegen in modernen Bürogebäuden
2.5	Datenträgerarchiv	Raum 1.24	In diesem Raum werden die Backup-Datenträger aufbewahrt
2.4	Serverraum	Raum 1.4	In diesem Raum stehen die Server S1 und S3
3.108	Windows Server 2003	S1	S1 ist der Primäre Domänen-Controller
3.108	Windows Server 2003	S3	S3 ist der zentrale ERP-Server
3.209	Client unter Windows XP	C3	C3 sind die Client-Computer für die Geschäftsführung
3.203	Laptop	C7	C7 sind die Notebooks für den Vertrieb

Die Bausteine[87] enthalten unter anderem eine **Kurzbeschreibung**
sowie **Maßnahmenempfehlungen**, welche technische und organisatorische Sicherheitsmaßnahmen für den jeweiligen Baustein
bündeln.

Im **Basis-Sicherheitscheck** werden nun die bereits im Unternehmen vorhandenen IT-Sicherheitsmaßnahmen mit den für die zugeordneten Bausteine empfohlenen Maßnahmen verglichen. Damit
lassen sich das erreichte Sicherheitsniveau feststellen, Verbesserungsmöglichkeiten aufzeigen und deren Umsetzungsplanung
starten.

Im Beispiel wird beispielsweise für den Serverraum (Raum 1.4) der
ihm entsprechende Baustein 2.4 verwendet (siehe Tab. 6.3.4/1), der
unter anderem die in den beiden linken Spalten der Tab. 6.3.4/2
aufgeführten Maßnahmenempfehlungen liefert.

Ein Soll-Ist-Vergleich der IT-Sicherheitsmaßnahmen kann dann
beispielsweise zu der in Tab. 6.3.4/2 dargestellten Aufstellung führen, bei der die Maßnahmenempfehlungen mit den tatsächlich
vorhandenen Maßnahmen abgeglichen werden. In der rechten
Randspalte können Bemerkungen und Begründungen für die bis-
herige Nicht-Umsetzung aufgeführt werden.

---

[87] Insgesamt beinhalten die IT-Grundschutz-Kataloge 75 Bausteine mit
insgesamt ca. 1.150 Sicherheitsmaßnahmen (Stand: November 2009).

Tab. 6.3.4/2   Basis-Sicherheitscheck für den Serverraum

Maßnahme (Priorität)	Name	ent-behrl.	ja	teil-weise	nein	Bemerkung/Begründung bei Nicht-Umsetzung
M 1.3 (1)	Angepasste Aufteilung der Stromkreise				X	Bislang wurde die Elektroinstallation nicht geprüft.
M 1.7 (2)	Handfeuerlöscher			X		Die betroffenen Mitarbeiter wurden nicht im Umgang mit den vorhandenen CO_2-Löschern geschult.
M 1.10 (2)	Verwendung von Sicherheitstüren und -fenstern			X		Der Raum hat keine Sicherheitsfenster, nur eine Sicherheitstür.
M 1.15 (1)	Geschlossene Fenster und Türen		X			
M 1.18 (2)	Gefahrenmeldeanlage				X	Eine solche Anlage wurde bisher als unnötig teuer eingestuft.
M 1.23 (1)	Abgeschlossene Türen	X				Die Tür hat flurseitig einen Blindknauf.
M 1.24 (3)	Vermeidung von wasserführenden Leitungen				X	Die Dichtigkeit der Leitungen für Heizkörper und Klimaanlage wurden bislang nicht geprüft. Ein Server befindet sich unmittelbar unter einer Zuleitung zur Klimaanlage. Es fehlen Absperrventile außerhalb des Raumes, mit denen die Wasserzufuhr zum Serverraum gezielt unterbrochen werden kann.
M 1.27 (2)	Klimatisierung		X			
M 1.31 (3)	Fernanzeige von Störungen				X	Dies wurde bislang als unnötig teuer eingestuft.
M 1.52 (3)	Redundanzen in der technischen Infrastruktur	X				Es werden keine Ersatzgeräte vorrätig gehalten, da der IT-Lieferant die Lieferung von Ersatzgeräten innerhalb von 4 Stunden vertraglich zugesichert hat.
M 2.17 (2)	Zutrittsregelung und -kontrolle		X			Für Zugangsregelungen gilt die betriebliche Anweisung 4/2009.

6.3.5   Ergänzende Sicherheitsanalyse

Die Umsetzung der vom IT-Grundschutz empfohlenen Maßnahmen bietet eine ausreichende Sicherheit für normalen Schutzbedarf.

Für kritische IT-Verbindungen, -Systeme und -Anwendungen, für die in mindestens einem der drei Grundwerte ein hoher oder sehr hoher Schutzbedarf besteht, oder für Komponenten, für die (noch) keine Bausteine vorhanden sind, ist eine erweitere Sicherheitsanalyse erforderlich.

Hierfür stellen die erweiterte Risikoanalyse (siehe Abschnitt 6.2.2.2) und Penetrationstests zwei in der Praxis bewährte Verfahren dar. Für die erweiterte Risikoanalyse bietet sich die Verwendung des im BSI-Standard 100-3 beschriebenen Verfahrens (siehe Abschnitt 6.1.4) an, da dieses auf den Ergebnissen der IT-Grundschutz-Vorgehensweise aufbaut und somit weniger Aufwand als eine herkömmliche Risikoanalyse erfordert.

Im Rahmen von **Penetrationstests** wird versucht, mit Hilfe simulierter Angriffe Schwachstellen in den vorhandenen Schutzmaßnahmen aufzuspüren. Bezüglich Details sei auf den Maßnahmenkatalog „M 5.150 – Durchführung von Penetrationstests" verwiesen, der unter anderem die Vorgehensweise für einen Penetrationstest beschreibt [BSI2009g]. Weitere Informationen zur Vorgehens-

weise von Penetrationstests liefert eine BSI-Studie [BSI2003]. Ein
Leitfaden speziell für Penetrationstests von Applikationen wurde
im Rahmen des Forschungsprojekts Secologic erstellt [SECOLO-
GIC2007].

6.3.6   Realisierungsplanung

Für Maßnahmen, die gemäß Basis-Sicherheitscheck (siehe Abschnitt 6.3.4) bzw. der ergänzenden Sicherheitsanalyse (siehe Abschnitt 6.3.5) noch umzusetzen sind, empfiehlt das BSI folgende
Vorgehensweise [BSI2009c]:

- Sämtliche ganz oder teilweise zu realisierenden Maßnahmen
  sind tabellarisch zusammenzustellen und daraufhin zu prüfen,
  ob einzelne Maßnahmen wegfallen können, weil beispielsweise
  andere Maßnahmen mindestens den gleichen Schutz bieten. So
  kann beispielsweise der Passwortschutz für eine Authentisie-
  rung entfallen, wenn sich bei der ergänzenden Sicherheitsanalyse ein Chipkarten basiertes System als erforderlich herausgestellt hat.

- Für die übrig gebliebenen Maßnahmen sind nun der finanzielle
  und der personelle Aufwand zu schätzen. Hier sind jeweils der
  einmalige Aufwand für die Einführung der Maßnahme und der
  permanente Aufwand für den laufenden Betrieb zu unterscheiden.

- Mit diesen Informationen lässt sich eine sinnvolle Umset-
  zungsreihenfolge mit Zeitplanung festlegen. Auf dieser Basis
  können Verantwortliche für termingetreue und sachgerechte
  Realisierung bestimmt werden.

- Die Planung begleitender Maßnahmen zur Sensibilisierung der
  Mitarbeiter und von eventuell erforderlichen Schulungsmaß-
  nahmen wird die Akzeptanz der Mitarbeiter für die gewählten
  Sicherheitsmaßnahmen verbessern.

Das BSI rechnet zu diesem Themenbereich auch die Umsetzung
der Sicherheitsmaßnahmen auf Basis der Realisierungsplanung.
Des Weiteren sind zur Aufrechterhaltung der IT-Sicherheit die realisierten Sicherheitsmaßnahmen auf ihre Wirksamkeit und Ange-
messenheit regelmäßig zu überprüfen (siehe hierzu auch Abschnitt
6.2.4), technische Sicherheitssysteme müssen regelmäßig gewartet
werden.

6.4   **Zertifizierung**

Als Objekt der Zertifizierung wird in diesem Abschnitt das IT-Sicherheitsmanagement eines Unternehmens betrachtet. Hierfür ist die seit Januar 2006 gültige Zertifizierungsnorm **ISO/IEC 27001-Zertifizierung auf der Basis von IT-Grundschutz** heranzuziehen. Personenbezogene Zertifikate für IT-Sicherheitsbeauftragte als Ergebnis von Weiterbildungsmaßnahmen werden in Abschnitt 6.6.2 behandelt.

Für Unternehmen gibt es unter anderem folgende Gründe für eine derartige Zertifizierung:

- Berechtigung zur Teilnahme an privatwirtschaftlichen oder öffentlichen Ausschreibungen (siehe auch Abschnitt 6.1.4)

- Bestätigung für die Erfüllung gesetzlicher Anforderungen, z. B. an ein Risikomanagementsystem (siehe Abschnitt 6.1.2)

- Bestätigung für das Vorliegen eines bestimmten IT-Sicherheitsniveaus, z. B. für Kunden oder Lieferanten.

So weist beispielsweise die mit Einführung und Betrieb des LKW-Mautsystems beauftragte Toll Collect GmbH mit dem IT-Grundschutz-Zertifikat gegenüber dem Auftraggeber nach, dass es alle für ihren IT-Verbund relevanten Standardsicherheitsmaßnahmen umgesetzt hat.

Die ISO/IEC 27001-Zertifizierung auf der Basis von IT-Grundschutz deckt sowohl die bis 2006 geltende Zertifizierungsnorm IT-Grundschutz als auch die internationale Zertifizierungsnorm ISO/IEC 27001 ab und ist somit auch für international tätige Unternehmen bedeutsam. Diese Zertifizierung umfasst sowohl die Prüfung des Informationssicherheitsmanagementsystems (ISMS) als auch die Prüfung der konkreten Sicherheitsmaßnahmen auf der Basis von IT-Grundschutz [MÜNCH2005].

Die Zertifizierung wird von persönlich lizenzierten ISO/IEC 27001-Grundschutz-Auditoren durchgeführt. Voraussetzung für die Lizenzierung der Auditoren durch das BSI sind Nachweise einer entsprechenden Erfahrung in einschlägigen Projekten und von spezifischen Fachkenntnissen [BSI2009f, S. 44 ff.].

Zu den in einem Prüfschema festgelegten Aufgaben im Rahmen des Audits [BSI2008d] gehören eine Sichtung der vom Unternehmen vorgelegten Referenzdokumente (z. B. IT-Strukturanalyse,

Schutzbedarfsfeststellung), die Durchführung einer Vor-Ort-Prüfung und die Erstellung eines Auditreports. Auf der Grundlage des dem BSI vorzulegenden Reports und des ISO/IEC 27001-Grundschutz-Zertifizierungsschemas wird entschieden, ob ein Zertifikat ausgestellt werden kann. Die erteilten Zertifikate sind im Regelfall drei Jahre gültig, von einem Auditor werden jährliche Überwachungsaudits des zertifizierten Untersuchungsgegenstandes durchgeführt. Bei wesentlichen Änderungen am zertifizierten IT-Verbund sind die Modifikationen der BSI-Zertifizierungsstelle mitzuteilen. Das BSI entscheidet dann, ob eine vorzeitige Re-Zertifizierung erforderlich ist [BSI2008d, S. 50].

Sozusagen als Vorstufe für dieses Zertifikat kann ein lizenzierter Auditor

- das Auditor-Testat „IT-Grundschutz Einstiegsstufe" und

- das Auditor-Testat „IT-Grundschutz Aufbaustufe"

ausstellen. Die **Einstiegsstufe** bedeutet, dass ein gewisses Mindestniveau von IT-Grundschutz, die darauf aufsetzende **Aufbaustufe**, dass ein höheres Niveau (aber noch unterhalb des IT-Grundschutzniveaus) erreicht ist. Mit diesen Testaten kann ein Unternehmen seine Bemühungen um IT-Sicherheit verdeutlichen. Diese Option ist dann sinnvoll, wenn ein Unternehmen aus finanziellen, personellen oder anderen Gründen kein Zertifikat beantragen möchte oder wenn die Zertifizierungsprüfung negativ verlaufen ist. Im letztgenannten Fall kann ein Unternehmen durch den Hinweis auf erteilte Auditor-Testate nach außen kommunizieren, dass die Etablierung von IT-Sicherheitsmanagement nach ISO/IEC 27001 auf der Basis von IT-Grundschutz angestrebt wird. Allerdings ist ein Auditor-Testat nur maximal zwei Jahre gültig und kann nicht verlängert werden. Eine Re-Qualifizierung ist nur auf einer höheren Stufe möglich [BSI2009e].

6.5   Werkzeuge

In diesem Abschnitt werden Werkzeuge angeführt, die den Prozess „IT-Sicherheitsmanagement" unterstützen. Werkzeuge, deren Funktionalität einzelne oder mehrere Sicherheitsmaßnahmen abdecken (z. B. Virenscanner), werden hier ebenso wenig betrachtet wie Werkzeuge zur Unterstützung von Standards für physikalische Sicherheit wie ISO/IEC 15408 (siehe Abschnitt 6.1.4).

- **Werkzeuge zur Unterstützung von Teilaspekten des IT-Sicherheitsmanagements** stellen für unterschiedliche Phasen Hilfsmittel bereit. Bspw. haben verschiedene Institutionen frei verfügbare Methoden zur Risikoanalyse entwickelt (z. B. die *Carnegie Mellon University* mit der Methode **OCTAVE**[88] [CERT2009a] oder die Direction centrale de la Sécurité des Systèmes d'Information des französischen Verteidigungsministeriums mit der Methode **EBIOS**[89] [SSI2009]). Für OCTAVE stehen kostenlos Formblätter, Präsentationen und umfangreiche Beispiele, welche die Umsetzung der Methodik begleiten, zur Verfügung, für EBIOS zusätzlich eine frei beziehbare Assistenz-Software.

  Am weitesten verbreitet sind Werkzeuge für IT-Sicherheit nach IT-Grundschutz.

  Mit dem GSTOOL stellt das BSI dem Anwender eine Software für die Erstellung, Verwaltung und Fortschreibung von IT-Sicherheitskonzepten nach IT-Grundschutz bereit. Daneben bieten verschiedene Drittanbieter ebenfalls Tools zur Unterstützung der Arbeit mit den IT-Grundschutzkatalogen an. Eine Auswahl dieser Drittanbieter ist auf der Website des BSI abrufbar [BSI2009b].

- Im Falle der Nutzung eines dieser Tools muss der Anwender die für IT-Strukturanalyse und Schutzbedarfsfeststellung erforderlichen Informationen erfassen bzw. importieren (siehe Abschnitt 6.3.2). Die Modellierung, bei der die erfassten Zielobjekte den Bausteinen des IT-Grundschutzes zugeordnet werden, sowie der Basis-Sicherheitscheck werden ebenso unterstützt wie die Realisierungsplanung. Berichte und Kostenauswertungen, z. B. für die zu realisierenden Maßnahmen, ergänzen das Funktionsspektrum der meisten dieser Werkzeuge.

  Bei der Auswahl eines Tools ist darauf zu achten, dass dieses neben der eben angeführten Funktionalität die jeweils aktuellen Grundschutzkataloge eingebunden hat und die Vorbereitung auf eine ISO/IEC 27001-Zertifizierung auf der Basis von IT-

---

[88] Operationally Critical Threat, Asset and Vulnerability Evaluation.

[89] Expression des Besoins et Identification des Objectifs de Sécurité. Dies kann wie folgt übersetzt werden: „Formalisierung von Bedürfnissen und Identifizierung von Sicherheitszielen".

Grundschutz unterstützt. Weiter ist die Erfüllung unternehmensspezifischer Anforderungen, beispielsweise die Mehrbenutzerfähigkeit für die Erfassung der Informationen durch mehrere Bearbeiter, sorgfältig zu prüfen.

6.6   Aufbauorganisatorische Aspekte

6.6.1   Überblick

Der gewachsenen Bedeutung von IT-Sicherheitsmanagement entsprechend implementieren Geschäftsführungen und IT-Leitungen von Unternehmen zunehmend Spezialisten für die in Zusammenhang mit IT-Sicherheitsmanagement anfallenden Aufgaben.

Hinsichtlich der mit solchen Aufgaben betrauten Mitarbeiter sind folgende „Funktionen/Rollen" zu unterscheiden:

- Bei Vorliegen bestimmter Voraussetzungen von Gesetzes wegen zu bestellende Funktionsträger (z. B. betrieblicher Datenschutzbeauftragter),

- Mitarbeiter, die überwiegend oder ausschließlich (Teil-)Aufgaben auf dem Gebiet von IT-Sicherheitsmanagement wahrnehmen (z. B. IT-Sicherheitsbeauftragte),

- Mitarbeiter, die für ihren Verantwortungsbereich (z. B. als Projektleiter für Auswahl und Einführung einer neuen Lohn- und Gehaltssoftware) die IT-Sicherheitsregelungen beachten müssen.

Die Rollen können – abhängig von Größenordnung des Unternehmens und Bedeutung der IT-Sicherheit – auch von mehreren Personen wahrgenommen werden, sowohl zentral als auch dezentral. Abb. 6.6.1/1 zeigt – entsprechend den Empfehlungen des BSI-Standards 100-2 [BSI2008b, S. 25] – eine mögliche Grundstruktur für die IT-Sicherheitsorganisation eines Unternehmens.

Diese Grundstruktur eignet sich in dieser oder ähnlicher Form vor allem für Großunternehmen. Die Aufgaben der IT-Sicherheitsbeauftragten werden in Abschnitt 6.6.2, die des Datenschutzbeauftragten in Abschnitt 6.6.3 näher beschrieben.

Das **IS[90]-Managementteam** unterstützt bei großen Unternehmen den/die Sicherheitsbeauftragten bei seinen Aufgaben und erhöht durch die Einbindung von Anwendervertretern, die dem Team angehören können, die spätere Akzeptanz bei der Umsetzung der Maßnahmen. Beachtenswert bei dieser möglichen Grundstruktur ist, dass der zentrale Sicherheitsbeauftragte auf Unternehmensebene agiert, während für die Bereiche[91] eigene Beauftragte eingesetzt sind. Im Rahmen von Projekten mit IT-Sicherheitsrelevanz werden ebenso eigene Beauftragte installiert wie für spezifische Systeme, z. B. bei Geldinstituten für sämtliche mit Onlinebanking zusammenhängende Systeme.

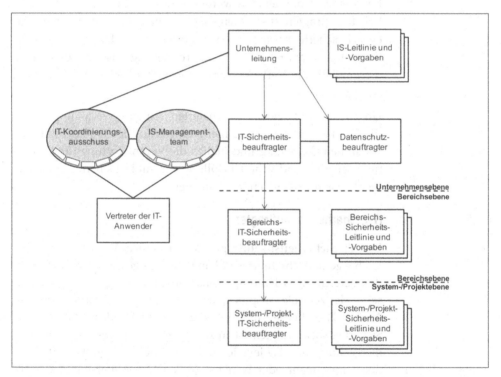

Abb. 6.6.1/1   Mögliche Organisation von IT-Sicherheitsmanagement in einem Unternehmen [BSI2008b, S. 25]

---

90 IS steht bei BSI für Informationssicherheit und ist im Kontext dieser Ausführungen mit IT-Sicherheit geichzusetzen.
91 Als Bereich kann hier z. B. ein Geschäftsbereich, eine Abteilung oder eine Niederlassung verstanden werden.

Der **IT-Koordinierungsausschuss** ist ein temporäres Gremium (siehe hierzu auch Abschnitt 3.1.3), wird vor allem bei sehr großen IT-Projekten installiert und hat die Aufgabe, zwischen dem IS-Managementteam, den Vertretern der IT-Anwender, dem IT-Sicherheitsbeauftragten und der Unternehmensleitung zu koordinieren [BSI2008b, S. 30].

Für Unternehmen mittlerer Größenordung bietet es sich an, die Aufgaben der IT-Sicherheitsbeauftragten auf Unternehmens- und Bereichsebene zusammenzulegen und/oder die Aufgaben des IS-Managementteams dem IT-Koordinierungsausschuss zu übertragen.

Bei kleinen Unternehmen werden sämtliche Rollen der IT-Sicherheitsbeauftragten zusammengelegt, so dass im Unternehmen nur ein IT-Sicherheitsbeauftragter anzutreffen ist. Die Rolle des IT-Sicherheitsteams resp. des IT-Koordinierungsausschusses wird in diesem Fall vom IT-Referenten/-Koordinator (siehe Abschnitt 3.1.3) wahrgenommen.

Ungeachtet der jeweils praktizierten Aufgabenverteilung behält die Geschäftsführung des Unternehmens aus den in Abschnitt 6.1.2 genannten Gründen grundsätzlich die Verantwortung für die ordnungsgemäße und sichere Erfüllung der mit IT-Sicherheitsmanagement zusammenhängenden Aufgaben.

6.6.2   IT-Sicherheitsbeauftragter

Der **IT-Sicherheitsbeauftragte** ist für seinen Verantwortungsbereich – gemäß Abschnitt 6.6.1 kann dies das gesamte Unternehmen, der Bereich eines Unternehmens, ein Projekt oder ein IT-System sein – der zentrale Ansprechpartner für alle relevanten Fragen zum Thema IT-Sicherheitsmanagement. Die Stelle des zentralen IT-Sicherheitsbeauftragten ist in der Regel direkt bei der Unternehmensleitung angesiedelt. Je nach Unternehmensgröße verfügt er über einen mehr oder weniger großen Mitarbeiterstamm von Sicherheitsexperten und über entsprechend ausgestattete Budgets.

Die wesentlichen **Aufgaben des zentralen IT-Sicherheitsbeauftragten** sind [BSI2008b, S. 27]:

- die Unternehmensleitung bei der Erstellung der unternehmensweiten IT-Sicherheitspolitik (siehe Abschnitt 6.2.2.1) zu unterstützen,

- die Erstellung des IT-Sicherheitskonzeptes zu koordinieren,

- die Erstellung des Notfallvorsorgekonzeptes zu koordinieren,

- der Unternehmensleitung und dem IS-Managementteam über alle relevanten IT-Sicherheitsthemen zu berichten,

- die Realisierung von IT-Sicherheitsmaßnahmen zu initiieren und zu überprüfen.

Zuweilen übernimmt der zentrale IT-Sicherheitsbeauftragte auch die Aufgaben des betrieblichen Datenschutzbeauftragten (siehe Abschnitt 6.6.3).

Zur Wahrnehmung seiner Aufgaben muss der IT-Sicherheitsbeauftragte über fundierte IT- und IT-Sicherheitskenntnisse verfügen, kooperations- und teamfähig sein und Projektmanagementerfahrung aufweisen.

Für die fachliche Qualifizierung im Bereich IT-Sicherheit und IT-Sicherheitsmanagement wird eine Vielzahl von Weiterbildungsmaßnahmen angeboten. Die im Folgenden beispielhaft aufgeführten Expertenzertifikate qualifizieren zur Übernahme von Führungsaufgaben im Bereich von IT-Sicherheitsmanagement.

- **IT-Sicherheitsberater (TÜV)**

  Diese vom TÜV-Nord konzipierte Qualifizierung und Zertifizierung [TÜV2007] orientiert sich sehr stark an den Vorstellungen und Konzepten des BSI für IT-Sicherheitsbeauftragte. Als Voraussetzungen werden in erster Linie die persönlichen Eigenschaften Führungskompetenz, soziale Kompetenz und so genannte persönliche Kompetenzen wie Belastbarkeit und analytisches Denkvermögen gefordert. Darüber hinaus sollten Wissen und Erfahrung in Informationstechnik und IT-Sicherheit vorhanden sein. Ebenfalls vorteilhaft sind erworbene Erfahrungen im Bereich Projektmanagement. Die Ausbildung umfasst insgesamt 64 Unterrichtseinheiten à 45 Minuten. Neben einer schriftlichen Prüfung wird auch ein zu erarbeitendes Sicherheitskonzept bewertet.

- **Certified Information Systems Security Professional (CISSP)**

  Dieses Zertifikat wird bereits seit 1989 vom US-amerikanischen International Information Systems Security Certification Consortium ((ISC)²) erteilt. Die Prüfung umfasst die wesentlichen

Sicherheitsthemen, wie z. B. Notfallplanung, Telekommunikations- und Netzwerksicherheit, Anwendungssicherheit, Zugangskontrolle, Kryptographie, physische Sicherheit, und deckt somit ein breites Betätigungsfeld mit Schwerpunkt in der IT-Sicherheit ab. Eine einschlägige fünfjährige Berufspraxis wird vorausgesetzt [ISC2009a].

- **Systems Security Certified Practitioner (SSCP)**

  Dieses ebenfalls von (ISC)^2 angebotene Zertifikat richtet sich vor allem an Mitarbeiter, welche IT-Sicherheitspolitiken und -Sicherheitsmaßnahmen umsetzen sollen. Voraussetzung ist lediglich eine einschlägige, mindestens einjährige Berufspraxis [ISC2009b].

- **Certified Information Systems Manager (CISM)**

  Das CISM-Zertifikat der in USA ansässigen Information Systems Audit and Control Association (ISACA) stellt eine internationale Qualifikation auf dem Gebiet des IT-Sicherheitsmanagements dar. Diese Zertifizierung wird seit 2003 für erfahrene Information-Security-Manager angeboten. Die erforderliche Prüfung umfasst Themen wie Risikomanagement, IT-Sicherheits-Governance und IT-Sicherheitsmanagement [ISACA2009].

- **TeleTrusT Information Security Professional (TISP)**

  Vor allem auf die Belange deutscher und europäischer Unternehmen, insbesondere im Hinblick auf Standards und gesetzliche Regelungen, ist dieses seit 2004 angebotene Expertenzertifikat ausgerichtet. Die Themengebiete umfassen Bereiche der Informationssicherheit, wie z. B. Netzwerksicherheit, Firewalls, VPN (Virtual Private Network) und Kryptografie, aber auch IT-Sicherheitsmanagement und rechtliche Grundlagen werden behandelt [TELETRUST2009a]. Voraussetzung sind eine dreijährige praktische Berufserfahrung in einem entsprechenden Umfeld sowie einschlägige Kenntnisse in den Bereichen Informationssicherheit, IT-/TK-Sicherheit, Sicherheitsmanagement [TELETRUST2009b].

Zur Aufrechterhaltung der genannten Zertifikate sind jeweils Fortbildungsnachweise erforderlich.

6.6.3 Betrieblicher Datenschutzbeauftragter

Das BDSG (siehe auch Abschnitt 6.1.2) legt in § 4f und § 4g die Verpflichtung für das Bestellen eines Datenschutzbeauftragten und die von ihm wahrzunehmenden Aufgaben fest [BDSG2009]. Demzufolge müssen Unternehmen bei Vorliegen einer der folgenden Voraussetzungen einen betrieblichen Datenschutzbeauftragten bestellen:

- Mehr als neun Personen sind mit **automatisierter** Erhebung, Verarbeitung oder Nutzung personenbezogener Daten beschäftigt.

- Mindestens 20 Personen sind mit Erhebung, Verarbeitung oder Nutzung personenbezogener Daten (konventionell z. B. auf der Basis von Karteikarten) beschäftigt.

- Unternehmen erheben, verarbeiten oder nutzen Daten geschäftsmäßig zum Zweck der Übermittlung, wie z. B. Auskunfteien, Adressverlage, Markt- und Meinungsforschungsinstitute.

Der Datenschutzbeauftragte muss über eine entsprechende Fachkunde und über Zuverlässigkeit verfügen. Die erforderliche **Fachkunde** umfasst sowohl das allgemeine Grundwissen hinsichtlich des Datenschutzrechts und über Verfahren und Techniken der automatisierten Datenverarbeitung als auch die Kenntnis über betriebswirtschaftliche Zusammenhänge. Darüber hinaus muss der betriebliche Datenschutzbeauftragte mit der Organisation und den Funktionen des Betriebes vertraut sein und einen guten Überblick über alle Fachaufgaben haben, zu deren Erfüllung personenbezogene Daten verarbeitet werden.

Der Begriff der **Zuverlässigkeit** umfasst sowohl sorgfältige und gründliche Arbeitsweise, Belastbarkeit, Lernfähigkeit, Loyalität und Gewissenhaftigkeit als auch Kompatibilität der Aufgabe des Datenschutzbeauftragten mit seinen anderen Aufgaben (Vermeidung von Interessenskollisionen). So ist z. B. zu vermeiden, den Inhaber, den Vorstand, den Geschäftsführer oder den IT-Leiter zum betrieblichen Datenschutzbeauftragten zu bestellen, da sie sich nicht wirksam selbst kontrollieren können.

Der betriebliche Datenschutzbeauftragte ist direkt der Geschäftsführung unterstellt und in Bezug auf datenschutzrechtliche Handlungen weisungsfrei.

Dieser Verpflichtung kann durch interne Bestellung oder durch Heranziehen eines externen Datenschutzbeauftragten nachgekommen werden. **Interne Datenschutzbeauftragte** unterliegen mit der im August 2009 verabschiedeten Novellierung des Datenschutzgesetzes einem weitreichenden Kündigungsschutz [DDV2009].

Insbesondere mittelständische Unternehmen bestellen **externe Spezialisten** zu betrieblichen Datenschutzbeauftragten, um auf diese Weise personelle Kapazitäten zu schonen.

Der betriebliche Datenschutzbeauftragte muss im Wesentlichen folgende Aufgaben wahrnehmen:

- Hinwirken auf die Einhaltung des BDSG, beispielsweise durch Mitwirkung bei der Planung und Einführung von IT-Systemen, und – sofern zutreffend – anderer Vorschriften über den Datenschutz (z. B. Abschnitt 4 des Telemediengesetzes [JURIS2007]),

- Information und Schulung der für die Bearbeitung personenbezogener Daten zuständigen Mitarbeiter, beispielsweise durch die Erstellung von entsprechenden betrieblichen Regelungen,

- Bearbeitung von Wünschen und Beschwerden von Personen, deren personenbezogene Daten erhoben, verarbeitet und genutzt werden[92],

- Führen der Datenschutzdokumentation, die gemäß § 4d BDSG unter anderem Informationen beinhalten muss über die Zweckbestimmung der Datenerhebung, -verarbeitung und -nutzung (z. B. Personal-, Kunden- oder Lieferantendatenverwaltung) oder über die Löschfristen der Daten (z. B. nach Ablauf der gesetzlichen oder vertraglich vereinbarten Aufbewahrungsfristen).

Die Einhaltung des BDSG sowie anderer Vorschriften über den Datenschutz wird von einer **Aufsichtsbehörde** kontrolliert. Für Bayern fungiert beispielsweise die Regierung von Mittelfranken als Datenschutzaufsichtsbehörde für den nicht-öffentlichen Bereich. Die Aufsichtsbehörde verfügt über weitreichende Befugnisse.

---

92 BDSG spricht in diesem Zusammenhang von Betroffenen.

So ist sie beispielsweise berechtigt,

- die Abberufung des betrieblichen Datenschutzbeauftragten zu verlangen, wenn dieser nicht die erforderliche Fachkunde oder Zuverlässigkeit besitzt,

- vom betrieblichen Datenschutzbeauftragten die Datenschutzgesetze betreffenden Auskünfte einzuholen,

- in den Geschäftsräumen des Unternehmens datenschutzrelevante Umstände zu prüfen oder

- die Verwendung von IT-Anwendungen zu untersagen, die aus datenschutzrechtlicher Sicht erhebliche Mängel aufweisen, die trotz Anordnung in angemessener Frist nicht beseitigt wurden.

Nach § 9a BDSG können Unternehmen ihr Datenschutzkonzept sowie ihre technischen Einrichtungen durch unabhängige und zugelassene Gutachter prüfen und bewerten lassen (Datenschutzaudit [BDSG2009]). Hinsichtlich der Anforderungen an die Prüfung und Bewertung des Verfahrens sowie der Prüfung und Auswahl der Gutachter wird dort auf ein gesondertes Gesetz verwiesen, das allerdings noch nicht existiert.

6.7 Literatur zu Kapitel 6

[AEBI2004]
Aebi, D., Praxishandbuch Sicherer IT-Betrieb, Wiesbaden 2004.

[APPSENSE2006]
AppSense (Hrsg.), Sicherheitsleitfaden 2006, http://www.appsense.de/ files/documentation/AppSenseSecurity-Guide2006v1_2DE.pdf, Download am 30.07.2006.

[A-SIT 2007]
Zentrum für sichere Informationstechnologie – Austria (A-SIT), Österreichisches IT-Sicherheitshandbuch, Version 2.3, Wien 2007, http://www.a-sit.at/pdfs/OE-SIHA_I_II_V2-3_2007-05-23.pdf, Download am 13.04.2009.

[BDSG2009]
Bundesdatenschutzgesetz vom 20.12.1990, neu gefasst 2003, zuletzt geändert durch Art. 1 G v. 14.8.2009 I 2814, http://bundesrecht.juris.de/bdsg_ 1990/BJNR029550990.html, Internet-Recherche am 01.09.2009.

[BGBL1998]
Bundesgesetzblatt, Gesetz zur Kontrolle und Transparenz im Unternehmensbereich, Teil I, Nr. 24, S. 786–795, 27.04.1998, http://www.bgblportal. de/BGBL/bgbl1f/b198024f.pdf, Download am 23.07.2009.

[BGBL2006]
Bundesgesetzblatt, Gesetz zur Umsetzung der neu gefassten Bankenrichtlinie und der neu gefassten Kapitaladäquanzrichtlinie, Teil I, Nr. 53,
S. 2606–2637, 17.11.2006, http://217.160.60.235/BGBL/bgbl1f/bgbl106s
2606.pdf, Download am 01.12.2006.

[BGBL2009]
Bundesgesetzblatt, Gesetz zur Modernisierung des Bilanzrechts (Bilanzrechtsmodernisierungsgesetz – BilMoG), Teil I, Nr. 27, S. 1102–1137,
25.05.2009, http://www.bundesfinanzministerium.de/nn_32866/DE/BMF__
Startseite/Aktuelles/Aktuelle__Gesetze/Gesetze__Verordnungen/036__
BilMoG__anl,templateId=raw,property=publicationFile.pdf, Download am
15.07.2009.

[BITKOM2007]
BITKOM (Hrsg.), Kompass der IT-Sicherheitsstandards – Leitfaden und
Nachschlagewerk, Version 3.0, Berlin 2007.

[BITKOM2009]
BITKOM (Hrsg.), Kompass der IT-Sicherheitsstandards – Leitfaden und
Nachschlagewerk, Version 4.0, Berlin 2009.

[BMF2001]
Bundesministerium der Finanzen (BMF) (Hrsg.), Grundsätze ordnungsmäßiger DV-gestützter Buchführungssysteme (GoBS), Stand Juni 2001,
http://www.bundesfinanzministerium.de/nn_314/DE/BMF__Startseite/Serv
ice/Downloads/Abt__IV/BMF__Schreiben/015,templateId=raw,property=p
ublicationFile.pdf, Download am 13.06.2009.

[BMF2009]
Bundesministerium der Finanzen (BMF) (Hrsg.), Fragen und Antworten
zum Datenzugriffsrecht der Finanzverwaltung, Stand Januar 2009, http://
www.bundesfinanzministerium.de/nn_54338/DE/BMF__Startseite/Service/
Downloads/Abt__IV/009,templateId=raw,property=publicationFile.pdf#
search=%22GoBS%22, Download am 13.03.2009.

[BMWI2004]
Bundesministerium für Wirtschaft und Technologie (BMWi) (Hrsg.), Ge-
heimschutzhandbuch – Handbuch für den Geheimschutz in der Wirtschaft, Berlin 2004, https://bmwi-sicherheitsforum.de/template/ghb.php4?
id=1&aspera_Session = 0c15d002305b7f170e39cfc2c4915168, Download am
07.07.2009.

[BSI2003]
Bundesamt für Sicherheit in der Informationstechnik (BSI), Durchführungs-
konzept für Penetrationstests, Bonn 2003, https://www.bsi.bund.de/cae/
servlet/contentblob/487300/publicationFile/30684/penetrationstest_pdf.pdf,
Download am 03.04.2009.

[BSI2006]

Bundesamt für Sicherheit in der Informationstechnik (BSI), Webkurs IT-Grundschutz – Beschreibung des Beispielsunternehmens RECPLAST GmbH, Bonn 2006, http://www.bsi.de/gshb/webkurs/gskurs/seiten/recplast.pdf, Download am 03.04.2009.

[BSI2008a]

Bundesamt für Sicherheit in der Informationstechnik (BSI), BSI-Standard 100-1, Version 1.5 vom Mai 2008, http://www.bsi.de/literat/ bsi_standard/standard_1001.pdf, Download am 18.03.2009.

[BSI2008b]

Bundesamt für Sicherheit in der Informationstechnik (BSI), BSI-Standard 100-2, Version 2.0 vom Mai 2008, http://www.bsi.de/literat/ bsi_standard/standard_1002.pdf, Download am 18.03.2009.

[BSI2008c]

Bundesamt für Sicherheit in der Informationstechnik (BSI), BSI-Standard 100-3, Version 2.5 vom Mai 2008, http://www.bsi.de/literat/ bsi_standard/standard_1003.pdf, Download am 18.03.2009.

[BSI2008d]

Bundesamt für Sicherheit in der Informationstechnik (BSI), Zertifizierung nach ISO/IEC 27001 auf der Basis von IT-Grundschutz – Prüfschema für ISO/IEC 27001-Audits, Version 2.1, Bonn 2008, http://www.bsi.de/gshb/zert/ISO/IEC27001/Pruefschema_V.2.1.pdf, Download am 19.03.2009.

[BSI2008e]

Bundesamt für Sicherheit in der Informationstechnik (BSI), BSI-Standard 100-4, Version 1.0 vom November 2008, http://www.bsi.de/literat/bsi_standard/standard_1004.pdf, Download am 20.03.2009.

[BSI2009a]

Bundesamt für Sicherheit in der Informationstechnik (BSI), http://www.bsi.de/gshb/webkurs/gskurs/seiten/s4300.htm, Internetrecherche am 18.03.2009.

[BSI2009b]

Bundesamt für Sicherheit in der Informationstechnik (BSI), http://www.bsi.de/gstool/hersteller.htm, Internetrecherche am 10.04.2009.

[BSI2009c]

Bundesamt für Sicherheit in der Informationstechnik (BSI), http://www.bsi.de/gshb/webkurs/gskurs/seiten/s8000.htm, Internetrecherche am 13.06.2009.

[BSI2009d]

Bundesamt für Sicherheit in der Informationstechnik (BSI), Die Lage der IT-Sicherheit in Deutschland 2009, Januar 2009, https://www.bsi.bund.de/cae/servlet/contentblob/476182/publicationFile/30715/Lagebericht2009_pdf.pdf, Download am 16.06.2009.

[BSI2009e]

Bundesamt für Sicherheit in der Informationstechnik (BSI), http://www.bsi.de/gshb/zert/audittestat/index.htm, Internetrecherche am 17.06.2009.

[BSI2009f]

Bundesamt für Sicherheit in der Informationstechnik (BSI), Zertifizierungsschema für Auditteamleiter für ISO/IEC 27001-Audits auf der Basis von IT-Grundschutz, Bonn 2009, https://ssl.bsi.bund.de/gshb/zert/auditoren/Zertifzierungsschema.pdf, Download am 17.06.2009.

[BSI2009g]

Bundesamt für Sicherheit in der Informationstechnik (BSI), https://www.bsi.bund.de/cln_134/ContentBSI/grundschutz/kataloge/m/m05/m05150.html, Internetrecherche am 19.06.2009.

[BUNDESBANK2009]

Bundesbank, http://www.bundesbank.de/bankenaufsicht/bankenaufsicht_basel.php, Internetrecherche am 09.07.2009.

[CERT2009a]

CERT Coordination Center, Carnegie Mellon University, USA 2008, http://www.cert.org/octave/, Internetrecherche am 13.06.2009.

[CERT2009b]

CERT Coordination Center, Carnegie Mellon University, USA, http://www.cert.org/stats/, Internetrecherche am 30.07.2009.

[DDV2009]

DDV2009 (Hrsg.), Datenschutznovellen 2009 – Die Änderungen im Überblick, http://www.ddv.de/downloads/2009/bdsg/Ueberblick_BDSG-Novellen.pdf, Download am 07.07.2009.

[ECKERT2008]

Eckert, C., IT-Sicherheit: Konzepte – Verfahren – Protokolle, München 2008.

[GOLA2009]

Gola, P. und Jaspers, A., Das novellierte BDSG im Überblick, Frechen 2009.

[HEISE2008]

Heise Online (Hrsg.), Computerkriminelle verwenden immer raffiniertere Methoden, Meldung vom 01.11.2008, http://www.heise.de/newsticker/Computerkriminelle-verwenden-immer-raffiniertere-Methoden-/meldung/118264, Internetrecherche am 26.05.2009.

[HOEREN2007]

Hoeren, T., Das Telemediengesetz, Neue Juristische Wochenschrift, 60 (2007) 12, S. 801–806.

[ISACA2009)

ISACA (Hrsg.), Certified Information Security Manager, http://www.isaca.de/zertifizierung_ cism.php, Internetrecherche am 14.06.2009.

[ISC2009a]

(ISC)² (Hrsg.), CISSP – Certified Information Systems Security Professional, http://www.isc2.org/cissp/default.aspx, Internetrecherche am 13.06.2009.

[ISC2009b]

(ISC)² (Hrsg.), SSCP – Systems Security Certified Practitioner, http://www.isc2.org/sscp/default.aspx, Internetrecherche am 13.06.2009.

[JURIS2007]

Bundesministerium der Justiz und Juris GmbH, Telemediengesetz, Berlin 2007, http://www.gesetze-im-internet.de/bundesrecht/tmg/gesamt.pdf, Download am 10.04.2009.

[KLOTZ2009]

Klotz, M., IT-Compliance – Ein Überblick, Heidelberg 2009.

[KPMG2009a]

KPMG (Hrsg.), Sarbanes-Oxley Act (SOX), http://www.kpmg.de/topics/Sarbanes-Oxley.html, Internetrecherche am 03.07.2009.

[KPMG2009b]

KPMG (Hrsg.), Basel II, http://www.kpmg.de/Themen/1437.htm, Internetrecherche am 03.07.2009.

[KPMG2009c]

KPMG (Hrsg.), Solvency II: erhöhte Anforderungen an das Risikomanagement für Versicherer, http://www.kpmg.de/Themen/1438.htm, Internetrecherche am 06.07.2009.

[KPMG2009d]

KPMG (Hrsg.), Compliance, http://www.kpmg.de/Themen/11150.htm, Internetrecherche am 06.07.2009.

[MINIWATTS2009]

Miniwatts Marketing Group (HRSG.), Internet World Stats – INTERNET USAGE STATISTICS, http://www.internetworldstats.com/stats.htm, Internetrecherche am 17.05.2009.

[MOHR2005]

Mohr, S., Outsourcing nach Bankenart, kes 2005 Heft 6, S. 85 ff.

[MÜNCH2005]

Münch, I., Neue Grundschutz-Generation: Vom IT-Grundschutzhandbuch zu den BSI-Standards für das IT-Sicherheitsmanagement, kes 2005 Heft 6, S. 6–12.

[OV2007]

o.V., Basel II und IT-Risikomanagement, 25.07.2007, http://www.compliancemagazin.de/gesetzestandards/eueuropa/cis250707.html, Internetrecherche am 10.07.2009.

[ROLFS2009]

Rolfs, C., Grundsatzregelung zum Arbeitnehmer-Datenschutz kommt, http://blog.beck.de/2009/07/20/grundsatzregelung-zum-arbeitnehmer-datenschutz-kommt, Internetrecherche am 30.07.2009

[SECOLOGIC2007]
Secologic (Hrsg.), Leitfaden Applikationspenetrationstest, Version 1.0, Kronberg 2007, http://www.secologic.org/downloads/testing/070401_ Leitfaden_Penetrationstest_SAP_v1.0.pdf, Download am 13.06.2009.

[SSI2009]
Secrétariat Général de la Défense Nationale (Hrsg.), Methoden und Sicherung von Informationssystemen, Paris 2009, http://www.ssi. gouv.fr/archive/de/vertrauen/methods.html, Internetrecherche am 15.06.2009.

[STATISTA2009]
Statista (Hrsg.), Internetnutzung in Deutschland, http://de.statista.com/ statistik/daten/studie/13058/umfrage/entwicklung-der-internet nutzung-in-deutschland/, Internetrecherche am 27.06.2009.

[VOSSBEIN2008]
Vossbein, R., Alles wie immer?! – Wie viel Neues bringt „Euro-SOX für das IT-Risikomanagement", kes2008, Heft 1, S. 6–10.

[WITT2006]
Witt, B. C., Sicherheits-Recht, kes2006, Heft 1, S. 92–96.

[WÖBKING2005]
Wöbking, F., Die IT auf dem Weg zur Industrialisierung, Vortrag auf der WI 2005 am 23.02.2005.

[TELETRUST2009a]
TeleTrusT (Hrsg.), http://www.teletrust.org/projekte/tisp/curriculum/, Internetrecherche am 14.06.2009.

[TELETRUST2009b]
TeleTrusT (Hrsg.), http://www.teletrust.org/uploads/media/TISP_2008 _01.pdf, Download am 14.06.2009.

[TÜV2007]
TÜV Nord Akademie (Hrsg.), Merkblatt Personalqualifikation, Hamburg 2007, http://www.tuev-nord.de/cps/rde/xbcr/tng_de/Merkblatt_Personal qualifikation_IT-Sicherheitsbeauftragter.pdf, Download am 13.06.2009.

[ZIERCKE2008]
Ziercke, J., „Aktuelle Entwicklungen der Wirtschaftskriminalität", Vortrag auf der Herbsttagung 2008 des Bundeskriminalamtes am 13.11.2008, http://www.bka.de/kriminalwissen schaften/herbsttagung/2008/ziercke_ langfassung_ deutsch.pdf, Download am 27.05.2009.

7 IT-Recht

Das folgende Kapitel kann und soll nur eine kurze Einführung in zwei wichtige Teilbereiche des IT-Rechts geben. Abschnitt 7.1 geht zunächst auf die wesentlichen Rechtsquellen des IT-Rechts ein. Im Abschnitt 7.2 wird der Leser an den Begriff „IT-Vertrag" und an dessen wesentlichen Elemente herangeführt, der Abschnitt 7.3 soll eine Einführung in das immer wichtiger werdende Geschäftsmedium Internet geben, im Abschnitt 7.4 folgen einige Empfehlungen für die Internetnutzung im betrieblichen Bereich. Für weitergehende Informationen zu IT-Verträgen sei auf [SCHNEIDER2009, REDECKER2007 und ZAHRNT2002], zu rechtlichen Aspekten auf [MORITZ2005] und zu Regelungen für die betriebliche Internetnutzung auf [HANAU2003] verwiesen.

7.1 Rechtsquellen des IT-Rechts

Ein reines „IT-Recht" – wie es z. B. ein Zivilrecht gibt – existiert nicht. IT-Recht ist eine Querschnittsmaterie, deren Regelungen sich in verschiedenen Normen finden.

Grundsätzlich unterscheidet man zwischen

- dem Zivilrecht zwischen gleichberechtigten Partnern (= Vertragsrecht) (Quelle: vorwiegend Nationales Recht, z. B. BGB, HGB, UrhG, aber auch internationales Recht, z. B. CISG[93]) und

- dem Öffentlichem Recht (Über-/Unterordnungsverhältnis), das von staatlicher Seite Regeln aufstellt (Quelle: National/EU, z. B. Telemediengesetz (TMG), Bundesdatenschutzgesetz (BDSG)/ EU-Richtlinie zum Fernabsatz[94]).

---

[93] United Nations Convention on Contracts for the International Sale of Goods, CISG) vom 11. April 1980, auch Wiener Kaufrecht genannt.

[94] EU-Richtlinien bedürfen einer Umsetzung in nationale Gesetze und richten sich daher an den nationalen Gesetzgeber.

7.2   IT-Verträge

7.2.1   Vertragsfreiheit

Nach dem Grundsatz der Privatautonomie sind die Parteien sowohl bei dem Abschluss als auch bei der Gestaltung des Inhalts
eines IT-Vertrags frei. Man unterscheidet:

- typische Verträge, die im BGB unter dem Titel „Besonderer
  Teil" geregelt sind (z. B. Werk-, Kauf- oder Mietvertrag usw.),

- atypische Verträge (z. B. Leasing- oder Franchise-Vertrag), die
  allgemeine Verkehrsgeltung erreicht haben, und

- gemischte Verträge aus typischen und/oder atypischen Verträgen (z. B. Systemvertrag bestehend aus Hardwarelieferung und
  Modifizierung bzw. Erstellung von Individualsoftware).

7.2.2   Typisierung nach Vertragsgegenstand

Entscheidend für die Klassifizierung eines IT-Vertrags ist nicht der
Titel, sondern die von den Parteien vertraglich geschuldeten Liefe-
rungen und Leistungen und die Art und Weise ihrer Erbringung.
Klassifiziert man IT-Verträge unter diesem Gesichtspunkt, können
IT-Verträge auf die in Abb. 7.2.2/1 allgemeine Vertragstypen zu-
rückgeführt werden [FOERSTER2005].

Für Irritation sorgt häufig die Verwendung neuer, insbesondere
englischer Namen und Abkürzungen für bereits gebräuchliche und
bekannte IT-Verträge. Ein Bespiel sind Service-Level-Agreements
(SLAs), die vor allem bei IT-Outsourcing und Softwarepflege- und
Wartungsverträgen auftreten. SLAs definieren Leistungsmerkmale
bei IT-Dauerschuldverhältnissen (Verfügbarkeit, Responsezeiten,
Eskalationsregelungen für Störungsmanagement, Support und Berichterstattung). Daneben enthalten sie Regelungen zu Haftung
und Schadensersatz. Diese Regelungen sind weder neu noch ausschließlich bei IT-Sachverhalten notwendig. Ähnliche Regelungen
finden sich z. B. in einem „Operation-, Maintenance- and Service
Contract" für eine Industrieanlage (Maschine, Kraftwerk, Wind-
farm).

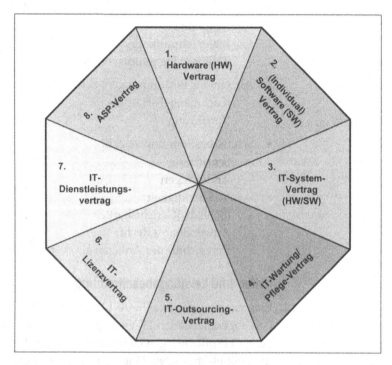

Abb. 7.2.2/1   Klassifikation von IT-Verträgen

7.2.3

Bestandteile eines IT-Vertrags

Ein IT-Vertrag kann grundsätzlich in folgende Regelungsbereiche eingeteilt werden[95]:

- **Präambel**
  - Ziel und Zweck des Vertrags
  - Status und Hintergrund der Parteien

- **Leistungsbeschreibung**, z. B.
  - **Liefer- und Leistungsbeschreibung**
  - (siehe Abschnitt 7.2.3.1)
  - **Technische Spezifikation**
  - (siehe Abschnitt 7.2.3.2)

- **Change-Management** (siehe Abschnitt 7.2.5)

---

[95] In den fett markierten Regelungsbereichen liegt der spezifische Regelungsbedarf und -schwerpunkt eines IT-Vertrags, die übrigen Regelungen sind typische Bestandteile eines Liefervertrags.

- Regelungen zum Leistungsaustausch, z. B.
  - **Abnahme**
  - Lieferzeitpunkt und Verzug
  - Zahlung, Eigentumsvorbehalt
- Allgemeine Bestimmungen, z. B.
  - (Sachmängel-)Haftung
  - Verjährung
- Schlussbestimmungen, z. B.
  - Schriftform
  - Änderungen
  - Vollständigkeit
  - (Schieds-)Gerichtsbarkeit
  - Anwendbares Recht
  - Verzeichnis der Anlagen als Bestandteile des Vertrags

7.2.3.1   Liefer- und Leistungsbeschreibung

Eine exakte und detaillierte Liefer- und Leistungsbeschreibung in den abgeschlossenen IT-Verträgen und damit die Kenntnis der eigenen Verpflichtungen ist insbesondere für das Risikoprofil kleiner und mittelständischer Unternehmen unverzichtbar. Häufig ist allerdings der Auftraggeber mangels des erforderlichen Know-hows nicht in der Lage, die Anforderungen an das IT-System in einem Lastenheft so zu spezifizieren, so dass der Auftragnehmer durch ein kongruentes Pflichtenheft seine Lieferungen und Leistungen abschließend definieren kann. Aus Sicht des Auftraggebers sollte hier dem IT-Vertrag (Werkvertrag) eine Planungsphase vorgeschaltet werden, welche zur Entwicklung des Pflichtenhefts dient. Der Dienstvertrag ermöglicht es dem Auftraggeber bei intelligenter Gestaltung zudem, das Projekt während der Planungsphase abzubrechen, wenn eine Realisierung aufgrund der Ergebnisse bzw. der Kostenabschätzung nicht oder nicht so realisiert werden kann (siehe Abb. 7.2.3/1).

Zur Sicherung des Gesamtauftrags werden durch Auftragnehmer aber teilweise IT-Verträge abgeschlossen, welche zum Zeitpunkt des Vertragsabschlusses lediglich Anforderungen des Kunden an das fertige IT-System (Requirements) beinhalten. Erst nach Vertragsunterzeichnung und damit im Projektverlauf wird dann durch den Auftragnehmer ein endgültiges Design für das IT-System und damit ein Pflichtenheft entwickelt.

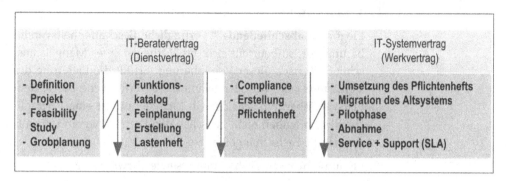

Abb. 7.2.3/1   Zusammenhang Dienst- und Werkvertrag

Der Auftragnehmer muss in diesen Fällen darauf dringen, dass dieses Design/Pflichtenheft durch den Auftraggeber als endgültige Spezifikation des vom Auftragnehmer zu erbringenden Liefer- und Leistungsumfangs durch den Auftraggeber abgenommen wird, **bevor** mit der endgültigen Entwicklung/Fertigung des IT-Systems begonnen wird (Design Review/Approval). Dieses Design/Pflichtenheft muss dann die oftmals ungenauen Requirements ersetzen. Anderenfalls trägt der Lieferant das Risiko, dass im Projektverlauf – auch bedingt durch die steigende Lernkurve des Auftraggebers im Verlauf des Projekts – eine Vielzahl weiterer Forderungen hinsichtlich der Umsetzung der Requirements entstehen. Eine Änderung des Designs/Pflichtenhefts ist dann nur über eine Vertragsänderung (Contract-Change Management, siehe Abschnitt 7.2.5) möglich.

7.2.3.2   Beschaffenheitsangaben

Seit der Schuldrechtsreform 2002 [BGBL2002] setzt die vertragsgemäße Lieferung und Leistung des Verkäufers im Kauf- und des Herstellers im Werkvertragsrecht die Erfüllung mit einer **mangelfreien** Sache voraus.

Das Gesetz wendet in § 434 BGB und § 633 BGB für die Frage, ob bei einer Kaufsache oder einem Werk ein Sach- oder Rechtsmangel vorliegt, eine mehrstufige Prüfung an:

1. Vertragliche Beschaffenheitsvereinbarung

   Liegt eine **abschließende**[96] vertragliche Beschaffenheitsvereinbarung vor, so beurteilt sich das Vorliegen eines Mangels ausschließlich nach dieser Vereinbarung. Erfüllt die Lieferung des
   Verkäufers oder des Herstellers diese vertragliche Beschaffenheitsvereinbarung, scheidet ein Mangel aus. Ist eine vertragliche Beschaffenheit nicht zwischen den Parteien vereinbart worden, ist die Sache mangelfrei bei

2. Eignung für vertraglich vorausgesetzte Verwendung

   Falls eine solche vertragliche Einigung über die Verwendung
   nicht feststellbar ist, entscheidet die

3. Eignung für die gewöhnliche Verwendung und die übliche Beschaffenheit.

Bereits die „Eignung für die vertraglich vorausgesetzte Verwendung" enthält keine klaren Kriterien mehr, was Inhalt der Leis-
tungspflicht z. B. eines Softwareerstellungsvertrags für eine Buch-
haltungssoftware in einem mittelständischen Unternehmen ist;
noch unklarer wird die Frage nach der „üblichen Beschaffenheit",
wenn Vergleichsprodukte fehlen. Im Falle eines gerichtlichen Verfahrens muss zur Feststellung der Mangelfreiheit oft ein teures und
zeitaufwändiges Sachverständigengutachten eingeholt werden,
dessen Ergebnis nicht vorhersehbar ist. Primäre Aufgabe des IT-
Managements ist es daher sicherzustellen, dass die Beschaffenheit
der Liefer- und Leistungsverpflichtungen **abschließend** im IT-Vertrag definiert wird durch

* Liefer- und Leistungsbeschreibung (Quantität),

* Technische Spezifikation (Qualität).

7.2.4   Risikomanagement bei IT-Verträgen

7.2.4.1   Risiken von IT-Verträgen

Aufgrund der Vielfältigkeit von IT-Verträgen, die von der Lieferung von IT-Systemen über die Erstellung von Individualsoftware

---

[96] Eine abschließende Beschaffenheitsvereinbarung kann sich z.B. aus
Technischen Spezifikationen ergeben, wenn die Parteien gleichzeitig
vertraglich vereinbaren: *„Die Technische Spezifikation beschreibt abschließend die Produktqualität und die Testverfahren für deren Nachweis."*

bis hin zum SLA reichen, ist eine spezifische Risikobetrachtung nur für den einzelnen IT-Vertrag möglich. Trotzdem existieren aber auch im Bereich der IT-Verträge klassische Risikofelder, deren Bearbeitung im Zuge des Vertrags- und Risikomanagements eines Unternehmens besondere Beachtung bedürfen (siehe Abschnitte 7.2.4.2, 7.2.4.3 und 7.2.4.4).

7.2.4.2 Lieferung und Abnahme

Durch die Änderung des § 651 BGB im Zuge der Schuldrechtsreform 2002 [BGBL2002] wurde der Anwendungsbereich des Kaufvertragsrechtes zu Lasten des Werkvertragsrechtes substantiell erweitert. Das Kaufvertragsrecht erfasst jetzt auch alle Verträge über die Herstellung und Lieferung einer beweglichen Sache. Dabei betrachtet die Rechtsprechung auch Software als bewegliche Sache, zumindest soweit diese auf einem Datenträger verkörpert ist [NJW1993d], so dass auf nahezu alle IT-Verträge Kaufvertragsrecht zur Anwendung kommt.

Obwohl § 433 Abs. 2 BGB ebenfalls von dem „Abnehmen" (= Entgegennahme) der Kaufsache spricht, steht hinter der werkvertraglichen „Abnahme" nach § 640 BGB nicht nur die Entgegennahme der Werksache, sondern zusätzlich die Billigung als im Wesentlichen vertragsgemäße Leistung. Mit der werkvertraglichen Abnahme verbunden sind z. B.

- die Fälligkeit der Vergütung,
- der Verlust von Rechten aus der Sachmängelhaftung, sofern bei der Abnahme die Sachmängel bekannt waren,
- die Beschränkung des Zurückbehaltungsrechts am Kaufpreis auf das Dreifache der Mängelbeseitigungskosten (§ 641 Abs. 3 BGB),
- die Umkehr der Beweislast für das Vorliegen von Sachmängeln und
- der Verlust der angefallenen Vertragsstrafe, sofern diese nicht ausdrücklich vorbehalten wird (§ 341 Abs. 3 BGB).

Sollen bei IT-Projekten die genannten werkvertraglichen Regelungen Anwendung finden, müssen diese nunmehr im Wege der Vertragsfreiheit von den Parteien ausdrücklich vereinbart werden.

7.2.4.3   ### Technische Dokumentation

Nach gefestigter Rechtsprechung [NJW1992] ist die technische Dokumentation eines Computersystems Bestandteil des Lieferumfanges des Auftragnehmers bzw. Lieferanten. Fehlt die technische Dokumentation bei der Ablieferung/Abnahme, liegt eine Nichterfüllung der Liefer- und Leistungspflichten aus einem Kauf- oder Werkvertrag [NJW-RR1999] vor. Dies hat unter anderem zur Folge, dass

- der Käufer/Besteller den Preis/die Vergütung nicht zahlen muss,

- der Lieferant/Hersteller in Verzug gerät und damit unter Umständen schadensersatzpflichtig ist, und

- die Verjährungsfristen für die Sachmängelhaftung nicht zu laufen beginnen, trotz Ablieferung der Sache bei dem Käufer.

Ebenso wie die Sachmängelhaftung bestimmt sich der Umfang der abzuliefernden technischen Dokumentation zunächst ausschließlich nach der Vereinbarung zwischen den Parteien. Ohne **abschließende** Vereinbarung (vgl. Abschnitt 7.2.3.2) einer Spezifikation für die technische Dokumentation können die Kosten für Herstellung der technischen Dokumentation zu einem substantiellen Kostenrisiko für den Auftragnehmer werden. Daher sollte die zu erbringende technische Dokumentation bereits bei Vertragsschluss nach Inhalt, Umfang, Sprache, Format, Medium und Anzahl abschließend spezifiziert werden.

7.2.4.4   ### (Sachmängel-)Haftung

Ziel eines Auftragnehmers bzw. Verkäufers in einem IT-Vertrag muss die vertragliche Vereinbarung von **abschließenden** Beschaffenheitsangaben – z. B. in einer Technischen Spezifikation – sein, weil er anhand dieser Beschaffenheitsangaben den Nachweis der Mangelfreiheit und damit der Erfüllung der Liefer- und Leistungspflichten aus dem Werk- oder Kaufvertrag erbringen kann.

Die gesetzlichen Regelungen des BGB kennen im Bereich der vertraglichen Pflichtverletzung und damit auch der Sachmängelhaftung kein haftungslimitierendes Element. Dies bedeutet, dass ein Kunde verlangen kann, einen aufgrund einer Pflichtverletzung des Lieferanten entstandenen nachweisbaren Schaden in voller Höhe ersetzt zu bekommen, und zwar unabhängig von der Höhe der vereinbarten Vergütung des IT-Vertrags. Dies umfasst z. B. den entgangenen Gewinn, Produktionsausfall und Kosten für Deckungskäufe. Daher kann z. B. eine Pflichtverletzung des Lieferanten bei dem Erstellung eines Steuerprogramms eine Schadensersatzforderung in Millionenhöhe begründen (Stillstand einer Produktionslinie, Kosten für eine Rückrufaktion).

Aufgrund des unternehmerischen Risikos wird der Lieferant oder Hersteller versuchen, seine Haftung durch eine vertragliche Regelung einzuschränken und damit kalkulierbar zu machen. Eine Begrenzung der Haftung kann nur dadurch erfolgen, dass im Kauf- oder Werkvertrag entweder Haftungsausschlüsse oder Haftungsbegrenzungen vereinbart werden.

Dabei ist zu beachten, dass Haftungsbeschränkungen in Allgemeinen Geschäftsbedingungen („AGB") nur in eingeschränkten Umfang möglich und bei einem Verstoß gegen diese Beschränkungen vollständig[97] unwirksam sind.

7.2.5   Contract Change Management IT-Vertrag (Änderungsverfahren)

In komplexen IT-Projekten werden früher oder später erfahrungsgemäß Änderungen an dem Liefer- und Leistungsumfang des Auftragnehmers und an den Technischen Spezifikationen notwendig. Jede Änderung, z. B. Mehr- oder Minderleistungen, ist dabei eine Vertragsänderung.

Kommt es bei oder nach der Abwicklung des IT-Projekts zu Streitigkeiten über die Veranlassung oder die Vergütung des über den ursprünglichen Liefer- und Leistungsumfang hinausgehenden Teils, muss in aller Regel der Auftragnehmer zur Begründung seines Vergütungsanspruches nachweisen, dass die zusätzlich erbrachten Lieferungen und Leistungen

*   nicht bereits Gegenstand des ursprünglichen IT-Vertrags waren,

*   von dem Auftraggeber nach Abschluss des IT-Vertrags beauftragt wurden,

*   einen Mehraufwand bedeuten und

*   Auswirkungen auf den vereinbarten Zeitplan des Projekts haben.

---

[97] Durch die Rechtsprechung entwickeltes „Verbot der geltungserhaltenden Reduktion", z. B. [NJW1993a].

Abhängig von dem Inhalt des jeweiligen IT-Vertrags betrifft das Contract Change Management daher im Schwerpunkt die in Abb. 7.2.5/1 dargestellten Änderungen.

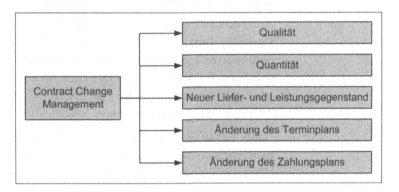

Abb. 7.2.5/1   Änderungen durch Contract Change Management

Die ausgelösten Folgen dieser Änderungen führen in der Regel zu vertraglichen Ansprüchen, die unter Berücksichtigung des im IT-Vertrag vereinbarten Verfahrens und dabei möglicherweise zu beachtenden (Ausschluss-)Fristen abzuwickeln sind. Die Projektleitung muss daher im Rahmen des Contract Change Managements eigenverantwortlich sicherstellen, dass diese Änderungen des IT-Vertrags rechtlich vereinbart, dokumentiert und umgesetzt werden.

Eine Änderung eines IT-Vertrags bedarf – wie auch der Abschluss – gesetzlich keiner besonderen Form, kann daher z. B. mündlich oder per E-Mail erfolgen. Auch bei der Vereinbarung der mittlerweile üblichen Schriftformklausel, sind mündliche durch den Auftraggeber erteilte Aufträge wirksame Vertragsänderungen. Denn mit der Vereinbarung einer Änderung des IT-Vertrags durch die Parteien, wird die früher vereinbarte Formabrede als gleichzeitig stillschweigend aufgehoben. Eine wesentliche Bedeutung einer Schriftformklausel liegt allerdings darin, dass die sich auf eine mündliche Abrede berufende Vertragspartei die Beweislast für das Bestehen solcher nicht formgerechter Vereinbarungen trägt und durch die Schriftformklausel eine Vermutung besteht, dass es eben keine mündlichen Abreden gibt.

Bei komplexen IT-Projekten ist deshalb bereits im IT-Vertrag ein vertragliches Änderungsverfahren (Change-Management-Verfahren) festzulegen (siehe Abb. 7.2.5/2). Die Parteien sollten dazu die notwendigen Musterformulare bereits zur Anlage des IT-Vertrags machen. Dies verhindert zu einem späteren Zeitpunkt Streitigkeiten zwischen den Parteien, ob in dem Schrift- und E-Mail-Verkehr zwischen den Parteien Vertragsänderungen enthalten waren.

Wünscht der Auftraggeber eine Änderung am vereinbarten Liefer- und Leistungsumfang, fordert er den Auftragnehmer zunächst auf, eine Change-Offer zu unterbreiten (Change-Request).

Erkennt hingegen der Auftragnehmer aufgrund der Vorgaben des Auftraggebers eine notwendige Zusatzleistung, hat er das entsprechende Formular mit einem verbindlichen Angebot für die Realisierung vor der Ausführung bei dem Auftraggeber einzureichen (Change-Offer). Handelt es sich um eine nicht notwendige, aber aus Sicht des Auftragnehmers nützliche Änderung, so kann der Auftragnehmer zunächst mit einem unverbindlichen Vorschlag an den Auftraggeber herantreten (Change-Proposal) und erst nach dessen Aufforderung eine verbindliche Change-Offer abgeben.

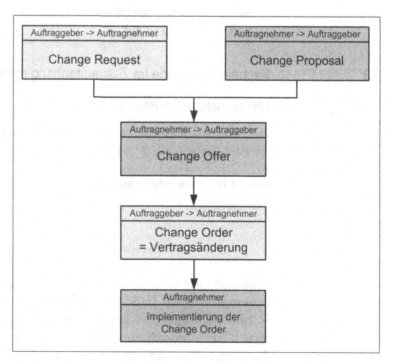

Abb. 7.2.5/2   Change-Management-Verfahren

Entscheidend ist, dass der Auftraggeber die Zusatzleistung einschließlich der daraus resultierenden Folgen (z. B. Mehrpreis, Verlängerung der Lieferfrist) rechtlich bindend in Auftrag gibt (Change-Order). Erst durch die Change-Order wird das Angebot des Auftragnehmers (= Change Offer) durch den Auftraggeber angenommen und damit eine Vertragsänderung herbeigeführt, welche neue Rechte und Pflichten zwischen den Parteien begründet.

Die genaue Unterscheidung dieser Begriffe stellt zudem sicher, dass der rechtliche Status der Vertragsänderung für die Projektleitung des IT-Vertrags auf einen Blick ersichtlich wird.

Beginnt der Auftragnehmer vor der Vertragsänderung (Change-Order) mit der Erbringung der geänderten Lieferungen und Leistungen, läuft er Gefahr, dass bei Nichteinigung der Vertragsparteien über die Bedingungen der Change Order

- diese Lieferungen und Leistungen nicht vergütet werden,

- die ursprünglich vereinbarten Lieferungen und Leistungen zu erbringen sind, und

- der ursprünglich vereinbarte Zeitplan des IT-Projekts unverändert weiter Bestand hat.

7.3   Rechtliche Aspekte im Zusammenhang mit E-Business

7.3.1   Vertragsschluss im Internet

Im E-Business wird zwischen Offline- und Onlineverträgen unterschieden (siehe Tab. 7.3.1/1).

Tab. 7.3.1/1   Internetvertragsarten

Offlineverträge	Abschluss des Vertrags Erfüllung erfolgt	online offline
Onlineverträge	Abschluss des Vertrags Erfüllung erfolgt	online online

Auch wenn der Vertragsschluss und bei Onlineverträgen auch der Leistungsaustausch (z. B. Kauf, Bezahlung und Download einer Software) im Internet elektronisch erfolgen, finden auf diese Verträge – sofern es sich um inländische Vertragsparteien handelt – die Vorschriften des deutschen materiellen Zivilrechtes (BGB, HGB) zu Vertragsschluss, Verzug, (Sachmängel-)Haftung etc. Anwendung.

7.3.2 Willenserklärungen im Internet

Um vertraglich im E-Business zu agieren, werden Willenserklärungen wie z. B. Angebot, Annahme, Änderung eines Vertrags und Kündigung zumeist per E-Mail ausgetauscht. Zwar können Willenserklärungen, die nicht der Schriftform unterliegen, ohne weiteres per E-Mail ausgetauscht werden [NJW2002]. Die Gerichte haben einfache ungesicherte E-Mails aber überwiegend als unzureichend angesehen, um die von einer Partei bestrittene Unverfälschtheit der vorgelegten Erklärung (Integrität) oder die Zurechnung zum angeblichen Aussteller (Authentizität) zu beweisen. Die Vorlage eines Ausdrucks einer empfangenen E-Mail reicht zum gerichtsverwertbaren Beweis einer von der anderen Partei abgegebenen Willenserklärung nicht.

Ebenso kann der Zugang einer E-Mail bei der anderen Partei für den Absender derzeit nicht gerichtsverwertbar nachgewiesen werden. Bereits zum Telefax hat der Bundesgerichtshof ausgeführt, dass das Sendeprotokoll nur die Herstellung der Verbindung zwischen Sende- und Empfangsgerät anzeigt und zudem einfach manipuliert werden kann [NJH1993b]. Gleiches gilt für die Sende- und auch die Lesebestätigung der E-Mail.

Geklärt ist von der Rechtsprechung mittlerweile das Erfordernis einer „menschlichen" Willenserklärung, welches die Frage nach der Wirksamkeit von automatisierten Erklärungen (Auto-Reply, Bietagenten etc.) aufwarf. Danach ergeben sich durch die Einschaltung eines programmierten Rechners keine relevanten Unterschiede, da ebenso eine Hilfsperson mit der Abgabe der Willenserklärung beauftragt werden könnte. Die Abgabe der Willenserklärung durch den Erklärenden liegt daher bereits in der Programmierung des Rechners [NJW2005].

7.3.3 Digitale Signatur

Mit dem Ziel, die Grundlagen des elektronischen Rechtsverkehrs zu schaffen, sind 1997 das „Gesetz zur digitalen Signatur" (SigG) und die „Verordnung zur digitalen Signatur" (SigV) in Kraft getreten. Wird ein elektronisches Dokument mit einer qualifizierten elektronischen Signatur (§ 2 Nr. i. Vm. § 7 SigG) versehen, dann steht diese qualifizierte Signatur nach § 126a BGB einer handschriftlichen Unterschrift gleich. Nicht lösbar ist in diesem Zusammenhang aber der Nachweis des Zugangs der E-Mail, es sei denn, die Empfangs- oder Lesebestätigung wird ihrerseits mit einer qualifizierten elektronischen Signatur versehen.

7.3.4 Informationspflichten im E-Business

Die allgemeinen Regelungen des Zivilrechts werden ergänzt um einige Spezialregelungen, die überwiegend die Umsetzung entsprechender Richtlinien der EU darstellen [ECOMMERCE2000]. Die wichtigsten Normen sind:

- § 312e BGB, der generelle Pflichten eines Unternehmers im elektronischen Geschäftsverkehr sowohl für den Business-to-Business(B2B)- als auch Business-to-Consumer(B2C)-Bereich regelt, z. B. unverzügliche elektronische Bestätigung des Zugangs der Bestellung,

- § 3 BGB-InfoV[98], der Informationspflichten im elektronischen Geschäftsverkehr (B2B, B2C) festlegt,

- § 5 TMG (für „geschäftsmäßige, in der Regel gegen Entgelt angebotene Telemedien"), der Pflichtangaben zur Anbieterkennzeichnung enthalten. Geschäftsmäßige Telemedien sind dabei jegliche Form von Internetauftritten eines Unternehmens, unabhängig, ob direkt kostenpflichtig oder für den Kontakt zu Kunden kostenpflichtiger Waren oder Dienstleistungen. Die Pflichtangaben (wie z. B. Name, Anschrift, Angaben der Handelsregisternummer und Vertretungsberechtigte, Umsatzsteueridentifikationsnummer nach § 27a UStG) müssen „leicht erkennbar, unmittelbar erreichbar und ständig verfügbar sein"[99],

- § 37a HGB erfordert auch für den E-Mail-Verkehr die gesetzlichen Mindestangaben für Geschäftsbriefe, d. h. das Gesetz unterscheidet nicht zwischen Informationsträgern (Papier, elektronische Dokumente).

---

[98] BGB-Informationspflichten-Verordnung in der Fassung der Bekanntmachung vom 5. August 2002 [BGBL2002, S. 3002], geändert durch Artikel 3 des Gesetzes vom 2. Dezember 2004 [BGBL2004, S. 3102].

[99] Zu dieser Frage existiert eine umfangsreiche, aber teilweise widersprüchliche Rechtsprechung. Der BGH hat in der Entscheidung vom 20. Juli 2006 eine Erreichbarkeit des Impressums über zwei Links von der Startseite als ausreichend im Sinne des § 5 TMG angesehen [NJW2006].

Die Nichtbeachtung der Informationspflichten führt nicht zur Unwirksamkeit der abgeschlossenen Verträge; sie kann aber als Wettbewerbsverstoß durch Konkurrenten oder durch Wettbewerbsvereine und Verbraucherschutzverbände kostenpflichtig abgemahnt werden. Daneben können Gerichte oder die zuständigen Aufsichtsbehörden[100] Buß- und Ordnungsgelder in Höhe von bis zu 50.000 EUR verhängen.

7.3.5 AGB im E-Business

AGB sind aus dem rechtlichen Alltag des E-Business nicht mehr wegzudenken. Rechtsgrundlage für die Beurteilung der wirksamen Einbeziehung der AGB und Inhaltskontrolle der einzelnen Klauseln sind die §§ 305 ff. BGB. Zu beachten ist, dass gemäß § 305 Abs. 1 BGB „alle für eine Vielzahl von Verträgen vorformulierten Vertragsbedingungen, die eine Vertragspartei (Verwender) der anderen bei Vertragsabschluss stellt", als AGB gelten – auch Vertragsklauseln, Musterverträge und Formulare sind daher AGB.

Grundsätzlich ist im deutschen materiellen Recht sowohl für B2B als auch für B2C ausreichend, wenn der Anbieter auf die entsprechenden AGB hinweist. Allerdings müssen die AGB

- bei B2C (also gegenüber Verbrauchern) dem Verbraucher vorgelegt werden, der bloße Hinweis, dem Verbraucher werde der Text auf Wunsch kostenlos zur Verfügung gestellt, genügt nicht;

- bei B2B genügt hingegen der bloße Hinweis, dass AGB auf Wunsch übersandt werden.

Die wirksame Einbeziehung der AGB im Internet setzt generell voraus, dass ein deutlicher Hinweis und ein entsprechender Link auf die AGB, z. B. oberhalb des Bestellbuttons [LGESSEN2003] oder auf dem Geschäftsbrief (z. B. Bestellung, Auftragsbestätigung) erfolgt. Ein gesondertes „Anklicken" oder das Setzen eines „Häkchens" vor die Einverständniserklärung ist nicht erforderlich, jedoch dringend empfehlenswert, da nur hierdurch der Anbieter den ihm obliegenden Nachweis führen kann, dass der Kunde sich auch ausdrücklich mit der Geltung der AGB einverstanden erklärte.

---

[100] Zum Besipiel die IHK, nicht aber die Konkurrenten, wie manche Abmahnung suggeriert.

Die Anzeige der hinterlegten AGB muss überschaubar, in lesbarer Größe und Formatierung erfolgen. Sie muss dem Kunden die Möglichkeit einer kritischen Überprüfung ermöglichen. Dem Kunden muss zudem die Möglichkeit eingeräumt werden, die AGB auf dem eigenen Computer zu speichern. Für die Speicherung müssen die AGB in einem gebräuchlichen Format zur Verfügung gestellt werden (pdf, rtf oder html). Besonderes Augenmerk legen die Gerichte auf den Umstand, dass der Ausdruck ohne weitere Formatierungen möglich ist.

7.4   Regelungen für betriebliche Internetnutzung

7.4.1   Einführung

Die Nutzung des Internets als Kommunikationsmedium ist aus den Geschäftsprozessen von Unternehmen jeder Art und Größe und über alle Funktionsbereiche hinweg nicht mehr wegzudenken. Daraus resultierend verfügen immer mehr Mitarbeiter am Arbeitsplatz über einen Zugang zum Internet, der nur in den seltensten Fällen durch spezielle Filter kontrolliert wird.

7.4.2   Regelung der Nutzung durch den Arbeitgeber

Der Arbeitgeber ist grundsätzlich frei, über die Internetnutzung im Unternehmen zu entscheiden. Bei einer Erlaubnis richtet sich der Umfang der Internetnutzung nach dem Inhalt der Erlaubniserklärung des Arbeitgebers. Bei einem Verbot der Internetnutzung durch den Arbeitgeber ist diese grundsätzlich ausgeschlossen. Mit dem Umfang der Nutzungserlaubnis korrespondieren wiederum die Überwachungsmöglichkeiten des Arbeitgebers.

7.4.2.1   Erlaubnis

Der Arbeitgeber kann die ausdrückliche Erlaubnis zur privaten Nutzung der E-Mail- und Internetdienste im Rahmen von

- Arbeitsverträgen,
- Arbeitsordnungen oder
- Betriebsvereinbarungen

erteilen.

Erlaubt der Arbeitgeber die private Nutzung der E-Mail- und Internetdienste, sind aufgrund der Existenz privater Daten des Mitarbeiters die Kontrollrechte des Arbeitgebers erheblich eingeschränkt. Der Arbeitgeber wird für seine Mitarbeiter Anbieter einer Telekommunikationsdienstleistung und unterliegt daher unter anderem dem Fernmeldegeheimnis nach § 88 TKG. Damit ist die Inhaltskontrolle privater E-Mails, die der Arbeitnehmer im Rahmen der Erlaubnis zur privaten Internetnutzung erstellt und versendet hat, per se ein rechtswidriger Verstoß des Arbeitgebers (Stichwort: allgemeines Persönlichkeitsrecht, Art. 1 Abs. 1, 2 Abs. 1 GG), ebenso ist die Erhebung personenbezogener Nutzerdaten und die Filterung der E-Mails nach Spam oder Viren nur eingeschränkt und mit Zustimmung des Mitarbeiters zulässig.

Empfehlenswert ist daher, die private Internetnutzung ausschließlich über eine separate E-Mail-Adresse zu ermöglichen oder PCs zur privaten Internetnutzung, z. B. in Pausenräumen, zur Verfügung zu stellen.

7.4.2.2 Verbot

Der Arbeitgeber kann die private Internetnutzung ausdrücklich verbieten. Von den Sonderfällen abgesehen, stellt die private Internetnutzung dann eine Vertragsverletzung des Arbeitnehmers dar, die den Arbeitgeber zu einer Abmahnung des Mitarbeiters und im Wiederholungsfall zur Kündigung berechtigt. Bei einer intensiven zeitlichen Nutzung des Internets oder bei dem Zugriff auf strafbare bzw. pornographische Internetseiten kann diese Pflichtverletzung auch eine fristlose Kündigung des Arbeitsverhältnisses rechtfertigen [NZA2006].

Im Rahmen der betrieblich veranlassten E-Mail-Nutzung ist es dem Arbeitgeber bei einem Verbot der privaten Internetnutzung grundsätzlich gestattet, neben den äußeren Verbindungsdaten einer E-Mail (z. B. Header), der in der Regel Absender, Empfänger, Betreff, Anhänge, Art der angehängten Dokumente etc. enthält, auch Kenntnis von ihrem Inhalt zu nehmen. Der Arbeitgeber darf die dienstlichen Schreiben seiner Arbeitnehmer unlimitiert kontrollieren, ebenso wie er die Vorlage des gesamten schriftlichen Postein- und Postausgangs verlangen kann. Dies gilt in dieser Absolutheit aber nur, wenn er den privaten E-Mail-Verkehr am Arbeitsplatz verboten hat.

7.4.3   IT-Richtlinie

Ziel einer IT-Richtlinie ist es, die Nutzungsbedingungen der gesamten betrieblichen IT-Infrastruktur, den Umfang der erlaubten Nutzung sowie die Maßnahmen zur Protokollierung und Kontrolle durch den Arbeitgeber transparent und einheitlich auf betrieblicher Ebene zu regeln. Damit entfällt die Notwendigkeit einer individualvertraglichen Detailregelung mit jedem Mitarbeiter, da innerhalb des Arbeitsvertrags auf die IT-Richtlinie in der aktuellen Fassung verwiesen werden kann. Eine mögliche Gliederung einer IT-Richtlinie zeigt Tab. 7.4.3/1.

Tab. 7.4.3/1   Gliederung für IT-Richtlinie

---

1. Grundsätze
    * Geltungsbereich
    * Definitionen und Begriffe
    * Verantwortlichkeiten der Mitarbeiter
    * Informationssicherheitsrisiken
    * IT-Verantwortliche
2. Zugangs- und Zugriffssicherheit
    * Räumlicher Zugang
    * Zugriff auf DV-Geräte und LAN
      (Anforderungen an Passwort, Wechsel)
3. Hardware
4. Transport von DV-Geräten und Datenträgern
5. Entsorgung von Daten, Datenträgern und DV-Geräten
6. Software
    * Lizenzen,
    * Nutzungsrechte auf dienstlichen/privaten
      DV-Geräten
7. LAN, Internet und Email
    * Umfang und Art der Nutzung
    * Protokollierung
    * Informationssicherheit
8. Behandlung vertraulicher Informationen
    * Freigabe
    * Versand vertraulicher Informationen
9. Newsgruppen, Diskussionsforen
10. Fernzugriff auf das LAN
    * VPN
    * Remotedesktop
13. Sanktionen
14. Ausscheiden von Mitarbeitern
15. Checkliste Notfall

7.4.4   **Mitbestimmungsrechte des Betriebsrates**

Die zentrale Vorschrift der Mitbestimmung bei der Einführung von Internetarbeitsplätzen ist bei mitbestimmungspflichtigen Unternehmen § 87 Abs. 1 Nr. 6 BetrVG. Bei der Einführung und Anwendung von technischen Einrichtungen, die dazu bestimmt sind, das Verhalten oder die Leistung der Arbeitnehmer zu überwachen, hat der Betriebsrat ein Mitbestimmungsrecht, soweit eine individualvertragliche oder tarifliche Regelung nicht besteht (Abb. 7.4.4/1).

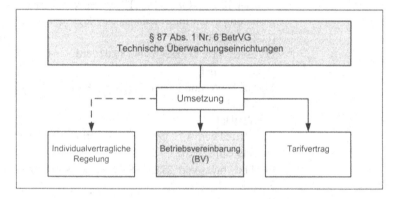

Abb. 7.4.4/1   Möglichkeiten der Regelung der Einführung Technischer Überwachungseinrichtungen

Der Begriff der Überwachung im Sinne von § 87 Abs. 1 Nr. 6 BetrVG beinhaltet jeden Vorgang, durch den Informationen über das Verhalten oder die Leistungen von Arbeitnehmern erhoben und aufgezeichnet werden. Schon der bloße Einsatz von Standardinternetsoftware stellt damit eine Überwachung dar, da die gängigen Programme bereits umfangreiche Protokollfunktionen enthalten (Browserhistorie bzw. Verlauffunktion, Cache, Proxy-Server). Zusätzlich unterliegen Programme zur Überwachung des Datenverkehrs erst Recht dieser Norm.

7.5   **Literatur zu Kapitel 7**

[BGBL2002]
Gesetz zur Modernisierung des Schuldrechts vom 29.11.2001, BGBl. I Nr. 61, S. 3138.
[ECOMMERCE2000]
E-Commerce-RL, Richtlinie 2000/31/EG des europäischen Parlaments und des Rates vom 8. Juni 2000 über bestimmte rechtliche Aspekte der Dienste

der Informationsgesellschaft, insbesondere des elektronischen Geschäftsverkehrs, im Binnenmarkt („Richtlinie über den elektronischen Geschäftsverkehr"), Amtsblatt der Europäischen Gemeinschaften L 178/1 v. 17.07.2000.

[FOERSTER2005]
Foerster+Rutow, CD-ROM „IT-Verträge", Nürnberg 2005, www.fr-lawfirm.de.
[HANAU2003]
Hanau, P. und Hoeren, T., Private Internetnutzung durch Arbeitnehmer, München 2003.
[HEUSLER2004]
Heusler, B. und Roland M., IT-Vertragsrecht. Praxisorientierte Vertragsgestaltung in der Informationstechnologie, Zürich 2004.
[LGESSEN2003]
LG Essen 2003, LG Essen vom 13.02.2003 – 16 O 416/02.
[MORITZ2005]
Moritz, H.-W. und Dreier, T. (Hrsg.), Rechtshandbuch zum E-Commerce, Köln 2005.
[NJW1993a]
BGH Urteil vom 4.11.1992, Neue Juristische Wochenblätter 1993, S. 461.
[NJW1993b]
BGH Beschluss vom 24.03.1993, Neue Juristische Wochenblätter 1993, S. 1655.
[NJW1993c]
BGH Urteil vom 27.01.1993, Neue Juristische Wochenblätter 1993, S. 1786–1787.
[NJW1993d]
BGH Urteil vom 14.07.1993, Neue Juristische Wochenblätter 1993, S. 2436, 2437 f.
[NJW2002]
BGH, Urteil vom 07.11.2001, Neue Juristische Wochenblätter 1993, S. 363.
[NJW2005]
BGH, Urteil vom 26. Januar 2005, , Neue Juristische Wochenblätter 2005, S. 976.
[NJW2006]
BGH, Urteil vom 20.07.2006, Neue Juristische Wochenblätter 1993, S. 3634.
[NJW-RR1999]
OLG Köln, Urteil vom 26.05.1998, Neue Juristische Wochenblätter – Rechtssprechungsreport Zivilrecht, S. 1287.
[NZA2006]
BGH, Urteil vom 27.04.2006, Neue Zeitschrift für Arbeitsrecht 2006, S. 969.
[SCHNEIDER2009]
Schneider, J., Handbuch des EDV-Rechts, Köln 2009.
[ZAHRNT2002]
Zahrnt, C., Vertragsrecht für IT-Fachleute, Heidelberg 2002.

8 IT-Governance

Im Zusammenhang mit IT-Management wird häufig der Begriff IT-Governance verwendet. Das folgende Kapitel klärt zunächst das Verständnis von IT-Governance und setzt diese in Beziehung mit dem IT-Management. Anschließend werden die Aufgaben der IT-Governance skizziert und Referenzmodelle wie die Control Objectives for Information and Related Technology (COBIT) und die ergänzenden Val-IT- und Risk-IT-Frameworks vorgestellt.

8.1 Begriffsverständnis und Bezug zum IT-Management

Das IT Governance Institute (ITGI) definiert **IT-Governance** wie folgt [ITGI2003, S. 11]:

*„IT-Governance liegt in der Verantwortung des Vorstands und des Managements und ist ein wesentlicher Bestandteil der Unternehmensführung. IT-Governance besteht aus **Führung**, **Organisationsstrukturen** und **Prozessen**, die sicherstellen, dass die IT die Unternehmensstrategie und -ziele unterstützt."*

Das damit verfolgte Ziel ist eine Gestaltung der IT im Unternehmen in einer Weise, dass sie

- an den Geschäftszielen ausgerichtet ist,
- den versprochenen Nutzen generiert,
- ihre Ressourcen verantwortungsvoll eingesetzt werden und
- die mit ihr verbundenen Risiken angemessen gemanaged werden [ITGI2003, S. 13].

IT-Governance ist folglich eine **Führungsaufgabe der Unternehmensleitung und des IT-Managements**, welche die zielgerichtete, effektive Steuerung und Nutzung der IT zum Gegenstand hat. Die Gestaltung geeigneter Organisationsstrukturen und IT-Prozesse soll dazu beitragen, die IT wirtschaftlich und unter Berücksichtigung der dabei möglichen Risiken einzusetzen [BAURSCHMID 2005, S. 451]. IT-Governance kann demnach als eine **auf die IT bezogene Spezialisierung der Corporate Governance** aufgefasst werden [MEYER2003, S. 445]. Diese Sicht betont auch die International Organization for Standardization (ISO) mit ihrem im Jahr 2008 veröffentlichten Standard ISO/IEC 38500. Statt „IT-Governance" trägt er den Titel „**Corporate Governance of Information Technology**" (vgl. KLOTZ2008a, S. 21]. Gemeint ist damit „*The system by which the current and future use of IT is directed and controlled*" (vgl. [ISO2008]).

Corporate Governance bedeutet Unternehmensführung und -kontrolle, die an der langfristigen Wertschöpfung orientiert ist und dabei sowohl den juristischen Rahmenbedingungen als auch ethischen Grundsätzen folgt. Als Teil dieser übergreifenden Corporate Governance fällt die IT-Governance folglich in den Verantwortungsbereich des Topmanagements und kann in der Regel nicht fremd vergeben werden.

Johannsen und Goeken stellen in einem als **IT-Governance-Geschäftsarchitektur** bezeichneten Konzept einen Gesamtzusammenhang zwischen Strategie, Prozessen, Infrastruktur und Governance, jeweils bezogen auf IT und Geschäft, her (vgl. Abb. 8.1/1).

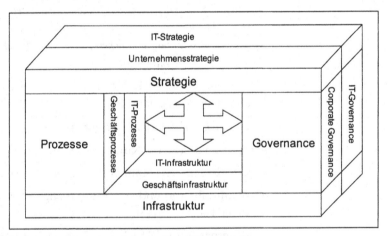

Abb. 8.1/1   IT-Governance-Geschäftsarchitektur
[JOHANNSEN2006, S. 13]

Mit dem skizzierten Verständnis und den in Abschnitt 8.2 behandelten Aufgaben stellt die IT-Governance eine **Erweiterung des traditionellen IT-Managements** dar. Letzteres ist vorwiegend auf die effektive und effiziente Bereitstellung von IT-Leistungen und -Produkten, die Steuerung der Systementwicklung sowie den operativen IT-Betrieb gerichtet (vgl. Abb. 1.1/1 in Kapitel 1). IT-Governance erstreckt sich darüber hinaus auch auf die Transformation der IT zum Value Center, ihre Anpassung an zukünftige interne und externe Einflüsse (z. B. geänderte Geschäftsstrategie, neue Compliance-Anforderungen) sowie auf Verständigung und Interessenausgleich zwischen den betroffenen Stakeholdern [JO-HANNSEN2006, S. 14]. Sie durchzieht alle Aufgabenbereiche des IT-Managements wie z. B. die strategische IT-Planung, das IT-Controlling und die IT-Organisation [MEYER 2003, S. 446]. Krcmar bezeichnet IT-Governance deshalb als **Gestaltungsaufgabe auf der Metaebene des IT-Managements**, bei der es vor allem um die Entscheidungsprozesse und die Verantwortung für Entscheidungen und die daraus resultierenden Ergebnisse geht (vgl. [KRCMAR2009, S. 360 ff.])[101]. Folgerichtig ist die IT-Governance in seinem IT-Managementmodell unter den Führungsaufgaben aufgeführt (vgl. Abb. 1.1/3 in Kapitel 1).

8.2 Aufgaben

Abb. 8.2/1 gibt einen Überblick über die Aufgaben der IT-Governance. Die Darstellung orientiert sich an dem vom IT Governance Institute definierten IT-Governance-Kreislauf.

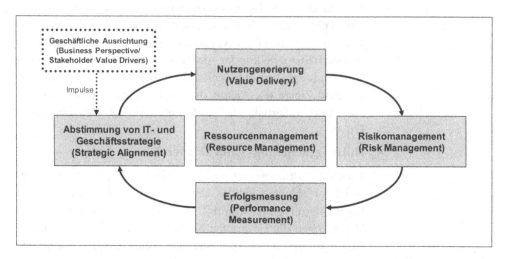

Abb. 8.2/1   IT-Governance-Kreislauf (vgl. [ITGI2003, S. 27])

---

101 Weill und Woodham sprechen von *„Specifying the decision rights and accountability framework to encourage desirable behaviour in the use of IT"* [WEILL2002].

Die Geschäftsausrichtung liefert die Impulse für die Abstimmung der IT-Strategie mit der Geschäftsstrategie. Mit dem Strategic Alignment (IT/Business Alignment) beginnt der kontinuierliche Zyklus. Nutzengenerierung und Risikomanagement zählen nach dem Verständnis des IT Governance Institute zur anschließenden Implementierung der IT-Strategie. Die Erfolgsmessung schließt den Kreis und koppelt ihr Ergebnis zur erneuten Abstimmung der Strategien zurück. Das dem Kreislaufmodell nachträglich hinzugefügte Ressourcenmanagement bildet die Grundlage für die Erreichung der strategischen Geschäftsziele. Die in Abb. 8.2/1 enthaltenen Aufgaben werden im Folgenden genauer beschrieben (vgl. [JOHANNSEN2006, S. 14], [MEYER2003, S. 446 ff.] und [ITGI2003, S. 26 ff.]):

- **Abstimmung von IT- und Geschäftsstrategie (Strategic Alignment)**

  Hier geht es um die optimale Nutzung der IT zur Erreichung der Unternehmensziele durch fortwährende Abstimmung der IT-Strategie mit der Unternehmensstrategie und den daraus abgeleiteten Geschäftsprozessen (vgl. Abschnitt 2.3.7). Die Abstimmung kann top-down vom Geschäft aus erfolgen, wenn neue strategische Optionen oder reorganisierte Prozesse neue oder veränderte IT-Infrastrukturen bedingen (Alignment). Bottom-up kann die IT als Wegbereiter für vorher nicht umsetzbare Geschäftsmodelle oder -prozesse fungieren (Enabling). Die Abstimmung wird maßgeblich beeinflusst von den Erwartungen und Zielen der Anspruchs- und Interessengruppen innerhalb und außerhalb des Unternehmens (Stakeholder Value Drivers).

- **Nutzengenerierung (Value Delivery)**

  Durch die Orientierung an Unternehmenszielen und -strategie soll die IT Nutzen für das Unternehmen stiften, also Wertbeiträge liefern (vgl. Abschnitt 2.2.1). Damit ist auch gemeint, dass IT-Lösungen die erwarteten Nutzeffekte (z. B. Verkürzung der Durchlaufzeit) tatsächlich erzielen und dadurch Unternehmenswerte schaffen bzw. steigern. Nutzenkategorien können sein, dass die IT das Geschäft unterstützt, dass sie es erlaubt, das Geschäft anders zu machen oder dass sie es ermöglicht, ein anderes Geschäft zu machen [GROHMANN2004, S. 94]. Mit der Fokussierung auf den Wertbeitrag geht die Entwicklung des

IT-Bereichs vom Cost Center und reinen Techniklieferanten zum serviceorientierten Profit Center bzw. Value Center einher, ggf. auch mit Konkurrenz vom Markt. Transparente Liefer- und Leistungsbeziehungen mit den Geschäftsbereichen als Kunden fördern die Wert- und Dienstleistungsorientierung in marktbezogenen Strukturen (vgl. Abb 1.1/2 in Kapitel 1).

- **Risikomanagement (Risk Management)**

IT-Risikomanagement hat angesichts der immer tieferen Durchdringung von Prozessen mit IT und der Abhängigkeit von mithilfe der IT verwalteten Informationsbeständen große Bedeutung erlangt. Ziel ist ein angemessenes Management von IT- und verwandten Risiken durch Risikomanagementstrategien wie Vermeidung, Reduktion, Diversifikation, Konzentration, Übertragung, Transformation und Akzeptanz (vgl. [SEIBOLD 2006, S. 30 ff.]). IT-bezogene Risiken beziehen sich auf die Unfähigkeit, anforderungsgerechte IT-Leistungen effektiv und effizient zu erbringen [SEIBOLD2006, S. 11]. Sie können vielfältiger Natur sein und erwachsen z. B. aus dem IT-Betrieb (Systemausfälle, unberechtigte Zugriffe auf und Manipulationen von Daten etc.) und aus IT-Projekten (z. B. Termin- und Budgetüberschreitungen)[102]. Daneben existiert eine ganze Reihe weiterer IT-Risikokategorien (vgl. z. B. [RAUSCHEN2004, S. 22].

Ein nicht unerheblicher Teil der Unternehmensrisiken resultiert auch aus der zunehmenden Flut von Regelungen, denen Unternehmen unterliegen. Eine eng mit dem Risikomanagement verknüpfte Aufgabe ist deshalb die **Compliance**. Deren Ziel ist es, Risiken aus Verstößen gegen externe und interne Regelungen zu vermeiden, indem die Befolgung solcher Vorgaben sichergestellt wird (vgl. [KLOTZ2008b, S. 5 ff.]. Aus der Compliance erwachsen Anforderungen an das Interne Kontrollsystem (IKS) des Unternehmens. So definiert beispielsweise der Sarbanes Oxley Act in seiner Section 404 unter anderem, dass das Management für die Einrichtung eines funktionsfähigen und adäquaten IKS auf Basis eines anerkannten Regelwerks verantwortlich ist. Außerdem müssen Geschäftsführung und Leitung des Finanz- und Rechnungswesens die Ordnungsmäßigkeit und Funktionsfähigkeit der internen Kontrollen in einem jährli-

---

[102] Vergleiche auch Abschnitt 6.1.2.

chen Report beurteilen und das Ergebnis schriftlich bestätigen. Sie haften persönlich für die Richtigkeit der Aussagen (vgl. [GAULKE2009, S. 10]).

IT-Compliance bezieht sich in einem weiten Verständnis nicht nur auf die Einhaltung **rechtlicher Vorschriften** wie des Bundesdatenschutzgesetzes (BDSG), des Signaturgesetzes (SigG) oder der Grundsätze zum Datenzugriff und zur Prüfbarkeit digitaler Unterlagen (GDPdU), sondern auch auf die Erfüllung **weiterer unternehmensexterner Regularien** (z. B. Verträge wie Service Level Agreements oder Frameworks wie die IT Infrastructure Library (ITIL) sowie **unternehmensinterner Vorgaben** (z. B. selbst auferlegte Regelwerke wie eine IT-Sicherheitsrichtlinie) (vgl. auch Abschnitt 6.1.3). Die Bindungswirkung und Risiken der Nichteinhaltung nehmen von den externen Regelwerken hin zu den internen Normen ab (vgl. [KLOTZ2008b, S. 8 ff.]).

Es geht bei IT-Compliance nicht um die selbstverständliche Einhaltung von geltendem Recht, sondern darum, mögliche Verstöße gegen Regelungen als dem Risikomanagement zu unterwerfende Risiken zu identifizieren, denen mit geeigneten organisatorischen, technischen und personellen Maßnahmen zu begegnen ist (vgl. [KLOTZ2008b, S. 7]). Beispiele für solche Maßnahmen sind die Gestaltung und Implementierung entsprechender Prozesse (z. B. Genehmigungs-Workflows), die sorgfältige Sensibilisierung, Information und Schulung des Personals und die regelmäßige Kontrolle und Dokumentation der Regelkonformität inklusive Sanktionen bei Verstößen. Der IT-Einsatz ist also konform mit den einschlägigen Regularien zu gestalten und mit definierten Führungs- und Kontrollprozessen zu steuern. Die IT-Unterstützung eines geeigneten Reporting für den Nachweis der Einhaltung relevanter Vorschriften rundet das Aufgabenfeld ab.

Die gezeigte enge Verflechtung von IT-Governance, IT-Risikomanagement und IT-Compliance kommt in dem Begriff der **Governance-Risk-Compliance-(GRC)-Trias für die IT** zum Ausdruck [KLOTZ2008b, S. 7 f.]. Abb. 8.2/2 zeigt, dass diese integriert ist in die GRC-Trias für das gesamte Unternehmen.

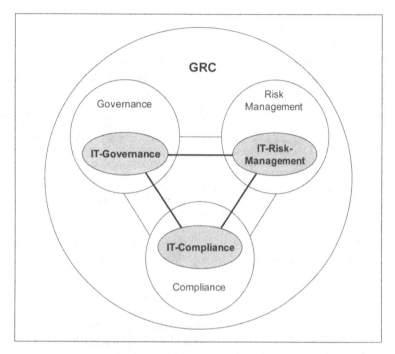

Abb. 8.2/2   GRC-Trias für Unternehmen und IT [KLOTZ2008b, S. 8]

- **Erfolgsmessung (Performance Measurement)**

  In engem Zusammenhang mit dem Wertbeitrag steht die Erfolgsmessung. Zur Überwachung der Zielerreichung ist es nötig, Erfolgsgrößen für den IT-Einsatz zu definieren und zu messen. Die Schwierigkeit liegt dabei zunächst in der Tatsache, dass der Wertbeitrag naturgemäß vom Management auf unterschiedlichen Ebenen sowie von den Anwendern differenziert wahrgenommen wird. Außerdem ist IT-Performance zwar auf der Ebene der technischen Infrastruktur und der geschäftsspezifischen Anwendungen ganz gut messbar, in Richtung Gesamtunternehmensebene wird ein direkter Einfluss der IT auf Erfolgsfaktoren jedoch immer schwerer bewertbar. Demgemäß sinkt mit zunehmender Geschäftsorientierung auch der Einfluss des IT-Managements auf die Nutzenmessung. Abb. 8.2/3 illustriert diese Sachverhalte jeweils von unten nach oben betrachtet mit dem abnehmenden konkreten IT-Bezug der Messgrößen und der Verschiebung des Einflusses hin zum Business Management.

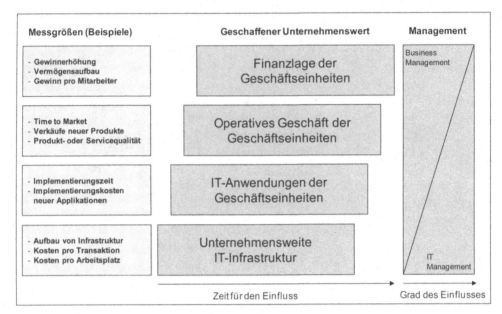

Abb. 8.2/3   Messung von IT-Nutzen und seine Beeinflussung durch
              das Management [ITGI2003, S. 35]

Ansatzpunkte für die Lösung der Bewertungsproblematik liefern Kennzahlensysteme (vgl. z. B. [GROHMANN2004, S. 95],
[KÜTZ2003] und [KÜTZ2006]) und das in Abschnitt 4.5 behandelte Instrument der IT-bezogenen Balanced Scorecard.

- **Ressourcenmanagement (Resource Management)**

  Diese Aufgabe umfasst den verantwortungsvollen und nachhaltigen Einsatz der Ressourcen der IT als Schlüsselfaktoren für
  den erfolgreichen IT-Einsatz im Unternehmen. Als IT-Ressourcen gelten in diesem Kontext in erster Linie qualifiziertes Personal (vgl. Abschnitt 3.4), hochwertige Anwendungssysteme
  und technische Infrastruktur (vgl. Kap. 5) sowie die damit verwalteten und verarbeiteten Informationen. Das Ressourcenmanagement weist starke Bezüge zu Konzepten des **Nachhaltigen
  Informationsmanagements** auf, welche die ursprünglich rein
  ökonomischen Perspektiven des Informationsmanagements um
  die ökologische und soziale Dimension ergänzen (vgl.
  [SCHMIDT2009]). Ein Beispiel für die zunehmende Bedeutung
  der ökologischen Perspektive sind Maßnahmen zur Ressourcenschonung unter dem Stichwort „Green IT" (vgl. Kapitel 3.1.5).

Aus den Aufgaben leitet sich eine ganze Reihe von Entscheidungsfeldern ab, in denen Fragen zu beantworten sind wie:

- Welche strategische Rolle soll die IT im Unternehmen spielen?
- Welche IT-Produkte und -Dienstleistungen sollen angeboten werden?
- Wie soll die IT-Architektur gestaltet werden?
- Wie sind Verantwortlichkeiten und Zuständigkeiten zu regeln?
- Wie soll das IT-Controlling ausgeprägt werden?

Die konkrete Beantwortung solcher Fragen hängt je nach Unternehmen von unterschiedlichen Faktoren mit verschiedenen Ausprägungen ab (z. B. Organisationsstruktur mit flacher oder tiefer Hierarchie, Reifegrad der IT niedrig oder hoch). Dies macht deutlich, dass IT-Governance unternehmensspezifisch auszugestalten und der jeweiligen Unternehmenssituation anzupassen ist (vgl. [BAURSCHMID2005, S. 451]).

8.3 COBIT-Framework

8.3.1 Wesen

Die **Control Objectives for Information and Related Technology (COBIT)** stellen ein **Framework** für die Implementierung leistungsfähiger **IT-Governance** dar [CAMPBELL2005, S. 11]. Das COBIT-Framework wurde 1996 von der Information Systems Audit and Control Association (ISACA)[103] in einer ersten Version veröffentlicht und mit dem 1998 gegründeten IT Governance Institute (ITGI), der Forschungseinrichtung der ISACA, weiterentwickelt. Im Mai 2007 erschien die Version 4.1, die Basis der weiteren Ausführungen ist.

Als **Referenzmodell** berücksichtigt COBIT **Best Practices** ebenso wie viele **internationale Frameworks und Standards,** die ebenfalls Beiträge zur Unterstützung der IT-Governance liefern. Beispiele hierfür sind Ansätze zum Servicemanagement (z. B. ITIL), Qualitätsmanagement (z. B. ISO 9000 ff.), Sicherheitsmanagement (z. B. ISO 27001, ISO 17799) oder Reifegrad- und Softwareprojektma-

---

[103] Berufsverband der IT-Revisoren und IT-Sicherheitsmanager.

nagement (z. B. CMMI[104] und PRINCE2[105]) (vgl. [MEYER2003, S. 448] und [JOHANNSEN2006, S. 16]). Eine tabellarische Zusammenstellung liefert [JOHANNSEN2006, S. 15], einen überblicksartigen und gut strukturierten Vergleich von COBIT mit den meisten der darin berücksichtigten Frameworks findet man in [ITGI2006a].

Die **Dokumentation** von COBIT 4.1 besteht aus vier Elementen:

- **Executive Overview** [ITGI2007a, S. 5 ff.]

  Dieser Abschnitt enthält eine Einführung in die Thematik der IT-Governance und die Grundgedanken von COBIT. Er behandelt ferner die Relevanz der COBIT-Elemente und begleitender Veröffentlichungen für unterschiedliche Zielgruppen wie Unternehmensleitung, IT-Manager und Auditoren.

- **Framework** [ITGI2007a, S. 9 ff.]

  Der zweite Dokumentationsteil beschreibt, mit welchen Mitteln COBIT den Bedarf nach einem IT-Governance-Framework deckt.

- **Prozesse (Kerninhalt)** [ITGI2007a, S. 29 ff.]

  Der so genannte Kerninhalt prägt das Framework in seinem zentralen Teil, den IT-Prozessen, mit Prozessbeschreibungen, Kontrollzielen, Managementleitlinien und Reifegradmodellen detaillierter aus.

- **Anhang** [ITGI2007a, S. 169 ff.]

  Der mehrteilige Anhang liefert unter anderem hilfreiche Tabellen für die Zuordnung von IT-Zielen zu Unternehmenszielen und von IT-Prozessen zu IT-Zielen sowie zusätzliche Reifegradinformationen und verwendete Quellen.

Neben der Dokumentation existiert noch eine ganze Reihe von **ergänzenden Materialien**, welche die Anwendung von COBIT unterstützen. Ausgewählte Beispiele sind [ITGI2007a, S. 195]:

- **IT Governance Implementation Guide**

  Hierbei handelt es sich um einen generischen Vorgehensplan zur Einführung von IT-Governance auf Basis von COBIT- und Val IT sowie dazugehörige Hilfsmittel (z. B. MS-Excel-Tabellen

---

104 Capability Maturity Model Integration.
105 Projects in Controlled Environments.

zur Reifegradberechnung). Der Plan beschreibt alle Projekt-schritte von der Bedarfsermittlung über die Sollkonzeption bis zur Implementierung von Lösungen.

- **COBIT Control Practices**

  Die Control Practices enthalten für jedes Kontrollziel konkrete Anleitungen zu dessen Umsetzung ebenso wie Angaben zu möglichen Wert- und Risikotreibern (vgl. Kap. 8.3.3.2). Das ITGI empfiehlt, die Control Practices zusammen mit dem Implementation Guide einzusetzen.

- **COBIT Quickstart**

  Quickstart ist eine weniger umfangreiche Version von COBIT, die sich für den Aufbau der IT-Governance in kleinen und mitt-leren Unternehmen eignet, jedoch auch von großen Organisati-onen für den schrittweisen Einstieg in COBIT genutzt werden kann. Enthalten ist beispielsweise der so genannte Blue-Zone-Test, mit dem ein Unternehmen feststellen kann, ob für seine Bedürfnisse die Quickstart- oder die Vollversion von COBIT angemessen ist.

- **IT Assurance Guide**

  Dieser Guide stellt einen Leitfaden für Tests der COBIT-Prozes-se und Kontrollziele im Rahmen eigener oder von externen Prü-fern durchgeführter Audits dar. Eine Roadmap unterstützt bei Prüfungsplanung, Festlegung des Prüfungsumfangs und Prü-fungsdurchführung.

Von allen aufgeführten Materialien werden nachfolgend das Fra-mework und die Prozesse als wesentliche Elemente der COBIT-Dokumentation näher behandelt.

8.3.2   Framework

Grundprinzipien des Frameworks sind die **Geschäfts-** und **Pro-zessorientierung**, der Einsatz von **Steuerungsvorgaben** und **-me-chanismen** und die **Messung der Performance**.

Ausgangspunkt der Geschäftsorientierung sind die **Unterneh-mensziele** und die damit verbundenen **Geschäftsanforderungen**. Zu deren Erfüllung müssen die Akteure im Unternehmen unter Nutzung von **IT-Ressourcen** in **IT-Prozessen** mit **Informationen** versorgt werden (vgl. Abb. 8.3.2/1).

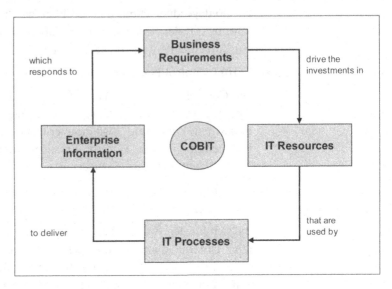

Abb. 8.3.2/1   Grundgedanke von COBIT (vgl. [ITGI2007a, S. 10])

Die gelieferten Informationen sollen einer Reihe von Anforderungen, den so genannten **Informationskriterien (Information Criteria)**, genügen (vgl. Abb. 8.3.2/2).

Qualität	**Effektivität (effectiveness)** Information soll für den jeweiligen Geschäftsprozess relevant und angemessen sein und zur richtigen Zeit in korrekter, konsistenter und verwendbarer Weise bereitgestellt werden.		**Effizenz (efficiency)** Information soll effizient, d.h. durch optimale Ressourcennutzung hinsichtlich Produktivität und Wirtschaftlichkeit, bereitgestellt werden.
Sicherheit	**Vertraulichkeit (confidentiality)** Sensible Informationen sind vor unberechtigter Offenlegung zu schützen.	**Integrität (integrity)** Informationen sollen richtig, präzise, vollständig und gültig im Sinne der Werte und Erwartungen des Unternehmens sein.	**Verfügbarkeit (availability)** Information soll immer verfügbar sein, sobald sie von einem Geschäftsprozess benötigt wird. Dies gilt auch für die notwendigen Ressourcen (z.B. IT-Systeme) und deren Leistungen (z.B. Transaktionen).
Ordnungs-mäßigkeit	**Einhaltung regulatorischer Erfordernisse (compliance)** Bei der Verarbeitung von Informationen sind Gesetze, Regulationen und vertragliche Vereinbarungen einzuhalten, die das Geschäft bzw. einzelne Geschäftsprozesse betreffen. Dies gilt sowohl für interne als auch dem Unternehmen von außen auferlegte Regelungen.		**Zuverlässigkeit (reliability)** Die bereitgestellte Information muss so verlässlich sein, dass das Management das Unternehmen/die Organisation damit führen und seinen Sorgfalts-, Aufsichts- und Berichtspflichten nachkommen kann.

Abb. 8.3.2/2   Informationskriterien (vgl. [GAULKE2006, S. 23] und [ITGI2007a , S. 10 f.])

Aus der Befriedigung des Informationsbedarfes unter Berücksichtigung der beschriebenen Kriterien leiten sich **Ziele für die IT** ab. In der Implementierung von **IT-Prozessen**, welche die zur Erreichung der IT-Ziele nötigen **IT-Ressourcen** (vgl. Abb. 8.3.2/3) steuern, spiegelt sich die Prozessorientierung des Frameworks wider.

Anwendungen (Applications)	Informationen (Information)
Alle manuellen Verfahren und betrieblichen Anwendungssysteme zur Verarbeitung von Informationen.	Informationen in allen möglichen Formaten, die von Informationssystemen gelesen, verarbeitet oder ausgegeben werden.
Infrastruktur (Infrastructure)	**Personal (People)**
Technologie wie Hardware, Betriebssysteme, Datenbanken, Netzwerke etc. sowie Einrichtungen für deren Unterbringung (z.B. Gebäude, Räume, Installationsschränke, Verkabelungsböden etc.)	Interne und externe personelle Ressourcen, die benötigt werden, um die IT-Systeme und -Services zu planen, zu organisieren, zu beschaffen, zu implementieren, zu betreiben, zu betreuen, zu überwachen und zu evaluieren.

Abb. 8.3.2/3   IT-Ressourcen (vgl. [ITGI2007a, S. 12])

Für die Beschreibung der IT-Prozesse sieht COBIT ein Referenzprozessmodell vor (vgl. Abb. 8.3.2/4). Es gliedert sich in **vier Domains (Domänen)** mit insgesamt **34 Processes (Prozessen)**. Die Prozesse bestehen wiederum aus Activities und Tasks (Aktivitäten und Aufgaben) (vgl. [ITGI2004, S. 21]).

Die Domänen bilden einen Lebenszyklus der eingesetzten IT ab, der in etwa dem klassischen „Design", „Build", „Run" und „Monitor" entspricht (vgl. [ITGI2007a, S. 5] und JOHANNSEN 2006, S. 16]).

- **Plan and Organize (PO)**

  Diese Domäne umfasst die Strategie und Taktiken und betrifft die Bestimmung der Art, wie die IT am besten zur Erreichung der Geschäftsziele beitragen kann. Dazu gehören Formulierung und Kommunikation der Vision ebenso wie der Aufbau einer geeigneten Organisation und technischen Infrastruktur.

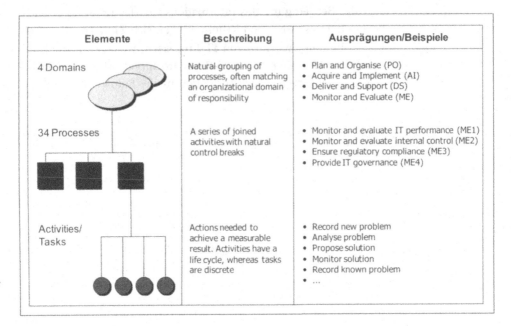

Elemente	Beschreibung	Ausprägungen/Beispiele
4 Domains	Natural grouping of processes, often matching an organizational domain of responsibility	• Plan and Organise (PO) • Acquire and Implement (AI) • Deliver and Support (DS) • Monitor and Evaluate (ME)
34 Processes	A series of joined activities with natural control breaks	• Monitor and evaluate IT performance (ME1) • Monitor and evaluate internal control (ME2) • Ensure regulatory compliance (ME3) • Provide IT governance (ME4)
Activities/ Tasks	Actions needed to achieve a measurable result. Activities have a life cycle, whereas tasks are discrete	• Record new problem • Analyse problem • Propose solution • Monitor solution • Record known problem • ...

Abb. 8.3.2/4   COBIT-Referenzprozessmodell

- **Acquire and Implement (AI)**

  Diese Prozessgruppe unterstützt die Umsetzung der IT-Strategie durch die Identifizierung, Entwicklung oder Beschaffung und Implementation von neuen IT-Lösungen für Geschäftsprozesse sowie durch die Anpassung und Wartung bestehender Anwendungen.

- **Deliver and Support (DS)**

  In diesem Bereich sind IT-Prozesse zusammengefasst, welche die benötigten IT-Services effizient bereitstellen. Die Aufgaben erstrecken sich unter anderem auf das Management von Sicherheit, Kontinuität, Daten und operativem IT-Betrieb sowie auf den Benutzerservice.

- **Monitor and Evaluate (ME)**

  Die IT-Prozesse der vierten Domäne dienen der regelmäßigen Überprüfung aller Prozesse auf ihre Qualität und auf die Erreichung der Kontrollziele. Im Fokus steht die Performance-Messung.

Abb. 8.3.2/5 zeigt die Domänen mit den ihnen zugeordneten Prozessen.

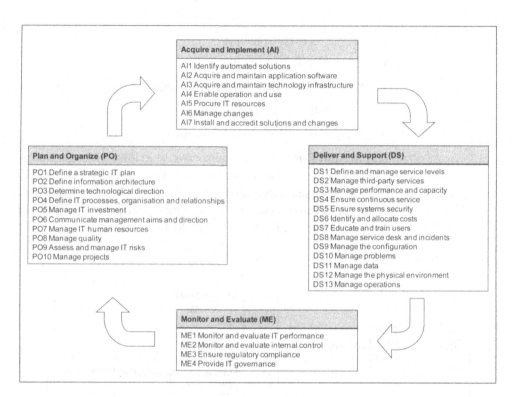

Acquire and Implement (AI)

AI1 Identify automated solutions
AI2 Acquire and maintain application software
AI3 Acquire and maintain technology infrastructure
AI4 Enable operation and use
AI5 Procure IT resources
AI6 Manage changes
AI7 Install and accredit solutions and changes

Plan and Organize (PO)

PO1 Define a strategic IT plan
PO2 Define information architecture
PO3 Determine technological direction
PO4 Define IT processes, organisation and relationships
PO5 Manage IT investment
PO6 Communicate management aims and direction
PO7 Manage IT human resources
PO8 Manage quality
PO9 Assess and manage IT risks
PO10 Manage projects

Deliver and Support (DS)

DS1 Define and manage service levels
DS2 Manage third-party services
DS3 Manage performance and capacity
DS4 Ensure continuous service
DS5 Ensure systems security
DS6 Identify and allocate costs
DS7 Educate and train users
DS8 Manage service desk and incidents
DS9 Manage the configuration
DS10 Manage problems
DS11 Manage data
DS12 Manage the physical environment
DS13 Manage operations

Monitor and Evaluate (ME)

ME1 Monitor and evaluate IT performance
ME2 Monitor and evaluate internal control
ME3 Ensure regulatory compliance
ME4 Provide IT governance

Abb. 8.3.2/5   Domänen und Prozesse in COBIT

Für jeden Prozess existieren so genannte Control Objectives (Kontrollziele), Management Guidelines (Managementleitlinien) und ein Maturity Model (Reifegradmodell). Die Kombination dieser Beschreibungselemente wird als Kerninhalt von COBIT bezeichnet (vgl. Abschnitt 8.3.3). Sie liefert ein integriertes Bild, wie der Prozess zu steuern, zu managen und zu messen ist und adressiert damit unter anderem die Aspekte der Steuerung und Performance-Messung im Rahmen des Frameworks. Ergänzt wird der Kerninhalt durch so genannte Generic Control Objectives und Application Controls.

Generic Control Objectives sind vom konkreten Prozess unabhängig, aber zusammen mit dessen prozessspezifischen Control Objectives zu betrachten [ITGI2007a, S. 14]. Sie gelten für alle CO-

BIT-Prozesse ebenso wie für Geschäftsprozesse. COBIT definiert folgende sechs Generic Control Objectives:

- PC1   Process Goals and Objectives
- PC2   Process Ownership
- PC3   Process Repeatability
- PC4   Process Roles and Responsibility
- PC5   Policy, Plans and Procedures
- PC6   Process Performance Improvement

Application Controls sind üblicherweise in Anwendungssysteme zur Unterstützung von Geschäftsprozessen eingebettet [ITGI2007a, S. 15 f.]. Beispiele sind Autorisierungsprüfungen beim Zugang zu Daten und Funktionalitäten oder Plausibilitätsprüfungen bei der Eingabe von Daten (Vollständigkeit, Richtigkeit etc.).

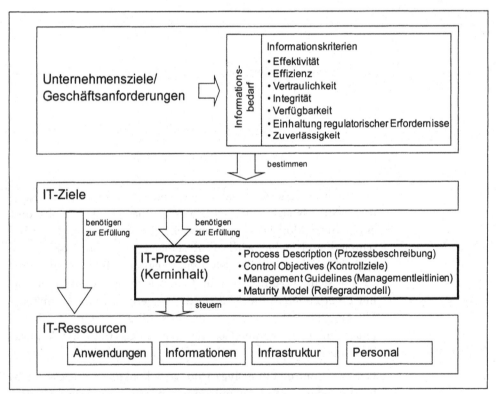

Abb. 8.3.2/6   COBIT-Framework (angelehnt an [ITGI2007a, S. 12])

- AC1   Source data Preparation and Authorisation

- AC2   Source data Collection and Entry

- AC3   Accuracy, Completeness and Authenticity Check

- AC4   Processing Integrity and Validity

- AC5   Output Review, Reconciliation and Error Handling

- AC6   Transaction Authentication and Integrity

Abb. 8.3.2/6 zeigt zusammenfassend die erläuterten Elemente im Gesamtzusammenhang des Frameworks. Die IT-Prozesse als Kerninhalt werden im folgenden Abschnitt detaillierter behandelt.

8.3.3   Prozesse

8.3.3.1   Struktur der Beschreibung

Die jeweils vier bis fünf Seiten umfassende Beschreibung der IT-Prozesse in COBIT folgt einem einheitlichen Muster, welches in Abb. 8.3.3.1/1 zu sehen ist. Dort sind auch die Control Practices enthalten, die zwar nicht zum Kerninhalt zählen, jedoch als wichtige Ergänzung hier mitbehandelt werden. Zur Illustration der einzelnen Elemente in den Folgeabschnitten wird exemplarisch der Prozess „Determine Technological Direction (PO3)" verwendet.

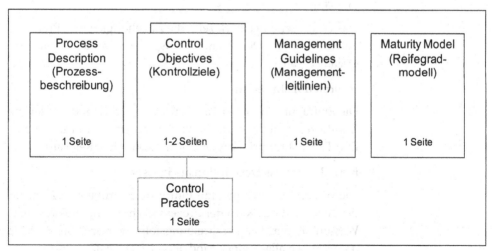

Abb. 8.3.3.1/1   Aufbau der Dokumentation für den Kerninhalt und die Control Practices je Prozess

8.3.3.2   Process Description

Für jeden IT-Prozess existiert zunächst eine einseitige Process Description (Prozessbeschreibung). Dabei handelt es sich um eine Zusammenstellung von Anforderungen, welche das Management im Sinne einer effektiven Steuerung und Überwachung von IT-Prozessen berücksichtigen muss. Um diesen Anforderungen zu genügen werden **Controls (Steuerungsmechanismen)** für bestimmte Prozessaktivitäten implementiert. Als Steuerungsmechanismen gelten hierbei **Richtlinien, Verfahren, Praktiken und Organisationsstrukturen**, die ausreichende Sicherheit bieten sollen, dass die Unternehmensziele erreicht werden und unerwünschte Ereignisse verhindert oder zumindest deren Folgen erkannt und korrigiert werden.

In Abb. 8.3.3.2/1 ist beispielhaft die Process Description für den Prozess PO3 zu sehen. Die eingekreisten Nummern korrespondieren mit der Nummerierung der nach der Abbildung folgenden Erläuterung.

1. **Kurzbeschreibung**

    Unter der Bezeichnung des Prozesses steht eine kurze verbale Beschreibung der Schritte mit einer Zusammenfassung der Ziele.

2. **Domäne**

    Das vergrößerte Rechteck zeigt die Zugehörigkeit des Prozesses zu einer der vier Domänen, im Beispiel zur Domäne „Plan and Organise", an.

3. **Informationskriterien**

    Die Eintragungen in den Tabellenspalten drücken die Relevanz des Prozesses für die Erfüllung der Informationskriterien aus. Ein „P" steht für primäre, ein „S" für sekundäre Relevanz.

4. **Kern der Process Description als Wasserfall**

    Die verbale Beschreibung mit Einrückungsstruktur im Zentrum der Seite stellt den Kern der Prozessbeschreibung in Form eines Wasserfalls dar. Die Beschreibung folgt dem in Abb. 8.3.3.2/2 dargestellten allgemeinen Modell (vgl. [ITGI2007, S. 26]).

Plan and Organise
Determine Technological Direction
PO3

PROCESS DESCRIPTION

PO3 Determine Technological Direction

The information services function determines the technology direction to support the business. This requires the creation of a technological infrastructure plan and an architecture board that sets and manages clear and realistic expectations of what technology can offer in terms of products, services and delivery mechanisms. The plan is regularly updated and encompasses aspects such as systems architecture, technological direction, acquisition plans, standards, migration strategies and contingency. This enables timely responses to changes in the competitive environment, economies of scale for information systems staffing and investments, as well as improved interoperability of platforms and applications.

Plan and Organise

Acquire and Implement

Deliver and Support

Monitor and Evaluate

Control over the IT process of

Determine technological direction

that satisfies the business requirement for IT of

having stable, cost-effective, integrated and standard application systems, resources and capabilities that meet current and future business requirements

by focusing on

defining and implementing a technology infrastructure plan, architecture and standards that recognise and leverage technology opportunities

is achieved by

- Establishing a forum to guide architecture and verify compliance
- Establishing the technology infrastructure plan balanced against cost, risk and requirements
- Defining the technology infrastructure standards based on information architecture requirements

and is measured by

- Number and type of deviations from the technology infrastructure plan
- Frequency of the technology infrastructure plan review/update
- Number of technology platforms by function across the enterprise

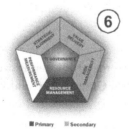

■ Primary ▨ Secondary

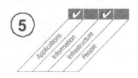

Abb. 8.3.3.2/1   Process Description für PO3 [ITGI2007a, S. 37]

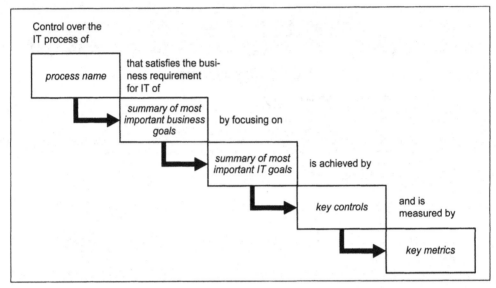

Abb. 8.3.3.2/2   Wasserfallmodell für den Kern der Process Description

5. IT-Ressourcen

Die Tabelle führt mit Applications, Information, Infrastructure und People die Ressourcen auf. Ein Haken in der Spalte einer IT-Ressource steht für deren Verwendung durch den Prozess.

6. IT-Governance-Relevanz

Ein Fünfeck zeigt mit Strategic Alignment, Value Delivery, Risk Management, Performance Measurement und Resource Management die Aufgaben der IT-Governance (vgl. Abschnitt 8.2). Die farbliche Hinterlegung steht für die Relevanz der Prozesse für das jeweilige Teilgebiet. Dunkelgrau bedeutet, dass der Prozess primär relevant für ein Gebiet ist, hellgrau steht für sekundäre Relevanz[106]. Ein weißes Feld signalisiert, dass der Prozess keine Bedeutung für den IT-Governance-Aspekt besitzt.

8.3.3.3   Control Objectives (Kontrollziele)

Neben dem übergeordneten Kontrollziel werden für jeden Prozess auf mindestens einer weiteren Seite **Control Objectives (Kontroll-**

---

[106] In farbigen Druckversionen ersetzt Dunkelblau Dunkelgrau und Hellblau Hellgrau.

ziele) formuliert. Sie beinhalten Handlungsanweisungen als aus den Best Practices abgeleitete Mindestanforderungen, die zur Steuerung des Prozesses erfüllt sein müssen. In Abb. 8.3.3.3/1 sind als Beispiel die für den Prozess PO3 geltenden Anweisungen aufgeführt. Sie können als Checkliste dienen, mit der eine Organisation überprüfen kann, ob bereits Teilaktivitäten des betreffenden Prozesses implementiert sind.

PO3 **Plan and Organise**
Determine Technological Direction

CONTROL OBJECTIVES

PO3 Determine Technological Direction

PO3.1 Technological Direction Planning
Analyse existing and emerging technologies, and plan which technological direction is appropriate to realise the IT strategy and the business systems architecture. Also identify in the plan which technologies have the potential to create business opportunities. The plan should address systems architecture, technological direction, migration strategies and contingency aspects of infrastructure components.

PO3.2 Technology Infrastructure Plan
Create and maintain a technology infrastructure plan that is in accordance with the IT strategic and tactical plans. The plan should be based on the technological direction and include contingency arrangements and direction for acquisition of technology resources. It should consider changes in the competitive environment, economies of scale for information systems staffing and investments, and improved interoperability of platforms and applications.

PO3.3 Monitor Future Trends and Regulations
Establish a process to monitor the business sector, industry, technology, infrastructure, legal and regulatory environment trends. Incorporate the consequences of these trends into the development of the IT technology infrastructure plan.

PO3.4 Technology Standards
To provide consistent, effective and secure technological solutions enterprisewide, establish a technology forum to provide technology guidelines, advice on infrastructure products and guidance on the selection of technology, and measure compliance with these standards and guidelines. This forum should direct technology standards and practices based on their business relevance, risks and compliance with external requirements.

PO3.5 IT Architecture Board
Establish an IT architecture board to provide architecture guidelines and advice on their application, and to verify compliance. This entity should direct IT architecture design, ensuring that it enables the business strategy and considers regulatory compliance and continuity requirements. This is related/linked to PO2 *Define the information architecture.*

Abb. 8.3.3.3/1   Control Objectives für PO3 [ITGI2007a, S. 38]

Jedem Control Objective eines COBIT-Prozesses sind ebenso wie den Generic Control Objectives und den Application Controls mehrere Control Practices zugeordnet. Abb. 8.3.3.3/2 zeigt beispielhaft die Control Practices für PO3.1 „Technological Direction Planning" und PO3.2 „Technology Infrastructure Plan".

PO3 Determine Technological Direction

Control Objective

PO3.1 Technological Direction Planning
Analyse existing and emerging technologies, and plan which technological direction is appropriate to realise the IT strategy and the business systems architecture. Also identify in the plan which technologies have the potential to create business opportunities. The plan should address systems architecture, technological direction, migration strategies and contingency aspects of infrastructure components.

Value Drivers
- Improved leveraging of technology for business opportunities
- Improved integration of infrastructure and applications via defined standards for technical direction
- Improved use of resources and capabilities
- Reduced costs for technological acquisitions through reduced platforms and incrementally managed investments

Risk Drivers
- Technological acquisitions inconsistent with strategic plans
- IT infrastructure inappropriate for organisational requirements
- Deviations from the approved technological direction
- Increased costs due to unco-ordinated and unstructured acquisition plans

Control Practices
1. Perform a strengths, weaknessess, opportunities and threats (SWOT) analysis of all current critical and significant IT assets on a regular basis.
2. Follow up on market evolutions and relevant emerging technologies.
3. Identify the latest developments in IT that could have an impact on the success of the business.
4. Establish the appropriate technological risk appetite (e.g. pioneer, leader, early adopter, follower).
5. Identify what is needed in terms of technological directions for business systems architecture, migration strategies and contingency aspects of infrastructure components.

Control Objective

PO3.2 Technology Infrastructure Plan
Create and maintain a technology infrastructure plan that is in accordance with the IT strategic and tactical plans. The plan should be based on the technological direction and include contingency arrangements and direction for acquisition of technology resources. It should consider changes in the competitive environment, economies of scale for information systems staffing and investments, and improved interoperability of platforms and applications.

Value Drivers
- Improved interoperability
- Improved economies of scale for investments and support staffing
- A technology plan with good balance in cost, requirements agility and risks
- Sufficient, stable and flexible technological infrastructure to respond to information requirements

Risk Drivers
- Inconsistent system implementations
- Deviations from the approved technological direction
- Increased costs due to unco-ordinated and unstructured acquisition plans
- Organisational failure to maximise the use of emerging technological opportunities to improve business and IT capability

Control Practices
1. Create a technology infrastructure plan based on the IT strategic and tactical plans and technology direction, which includes factors such as consistent integrated technologies, business systems architecture and contingency aspects of infrastructure components, and directions for acquisition of IT assets.
2. Perform ongoing assessments of the current vs. planned information systems, resulting in a migration strategy or road map to achieve the future state.
3. Include transitional and other costs, complexity, technical risks, future flexibility, value, and product/vendor sustainability in the technology infrastructure plan.
4. Identify changes in the competitive environment, economies of scale for information systems staffing and investments, and improved interoperability of platforms and applications in the technology infrastructure plan.

Abb. 8.3.3.3/2   Control Practices für PO3.1 und PO3.2 [ITGI2007b, S. 22]

8.3.3.4   Management Guidelines

Eine weitere Seite der Prozessbeschreibung ist den Management Guidelines (Managementleitlinien) gewidmet. Sie setzen den jeweiligen Prozess in Beziehung mit anderen Prozessen, deren Ergebnisse er verwendet bzw. denen er selbst Resultate liefert. Die Management Guidelines geben auch Aufschluss über typische Zuständigkeiten für Prozessaktivitäten, die in der Praxis an die Gegebenheiten der konkreten Organisation anzupassen sind. Abb. 8.3.3.4/1 illustriert Aufbau und Inhalt am Beispiel des Prozesses PO3. Die eingekreisten Nummern stellen die Verbindung zur anschließenden Beschreibung her.

1. **Input und Output des Prozesses**

   Die beiden Tabellen geben Aufschluss darüber, welche Inputs der betrachtete Prozess von welchen anderen Prozessen erhält und welche Ergebnisse er an welche anderen Prozesse liefert. Dies zeigt die informationsbezogene Vernetzung der Prozesse untereinander auf.

2. **Aktivitäten und Zuständigkeiten**

   Diese Tabelle verbindet die Prozessaktivitäten mit typischerweise in Unternehmen vorkommenden Funktionen oder Rollen wie Chief Executive Officer (CEO), Chief Information Officer (CIO), Geschäftsprozessverantwortlicher oder Chefarchitekt. Mit den Buchstaben in den Tabellenfeldern ist jeweils angegeben, wie eine Rolle in eine Aktivität eingebunden ist. „**R**" steht dabei für „**Responsible**" (verantwortlich im Sinne von zuständig), „**A**" für „**Accountable**" (verantwortlich im Sinne von rechenschaftspflichtig), „**C**" für „**Consulted**" (beratend hinzuziehen) und „**I**" für „**Informed**" (zu informieren). Aus den Buchstaben ergibt sich die Bezeichnung des Diagramms als so genanntes **RACI-Chart**.

3. **Ziele und Metriken für den Prozess**

   Das Modell für die Performance-Messung in COBIT stellt auf **Ziele** und **Metriken** jeweils auf der Ebene der IT, des einzelnen IT-Prozesses und der Prozessaktivitäten ab [ITGI2007a, S. 22][107].

---

[107] Bei der Erläuterung des Frameworks werden darüber hinaus als Ausgangspunkt noch die Ziele und Metriken auf der Geschäftsebene thematisiert (vgl. [ITGI2007a, S. 22 f.]). Diese sind jedoch bei der Darstellung der konkreten Prozesse nicht mehr enthalten (vgl. [ITGI2007a, S. 29 ff.]).

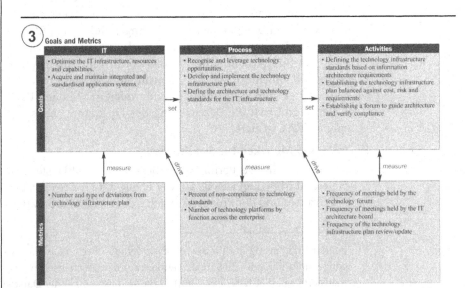

Plan and Organise PO3
Determine Technological Direction

MANAGEMENT GUIDELINES

PO3 Determine Technological Direction

From	Inputs
PO1	Strategic and tactical IT plans
PO2	Optimised business systems plan, information architecture
AI3	Updates for technology standards
DS3	Performance and capacity information

Outputs	To			
Technology opportunities	AI3			
Technology standards	AI1	AI3	AI7	DS5
Regular 'state of technology' updates	AI1	AI2	AI3	
Technology infrastructure plan	AI3			
Infrastructure requirements	PO5			

RACI Chart ②   **Functions**

Activities	CEO	CFO	Business Executive	CIO	Business Process Owner	Head Operations	Chief Architect	Head Development	Head IT Administration	PMO	Compliance, Audit, Risk and Security
Create and maintain a technology infrastructure plan.		I	I	A		C	R	C	C		C
Create and maintain technology standards.				A		C	R	C	I	I	I
Publish technology standards.		I	I	A		I	R	I	I	I	I
Monitor technology evolution.		I	I	A		C	R	C		C	C
Define (future) (strategic) use of new technology.	C	C	A		C	R	C		C	C	

A **RACI** chart identifies who is **R**esponsible, **A**ccountable, **C**onsulted and/or **I**nformed.

③ **Goals and Metrics**

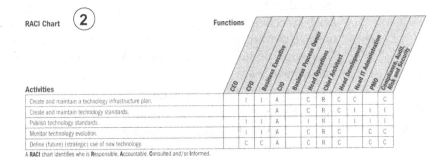

IT	Process	Activities
• Optimise the IT infrastructure, resources and capabilities. • Acquire and maintain integrated and standardised application systems.	• Recognise and leverage technology opportunities. • Develop and implement the technology infrastructure plan. • Define the architecture and technology standards for the IT infrastructure.	• Defining the technology infrastructure standards based on information architecture requirements • Establishing the technology infrastructure plan balanced against cost, risk and requirements • Establishing a forum to guide architecture and verify compliance

• Number and type of deviations from technology infrastructure plan	• Percent of non-compliance to technology standards • Number of technology platforms by function across the enterprise	• Frequency of meetings held by the technology forum • Frequency of meetings held by the IT architecture board • Frequency of the technology infrastructure plan review/update

Abb. 8.3.3.4/1   Management Guidelines für PO3 [ITGI2007a, S. 39]

Als Metriken sind **Key Goal Indicators (KGI)** und **Key Performance Indicators (KPI)** vorgesehen, die mit den Perspektiven einer IT-bezogenen Balanced Scorecard (vgl. Abschnitt 4.5) verknüpft sind. Key Goal Indicators sind Zielerreichungsindikatoren und stellen auf das Ergebnis ab. Sie betreffen vor allem die Kunden- und Finanzperspektive der Balanced Scorecard. Beispiele für KGIs sind die Anwenderzufriedenheit, die Anzahl der innerhalb des Zeit- und Budgetplans realisierten Projekte und die Kosten pro betreutem Anwender. Key Performance Indicators sind Leistungsmessgrößen, welche sich vorwiegend auf die Prozess- und Lern-/Entwicklungsperspektive der Balanced Scorecard beziehen. Beispiele sind die Verfügbarkeit von IT-Systemen, die Problemlösezeiten beim Help Desk, die Anzahl von Schulungstagen des IT-Personals und dessen Zufriedenheit.

In Abb. 8.3.3.4/1 ist der Zusammenhang zwischen den Zielen und Metriken für den Prozess PO3 zu sehen. Die IT-Ziele bestimmen die Ziele für die IT-Prozesse, welche ihrerseits in Zielen für einzelne Prozessaktivitäten münden. Auf der Ebene der Aktivitäten wird der Erfolg mit Key Performance Indicators gemessen. Diese treiben die Ziele auf der Prozessebene, deren Erreichung mit passenden Key Goal Indicators erfasst wird. Die KGIs für den Prozess wiederum beeinflussen die IT-Ziele, für die eigene Key Goal Indicators zur Überprüfung ihrer Erfüllung existieren. Offensichtlich treiben jeweils die Metriken der untergeordneten Ebene die Ziele der übergeordneten Ebene. Damit versetzen sie das Management in die Lage, die Performance zu steuern und die Prozesse permanent an den Zielen auszurichten.

8.3.3.5   Maturity Model

Den letzten Teil der Prozessbeschreibung bildet das Maturity Model (Reifegradmodell). Mit ihm kann das Unternehmen den eigenen Reifegrad für den Prozess ermitteln, diesen mit dem Branchendurchschnitt vergleichen und einen Zielreifegrad festlegen, auf den es den jeweiligen Prozess hinentwickeln will [ITGI2007a, S. 17 ff.]. Abb. 8.3.3.5/1 zeigt die Skala und exemplarisch die aktuelle und angestrebte Position eines Unternehmens sowie den Branchendurchschnitt für einen Prozess.

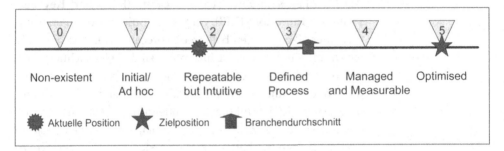

Abb. 8.3.3.5/1   Reifegradskala

Die folgende Tabelle enthält die Beschreibung der Reifestufen, welche die Bewertung und Einordnung der eigenen Prozesse ermöglicht.

Tab. 8.3.3.5/1   Beschreibung der Reifegrade

Reifegrad	Beschreibung
0 (Non-existent)	Complete lack of any recognisable processes. The enterprise has not even recognised that there is an issue to be addressed.
1 (Initial/Ad hoc)	There is evidence that the enterprise has recognised that the issues exist and need to be addressed. There are, however, no standardised processes; instead there are ad hoc approaches that tend to be applied on an individual or case-by-case basis. The overall approach to management is disorganised.
2 (Repeatable but Intuitive)	Processes have developed to the stage where similar procedures are followed by different people undertaking the same task. There is no formal training or communication of standard procedures, and responsibility is left to the individual. There is a high degree of reliance on the knowledge of individuals and, therefore, errors are likely.
3 (Defined Process)	Procedures have been standardised and documented, and communicated through training. It is, however, left to the individual to follow these processes, and it is unlikely that deviations will be detected. The procedures themselves are not sophisticated but are the formalisation of existing practices.
4 (Managed and Measurable)	It is possible to monitor and measure compliance with procedures and to take action where processes appear not to be working effectively. Processes are under constant improvement and provide good practice. Automation and tools are used in a limited or fragmented way.
5 (Optimised)	Processes have been refined to a level of best practice, based on the results of continuous improvement and maturity modelling with other enterprises. IT is used in an integrated way to automate the workflow, providing tools to improve quality and effectiveness, making the enterprise quick to adapt.

Zur detaillierteren Erhebung der Prozessreife sieht COBIT eine Differenzierung der Reifegradbeschreibung durch eine Reihe von Attributen vor. Tab. 8.3.3.5/2 zeigt in den Spalten neben dem Reifegrad die derzeit definierten Attribute. In der Zeile unter den Spaltenüberschriften sind exemplarisch die Ausprägungen der Attribute für die Reifegradstufe 3 eingetragen. In der COBIT-Dokumentation existieren entsprechende Zeilen für die Reifegrade 1 bis 5 (vgl. [ITGI2007a, S. 21]). Die im Vergleich zur groben Beschreibung der Reifegrade differenziertere Bewertung von Prozessen über die Attributausprägungen erleichtert ihre Zuordnung zu den Reifegradstufen.

Bemerkenswert ist, dass der Reifegrad 3 (Defined Process) als nicht zureichend für ein den Anforderungen der Prüfer genügendes Internes Kontrollsystem (IKS) gilt (vgl. Abschnitt 8.2). Der Grund liegt darin, dass das Management in diesem Stadium noch keine Abweichungen bemerken und den Prozess damit nicht steuern kann.

Tab. 8.3.3.5/2   Tabelle der Reifegradattribute (Ausschnitt für Reifegradstufe 3)

| Reifegrad | Attribute | | | | | |
	Bewusstsein und Kommunikation (Awareness & Communication)	Policies, Plans & Procedures	Tools & Automation	(Skills & Expertise)	Responsibility & Accountability	Goal Setting & Measurement
3	There is understanding of the need to act. Management is more formal and structured in its communication.	Usage of good practices emerges. The process, policies and procedures are defined and documented for all key activities.	A plan has been defined for use and standardisation of tools to automate the process. Tools are being used for their basic purposes, but may not all be in accordance with the agreed plan, and may not be integrated with one another.	Skill requirements are defined and documented for all areas. A formal training plan has been developed, but formal training is still based on individual initiatives.	Process responsibility and accountability are defined and process owners have been identified. The process owner is unlikely to have the full authority to exercise the responsibilities.	Some effectiveness goals and measures are set, but are not communicated, and there is a clear link to business goals. Measurement processes emerge, but are not consistently applied. IT balanced scorecard ideas are being adopted, as is occasional. Intuitive application of root cause analysis.

Abb. 8.3.3.5/2 beinhaltet als Beispiel die konkreten Ausprägungen der Reifegrade für den Prozess PO3.

PO3   Plan and Organise
Determine Technological Direction

MATURITY MODEL

PO3 Determine Technological Direction

Management of the process of *Determine technological direction* that satisfies the business requirement for IT of *having stable, cost-effective, integrated and standard application systems, resources and capabilities that meet current and future business requirements* is:

0 Non-existent when
There is no awareness of the importance of technology infrastructure planning for the entity. The knowledge and expertise necessary to develop such a technology infrastructure plan do not exist. There is a lack of understanding that planning for technological change is critical to effectively allocate resources.

1 Initial/Ad Hoc when
Management recognises the need for technology infrastructure planning. Technology component developments and emerging technology implementations are *ad hoc* and isolated. There is a reactive and operationally focused approach to infrastructure planning. Technology directions are driven by the often contradictory product evolution plans of hardware, systems software and applications software vendors. Communication of the potential impact of changes in technology is inconsistent.

2 Repeatable but Intuitive when
The need for and importance of technology planning are communicated. Planning is tactical and focused on generating solutions to technical problems, rather than on the use of technology to meet business needs. Evaluation of technological changes is left to different individuals who follow intuitive, but similar, processes. People obtain their skills in technology planning through hands-on learning and repeated application of techniques. Common techniques and standards are emerging for the development of infrastructure components.

3 Defined when
Management is aware of the importance of the technology infrastructure plan. The technology infrastructure plan development process is reasonably sound and aligned with the IT strategic plan. There is a defined, documented and well-communicated technology infrastructure plan, but it is inconsistently applied. The technology infrastructure direction includes an understanding of where the organisation wants to lead or lag in the use of technology, based on risks and alignment with the organisation's strategy. Key vendors are selected based on the understanding of their long-term technology and product development plans, consistent with the organisation's direction. Formal training and communication of roles and responsibilities exist.

4 Managed and Measurable when
Management ensures the development and maintenance of the technology infrastructure plan. IT staff members have the expertise and skills necessary to develop a technology infrastructure plan. The potential impact of changing and emerging technologies is taken into account. Management can identify deviations from the plan and anticipate problems. Responsibility for the development and maintenance of a technology infrastructure plan has been assigned. The process of developing the technology infrastructure plan is sophisticated and responsive to change. Internal good practices have been introduced into the process. The human resources strategy is aligned with the technology direction, to ensure that IT staff members can manage technology changes. Migration plans for introducing new technologies are defined. Outsourcing and partnering are being leveraged to access necessary expertise and skills. Management has analysed the acceptance of risk regarding the lead or lag use of technology in developing new business opportunities or operational efficiencies.

5 Optimised when
A research function exists to review emerging and evolving technologies and benchmark the organisation against industry norms. The direction of the technology infrastructure plan is guided by industry and international standards and developments, rather than driven by technology vendors. The potential business impact of technological change is reviewed at senior management levels. There is formal executive approval of new and changed technological directions. The entity has a robust technology infrastructure plan that reflects the business requirements, is responsive and can be modified to reflect changes in the business environment. There is a continuous and enforced process in place to improve the technology infrastructure plan. Industry good practices are extensively used in determining the technological direction.

Abb. 8.3.3.5/2   Maturity Model für PO3 [ITGI2007a, S. 40]

8.4   Val-IT-Framework

8.4.1   Wesen und Bezug zu COBIT

Die **Val-IT-Initiative** ist ein Ansatz des IT Governance Institute, den mit IT-Investitionen erzielbaren **Wertbeitrag unter Berücksichtigung von Kosten und Risiken zu optimieren.** Kern der Initiative ist das **Val-IT-Framework.** Zu dessen Entwicklung hat das ITGI vorhandenes Methodenwissen, die in Unternehmen gelebte Praxis sowie die Erfahrungen von Wissenschaftlern und Praktikern zusammengefasst (vgl. [ITGI2008a, S. 6 und 9]).

Wie in Abschnitt 8.3.3.2 gezeigt, werden die Aufgaben der IT-Governance und damit auch die Nutzengenerierung (Value Delivery) bereits in COBIT adressiert. Dort liegt der Fokus gemäß ITGI auf Good Practices für das Management hochwertiger IT-Services, also auf den Mitteln, die zur Realisierung von Wertbeiträgen führen. Bei COBIT geht es demnach um *„the IT function's role in working with the other business functions to deliver and manage IT capabilities to be used to create value from IT-enabled business change."* [ITGI2008, S. 24].

Val IT setzt eine Ebene höher beim Treffen von Investitionsentscheidungen auf Unternehmensebene an. Es bezieht sich auf den Zweck und ergänzt Good Practices *„for the ends – the outcomes – thereby enabling enterprises to measure, monitor and optimize value, both financial and non-financial, from IT-enabled investments."* [ITGI2008, S. 9].

Tab. 8.4.1/1   Vergleich von Val IT und COBIT (vgl. [ITGI2008, S. 25])

Framework	Governance Focus	Process Focus	Portfolio Focus
Val IT	Enterprise governance of IT	■ Programme design and initiation ■ Benefit realization ■ Investment and ongoing value management aspects of all processes	■ Manage the investment portfolio ■ Provide the overall view of portfolio performance
COBIT	IT governance	■ IT solution delivery ■ IT operational implementation ■ IT service delivery	■ Manage the IT project portfolio in support of investment programmes ■ Manage the IT service, asset and other resource portfolio ■ Provide information on the performance of the IT service, asset and other esource portfolio

Damit wird auch deutlich, dass Val IT die Perspektive des Gesamtunternehmens mit der strategischen Frage nach der Effektivität (are we doing the right things?) und dem Wert (are we getting the benefits?) einnimmt. COBIT deckt die Perspektive der IT ab mit der Frage nach der Qualität der Architektur (are we doing them the right way?) und der Leistungserbringung (are we getting them done well?) [ITGI2008, S. 9].

Tab. 8.4.1/1 stellt beide Frameworks mit ihren Schwerpunkten zusammenfassend gegenüber.

Das ITGI veröffentlichte das Val-IT-Framework in der Version 2.0 im Jahr 2008. Mit dieser Version wurde Val IT im Vergleich zur Erstveröffentlichung in 2006 strukturell an COBIT angepasst, was Orientierung und Verständnis erleichtert [GOEKEN2009, S. 21]. Val IT besteht aus folgenden Publikationen:

- Beschreibung des Frameworks [ITGI2008a],

- Einführungsleitfaden für das Value Management [ITGI2008b]

- Anleitung zum Erstellen von Business Cases für IT-Investitionen [ITGI2006b]

- Gegenüberstellung von Val IT mit Managing Successful Programmes (MSP), Projects in Controlled Environments (PRINCE2) und IT Infrastructure Library (ITIL) V3 [ITGI2009a]

Die folgenden Abschnitte konzentrieren sich auf das Val-IT-Framework und seine wichtigsten Elemente.

8.4.2 Framework

Das Framework basiert auf einer Reihe von Leitsätzen, den **Val-IT-Prinzipien** [ITGI2008a, S. 11 f.]. Die Orientierung an diesen in Abb. 8.4.2/1 dargestellten Maximen soll gewährleisten, dass IT-Investitionen genauso sorgfältig und methodisch behandelt werden wie herkömmliche Investitionen z. B. in Produktionsanlagen.

Auf Basis der Prinzipien definiert Val IT analog COBIT **Domains (Domänen)** mit **Prozessen**. Abb. 8.4.2/2 zeigt die drei Val-IT-Domänen mit ihren insgesamt 22 Prozessen.

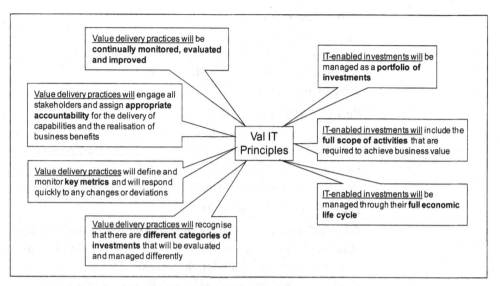

Abb. 8.4.2/1   Val-IT-Prinzipien

Abb. 8.4.2/2   Val-IT-Domänen und -Prozesse [ITGI2008a, S. 15]

Die Inhalte der Domänen lassen sich grob wie folgt charakterisieren (vgl. [ITGI2008a, S. 12 f.]):

- **Value Governance (VG)**

  Ziel der Prozesse in dieser Domäne ist es, in der Organisation Managementpraktiken zu etablieren, welche den Wert von Investitionen in die IT über ihren ganzen wirtschaftlichen Lebenszyklus optimieren.

- **Portfolio Management (PM)**

  Die Prozesse dieser Domain sollen sicherstellen, dass sämtliche IT-Investitionen einem sorgfältigen Portfoliomanagementprozess unterzogen werden. Dadurch soll der optimale Nutzen aus dem gesamten Portfolio der IT-Investitionen gezogen werden.

- **Investment Management (IM)**

  Bei den Prozessen in dieser Domäne geht es um die Definition einzelner IT-Investitionsvorhaben zur Erfüllung von Geschäftsanforderungen. Im Mittelpunkt stehen die Entwicklung von Business Cases zur Auswahl der richtigen Investitionen und das aktive Management getätigter Investitionen um deren geplanten Nutzen tatsächlich zu realisieren.

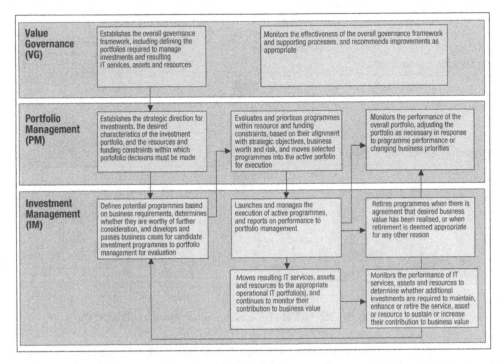

Abb. 8.4.2/3   Zusammenhang der Val-IT-Domänen und -Prozesse [ITGI2008a, S. 16]

Abb. 8.4.2/3 zeigt den Zusammenhang zwischen den Domänen und ihren Prozessen.

Gemäß Framework gibt es auf **Ebene der Domains** High-level Management Guidelines und Reifegradmodelle.

High-level Management Guidelines beschreiben Ziele, Inputs und Outputs, Prozess- und Domänenmetriken (vgl. Abb. 8.4.2/4) sowie Aktivitäten und dazugehörige Verantwortlichkeiten (Accountability) und Zuständigkeiten (Responsibility) (vgl. Abb. 8.4.2/5).

Domain	Domain Goal	Inputs	Outputs	Process Metrics	Domain Metric
Value Governance (VG)	To ensure that value management practices are embedded in the enterprise, enabling it to secure optimal value from its IT-enabled investments throughout their full economic life cycle	• Business strategy • Enterprise governance and control framework • Enterprise investment approach	• Leadership commitment • Value governance requirements with roles, responsibilities and accountabilities • Portfolio characteristics and investment categories	• Level of leadership agreement on value governance principles • Level of leadership engagement • Degree of implementation and compliance with value management processes	• Maturity of value management processes
Portfolio Management (PM)	To ensure that an enterprise secures optimal value across its portfolio of IT-enabled investments	• Business strategy • Portfolio characteristics and investment categories • Available budget and resources • Detailed business cases	• Approved investment programmes • Overall investment portfolio view • Portfolio performance reports	• Level of satisfaction with IT's contribution to business value • Percentage of IT expenditures that have direct traceability to business strategy • Percentage increase in portfolio value over time	• Percentage of forecast optimal value, that is secured across the enterprise's portfolio of IT-enabled investments
Investment Management (IM)	To ensure that the enterprise's IT-enabled investments contribute to optimal value	• Business strategy • Detailed business requirements • Portfolio characteristics and mix • Available resources	• Detailed business case, including full life-cycle costs and benefits • Programme plan including budget and resources • Programme performance reports • Updated IT operational portfolios	• Number of new ideas per investment category, and percentage that are developed into detailed business cases • Completeness and compliance of business cases (initial and updated) • Percentage of expected value realised	• Contribution of individual IT-enabled investments to optimal value

Abb. 8.4.2/4   High-level Management Guidelines (Teil 1) [ITGI2008a, S. 19]

Activity	Accountability	Responsibility
Value Governance		
Establish informed and committed leadership	Board	CEO
Define and implement processes	CEO	CFO and CIO
Define portfolio characteristics	Board	CEO, CFO and CIO
Align and integrate value management with enterprise financial planning	Board	CFO
Establish effective governance monitoring and implement lessons learned	Board	Executive and business management

Abb. 8.4.2/5   High-level Management Guidelines (Teil 2) für die Domäne „Value Governance" [ITGI2008a, S. 20]

Das Reifegradmodell von Val IT bezieht sich im Gegensatz zu CO-BIT nicht auf die einzelnen Prozesse, sondern auf die Domänen. Die Ausprägungen der Reifegrade von 0 (non-existent) bis 5 (Optimised) entsprechen denen in COBIT. Ihre verbalen Beschreibungen jeweils für Value Governance, Portfolio Management und Investment Management finden sich in [ITGI2008a, S. 21–23]. Sie werden mit denselben Attributen wie in COBIT weiter differenziert (vgl. [ITGI2008a, S. 45–46, S. 65–66, S. 91–92)]).

Auf der **Ebene der Prozesse** sieht Val IT für jeden Prozess die im folgenden Abschnitt vorgestellten **Detailed Key Management Practices** und **Management Guidelines** vor.

Abb. 8.4.2/6 fasst das Val IT-Framework in Form einer Wasserfalldarstellung zusammen.

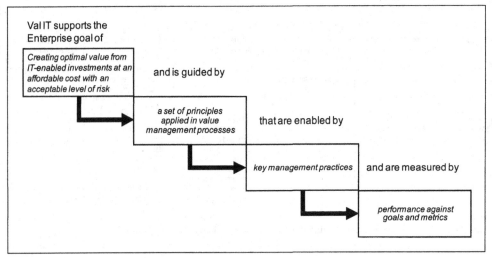

Abb. 8.4.2/6   Zusammenhang der Val IT-Elemente
(angelehnt an [ITGI2008a, S. 11])

8.4.3   Prozesse

8.4.3.1   Struktur der Beschreibung

Zur Verfeinerung der High-level Management Guidelines auf Domänenebene beschreibt Val IT jeden Prozess nach einem einheitlichen Muster auf zwei Seiten (vgl. Abb. 8.4.3.1/1). Zur Illustration der einzelnen Elemente in den Folgeabschnitten dient exemplarisch der Prozess „Establish effective governance monitoring (VG5)".

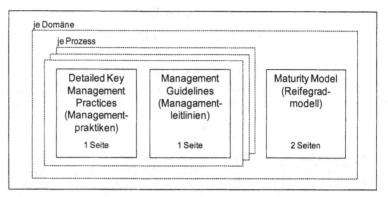

Abb. 8.4.3.1/1   Aufbau der Val-IT-Dokumentation je Prozess und
Domäne

8.4.3.2   Detailed Key Management Practices

Die Detailed Key Management Practices (verfeinerte Managementpraktiken) beschreiben den jeweiligen Prozess genauer, indem sie ihn in einzelne Teilaktivitäten zerlegen (vgl. Abb. 8.4.3.2/1). Sie entsprechen damit den Detailed Control Objectives in COBIT.

**DETAILED VAL IT PROCESSES AND
KEY MANAGEMENT PRACTICE DESCRIPTIONS**

DETAILED KEY MANAGEMENT PRACTICES

VG5 Establish effective governance monitoring.
VG5.1 Identify key metrics.
Define a balanced set of performance objectives, metrics, targets and benchmarks. Metrics should cover activity and outcome measures, including lead and lag indicators for outcomes, as well as an appropriate balance of financial and non-financial measures. They should be reviewed and agreed to with the IT and other business functions, and other relevant stakeholders.

VG5.2 Define information capture processes and approaches.
Processes should be established to collect relevant, timely, complete, credible and accurate data to report on progress against targets. The monitoring process should deploy a method that provides a succinct, high-level, all-around view of portfolio, programme and IT (technical and operational capabilities) performance, and that supports decision making, the execution of decisions, and monitoring to track that expected results are being achieved. The method should fit within the overall enterprise monitoring system.

VG5.3 Define reporting methods and techniques.
Relevant portfolio, programme and IT (technological and functional) performance should be reported to the board and executive management in a timely and accurate manner. Management reports should be provided for senior management's review of the enterprise's progress toward identified goals. Status reports should include the extent to which planned objectives have been achieved, deliverables obtained, performance targets met and risks mitigated. Reporting should be integrated amongst IT and other business functions so interrelationships are clear.

VG5.4 Identify and monitor performance improvement actions.
Upon review of reports, appropriate management action should be initiated and controlled.

Abb. 8.4.3.2/1   Detailed Key Management Practice für VG5
[ITGI2008a, S. 41]

8.4.3.3   Management Guidelines

Die Management Guidelines (Managementleitlinien) entsprechen im Aufbau weitgehend denjenigen für die COBIT-Prozesse (vgl. Abschnitt 8.3.3.3). Sie umfassen Inputs und Outputs von bzw. für andere Prozesse, ein RACI-Chart sowie Ziele und Metriken. Abb. 8.4.3.3/1 zeigt die Management Guidelines für VG5.

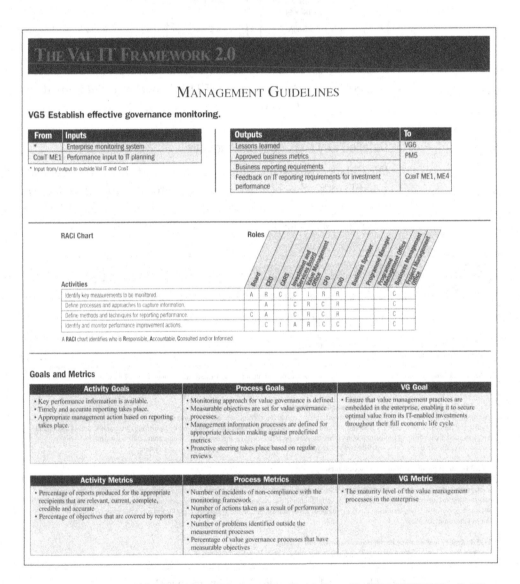

Abb. 8.4.3.3/1   Management Guidelines für VG5 [ITGI2008a, S. 42]

An diesem Beispiel kann man auch den inhaltlichen Zusammenhang zwischen Val IT und COBIT erkennen, da VG5 sowohl Informationen als Input vom COBIT-Prozess ME1 bekommt als auch
Daten an diesen sowie an ME4 liefert.

8.5   Risk-IT-Framework

8.5.1   Wesen

Mit dem **Risk-IT-Framework** hat das ITGI ein breit angelegtes
Prozessmodell für das **Management von IT-Risiken** entwickelt,
welches auch in Beziehung mit COBIT und Val IT steht. Das
Framework bezieht sich nicht nur auf die IT-Sicherheitsrisiken,
welche seit geraumer Zeit mit nationalen und internationalen
Standards wie IT-Grundschutz und ISO/IEC 27000 (vgl. Abschnitt
6.1.4) adressiert werden. Risk IT soll darüber hinaus Analyse und
Management allgemeiner IT-Risiken erfassen [JOHANNSEN2009,
S. 20, ITGI2009b, S. 12]. Das ITGI betrachtet IT-Risiken als „the
business risk associated with the use, ownership, operation, in-
volvement, influence and adoption of IT within an enterprise" [IT-
GI2009b, S. 11]. **IT-Risiken resultieren** demnach **aus** folgenden Bereichen:

- **IT operations and service delivery**
  Probleme bei der Bereitstellung von IT-Services (Verfügbarkeit,
  IT-Sicherheit, IT-Compliance).

- **IT programm and project delivery**
  Probleme bei IT-Projekten (Termin- und Budgetüberschreitungen, Qualitätsmängel).

- **IT benefit/value enablement**
  Probleme bei der Nutzung technologischer Chancen zur Effek-
  tivitäts- und Effizienzsteigerung (Enabling-Funktion der IT).

Das ITGI hat den ersten Entwurf Anfang 2009 und die erste offi-
zielle Version im November 2009 veröffentlicht [ITGI2009b]. Sie
wird ergänzt durch den Risk IT Practitioner Guide [ITGI2009c].

8.5.2   Framework

Das Risk-IT-Framework basiert wie Val IT auf **Prinzipien**, welche
die enge Beziehung zwischen IT-Einsatz und Geschäftsrisiko ausdrücken.

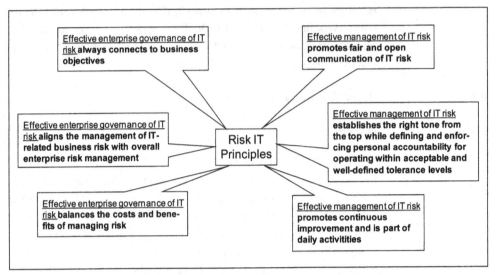

Abb. 8.5.2/1   Risk-IT-Prinzipien [ITGI2009, S. 13]

Diese Prinzipien spiegeln sich im Prozessmodell des Frameworks, dem **Risk IT Process Model,** wider, welches in Analogie zu COBIT und Val IT eine Reihe von in Domains gruppierten Prozessen vorsieht (vgl. Abb. 8.5.2/2).

Die drei Domänen mit ihren insgesamt neun Prozessen lassen sich grob wie folgt beschreiben:

- **Risk Governance (RG)**

  Ziel der Prozesse in dieser Domäne ist es, das IT-Risikomanagement in die gesamten Riskomanagementaktivitäten zu integrieren, das Bewusstsein für die Thematik innerhalb der Organisation zu schärfen und sicherzustellen, dass Risikoaspekte in Entscheidungen einfließen. Es geht unter anderem darum, Levels für Risikoakzeptanz und -toleranz in der Organisation zu definieren und damit die Risikokultur zu gestalten. Die Festlegung von Verantwortlichkeiten für das IT-Risikomanagement sowie die Kommunikation von Risikomanagementaspekten gegenüber Anspruchsgruppen sind weitere Inhalte.

- **Risk Evaluation (RE)**

  Die Prozesse dieser Domain sollen sicherstellen, dass das Umfeld dauerhaft überwacht wird und die für die Organisation relevanten IT-Risiken erkannt sowie ihre Auswirkungen auf das Geschäft regelmäßig bewertet werden.

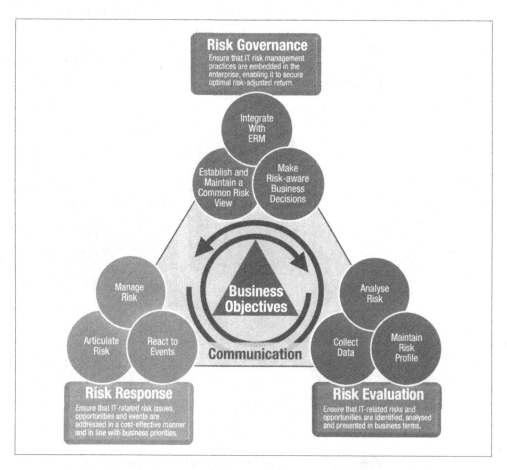

Abb. 8.5.2/2   Risk-IT-Domänen und -Prozesse [ITGI2009b, S. 15]

- **Risk Response (RR)**

  Bei den Prozessen in dieser Domäne geht es um die der individuellen Risikokultur angemessene Reaktion auf identifizierte
  IT-Risiken. Hier kommen die üblichen Strategien zur Vermeidung, Verringerung, Überwälzung und Akzeptanz von Risiken
  und die daraus abzuleitenden Maßnahmen in Betracht.

Zur Unterstützung bei der Erledigung der genannten Aufgaben
beschreibt das Framework eine Reihe von Konzepten. Beispiele dafür sind Risikoszenarien, Schlüsselrisikoindikatoren und Methoden
zur Beschreibung und Bewertung von IT-Risiken, insbesondere deren Auswirkungen auf das Geschäft (Business Impact).

Ein **Risikoszenario** in diesem Kontext beschreibt ein mit der IT verbundenes Ereignis, das bei seinem Eintreten Auswirkungen auf das Geschäft des Unternehmens nach sich ziehen kann (Business Impact). Ein solches Szenario umfasst die in Abb. 8.5.2/3 dargestellten Elemente bzw. Attribute.

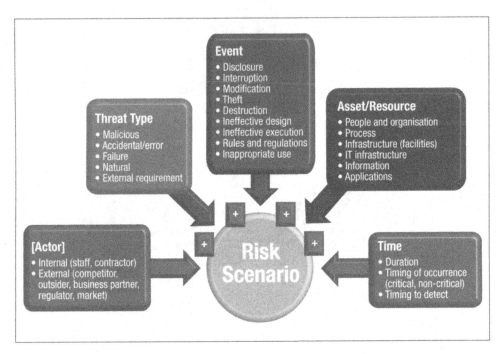

Abb. 8.5.2/3   Beschreibungselemente eines Risikoszenarios
[ITGI2009b, S. 25]

Das IT-Personal muss verstehen, welche negativen Folgen von der IT verursachte unerwünschte Ereignisse für die Erreichung der Unternehmensziele und konkret für Gewinn und Verlust haben können. Die Fachabteilungen müssen erkennen können, wie sich IT-Probleme auf Services und Prozesse, insbesondere auf die erfolgskritischen Vorgänge, auswirken [ITGI2009b, S. 23]. Risk IT adressiert deshalb mehrere Methoden, mit denen der klare Bezug zwischen IT-Problemen und **Geschäftsauswirkungen** hergestellt werden kann (vgl. Abb. 8.5.2/4). Sie werden im Risk IT Practitioner Guide vertieft [ITGI2009b, S. 26 und ITGI2009c].

Balanced Scorecard (BSC)	**Extended BSC**	**FAIR**
- Financial	- Financial	- Productivity
- Customer	- Share value	- Response (cost of)
- Internal	- Profit	- Replacement (cost of)
- Growth	- Revenue	- Competitive advantage
	- Cost of capital	- Legal
COSO (ERM)	- Customer	- Compliance
- Strategic	- Market share	- Reputation
- Operations	- Customer satisfaction	
- Reporting	- Customer service	**„4A" (Westerman/ Hunter)**
- Compliance	- Internal	- Agility
	- Regulatory compliance	- Accuracy
COBIT Information Criteria	- Growth	- Access
- Effectiveness	- Competitive advantage	- Availability
- Efficiency	- Reputation	
- Reliability		
- Integrity		
- Confidentiality		
- Compliance		
- Availability		

Abb. 8.5.2/4   Varianten zur Darstellung von Geschäftswirkungen durch IT-Risiken [ITGI2009b, S. 23]

Key Risk Indicators (Schlüsselrisikoindikatoren) sind unternehmensspezifische Parameter, die anzeigen sollen, ob sich das Unternehmen Risiken ausgesetzt sieht, die seine Risikoakzeptanzschwelle (Risk Appetite) überschreiten. Sie sollen helfen, solche Risiken frühzeitig zu erkennen und durch gezielte Handlungen zu vermeiden, dass daraus negative Konsequenzen entstehen. Zur Identifikation der Key Risk Indicators in einer größeren Zahl von Risikoindikatoren eignen sich gemäß Risk IT die in Abb. 8.5.2/5 dargestellten Kriterien [ITGI2009b, S. 27].

Zur Dokumentation des Prozessmodells sieht das IT-Risk-Framework auf Domain-**Ebene** Domain Overviews (Domänenüberblick) und Reifegradmodelle vor.

Impact	Indicators for risks with high business impact are more likely to be KRIs
Effort to implement, measure and report	For different indicators that are equivalent in sensitivity, the one that is easier to measure is preferred
Reliability	The indicator must possess a high correlation with the risk and be a good predictor or outcome measure.
Sensitivity	The indicator must be representative for risk and capable of accurately indicating variances of risk.

Abb. 8.5.2/5   Kriterien zur Identifikation von Key Risk Indicators

Der **Domain Overview** gibt einen Überblick über die jeweilige Domäne im Kontext des gesamten Frameworks und hebt ihre Ziele und Metriken hervor (vgl. Abb. 8.5.2/6).

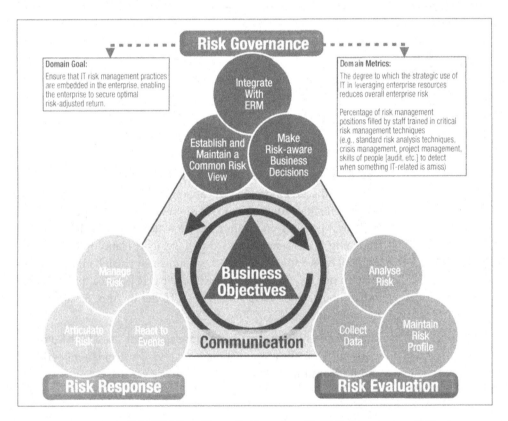

Abb. 8.5.2/6   Domain Overview für Risk Governance (RG)
[ITGI2009b, S. 44]

Das **Reifegradmodell** bezieht sich wie bei Val IT nicht auf die einzelnen Prozesse, sondern auf die Domänen. Die Ausprägungen der Reifegrade von 0 (non-existent) bis 5 (optimised) entsprechen denen in COBIT und Val IT. Ihre verbalen Beschreibungen jeweils für Risk Governance, Risk Evaluation und Risk Response finden sich in [ITGI2009b, S. 60, S. 77, S. 93]. Sie werden mit denselben Attributen wie in COBIT und Val IT weiter differenziert (vgl. [ITGI2009b, S. 61–63, S. 78–79, S. 94–96]).

Auf der **Ebene der Prozesse** sieht Risk IT für jeden Prozess die im folgenden Abschnitt vorgestellten **Process Overviews, Process Details** und **Management Guidelines** vor.

8.5.3 Prozesse

8.5.3.1 Struktur der Beschreibung

Jeder Prozess ist nach einem einheitlichen Muster auf mehreren Seiten beschrieben (vgl. Abb. 8.5.3.1/1). Zur Illustration der einzelnen Elemente in den Folgeabschnitten dient exemplarisch der Prozess „Establish and maintain a common risk view (RG1)".

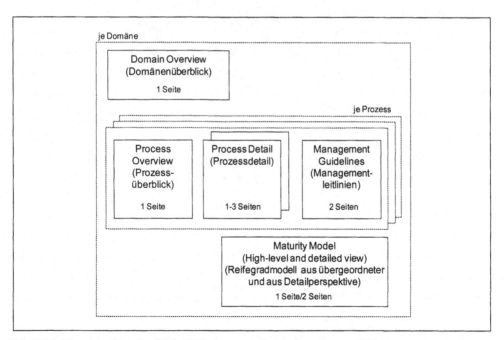

Abb. 8.5.3.1/1   Aufbau der Risk-IT-Dokumentation je Domäne und Prozess

8.5.3.2   Process Overview

Der Prozessüberblick zeigt den jeweiligen Prozess im Kontext des Frameworks und gibt Aufschluss über seine Ziele und wesentlichen Aktivitäten (Schritte). Abb. 8.5.3.2/1 enthält ausschnittsweise den Process Overview von RG1.

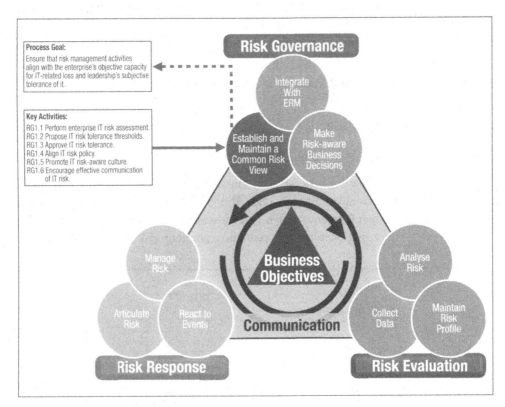

Abb. 8.5.3.2/1   Process Overview für RG1
[ITGI2009b, S. 44]

8.5.3.3 Process Details

Prozessdetails sind je Prozessaktivität definiert. Sie bestehen aus einer kurzen Beschreibung der Aktivität und den von COBIT und Val IT bekannten Input- und Outputbeziehungen (vgl. Abb. 8.5.3.3/1).

PROCESS DETAIL

RG1 Establish and maintain a common risk view.

Ensure that risk management activities align with the enterprise's objective capacity for IT-related loss and leadership's subjective tolerance of it.

RG1.1 Perform enterprise IT risk assessment.

Sponsor workshops with business management to discuss the broad amount of risk that the enterprise is willing to accept in pursuit of its objectives (risk appetite). Help business managers understand IT risk in the context of scenarios that affect their business and the objectives that matter most in their daily lives (e.g., sales, cost, customer satisfaction, cash). Take a top-down, end-to-end look at business services and processes and identify the major points of IT support. Identify where value is generated and needs to be protected and sustained. Identify IT-related events and conditions that may jeopardise value, affect enterprise performance and execution of critical business activities within acceptable bounds, or otherwise affect enterprise objectives (e.g., business, regulatory, legal, contracts, technology, trading partner, human resources, other operational aspects). Map them to a business-driven hierarchy of risk categories (e.g., IT benefit/value enablement, IT programme and project delivery, IT operations and service delivery) and subcategories (IT risk domains) derived from high-level IT risk scenarios. Break up IT risk by lines of business, product, service and process. Identify potential cascading and coincidental threat types and the probable effect of risk concentration and correlation across silos. Understand how IT capabilities contribute to the enterprise's ability to add value and withstand loss. Compare management's perception of the importance of IT capabilities to their current state. Consider how IT strategies, change initiatives and external requirements (e.g., regulation, contracts, industry standards) may affect the risk profile. Identify risk focus areas, scenarios, dependencies, risk factors and measurements of risk that require management attention and further examination and development.

From	Inputs
RG2.2	Integrated risk management strategy
RG2.3	Integrated risk management methods
RE1.4	Risk factors
RE3.3	IT capability assessment
RE3.4	IT risk scenario components
RE3.5	IT risk profile
RR1.3	Independent IT assessment findings in context
Val IT PM1	IT strategy and goals feedback
Val IT IM7	Service portfolios
CobiT PO1	Strategic IT plan, tactical IT plans, IT project portfolio, IT service portfolio, IT sourcing strategy, IT acquisition strategy
CobiT PO4	Documented system owners, IT organisation and relationships
CobiT ME3	Catalogue of legal and regulatory requirements related to IT service delivery, report on compliance of IT activities with external legal and regulatory requirements
CobiT ME4	Enterprise appetite for IT risk, enterprise strategic direction for IT
*	Enterprise strategy, objectives, goals, risk universe, risk appetite, risk management framework, legal and regulatory requirements mappings

* Input from/output to outside Risk IT, Val IT and CobiT

To	Outputs
RG1.2, RG1.3, RG1.4, RE2.1, *	Key business and IT objectives, major risk factors
RG1.2, RG1.3, RG1.4, RG1.5, RG2.1, RG2.2, RE2.1, RR2.1	Risk focus areas
RG1.2, RG1.3, RG1.4, RG1.5, RG2.2, RG3.3, RE2.1, RE3.1, RE3.4	High-level risk scenarios
RG1.2, RG1.3, RG1.4, RG2.2, RG3.3, RE2.1, RE3.1, RE3.4; Val IT VG1; CobiT PO1, PO9, DS1	Key services and supporting business processes and systems
RG1.2, RG1.3, RG1.4, RG1.5, RE2.1, RE3.2, RE3.4	Prioritised inventories of risk and impact categories
RE2.1	Risk analysis request
RE3.2	Asset/resource criticality (macro level)

* Input from/output to outside Risk IT, Val IT and CobiT

Abb. 8.5.3.3/1   Process Details für RG1 (Ausschnitt)
[ITGI2009b, S. 45]

8.5.3.4   Management Guidelines

Die Managementleitlinien geben mit dem RACI-Chart Anhaltspunkte für die Verantwortlichkeiten verschiedener Rollen für die
Teilaktivitäten des Prozesses. Die Ziele und Metriken auf Aktivitä-
ten-, Prozess- und Domänenebene runden die Management Guidelines ab.

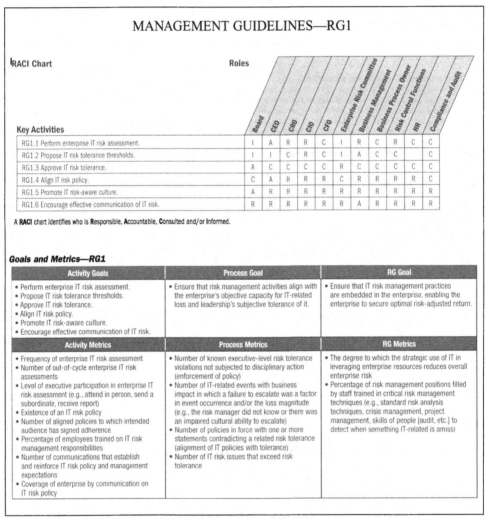

Abb. 8.5.3.4/1   Management Guidelines für RG1 (Ausschnitt)
[ITGI2009b, S. 48/49]

8.6   Literatur zu Kapitel 8

[BAURSCHMID2005]

Baurschmid, M., Vergleichende Buchbesprechung IT-Governance, Wirtschaftsinformatik 47 (2005) 6, S. 448–463.

[CAMPBELL2005]

Campbell, P., A COBIT Primer, Report of the Sandia National Laboratories, Albuquerque, 2005, http://www.itgi.org/Template _ITGI.cfm?Section= Recent_Publications&CONTENTID=22339& TEMPLATE=/Content Management/ContentDisplay.cfm, Download am 19.01.2007.

[GAULKE2006]

Gaulke, M., COBIT als IT-Governance-Leitfaden, HMD – Praxis der Wirtschaftsinformatik 42 (2006) 250, S. 22–28.

[GAULKE2009]

Gaulke, M., COBIT Practitioner Workbook des ISACA Germany Chapter e.V., Frankfurt 2009.

[GOEKEN2009]

Goeken, M., Johannsen, W., Val IT – das ramework zur Messung und Steuerung des Wertbeitrags der IT, IT-Governance 3 (2009) 5, S. 18–21.

[GROHMANN2004]

Grohmann, H., Prinzipien der IT-Governance, in: Zarnekow, R., Brenner, W. und Grohmann, H. (Hrsg.), Informationsmanagement, Heidelberg 2004, S. 93–101.

[ISO2008]

International Organization for Standardization, ISO/IEC 38500:2008 – Corporate Governance for Information Technology, First Edition vom 1. Juni 2008, Download am 01.06.2008.

[ITGI2003]

IT Governance Institute, IT Governance für Geschäftsführer und Vorstände, 2. Ausgabe 2003, http://www.isaca.org/Template.cfm?Section= Downloads3&CONTENTID=33261&TEMPLATE=/ContentManagement/ ContentDisplay.cfm, Download am 17.10.2009.

[ITGI2004]

IT Governance Institute, COBIT Presentation Package, 2004, http://www. isaca.org/Content/NavigationMenu/Students_and_ Educators/Academic_ Relations/COBIT_in_Academia/COBIT_ Presentation_ Package.ppt, Download am 19.01.2007.

[ITGI2006a]

IT Governance Institute, COBIT Mapping – Overview of International IT Guidance, 2nd Edition 2006, http://www.itgi.org/AMTemplate.cfm?Section= Deliverables&Template=/ContentManagement/ContentDisplay. cfm&ContentID=24759, Download am 17.10.2009.

[ITGI2006b]
IT Governance Institute, Enterprise Value: Governance of IT Investments –
The Business Case, 2006, http://www.isaca.org/AMTemplate.cfm?Section=
Deliverables&Template=/ContentManagement/ContentDisplay.
cfm&ContentID=24261,Download am 17.10.2009.

[ITGI2007a]
IT Governance Institute, COBIT 4.1, 2007, https://www.isaca.org/
AMTemplate.cfm?Section=Downloads&Template=/MembersOnly.cfm
&ContentFileID=14002, Download am 17.10.2009.

[ITGI2007b]
COBIT Control Practices – Guidance to achieve control objectives for suc-
cessful IT governance, 2nd edition, https://www.isaca.org/Template.cfm?
Section=Downloads5&Template=/MembersOnly.cfm&ContentID=42151,
Download am 17.10.2009.

[ITGI2008a]
IT Governance Institute, Enterprise Value: Governance of IT Investments –
The Val IT Framework 2.0, 2008, https://www.isaca.org/Template.cfm?
Section=Val_IT1&Template=/MembersOnly.cfm&ContentID=50264
&SuppressBreadCrumb=True, Download am 17.10.2009.

[ITGI2008b]
IT Governance Institute, Enterprise Value: Governance of IT Investments –
Getting Started with Value Management, http://www.isaca.org/Template.
cfm?Section=Val_IT3&Template=/ContentManagement/ContentDisplay.
cfm&ContentFileID=18927, Download am 17.10.2009.

[ITGI2009a]
IT Governance Institute, Val IT Mapping, Mapping of Val IT 2.0 to MSP,
PRINCE2 and ITIL V3, http://www.isaca.org/AMTemplate.cfm?Section=
Deliverables&Template=/MembersOnly.cfm&ContentFileID=21165,
Download am 17.10.2009.

[ITGI2009b]
IT Governance Institute, The Risk IT Framework, https://www.isaca.org/
AMTemplate.cfm?Section=Deliverables&Template=/MembersOnly.cfm&
ContentFileID=22373, Download am 20.11.2009.

[ITGI2009c]
IT Governance Institute, The Risk IT Practitioner Guide, https://www.isaca.
org/AMTemplate.cfm?Section=Deliverables&Template=/MembersOnly.
cfm&ContentFileID=22372, Download am 20.11.2009.

[JOHANNSEN2006]
Johannsen, W. und Goeken, M., IT-Governance – neue Aufgaben für das
IT-Management, HMD – Praxis der Wirtschaftsinformatik 42 (2006) 250, S.
7–20.

[JOHANNSEN2009]

Johannsen, W., Appetit auf Risiko? IT-Governance 3 (2009) 6, S. 20–25.

[KLOTZ2008a]

Klotz, M., IT-Governance genormt – die neue ISO/IEC 38500, IT-Governance 2 (2008) 4, S. 21–22.

[KLOTZ2008b]

Klotz, M., Dorn, D., IT-Compliance – Begriff, Umfang und relevante Regelwerke, in: HMD – Praxis der Wirtschaftsinformatik, Heft 263, 2008, S. 5–14.

[KRCMAR2009]

Krcmar, H., Informationsmanagement, 5. Auflage, Berlin 2009.

[KÜTZ2003]

Kütz, M. (Hrsg.), Kennzahlen der IT, Heidelberg 2003.

[KÜTZ2006]

Kütz, M. (Hrsg.), IT-Steuerung mit Kennzahlen, Heidelberg 2006.

[RAUSCHEN2004]

Rauschen, T. und Disterer, G., Identifikation und Analysen von Risiken im IT-Bereich, HMD – Praxis der Wirtschaftsinformatik 40 (2004) 236, S. 19–32.

[SCHMIDT2009]

Schmidt, N.-H., Kolbe, L., Erek, K. und Zarnekow, R., Nachhaltiges Informationsmanagement, Wirtschaftsinformatik 51 (2009) 5, S. 463–466.

[SEIBOLD2006]

Seibold, H., IT-Risikomanagement, München 2006.

[WEILL2002]

Weill, P. und Woodham, R., Don't Just Lead, Govern: Implementing Effective IT Governance, CISR Working Paper No. 326, Sloan School of Management, Cambridge 2002.

Sachwortverzeichnis

IT-Management und -Anwendungen

Ralf Buchsein | Frank Victor | Holger Günther | Volker Machmeier
IT-Management mit ITIL® V3
Strategien, Kennzahlen, Umsetzung
2., akt. und erw. Aufl. 2008. XII, 371 S. mit 93 Abb. und Online-Service
Br. EUR 41,90   ISBN 978-3-8348-0526-3

Gernot Dern
Management von IT-Architekturen
Leitlinien für die Ausrichtung, Planung und Gestaltung von Informationssystemen
3., durchges. Aufl. 2009. XVI, 343 S. mit 151 Abb. Br. ca. EUR 49,90
                                                       ISBN 978-3-8348-0718-2

Knut Hildebrand | Marcus Gebauer | Holger Hinrichs | Michael Mielke (Hrsg.)
Daten- und Informationsqualität
Auf dem Weg zur Information Excellence
2008. X, 415 S. mit 108 Abb.
Br. EUR 41,90   ISBN 978-3-8348-0321-4

Helmut Schiefer | Erik Schitterer
Prozesse optimieren mit ITIL®
Abläufe mittels Prozesslandkarte gestalten - Compliance erreichen und Best
Practices nutzen mit ISO 20000, BS 15000 & ISO 9000
2., überarb. Aufl. 2008. VIII, 283 S. mit 80 Abb. und Online-Service
Br. EUR 51,90   ISBN 978-3-8348-0503-4

**VIEWEG+
TEUBNER**
Abraham-Lincoln-Straße 46
65189 Wiesbaden
Fax 0611.7878-400
www.viewegteubner.de

Stand Januar 2010.
Änderungen vorbehalten.
Erhältlich im Buchhandel oder im Verlag.

Wirtschaftsinformatik

Paul Alpar | Heinz Lothar Grob | Peter Weimann | Robert Winter
Anwendungsorientierte Wirtschaftsinformatik
Strategische Planung, Entwicklung und Nutzung von Informations- und Kommunikationssystemen
5., überarb. u. akt. Aufl. 2008. XV, 547 S. mit 223 Abb. und Online-Service
Br. EUR 29,90   ISBN 978-3-8348-0438-9

Andreas Gadatsch
Grundkurs Geschäftsprozess-Management
Methoden und Werkzeuge für die IT-Praxis: Eine Einführung für Studenten und Praktiker
6., akt. Aufl. 2010. XXII, 448 S. mit 351 Abb. und und Online-Service.
Br. EUR 34,90   ISBN 978-3-8348-0762-5

Dietmar Abts | Wilhelm Mülder
Grundkurs Wirtschaftsinformatik
Eine kompakte und praxisorientierte Einführung
6., überarb. und erw. Aufl. 2009. XVI, 532 S. mit 297 Abb. und Online-Service
Br. EUR 19,90   ISBN 978-3-8348-0596-6

Dietmar Abts / Wilhelm Mülder (Hrsg.)
Masterkurs Wirtschaftsinformatik
Kompakt, praxisnah, verständlich - 12 Lern- und Arbeitsmodule
2010. XVIII, 726 S. mit 339 Abb. und und Online-Service.
Br. EUR 29,90   ISBN 978-3-8348-0002-2

**VIEWEG+
TEUBNER**

Abraham-Lincoln-Straße 46
65189 Wiesbaden
Fax 0611.7878-400
www.viewegteubner.de

Stand Januar 2010.
Änderungen vorbehalten.
Erhältlich im Buchhandel oder im Verlag.